国家社科基金项目“新加坡社会治理现代化研究”（15BSS014）资助成果

国家社科基金丛书
GUOJIA SHEKE JIJIN CONGSHU

新加坡社会治理现代化研究

Research on Modernization of Social Governance in Singapore

魏炜 著

人民出版社

策划编辑:鲁　静
责任编辑:彭代琪格
封面设计:石笑梦
版式设计:胡欣欣

图书在版编目(CIP)数据

新加坡社会治理现代化研究/魏炜 著. —北京:人民出版社,2024.3
ISBN 978-7-01-026084-6

Ⅰ.①新…　Ⅱ.①魏…　Ⅲ.①社会管理-现代化管理-研究-新加坡
Ⅳ.①D733.93

中国国家版本馆 CIP 数据核字(2023)第 214395 号

新加坡社会治理现代化研究

XINJIAPO SHEHUI ZHILI XIANDAIHUA YANJIU

魏　炜　著

人民出版社 出版发行
(100706　北京市东城区隆福寺街 99 号)

中煤(北京)印务有限公司印刷　新华书店经销

2024 年 3 月第 1 版　2024 年 3 月北京第 1 次印刷
开本:710 毫米×1000 毫米 1/16　印张:22
字数:330 千字

ISBN 978-7-01-026084-6　定价:80.00 元

邮购地址 100706　北京市东城区隆福寺街 99 号
人民东方图书销售中心　电话 (010)65250042　65289539

目　　录

图表目录

导　论

一、研究背景

2013 年 11 月，中国共产党第十八届三中全会通过《中共中央关于全面深化改革若干重大问题的决定》，将“完善和发展中国特色社会主义制度，推进国家治理体系和治理能力现代化”作为全面深化改革的总目标，同时正式用“社会治理”取代“社会管理”，提出创新社会治理体制，改进社会治理方式。之后，国家治理现代化、社会治理现代化成为各界、各领域争相热议的话题。党的十九大报告提出“打造共建共治共享的社会治理格局”，①十九届四中全会强调“社会治理是国家治理的重要方面”，进一步明确要“建设人人有责、人人尽责、人人享有的社会治理共同体”，“实现政府治理和社会调节、居民自治良性互动”。② 党的二十大报告要求“推进多层次多领域依法治理，提升社会治理法治化水平”，“健全共建共治共享的社会治理制度，提升社会治理效能”。③ 重视

① 习近平：《决胜全面建成小康社会　夺取新时代中国特色社会主义伟大胜利——在中国共产党第十九次全国代表大会上的报告》，人民出版社 2017 年版，第 49 页。

② 《中共中央关于坚持和完善中国特色社会主义制度推进国家治理体系和治理能力现代化若干重大问题的决定》，人民出版社 2019 年版，第 30 页。

③ 习近平：《高举中国特色社会主义伟大旗帜　为全面建设社会主义现代化国家而团结奋斗——在中国共产党第二十次全国代表大会上的报告》，人民出版社 2022 年版，第 54 页。

社会治理问题，推进社会治理现代化，是新时代推进国家治理现代化的一项重要紧迫任务。立足新时代社会建设和社会治理的伟大实践，深入研究社会治理问题，为推进国家治理体系和治理能力现代化提供学理支撑，是学术研究责无旁贷的使命。如何研究社会治理？郑杭生先生指出，研究社会治理重要且正确的路径是：立足现实，提炼现实；开发传统，超越传统；借鉴国外，跳出国外；正确总结“中国理念”，科学概括“中国经验”。① 本书即是在世界历史视域下对“借鉴国外，跳出国外”研究社会治理的回应。

由社会管理走向社会治理，意味着治理主体由单中心向多中心转变。社会治理的“治理”指的是一种由共同的目标支持的活动，它的实质是建立在市场原则、公共利益和认同之上的国家与社会、政府与非政府、公共机构与私人机构的合作。从社会控制到社会管理，再到社会治理，反映了对国家、社会、公民三者间关系认识的重大变化。与经济领域不同，在社会领域的多元主体结构中，政府应该始终处于主导地位，这一普遍性已经为大多数社会建设实践所证明，新加坡是其中的典型。

新加坡是一个以华人为主体的多元种族、多元文化、地区环境复杂的国家，它的生存和发展得益于法制秩序、社会公正、种族和睦、文化共存、广交朋友的治国理念及实践，这些治国理念及实践贯穿于新加坡的政权建设、公共行政、经济发展、社会管理、文化教育、对外关系等各个层面，有许多成功之处，也存在不少问题，对包括中国在内的亚洲国家具有多方面的借鉴意义。

1992 年，邓小平在南方谈话中提到新加坡：“新加坡的社会秩序算是好的，他们管得严，我们应当借鉴他们的经验，而且比他们管得更好。”②2013 年，美国政治学者弗朗西斯·福山在《治理》杂志上发表题为《何为治理?》的

① 郑杭生：《实践者的“理论自觉”》，载殷昭举主编：《社会治理学》第一卷，《社会治理导论》，广东高等教育出版社 2014 年版，第 2 页。

② 《邓小平文选》第三卷，人民出版社 1993 年版，第 379 页。

论文，把新加坡列为世界善治的榜首。[①] 2012 年 9 月，首届中新社会管理高层论坛在新加坡举行，双方签署关于加强社会管理合作的换文。2014 年 7 月和 2016 年 5 月，第二、第三届中新社会治理高层论坛分别在北京和新加坡举行，双方都提出要加强交流互鉴，共享社会治理法治化经验，提升在社会治理、执法司法等领域交流合作水平。时任新加坡副总理张志贤在第二届“新加坡—中国社会治理高层论坛”上介绍了新加坡在社会治理方面的理念和做法，指出新加坡根据其需要、环境和经验，发展出自身的三大社会治理原则：以法治为基础来建设一个公正、平等和透明的社会；以政策为指南来引导民众或群体间的相互交流；建立促进合作、化解分歧的平台。[②] 2015 年 11 月 6 日，习近平主席对新加坡进行国事访问之际，在新加坡《海峡时报》和《联合早报》上撰文指出：“新加坡的发展成就不仅给本国人民带来了福祉，也对亚洲其他国家的发展富有启迪。”[③]

一个健全的现代社会，政治、经济与社会必须是协调统一的。在现代化视野下，后发国家选择什么样的策略以达到可持续和谐发展，既是学界争论的理论问题，也是现实的发展问题。新加坡是后殖民地的东方小国家，是后发国家发展较成功的代表，在社会转型背景下审视其社会治理方式从传统向现代的变革过程有助于深入研究并揭示新加坡成功和不足，从中寻找后发国家——尤其是东方后发国家实现国家治理现代化的启示；同时也有助于为中新社会治理领域的交流与对话提供重要的学术支持，为创新中国的社会治理体制、实现中国的社会治理现代化提供他山之石。

---

① Francis Fukuyama, “What Is Governance?” *Governance*, Vol. 26, Issue. 3, July 2013. pp.347-368.

② ［新加坡］蔡永伟：《新中将相互借鉴社会治理经验》，《联合早报》2014 年 7 月 29 日；张先明：《第二届中新社会治理高层论坛在京举行，孟建柱出席开幕式并发表主旨讲话》，《人民法院报》2014 年 7 月 29 日。

③ 习近平：《承前启后　继往开来　共创中新关系美好未来》，《联合早报》2015 年 11 月 6 日。

二、国内外相关研究综述

（一）关于“社会治理现代化”的研究范式与主要观点

自2013年中国共产党十八届三中全会《中共中央关于全面深化改革若干重大问题的决定》将“推进国家治理体系和治理能力现代化”作为全面深化改革的总目标，关于“社会治理现代化”的研究热度逐年递增，特别是2019年后，年度研究成果成倍增长。经知网检索，2013年至2021年7月，以“社会治理现代化”为关键词的学术论文有774篇，硕士论文27篇，半数以上是2019年后的研究成果，2019年95篇，2020年猛增到259篇，2021年1—7月已达114篇。以社会治理与社会治理现代化为研究主题的著作也不在少数。已有研究主要涉及以下方面：

1.“社会治理”研究的理论、方法与规范

国内关于“社会治理”的理论探讨出自两个学科，一个是政治学，一个是社会学。

政治学背景下的讨论从“治理”理论出发，将社会治理视为政治机制改革内容和目标之一，是国家治理的重要方面。20世纪90年代末以来，国内学术界逐渐开展了治理理论和实践研究。俞可平主编的《治理与善治》[①]和何增科、包雅钧主编的《公民社会与治理》[②]引介了国外关于“治理”的理论认知与分析方法，包括“治理”的内涵、特性、结构功能，治理理论下国家与社会关系的变化等问题。在国际上，全球治理委员会的定义得到广泛认可：“治理是各种公共的或私人的个人和机构管理其共同事务的诸种方式的总和。它是使相互冲突的或不同的利益得以调和并且采取行动的持续的过程。”[③]在国内学

---

① 俞可平：《治理与善治》，社会科学文献出版社2000年版。

② 何增科、包雅钧主编：《公民社会与治理》，社会科学文献出版社2011年版。

③ 俞可平：《治理与善治》，社会科学文献出版社2000年版，第4页。

界，俞可平对“治理”的解释具有代表性：治理是“指官方的或民间的公共管理组织，在一个既定的范围内运用公共权威维持秩序，满足公众的需要。治理的目的是在各种不同的制度关系中运用权力去引导、控制和规范公民的各种活动，以最大限度地增进公共利益。”①

党的十八届三中全会召开后，国内政治学界率先作出回应，2013 年 11 月底即举办了由中央编译局比较政治与经济研究中心、清华大学政治学系等单位联合召开的“推进国家治理与社会治理现代化”学术研讨会，会议对“治理”概念的产生、含义、特征、功能等方面做了理论论述，并针对中国社会治理的现状、存在的问题以及如何推进等方面进行了多角度阐述，会议论文集结成《推进国家治理与社会治理现代化》一书出版。② 与会学者提出，“我们一方面认识到传统的将国家凌驾于社会之上、社会完全服从国家的‘国家本位’意识已经不能适应当今社会的发展，同时也认识到将国家与社会完全对立，主张国家社会零和博弈的自由主义同样会导致国家失败与社会失范。治理理论的引入，为我们重新认识国家和社会关系提供了新的视窗。它超越国家本位和自由主义的静态视角，从动态发展中诠释了国家与社会的互动必要和协同可能。”③在国家治理的框架下，“由社会管理走向社会治理，意味着治理主体由单中心向多中心转变，政府必须与各种社会组织一起形成协作网络，在共同分担社会责任的基础上形成多元协同治理机制，共享公共资源，参与公共治理，并使各方共同受益。”④宋学增著文界定“社会治理”的学科属性，认为“社会管理/治理”不是社会学概念，而是公共管理某一领域的中国表达，属于公共管理学科，可分为社会管制、社会服务和社会建设三个领域，社会管制本质上

① 俞可平：《全球治理引论》，《马克思主义与现实》2002 年第 1 期。

② 俞可平主编：《推进国家治理与社会治理现代化》，当代中国出版社 2014 年版。

③ 姜晓萍：《社会治理现代化的内涵转变与关键环节》，载俞可平主编：《推进国家治理与社会治理现代化》，第 74 页。

④ 姜晓萍：《社会治理现代化的内涵转变与关键环节》，载俞可平主编：《推进国家治理与社会治理现代化》，第 74 页。

是公共权威机构通过行使公共强制力实现社会公共利益的最大化目标的公共行动过程,社会服务是一种介于经营性公共服务(市场提供为主)和基础性公共服务(政府供给为主)之间由社会类主体供给的公共服务,社会建设则涉及社会自身的良性运转发展和社会价值的维护与创造。①

在与西方治理理论的对话中,中国政治学人逐渐建立起具有"中国性"的治理理论——国家治理理论。王浦劬指出,"国家治理是总体治理,政府治理、社会治理是国家治理的分支领域和子范畴。"所谓"社会治理",就是特定的治理主体对于社会实施的管理,"在我国,社会治理是指在执政党领导下,由政府组织主导,吸纳社会组织等多方面治理主体参与,对社会公共事务进行的治理活动","社会治理呈现三种基本状态,即政府对于社会的治理、政府与社会组织和公民的合作共同治理以及社会自治。"②杨光斌批评了西方一味主张社会权利的治理理论与发展中国家国情现实之间的"南辕北辙",提出"无论是在制度层次上还是在治理领域上,治理主体都是国家或者政府,必然包括统治和管理,但并不排斥社会的作用。"③

中国社会学将系统深入研究社会建设与社会治理视为自己义不容辞的使命。④ 陈成文从社会治理的主体、客体、目标、手段、本质属性五个方面界定了"社会治理"概念的内涵与外延,并指出:从社会学的视角来看,社会治理是指政府、市场、社会组织、公民在形成合作性关系的基础上,运用法、理、情三种社会控制手段解决社会问题,以达到化解社会矛盾、实现社会公正、激发社会活

① 宋学增:《社会治理现代化的理论思考:学科渊源、治理体系和理论前沿》,《经济社会体制比较》2016 年第 6 期。

② 王浦劬:《国家治理、政府治理和社会治理的含义及其相互关系》,《国家行政学院学报》2014 年第 3 期。

③ 杨光斌:《国家治理论超越西方治理理论》,《北京日报》2020 年 1 月 6 日。

④ 郑杭生:《实践者的"理论自觉"》,载殷昭举主编:《社会治理学》第一卷,《社会治理导论》,广东高等教育出版社 2014 年版,第 1 页。

力、促进社会和谐发展目的的一种协调性社会行动。[①] 类似的观点提出："社会治理是多元社会主体共同参与的，旨在维护社会秩序、促进社会公平、协调社会关系、激发社会活力、推动社会进步的实践活动。"[②]张静针对中国因社会治理滞后于经济发展而出现的"治理"问题及其原因，从理论阐释和实践案例两个角度，形成对治理理念、组织结构和模式方法的系列研究。[③]

殷昭举主编的《社会治理导论》系统论述了社会治理学的学科性质、研究对象、研究方法、研究内容和研究路径理论渊源，提出"社会治理学是一门研究立足于一定的社会基础之上、有效进行社会管理和社会良性自治及其规律的科学。"[④]社会治理的主要内容包括社会管理、社会自治和社会基础，其中社会管理注重自上而下、以权力为主导，社会自治注重自下而上、以权利为主导，二者交织融合，共同立于社会基础之上。[⑤] 所以，社会治理是"基于一定社会基础之上的、国家与社会之间特定秩序的合作关系，这种合作关系的最佳状态即是善治。"[⑥]

概而言之，政治学从"国家"出发，追求如何实现国家更好的"统治—治理"；社会学从"社会"出发，追求如何实现社会更好地被"管理—治理"。两个学科看似出发点不同，其实是异曲同工、殊途同归，社会治理的目标都是促进国家与社会的协同，增进公众利益，实现"善治"；在研究方法上，功能理论、冲突理论、交换理论、社会运动理论等社会学理论，以及精英分析、政治团体分析、政治角色分析、政治文化分析等社会学分析方法也常常被用于政治学领域里"治理"问题的研究。实际上，社会治理研究体现了政治学和社会学完美的

---

① 陈成文、赵杏梓：《社会治理：一个概念的社会学考评及其意义》，《湖南师范大学社会科学学报》2014 年第 5 期。

② 社会治理现代化指标构建研究课题组：《新中国 70 年社会治理现代化评估研究》，《社会治理》2019 年第 10 期。

③ 张静：《社会治理：组织、观念与方法》，商务印书馆 2019 年版。

④ 殷昭举主编：《社会治理导论》，广东高等教育出版社 2014 年版，第 2 页。

⑤ 殷昭举主编：《社会治理导论》，广东高等教育出版社 2014 年版，第 104 页。

⑥ 殷昭举主编：《社会治理导论》，广东高等教育出版社 2014 年版，第 115 页。

结合，是政治社会学的主要研究范畴。

2. 社会治理现代化的实证研究

社会治理现代化的实证研究是国内社会治理现代化研究的主要范式，集中表现为在不同的理论视角下探讨推进社会治理现代化的路径和局部或区域经验的总结。

一是国家—社会的分析框架，这是社会治理研究中最常见的分析范式，广泛应用于城市、市域、县域、农村、社区等基层社会治理的分析或经营总结①，以大数据和智能化推进社会治理现代化的路径探讨②，以及推进社会自治重要性的讨论③。

二是在社会结构的分析框架下，强调社会结构实现现代化是社会治理实现现代化的标志④；探讨如何改革创新我国社会组织和社会组织体制，扩大社会组织在社会治理现代化中的参与和作用⑤；社会分层、社会心理、社会问题

---

① 基层社会治理研究以案例研究为主，如郭圣莉、张良：《改革开放40年中国城市社区治理的实践与创新机制》，上海人民出版社2018年版；魏礼群：《中国社会治理现代化：70年回顾与前瞻》，中国言实出版社2019年版；娄胜华、潘冠瑾、林媛：《新秩序：澳门社会治理研究》，社会科学文献出版社2009年版。理论层面的探讨主要有：李友梅：《城市社会治理》，社会科学文献出版社2014年版；陈成文、张江龙、陈宇舟：《市域社会治理：一个概念的社会学意义》，《江西社会科学》2020年第1期；姜晓萍、董家鸣：《市域社会治理现代化的理论认知与实现途径》，《社会政策研究》2019年第12期。

② 李韵：《借助人工智能推进社会治理现代化》，《人民论坛》，2019年第8期；孔杰：《大数据时代的社会治理现代化研究》，《现代交际》2019年第19期；文习明：《人工智能时代的社会治理：机遇、挑战与总体框架设计》，《岭南学刊》2019年第3期；王振兴、韩伊静、李云新：《大数据背景下社会治理现代化：解读、困境与路径》，《电子政务》2019年第4期；王锡森：《以大数据促进社会治理现代化的策略选择》，《信息系统工程》2019年第3期。

③ 俞可平：《社会自治与社会治理现代化》，《社会政策研究》2016年第1期。

④ 王道勇：《社会结构视角下的社会治理现代化》，《科学社会主义》2015年第4期。

⑤ 王名：《社会组织与社会治理》，社会科学文献出版社2014年版；蓝波涛、黎家娴：《论社会组织在推进社会治理现代化中的作用——基于角色理论的分析框架》，《广西社会科学》2016年第6期；何小艳、陈子佳：《社会组织在社会治理现代化中的作用》，《管理观察》2014年第33期；王婕：《中国青年志愿服务项目的现状与对策研究——基于505个志愿服务项目的数据调查》，《中国青年研究》2016年第6期；袁金祥：《社科类社会组织助推社会治理现代化的思考》，《江南论坛》2016年第5期；张海夫：《非政府组织在社会治理现代化中的作用》，《学术探索》2016年第2期。

的分析与化解对策[①]。

三是在制度主义分析框架下，强调法治与社会治理现代化的关系，“国家治理和社会治理现代化首先是法治化”[②]；社会治理共同体建设的路径探讨[③]；提出构建社会保障预防和社会问题化解的有效机制，防范化解社会问题，科学处置公共危机[④]。

3. 社会治理现代化的国际比较研究

王薇考察了英国从“无为而治”到“有限管理”再到“全面介入”和“调整完善”，推进社会治理现代化的四个历史阶段，形成了较成熟的社会治理体系，认为英国推进社会治理现代化的主要经验是：始终坚持政府对社会治理的主体作用，将“保基本、保公平”作为处理公平和效率关系的首要原则，鼓励社会多元参与、合作共治，重视立法先行，坚持科学、民主决策等。[⑤] 朱前星比较了西方国家执政党和中国共产党在社会整合与权威塑造方面的不同特点，认

① 张静：《个体与公共的关联通道》，《学海》2015 年第 1 期；张静：《社会治理：组织、观念与方法》，商务印书馆 2019 年版，第 145—176 页；张兴华：《当代中国社会治理的现实困境及其向度——基于社会分层理论的分析》，《岭南学刊》2016 年第 4 期。

② 周凡淼、莫纪宏：《国家治理和社会治理的现代化与法治化》，《治理现代化研究》2021 年第 2 期；胡荣涛、钱晨晨：《新时代社会治理法治化的实践逻辑》，《大连干部学刊》2021 年第 3 期；杨蕊、石建莹：《社会治理现代化视阈下城市社区治理法治化研究》，《法制与经济》2020 年第 1 期；杨文娟、王锡森：《法治：社会治理的路径和目标选择》，《学理论》2016 年第 1 期；唐皇凤：《法治建设：转型中国社会治理现代化的战略路径》，《江汉论坛》2014 年第 9 期。

③ 李友梅：《新时代社会治理共同体建设的重要意义》，《社会治理》2020 年第 1 期；文军：《迈向市域社会治理共同体的新时代》，《上海城市管理》2020 年第 1 期；韩笑：《人工智能时代的社会治理共同体构建：趋势、困境与路径选择》，《哈尔滨师范大学社会科学学报》2020 年第 1 期；李胜：《建设社会治理共同体，推进社会治理现代化》，《党政干部论坛》2019 年第 12 期；吴帆：《社会治理现代化与社会治理共同体建设》，《社会治理》2019 年第 11 期；雷晓康、马子博：《中国社会治理十讲》，中国社会科学出版社 2019 年版。

④ 魏钦恭、卜清平、巨桐、张帆：《化危为机：重大公共卫生事件与社会治理》，中国人民大学出版社 2020 年版；殷昭举主编：《社会治理学》第二卷《社会和谐保健与社会问题化解》，广东高等教育出版社 2016 年版。

⑤ 王薇：《英国推进社会治理现代化的主要历程、特点及启示》，《当代世界与社会主义》2015 年第 2 期。

为:“由于政治制度和政党体制的差异,西方国家执政党与中国共产党分别形成了体制约束型和政党主导型的社会整合模式,并深刻地影响了各自政治权威的塑造”,“中国共产党的社会整合模式较西方国家执政党展现出了更为明显的政治优势和制度自信,其社会整合功能发挥的有效性更强,使得社会治理现代化进程的顺畅性更显著。”①曾志敏考察了新加坡和美国的社会治理现代化进程,认为新加坡和美国均确立了“强政府、强社会”的社会治理现代化目标模式,以法治作为社会治理现代化的根本性治理工具,用制度化的政治参与方式,协调和平衡国家与社会关系,最终实现了社会转型。② 谭卫华将新加坡作为市域治理的案例,指出新加坡始终坚持“民本”、“融合”和“创新”理念,构建了集自治、法治、德治、智治于一体的社会治理内容体系,注重加强公众参与、网络治理、矛盾化解与道德治理等各方面的能力建设,走出了一条独特的推进治理现代化道路。③

可见,在国内社会治理研究领域,新加坡的社会治理被认为是可以作为比较、参照和借鉴的。而在新加坡研究领域,关于新加坡社会治理的研究由来已久。

(二)关于新加坡的社会治理研究

新加坡是战后新兴国家中发展较快的国家之一。从一个杂乱无章、族群分裂的殖民地到一个秩序井然、经济繁荣的发达国家,其快速的经济发展和社会转型过程吸引了诸多国内外学者的关注,学者们从经济、政治、外交、军事、社会、环境等不同的视角解读“新加坡故事”,取得了丰硕的成果。与本书相关的新加坡社会治理研究成果可以分为以下几类:

---

① 朱前星:《执政党的社会整合与权威塑造:一个比较的视角》,《国外理论动态》2018 年第 6 期。

② 曾志敏:《强政府、强社会:社会治理现代化的新加坡与美国经验》,《社会治理》2016 年第 6 期。

③ 谭卫华:《市域社会治理现代化:新加坡的实践经验及其启迪意义》,《贵州社会科学》2020 年第 11 期。

1. 新加坡通史或综合研究

通史类研究叙述新加坡历史演进。国外研究如英国人哈·弗·皮尔逊(H. F.Pearson)的《新加坡史》和《新加坡通俗史》[①]是最早引入国内的新加坡国别史著作,篇幅不长,且出版时间早,能提供殖民时期新加坡的基本情况。英国学者藤布尔(Constance Mary Turnbull)的《新加坡史》[②]是目前为止最翔实也是国内版次最多的新加坡史著作。欧内斯特·C.T.周、埃德温·李合作编辑的《新加坡史》和威廉·林的《后现代的新加坡》是新加坡学者对本国历史的探讨。[③] 专题研究方面,《新加坡河:一部社会史 1819—2002》是迄今最完整的新加坡社会史著作。[④] 游保生、林崇揶编的《新加坡 25 年来的发展》、W.G.赫夫的《新加坡的经济增长:20 世纪里的贸易与发展》和洛·琳达编辑的《新加坡:向发达的地位迈进》揭示了新加坡经济成长的奥秘。[⑤] 新加坡历史学家柯木林的《从龙牙门到新加坡》《新加坡华人通史》和崔贵强的《新加坡华人——从开埠到建国》从华人移民、落地、新国家主人的角度讲述新加坡从殖民地到发达国家的历史发展与社会变迁。[⑥]

国内方面,厦门大学南洋研究所的《新加坡简史》[⑦]是第一本由中国人编

---

① [英]哈·弗·皮尔逊:《新加坡史》,福建师大《新加坡史》翻译小组译,福建人民出版社 1972 年版;哈·弗·皮尔逊:《新加坡通俗史》,福建师大《新加坡史》翻译小组译,福建人民出版社 1974 年版。

② [英]康斯坦丝·玛丽·藤布尔:《新加坡史》,欧阳敏译,中国出版集团东方出版中心 2013 年版。

③ Ernest C.T.Chew,Edwin Lee eds.,*A History of Singapore*,Singapore:Oxford University Press,1991;William Lim,*Postmodern Singapore*,Singapore:Oxford University Press,2002.

④ Stephen Dobbs,*The Singapore River:a Social History* 1819-2002,Singapore:Oxford University Press,2003.

⑤ [新加坡]游保生、林崇揶编:《新加坡 25 年来的发展》,新加坡联合早报出版社 1984 年版;[英]W.G.赫夫:《新加坡的经济增长:20 世纪里的贸易与发展》,牛磊、李洁译,中国经济出版社 2001 年版;LowLinda ed.,*Singapore:Towards a Developed Status*,London:Oxford University Press,1999.

⑥ [新加坡]柯木林:《从龙牙门到新加坡》,社会科学文献出版社 2016 年版;柯木林主编:《新加坡华人通史》,新加坡宗乡会馆联合总会 2015 年版;[新加坡]崔贵强:《新加坡华人——从开埠到建国》,新加坡宗乡会馆联合总会 1994 年版。

⑦ 厦门大学南洋研究所编:《新加坡简史》,商务印书馆 1978 年版。

写的新加坡历史著作。20世纪90年代,受邓小平讲话的影响,国内掀起学习和研究新加坡的热潮,当时新加坡研究主要出发点是借鉴其工业化的成功经验,因此关注的领域和问题主要在执政党建设、行政制度、经济发展经验、社会管理方式等方面,出现了一批探讨新加坡成功经验的著作,李路曲的《新加坡现代化之路:进程、模式与文化选择》①是总体论述新加坡现代化进程的力作,曹云华的《亚洲的瑞士——新加坡启示录》②从政治、经济、社会三方面分析新加坡实施追赶型发展战略所遇到的挑战及其对策。这一时期多层面探讨新加坡治国经验的著作还有郑维川的《新加坡治国之道》③和李一平、周宁的《新加坡研究》④,鲁虎的《新加坡》⑤对新加坡进行了全景式的素描。台湾学者曾铁忱的《新加坡史话》、陈烈甫的《李光耀治下的新加坡》、韩福光等人的《李光耀治国之钥》以及台北《天下》杂志社的《亚洲的小巨人——新加坡为什么自豪》等著作展现了台湾学界和舆论对同为"四小龙"的新加坡成功之路的浓厚兴趣。⑥

以上关于新加坡通史或综合研究的学术成果无一例外都不同程度地涉及了新加坡社会演进与社会管理,但是因为研究重点或是历史发展叙事,或是成功经验总结,未对社会管理进行深入讨论;此外,上述研究基本止于新加坡工业化时期的1990年代。

2. 新加坡殖民地社会研究

藤布尔的《海峡殖民地(1826-67)》⑦主要研究的是东印度公司管辖下的

---

① 李路曲:《新加坡现代化之路——进程、模式与文化选择》,新华出版社1996年版。

② 曹云华:《亚洲的瑞士——新加坡启示录》,中国对外经济贸易出版社1997年版。

③ 郑维川:《新加坡治国之道》,中国社会科学出版社1996年版。

④ 李一平、周宁:《新加坡研究》,国际文化出版公司1996年版。

⑤ 鲁虎:《新加坡》,社会科学文献出版社2004年版。

⑥ 曾铁忱:《新加坡史话》,台北黎明文化事业股份有限公司1975年版;陈烈甫:《李光耀治下的新加坡》,台湾商务印书馆1983年版;韩福光等:《李光耀治国之钥》,台湾天下远见出版公司1999年版;《天下》杂志社:《亚洲的小巨人——新加坡为什么自豪》,台北《天下》杂志社1984年版。

⑦ C.M.Turnbull, *The Straits settlements 1826-67*, London: Oxford University Press, 1972.

新加坡史,在为数不多的新加坡殖民地通史中,这本著作相对严谨。藤布尔的论文《海峡殖民地的内部安全》深入研究了东印度公司治下威胁海峡殖民地安全的各种因素,以及殖民政府对于维护殖民地公共安全的措施。①

在新加坡殖民地研究中,最受关注的是当时的华人社会。颜清湟的《新马华人社会史》②是对殖民地时期新马华人社会进行深入剖析的代表作。维克多·巴素(Victor Purcell)的《马来亚华人》、宋旺相(Song Ong siang)的《新加坡华人百年史》、李冯滨(Lee Poh Ping)的《19世纪新加坡华人社会》记载了大量珍贵的史实。③ 巴素的《马来亚华人》第二部分叙述了马来亚华人的特殊状况,在英华关系、华人秘密会党、华人社会问题、劳工与移民四个章节中,对华人状况有详细的介绍。宋旺相的《新加坡华人百年史》以亲历者的视角,用记传的方式分年代记录了19世纪至20世纪初每个年代新加坡主要华人领袖的生平贡献、华人社团的跌宕起伏、重大事件活动的前因后果。

华民护卫司署是观察殖民时期新加坡的一个关键点,尤妮丝·张(Thio Eunice)的《新加坡华民护卫司建立的条件(1823—1877)》一文论述了新加坡在1820年到1870年间,华人秘密会党动乱、华工受欺压,英国政府立法管治的争论和最终决定设立华民护卫司的过程与结果。文中对法律条例决议的经过有详细的探讨。④ 黄潇扬(Ng Siew Yoong)的《新加坡华民护卫司(1877—1900)》研究时间则以新加坡首位华民护卫官毕麒麟上任至离任为止。内容有华民护卫司的人员调配、护卫官职责、权限与针对秘密会党、劳工和妇女问题所采取的行动。⑤ 此外,国外学者对殖民时期的公共卫生也比较关注,研究

---

① C.M.Turnbull,"Internal Security in the Straits Settlements,1826-1867",*Journal of Southeast Asian Studies*,Vol.1,1970,pp.37-53.

② [澳]颜清湟:《新马华人社会史》,中国华侨出版公司1991年版。

③ [英]维克多·巴素:《马来亚华人》,刘前度译,马来西亚光华日报有限公司1950年版;[新加坡]宋旺相:《新加坡华人百年史》,叶书德译,新加坡中华总商会1993年版;Lee Poh Ping:*Chinese Society in Nineteenth Century Singapore*,London:Oxford University Press,1978。

④ Thio Eunice,"The Singapore Chinese Protectorate:Events and Conditions Leading to its Establishment,1823-1877",*Journal of South Seas Society*,Vol.16(1960),pp.40-80.

⑤ Ng Siew Yoong,"The Chinese Protectorate in Singapore 1877-1900",*Journal of Southeast Asian History*,Vol.2(1961),pp.89-116.

早期医疗、疾病的成果不少。①

国内对新加坡殖民地的研究以华人华侨研究为中心。曾玲教授深耕新加坡华人研究数十载，系列作品《新加坡华人的祖先崇拜与宗乡社群整合》《越洋再建家园：新加坡华人社会文化研究》《福德祠绿野亭发展史：1824—2004》《新加坡华人宗乡文化研究》是新加坡华人研究领域的必读书；②邱格屏的

① 国外相关研究成果参见：[澳]尼古拉斯·塔林主编：《剑桥东南亚史（第二卷）》，云南大学出版社 2003 年版；[英]康斯坦丝·玛丽·藤布尔：《新加坡史》，中国出版集团东方出版中心 2013 年版；[新加坡]宋旺相：《新加坡华人百年史》，叶书德译，新加坡中华总商会 1993 年版；[英]C.B.Buckley, *An Anecdotal History of Old Times in Singapore*, Fraser & Neave Limited, 1902; Lee Yong Kiat, *The Medical History of Early Singapore*, Tokyo: Southeast Asian Medical Information Center, 1978; Y.K.Lee, Warren J F.Ah Ku and Karayuki-san: *Prostitution in Singapore*, 1870-1940, Singapore University Press, 2003; Y.K. Lee, "Singapore' s Pauper and Tan Tock Seng Hospital(1819-1873)", *Journal of the Malaysian Branch of the Royal Asiatic Society*, Vol. 48, No. 2 (1975); Y. K. Lee, "Lunatics and Lunatic Asylums in Early Singapore(1819-1869)", *Medical History*, 1973; Y. K. Lee, "Medical Education in the Straits: 1786-1871", *Journal of the Malaysian Branch of the Royal Asiatic Society*, Vol.46, No.1(223), 1973; Y.K.Lee, "Prostitution and Venereal Disease In Early Singapore(1819-1889)", *Singapore Medical Journal*, Vol.21, No.5, 1980; Y.K.Lee, "Private Practitioners and Private Hospitals in Early Singapore(1819-1872)", *Singapore Med J*, Vol.46, No.9(2005); Lee Chien Earn, K · Satku, ed, *Singapore' s Health Care System: What 50 Years Have Achieved*, World Science Publishing Co.Pte.Ltd, 2016; Lenore Manderson, *Sickness and the State Health and Illness in Colonial Malaya*(1870-1940), London: Cambridge University Press, 1996; Lenore Manderson, "Public Health Developments in Colonial Malaya: Colonialism and the Politics of Prevention", *American Journal of Public Health*, Vol.89, No.1 (1999); Philippa Levine, *Prostitution, Race and Politics: Policing Venereal Disease in the British Empire*, New York: Routledge, 2003; Hairudin Bin Harun, *Medicine and Imperialism: A Study of the British Colonial Medical Establishment, Health Policy and Medical Research in the Malay Peninsula*, 1784-1918, University of London, PH.D.thesis.1988; KT Chee, "A Brief History of Psychiatry in Singapore", *International Review of Psychiatry*, Vol18, No.4(2006); KH Phua, "The Development of Health Services in the Colonies - A Study of British Malaya and Singapore", *Asia-Pacific Journal of Public Health*, VoI.3, No.4(1989); Ooi Giok LING, "British Colonial Health Care Development and the Persistence of Ethnic Medicine in Peninsular Malaysia and Singapore", *Southeast Asian Studies*, Vol.29, No.2(September 1991); Hui, Lai Hang, *Political Economy and Public Health Governance: a Comparative Study of Hong Kong, Singapore and Taiwan from the 19th century to 2000s*, The University of Hong Kong, 2010; Lenore Manderson, "Public Health Developments in Colonial Malaya: Colonialism and the Politics of Prevention", *American Journal of Public Health*, Vol.89, No.1(1999).

② 曾玲、庄英章：《新加坡华人的祖先崇拜与宗乡社群整合》，台湾唐山出版社 2000 年版；《越洋再建家园：新加坡华人社会文化研究》，江西高校出版社 2003 年版；《福德祠绿野亭发展史：1824—2004》，新加坡华裔馆 2005 年版；《新加坡华人宗乡文化研究》，中国社会科学出版社 2019 年版。

《世外无桃源:东南亚华人秘密会党》、黄松赞的《新加坡社会与华侨华人研究》、林远辉和张应龙的《新加坡马来西亚华侨史》分别从微观个案和宏观史述的角度对殖民时期新加坡华人社会进行了富有价值的研究。[①] 关于殖民地华人研究的论文则集中于秘密会党[②]、华人社会地位[③],最近几年一些硕士学位论文以殖民时期的公共卫生为研究对象[④]。

3. 新加坡建国后国家治理与社会治理研究

新加坡的政府职能与国家治理能力是国内比较政治学领域的热点,产生了一批具有代表性的成果。国内第一本专门研究新加坡社会管理的著作是陈尤文、马志刚、萧宜美等人的《新加坡公共行政》[⑤],韦红的《新加坡精神》剖析了新加坡民族精神的构成要素及其对新加坡的政治经济现代化起的巨大促进作用[⑥],陈祖洲的《新加坡:"权威型"政治下的现代化》突出新加坡现代化的威权政治特色[⑦],吕元礼的《亚洲价值观:新加坡政治的诠释》《新加坡为什么

---

① 邱格屏:《世外无桃源:东南亚华人秘密会党》,生活·读书·新知三联书店 2003 年版;黄松赞:《新加坡社会与华侨华人研究》,中国华侨出版社 2005 年版;林远辉、张应龙:《新加坡马来西亚华侨史》,广东高等教育出版社 2008 年版。

② 沈燕清:《1851 年新加坡华侨秘密会党反天主教暴乱浅析》,《八桂侨刊》2011 年第 4 期;邱格屏:《海峡殖民地政府对华侨秘密会党政策的演变》;宋海群:《19 世纪新加坡华人秘密会党兴盛之原因探析——以社会心理学为考察视角》,《文山学院学报》2016 年第 5 期;宋海群:《论 19 世纪英殖民政府对新加坡秘密会党的政策变化》,《赣南师范大学学报》2016 年第 4 期。

③ 胡亚丽:《海峡殖民地法制与华人社会(1867—1941)》,博士学位论文,中山大学,2014 年;吴靖:《海峡华人的政治参与与多重身份认同:陈若锦个案研究(1887~1917)》,硕士学位论文,华侨大学,2015 年;李艳阳:《传统与变迁:新加坡土生华人个案研究》,硕士学位论文,福建师范大学,2015 年。

④ 李林果:《19 世纪新加坡殖民地政府公共卫生治理研究》,硕士学位论文,赣南师范大学,2019 年;李鹏飞:《新加坡同济医院研究》,硕士学位论文,华侨大学,2013 年;胡红梅:《新加坡广惠肇方便留医院研究(1908—1942)》,硕士论文,华侨大学,2016 年;莫美颜:《不堪回首的"娼盛"年代——新加坡牛车水早年的妓院》,《东南亚纵横》2000 年第 2 期;颜宜葳:《伯驾在新加坡的医疗活动与早期教会医院的建立动因》,《中国科技史杂志》2013 年第 2 期。

⑤ 陈尤文、马志刚、萧宜美:《新加坡公共行政》,时事出版社 1995 年版。

⑥ 韦红:《新加坡精神》,长江文艺出版社 2000 年版。

⑦ 陈祖洲:《新加坡:"权威型"政治下的现代化》,四川人民出版社 2001 年版。

能?》《鱼尾狮智慧:新加坡政治与治理》等系列著作聚焦新加坡人民行动党执政理念、政治制度及执行力,解读新加坡的政府效能[①],王瑞贺的《新加坡国会》介绍了新加坡议会制度的形成和特点[②],郭保强的《战后新加坡的族群管理与国家建构研究》研究新加坡国家认同建构的历史[③],孙景峰的《新加坡人民行动党执政形态研究》则论述新加坡人民行动党的执政历程、环境、机制、合法性等,尝试从执政党的角度解答“新加坡之谜”[④],陈新民的《反腐镜鉴的新加坡法治主义:一个东方版本的法治国家》通过对新加坡反腐和社会管理领域法律文本的解读呈现新加坡的法治图像[⑤],李健、兰莹的《新加坡社会保障制度》整理了新加坡政府行政管理与社会保障方面的制度[⑥],魏炜的《新加坡社会政策研究》系统研究新加坡从殖民时期至今的社会政策变化及其实践,揭示新加坡社会政策与社会变迁之间的互动关系[⑦]。这些成果的研究者长期关注新加坡政治动向,除论著外,都在各自的研究方向上发表了不同数量的论文。

2012 年首届中新社会管理高层论坛的举办和 2013 年党的十八届三中全会提出创新社会治理体制、改进社会治理方式之后,从国家治理角度进行的新加坡研究在国内出现一个小高潮,不仅出版了李路曲的新作《新加坡道路》[⑧],还出版了刘鹏辉总编的新加坡国家治理体系和治理能力现代化丛书——《新加坡熔铸共同价值观:“移民国家”的立国之本》《新加坡族群和谐机制:实现多元族群社会的善治》《新加坡基层组织:政府与人民之间的缓冲力量》《新加坡公共

---

① 吕元礼:《亚洲价值观:新加坡政治的诠释》,江西人民出版社 2002 年版;《新加坡为什么能?》,江西人民出版社 2007 年版;《鱼尾狮智慧:新加坡政治与治理》,经济管理出版社 2010 年版。

② 王瑞贺:《新加坡国会》,华夏出版社 2002 年版。

③ 郭保强:《战后新加坡的族群管理与国家建构研究》,博士学位论文,华东师范大学,2003 年。

④ 孙景峰:《新加坡人民行动党执政形态研究》,人民出版社 2005 年版。

⑤ 陈新民:《反腐镜鉴的新加坡法治主义:一个东方版本的法治国家》,法律出版社 2009 年版。

⑥ 李健、兰莹编著:《新加坡社会保障制度》,上海人民出版社 2011 年版。

⑦ 魏炜:《新加坡社会政策研究》,人民出版社 2020 年版。

⑧ 李路曲:《新加坡道路》,中国社会科学出版社 2018 年版。

政策传播策略:政府如何把握民意有效施政》《新加坡特色的选举制度:人民行动党每选必胜的奥秘》《新加坡公共政策的运作过程》,这套丛书从价值观、政府管理机制等方面研究新加坡的社会建构与治理现状。①

此外,国内还有一批以期刊论文形式存在的关于新加坡社会领域内某具体问题的专门研究,这类研究与国外学者以批评性研究为主不同,国内研究多结合中国改革需要,探讨新加坡现代化经验,新加坡中央公积金制度、住房制度、养老制度、社区管理是其研究热点,在非学术期刊上也常见介绍新加坡的文章,足见中国人对新加坡的关注。

新加坡国内学者及外国学者也在思考新加坡发展的经验与局限及其对他国的借鉴意义,英文成果如《新加坡的国家与家庭:重建发展中社会》《新加坡社会控制的政治经济学》《新加坡的治理》《新加坡社会学:社会与国家》《后现代新加坡》《新加坡式公共行政》《新加坡困境:马来社群政治与教育的边缘化》《新加坡后工业时代的社会政策》《新加坡建国50年的社会问题》《印度社区50年》。② 新加坡学者的中文译著《新加坡人民行动党:它的历史、组织和领导》《新加坡社会和

① 李路曲、肖榕:《新加坡熔铸共同价值观:"移民国家"的立国之本》,湖南人民出版社2016年版;范磊:《新加坡族群和谐机制:实现多元族群社会的善治》,湖南人民出版社2016年版;张春阳:《新加坡基层组织:政府与人民之间的缓冲力量》,民主与建设出版社2015年版;周兆呈:《新加坡公共政策传播策略:政府如何把握民意有效施政》,民主与建设出版社2015年版;林金圣:《新加坡特色的选举制度:人民行动党每选必胜的奥秘》,民主与建设出版社2015年版;张超鑫、齐港:《新加坡公共政策的运作过程》,湖南人民出版社2016年版。

② Janet W.Salaff, *State and Family in Singapore: Restructuring a Developing Society*, Ithaca: Cornell University Press, 1988; Christopher Tremewan, *The Political Economy of Social Control in Singapore*, New York: St. Martin´s Press, 1994; Ross Worthington, *Governance in Singapore*, London: Oxford University Press, 2003; Tong Chee Kiong, Lian Kwen Free(eds.), *The Making of Singapore Sociology: Society and State*, Singapore: Oxford University Press, 2002; Lim William, *Postmodern Singapore*, Singapore: Oxford University Press, 2002; Jon S.T., Quah: *Public Administration Singapore-Style*, Singapore: Oxford University Press, 2010; Lily Zubaidah Rahim, *The Singapore Dilemma: the Political and Educational Marginality of the Malay Community*, Singapore: Oxford University Press, 1998; Tong Chee Riong, Lian Riven Fee, "Social Policy in Post-Industrial Singapore", *Social Sciences in Asia*, Vol.17, 2009, http://site. ebrary. com/id/10461326; David Chan (Editor), 50 *Years of Social Issues in Singapore*, Singapore: World Scientific Co. Pte. Ltd. 2015; Gopinath Pillai, K. Kesavapany (Editor): 50 *Years of Indian Community*, Singapore: World Scientific Co.Pte.Ltd.2016.

语言》《李光耀与基层组织》《新中社会发展对比研究》《新加坡人口研究》《白衣人:新加坡执政党秘辛》《新加坡良治之道》《李光耀时代 VS 后李光耀时代》《新加坡发展的经验与教训》《威权式法治:新加坡的立法、话语与正当性》等。① 这些研究从不同视角总结思考新加坡国家治理与社会治理成败得失,提出了许多真知灼见。新加坡出版的李光耀、拉惹勒南、吴作栋、纳丹等领导人的言论集、传记、回忆录则为人们认识和理解新加坡的治国理政提供了相对比较直观的资料。②

已有的研究对新加坡的社会治理方式、社会结构、社会政策等方面或是高屋建瓴,或是深入细致,有精辟独到的见解,在政治稳定、经济发达之外丰富了我们对这个东南亚小国的认识和了解。在此背景下,本书力图在社会变迁视阈下对新加坡从殖民时期到现代发达经济体的社会治理方式变化、机制运行、

① [新加坡]冯清莲:《新加坡人民行动党:它的历史、组织和领导》,苏宛蓉译,上海人民出版社 1975 年版;[新加坡]云惟利:《新加坡社会和语言》,新加坡南洋理工大学中华语言文化中心 1996 年版;[新加坡]吴俊刚、李小林:《李光耀与基层组织》,新加坡胜利出版私人有限公司 2000 年版;连瀛洲纪念奖学金理事会项目办公室:《新中社会发展对比研究》,新加坡八方文化创作室 2010 年版;[新加坡]苏瑞福:《新加坡人口研究》,薛学了等译,厦门大学出版社 2009 年版;[新加坡]叶添博、林耀辉、梁荣锦:《白衣人:新加坡执政党秘辛》,新加坡报业控股 2013 年版;[新加坡]吴元华:《新加坡良治之道》,中国社会科学出版社 2014 年版;[新加坡]蔡裕林:《李光耀时代 VS 后李光耀时代》,新加坡玲子传媒有限公司 2015 年版;[新加坡]严崇涛:《新加坡发展的经验与教训》,江苏人民出版社 2016 年版;[新加坡]约西·拉贾:《威权式法治:新加坡的立法、话语与正当性》,陈林林译,浙江大学出版社 2019 年版。

② Lee Kuan Yew, *The Singapore Story*: *Memories of Lee Kuan Yew*, Singapore: Times Editions Pte Ltd.and The Straits Times Press, 1998; Lee Kuan Yew, *From Third World to First*: *the Singapore Story*, 1965-2000, New York: Harper Collins Publishers, 2000; Alex Josey, *Lee Kuan Yew*, Singapore: Fimes Books International, 1980;《联合早报》编:《李光耀四十年政论选》,新加坡报业控股华文报集团 1993 年版;[新加坡]李光耀:《李光耀回忆录(1923—1965)》,联合早报出版社 1998 年版;[新加坡]李光耀:《李光耀回忆录(1965—2000)》,联合早报出版社 2000 年版;[新加坡]李光耀:《李光耀回忆录:我一生的挑战,新加坡双语之路》,译林出版社 2013 年版;[新加坡]李光耀口述,[美]格雷厄姆·艾里森等编:《李光耀论中国与世界》,蒋宗强译,中信出版社 2013 年版;Irene Ng, *The Singapore Lion*: *A Biography of S. Rajaratnam*, Singapore: Institute of Southeast Asian Studies, 2010; Chan Heng Chee & Obaid ul Haq(eds.), *The Prophetic and the Political*: *Selected Speeches and Writings of S.Rajaratnam*, Singapore: Graham Brash(Pte) Ltd, 1987; Alan Chong, *Goh Chok Tong*, *Singapore' s New Premier*, Malaysia: Pelanduk Publications, 1991;[新加坡]纳丹:《万想不到的征程:新加坡前总统纳丹回忆录》,阮岳湘、王海萍译,湖南人民出版社出版 2015 年版。

成效局限的动态过程进行系统研究与反思，以使读者更好地认识和理解新加坡社会治理现代化的来龙去脉及调整改革为研究的出发点。

三、研究对象、思路、方法和结构

1. 研究对象

在历史学语境里，现代化是一个从传统到现代的历史过程，社会治理的现代化是新加坡从传统到现代社会转型的重要构成。本书旨在以开埠以来新加坡社会治理的现代化历程为研究对象，在新加坡从传统到现代、从殖民地到发达经济体的社会转型和经济转型双重历史背景下，探究新加坡如何经历了殖民时期当局的自由放任与移民社会的半自治状态、建国后威权控制式的社会管理体制之后，在世纪之交向政府主导、多元协同治理方式转变的历史过程，进而揭示东方传统社会向现代社会转型过程中社会治理体系与治理能力现代化的一般性经验与新加坡的特殊性。

在社会变迁的背景下审视新加坡社会治理的动态历史进程，其目的不是单纯描述当下社会治理的机制与运行，而是在社会转型中细究国家与社会互动关系的变化及其对社会治理现代化过程的影响。任何治理结果都不可能是一蹴而就的，任何模式也不可能是一成不变的，从历史学的视角检视新加坡社会治理现代化的来龙去脉，才能知其然并知其所以然。

2. 研究思路与方法

本书的研究思路是以历史唯物主义为方法论，结合社会冲突和社会整合理论，以分析"国家与社会"的矛盾关系为核心，从新加坡经济条件的变化出发解释社会基础的变化和社会治理方式的变化，探究新加坡如何在国家主导下，以"善治"为目标，努力实现政府自上而下的社会管理和民间自下而上的社会自治最佳结合的社会治理现代化过程。

在研究方法上，本书采用历史学、政治学、社会学多学科研究方法，具体而言，主要是文献研究法、计量研究法、案例研究法和比较研究法。首先，运用文献研究法，通过对殖民时期的《海峡殖民地法律》《海峡殖民地年度报告(1855—1941)》《三州府文件修集选编》《新加坡殖民地年度报告》和建国后新加坡历年的年鉴与统计年鉴、官方数据、法规文告、人民行动党和宗乡会馆等政治团体与社会组织的纪念特刊，以及新加坡领导人的言论集、传记、回忆录和报刊史料等百余种文献资料的解释、分析、研判，研究新加坡社会治理现代化。其次，运用计量分析法，从海峡殖民地年度报告、新加坡殖民地年度报告、建国后新加坡历年的年鉴与统计年鉴、世界银行数据库中整理新加坡开埠以来人口统计、财政收支类别与数量统计、社会组织统计、语言使用情况、雇佣与就业统计、居民收入、教育水平等多种数据，制成 50 余张统计表，通过对数据的分析考查新加坡社会变迁与社会治理现代化。再次，运用案例研究法，选择公共卫生治理和华人社会自治等案例，说明殖民时期政府社会管理的有限性和民间社会自治的成熟；选择新加坡建国后社会整合中的语言问题、华人社团功能转化问题，后工业时代的老龄化问题、社区治理等案例，来观察新加坡政府如何因应国家需求与社会基础变化而调整社会治理方式与措施，实现社会治理的现代化。最后，运用比较研究法，对殖民时期新加坡与槟榔屿、马六甲经济与人口、新加坡不同时期不同族群的待遇及社会地位、不同领域的财政开支等问题进行比较研究，透视新加坡社会治理的成效与不足。

3. 研究结构

现代新加坡肇始于 1819 年，所以任何层面的“新加坡故事”都应该从 1819 年讲起，才能理解“新加坡故事”的原委，特别是新加坡社会的发展变化。建国前后的新加坡在政治体制和经济形态方面迥异，但是在社会文化方面却顽强地保持了延续性，因此，要理解新加坡社会发展，理解新加坡政府与社会互动中的社会治理现代化过程,就必须从 1819 年英国将新加坡辟为殖民地开始。

英国在新加坡的殖民统治分两个时期:东印度公司管辖时期和直辖殖民地时期。本书第一章追溯东印度公司辖下殖民地自由放任的社会治理。开埠以后,东印度公司将新加坡定位为自由贸易港,避免对新加坡的事务进行过多的干预和介入,实行自由放任与分而治之相结合的统治方式。新加坡形成一个个相对独立的族群移民社会,族群内部高度自治,华人社会自治是其中的典型代表,马来人和印度人也都按照各自传统社会中约定俗成的规则自治。与此同时,跨族群的社会组织开始出现并参与到社会治理中。

第二章关注直辖殖民地时期政府社会职能的加强,探讨新加坡成为直辖殖民地后,殖民政府如何转变东印度公司对新加坡的自由放任和间接统治的政策,加强政府的社会职能,通过完善社会管理机制、加强立法规范社会秩序、治理公共卫生等方式,使社会管理逐渐步入有序状态。第二次世界大战前后,殖民当局对新加坡殖民地的有序管理更加系统全面地展开,初步建立了比较完整的现代国家的社会管理系统。与此同时,因为殖民统治能力的有限,19 世纪中期后移民社会仍然延续着较高程度的自治状态,特别是华人社会如火如荼地兴办华校和医院,说明华社自治的能力与水平都达到相当的高度。英国在新加坡殖民地有序管理的社会改革因第二次世界大战爆发而中断,战后在新加坡岛内独立力量的冲击下,英国结束了在新加坡的殖民统治。

第三章聚焦 1959—1995 年新加坡工业化时期的社会治理。获自治以来,新加坡政府实现殖民时期的弱政府到独立国家的强政府的转变,完成社会治理三大目标:建立以法制与秩序为基础的威权控制体制,稳定社会秩序,政府全面介入社会,将社会和个人纳入政府的统一管理,建立以人民协会为首的基层组织网络,协助政府进行社会控制;整合族群社会,结束族群隔离状态,以政治认同取代文化认同,通过语文政策、教育统一、市区重建、华社重塑等方式整合族群社会,建构新加坡国家认同和国民社会;以相应的社会政策促进工业化的经济转型和社会转型。政府控制下的社会控制稳定了新加坡社会秩序，成功实现了国民对国家的认同超过对族群的认同，维护了多种族和多宗教的和谐共处。但是，实现经济腾飞后的新加坡人民对社会有更多诉求，20 世纪八九十年代之际，政府控制下的社会管理面临挑战。

第四章讨论新加坡后工业时代的社会治理转型。成为发达经济体后，新加坡适应国内社会转型与国际环境变化的需要，保持政府在社会领域中强势地位的同时，完善政府主导的社会治理体系，通过扩大民主、加强沟通等方式扩大社会和公民的治理参与，在社会和谐基础上促进社会融合，国家力量和社会力量相互配合，努力构建政府主导下的政府、社会和公民多元协同的治理机制，在老龄化、社区治理方面取得明显成效。

结论部分总结了新加坡社会治理现代化的特点及对中国的启示。新加坡的发展有其特殊性，也有普遍性。新加坡的成功不仅是经济转型和经济发展的成功，也是社会转型和社会治理的成功，从威权控制型的社会管理到主导参与式的共同治理，新加坡社会治理现代化的过程是不断选择科学方案、解决社会矛盾的过程，其成功经验可以归纳如下：在经济转型及社会转型的推动下，将社会治理纳入国家治理的轨道与范畴，服从国家发展需要；形成政府主导、社会与公民共同参与的基本特征；秉承法治原则，坚持在法制轨道上推进社会治理现代化；社会治理方式和手段调整与时俱进，社会政策具有灵活性。

中国与新加坡虽然在国土面积、人口数量、经济体量和人均产值等方面差异巨大，但新加坡从殖民地到发达国家的治理经验仍然可以为中国推进社会治理现代化提供几点启示：必须高度重视社会治理的重要性；推进社会治理现代化必须坚持政府领导；应当充分发挥法治对社会治理的规范和保障作用；充分调动和发挥社会组织及公民个体的功能与作用，引领和推动社会各方面力量参与社会治理。

需要特别说明的是，本研究是在关于新加坡社会研究诸多已有成果基础上进行的，在涉及其他一些成熟的研究时采用注释的方式加以引介。此外，政府进行社会治理的主要手段是制定和实施社会政策，社会政策是社会治理的制度基础，鉴于本书作者已出版《新加坡社会政策研究》，本书是后续之作，书中涉及新加坡不同时期社会政策时也多是注释引介，避免重复研究。希望上述做法不会影响对研究内容的理解。

第一章 自由放任:东印度公司辖下的殖民地社会治理

1819 年,新加坡被辟为英国殖民地,归属英国东印度公司,由东印度公司驻印度总督管辖。1826—1867 年,东印度公司将新加坡和槟榔屿、马六甲三地从印度总督属下独立出来合并成海峡殖民地,首府初在槟榔屿,1832 年移至新加坡。1867 年海峡殖民地划为英国皇家直属殖民地,由英国殖民部直接管辖。二战期间日本一度占领新加坡,1945 年 9 月英国恢复在新加坡的统治,并于 1946 年将新加坡脱离海峡殖民地成为独立的直辖殖民地,直至 1959 年成立新加坡自治邦,结束了英国统治新加坡 140 年的历史。

英国在新加坡的殖民统治可以分两个时期:东印度公司管辖时期和直辖殖民地时期。前一个时期实行的是自由放任政策,后一个时期走向有序管理,这种差异尤其明显地表现在社会领域。本章讨论东印度公司管辖时期新加坡社会治理状况,直辖殖民地时期将在下章讨论。

开埠以后,东印度公司将新加坡定位为自由贸易港,避免对新加坡的事务进行过多的干预和介入,派驻扎官作为最高长官,实行自由放任与分而治之相结合的统治方式。当局也没有税收,无法在公共服务和社会福利方面有所作为,到 19 世纪中期,连“政府应达到的最基本标准也够不上”[①]。新加坡形成

① [英]康斯坦丝·玛丽·藤布尔:《新加坡史》,欧阳敏译,中国出版集团东方出版中心 2013 年版,第 89 页。

一个个相对独立的移民社会群体,群体内部高度自治,华人社会自治是其中的典型代表,马来人和印度人也都按照各自传统社会中约定俗成的规则自治。与此同时,跨族群的社会组织开始出现并参与到社会治理中。

一、殖民地社会基础

(一)自由港的兴起

新加坡位于马来半岛南端,自然资源缺乏,"除了空气可以自给以外,所有的资源,包括淡水都依赖进口"①。但是新加坡在地理上有两个突出优势:港口条件和地理位置。新加坡水域航道水深,港面辽阔,非常适合巨轮的进出和停泊。新加坡毗邻新加坡海峡和马六甲海峡,马六甲海峡北宽南窄,北面通往印度洋,南面通往南中国海和太平洋,是从欧洲、中东、南亚到东亚或大洋洲的海上航线必经之处,也是两大洋和亚、大洋、欧、非四大洲海上交通的重要水道。新加坡恰好位于马六甲海峡的南面出入口,扼守着海峡的咽喉,控制着两大洋交通的要冲。

优越的港口条件和地理位置造就了新加坡对外贸易的先天优势。关于新加坡历史的最早记载就说它是一个商贸中心②。哈·弗·皮尔逊说新加坡曾经两度是个大城市,两个时期之间有着近一千年的历史③。据《马来纪年》记载,13—14 世纪的新加坡是东西方货物的交汇之地④。马可波罗回国途中也

① [新加坡]蔡俊华:《李光耀诚对中港台》,新加坡胜利出版社 2000 年版,第 29 页。

② 公元 2 世纪希腊地理学家克罗狄斯·托勒密(Ptolemy,公元 90 年—168 年)的《地理学》一书中提到一个叫"萨巴拉(Sabara)"的地方,位于"金色切索尼斯(Chersonese)"的南端,是一个商贸中心,指的可能是新加坡,这是目前能找到的关于新加坡岛的最早记载。见《新加坡建国历程》,新加坡国家文物局 1998 年版,第 11 页。

③ [英]哈·弗·皮尔逊:《新加坡通俗史》,福建师范大学《新加坡通俗史》翻译小组译,福建人民出版社 1972 年版,第 1 页。

④ 厦门大学南洋研究所编:《新加坡简史》,商务印书馆 1978 年版,第 8 页。

曾路过新加坡，并留下了深刻印象，他在《马可波罗行记》中写道："其城大而美，商业繁盛。有种种香料，此处一切食粮皆饶。"①但是14世纪后期，新加坡接连遭到北部素可泰王朝和南部满者伯夷帝国的入侵，1391年暹罗再次南下占领狮城，大批屠杀居民，把狮城夷为平地，新加坡岛退化成了荒芜的小村庄。不久马六甲王国兴起，并控制了新加坡岛，荒废的新加坡逐渐被人们淡忘，不再有来往船只光顾。1405—1431年郑和七下西洋，都是以马六甲为中途站，而未停靠新加坡岛，可见15世纪时新加坡岛作为港口的地位已经衰弱。也正因为如此，葡萄牙人和荷兰人进入印尼群岛和马来半岛时都没看上新加坡，把它留给了后来的英国。

英国在这里设立商站后，托马斯·史丹福·莱佛士（Thomas Stamford Raffles，1781-1826）定下一条发展原则："新加坡是个自由港，因而对每个国家的船只都一视同仁，免税敞开贸易之门。"②这条原则奠定了新加坡的发展基础。控制港口通道是当时殖民主义者海上扩张的一般做法，新加坡天然的港口优势加上自由开放的商业政策使它迅速成为东西方交通的中途港，嗅觉灵敏的商人纷至沓来，开埠仅一年，新加坡的气象就大不一样。1820年4月3日，莱佛士在给友人的信中写到："新加坡出乎意料地在继续繁荣兴旺。单是土著船只所载运的进出口货物，在这一年内甚至已超过四百万元。"③

但是新加坡开埠后的头三十年，贸易并不是殖民当局的唯一取向，英国人鼓励贸易的同时也鼓励开垦种植，因此种植业也发展迅速，形成与商贸业齐头并进之势，各种香料和热带水果种植园遍布岛上各个角落，1824年英国外交大臣甚至在议会下议院宣布，新加坡出产的香料，六年后足以满足英国和它的

---

① ［法］沙海昂注：《马可·波罗行纪》，冯承钧译，中华书局2004年版，第651页。

② ［英］哈·弗·皮尔逊：《新加坡通俗史》，福建师范大学外语系翻译小组译，福建人民出版社1974年版，第30页；另见［英］理查德·温斯泰德：《马来亚史》，姚梓良译，商务印书馆1974年版，第395页。

③ ［英］理查德·温斯泰德：《马来亚史》，姚梓良译，商务印书馆1974年版，第393页。

殖民地的全部需要。① 英国殖民者和来新加坡发财的移民们都不很清楚:未来新加坡的繁荣是依靠种植还是依靠港口?种植园的无限扩大影响了商业场所的建设,两者之间的矛盾到19世纪50年代才得到最后解决,当时由于病害,市场不景气,所有香料种植园无人过问,听任荒废。种植园主们把岛上土壤的肥力耗尽后,纷纷渡海去大陆另谋出路。经过这么一番波折,人们确认新加坡的前途非依靠贸易不可,"自由港"的原则真正成为新加坡的立身之本。

(二)多元社会的形成

新加坡社会的特点是族群多元、文化多元,这种多元社会的特质来自其移民社会历史。

1819年1月,英国东印度公司代表莱佛士第一次登上新加坡岛时,岛上总共大约150人,其中30个华人,其余都是马来人。② 东印度公司的自由港政策对货物和人员的往来都是自由开放的,加上新马地区种植园经济和采矿业的兴起,吸引世界各地移民不断出现在新加坡,这些外来移民包括来自中国的福建、广东、海南等地的华人;来自马来半岛和印尼群岛的马来人、爪哇人、波雅尼人、武吉士人;来自印度次大陆的泰米尔人、马拉雅兰人、旁遮普人等,统称印度人(早期新加坡的印度人很大一部分是随着欧洲人来的印度士兵和加尔各答流放过来的囚犯);来自欧亚大陆和其他地方的欧洲人、欧亚混血人、阿拉伯人、泰国人、菲律宾人、日本人等少数族群。新加坡形成多元族群社会,以马来人、华人和印度人这三大族群为主体。

---

① [英]哈·弗·皮尔逊:《新加坡通俗史》,福建师范大学外语系翻译小组译,福建人民出版社1974年版,第47页。

② [新加坡]宋旺相:《新加坡华人百年史》,叶书德译,新加坡中华总商会1993年版,第5页。另见[新加坡]苏瑞福:《新加坡人口研究》,薛学了等译,厦门大学出版社2009年版,第8页;[英]维克多·巴素:《马来亚华侨史》,马来西亚光华日报有限公司1950年版,第48页。藤布尔的《新加坡史》的说法则不同,说当时岛上大约有1000人,基本上是奥朗人,马来人和华人数量大致相当,分别有20—30人,见[英]康斯坦丝·玛丽·藤布尔:《新加坡史》,欧阳敏译,中国出版集团东方出版中心2013年版,第10页。

表1-1显示了19世纪新加坡人口统计情况。1824年1月新加坡殖民官方做了第一次正式人口普查,共10683人,马来人最多,占60.2%;华人第二,占31%;布吉人(祖居地在苏拉威西)第三;另有极少量的印度人、欧洲人、亚美尼亚人和阿拉伯人。1824年后人口增长速度更快,1827年约16000人,1836年近30000人,1852年约80000人。① 1836年华人人数第一次超过马来人,位居第一,之后华人人口的占比不断上升,1849年是52.9%,到1901年华人占比达到72.1%,②新加坡以华人为主体的人口结构在19世纪中后期定型,并持续至今。

表1-1　19世纪新加坡各族人口统计　　(单位:人)

年份(年)	总人口	华人(%)	马来人(%)	印度人(%)	其他(%)
1824	10683(100%)	3317(31.0)	6431(60.2)	756(7.1)	179(1.7)
1836	29984(100%)	13749(45.8)	12538(41.7)	2932(9.9)	526(2.6)
1849	52891(100%)	27988(52.9)	17039(32.2)	6284(11.9)	1580(3.0)
1871	97111(100%)	54572(56.2)	19270(19.8)	11440(11.8)	11829(12.2)
1881	139208(100%)	86766(62.3)	22155(15.9)	12058(8.7)	18229(13.1)
1891	181602(100%)	121908(67.1)	35956(19.8)	16009(8.8)	7727(4.3)

资料来源:1. 1824、1836、1849、1891年数据出自[新加坡]苏瑞福:《新加坡人口研究》,薛学了等译,厦门大学出版社2009年版,第29—30页。

2. 1871、1881年新加坡人口普查数据出自Robert L. Jarman, *Straits Settlements Annual Report*, Vol.2, London: Archive Editions, 1998, p.511,人口比例为自算。

优越的地理位置加上自由贸易政策,让新加坡这块小小的殖民地异军突起,开埠不到十年,新加坡已经成为海峡殖民地中最繁盛的地方,并且形势一

① 人口统计数据出自《新加坡建国之路:1819年至1980年》,新加坡档案及口述历史馆1984年版,第19页。

② [新加坡]苏瑞福:《新加坡人口研究》,薛学了等译,厦门大学出版社2009年版,第28—29页。

片大好,1832年,海峡殖民地总督威廉·巴特沃斯(William Butterworth)正式将海峡殖民地首府从槟榔屿迁至新加坡。但是与新加坡经济繁荣、人口激增明显不匹配的是殖民当局管理能力的不足。

二、殖民当局的自由放任政策

(一)自由放任政策及其原因

从天猛公手里购买了新加坡后,莱佛士和其代表的东印度公司主要关心的是如何增加这个小岛的贸易重要性,至于管理机构,莱佛士的设想是在新加坡成立一个规模小、成本低、效率高的政府,每个职员都被赋予与他地位相称的、明确的职责和权力。① 莱佛士也的确是这么做的,他要求首任驻扎官威廉·法夸尔(William Farquhar)尽量减少开支。法夸尔给驻新加坡公务人员一年的薪金只相当于明古连②一个月的薪金数,1820年东印度公司还削减了新加坡的人员编制,逼得法夸尔只能自掏腰包雇佣了两个文员。③ 1820年5月,法夸尔成立了新加坡第一支常规警察队伍,由一名警司、一名警官、一名监狱看守、一名文书、一名下级警官和八名印度警员组成。1821年,欧洲商人和华商联合每月出资54西班牙银元④,增添一名警官和九名印度警员。⑤ 新加

① Kathirithamby-Wells J.,"Early Singapore and The Inception Of A British Administrative Tradition In The Straits Settlements(1819—1832)",*Journal of the Malaysian Branch of the Royal Asiatic Society*,Vol.42,No.2(Fre 1969),p.51.

② 明古连(Bengkulu)位于苏门答腊岛西南部,是英国东印度公司在马来群岛建立的第一个殖民据点,1824年《英荷条约》规定明古连归荷兰管辖。

③ [英]康斯坦丝·玛丽·藤布尔:《新加坡史》,欧阳敏译,中国出版集团东方出版中心2013年版,第25页。

④ 英属时期新加坡使用的货币比较复杂,1819—1826年主要流通西班牙银元,1826—1867年流通印度卢比和墨西哥元,1867—1903年流通白银和其他多种货币。1845—1939年也使用由海峡殖民地发行的"叻币"和"海峡元"作为流通货币。

⑤ [英]康斯坦丝·玛丽·藤布尔:《新加坡史》,欧阳敏译,中国出版集团东方出版中心2013年版,第27页。

坡殖民地政府算是搭建起来了。1826年,新加坡和槟榔屿、马六甲合并为海峡殖民地,新加坡的政府部门得到了扩大,其行政长官为驻扎官(Resident Councillor),另有三名副驻扎官(Assistant Resident)。

海峡殖民地入不敷出,1827—1828年海峡殖民地年度收入1045000西班牙银元,而行政支出达到1049539西班牙银元。① 为解决财务危机,东印度公司的应对做法是裁员和减薪,海峡殖民地公务员的退休金、住房津贴等等都被取消和削减。新加坡因为是自由港,税收不足,情况更糟糕,一名常驻新加坡的议员1827年被任命时年薪27660元,1830年缩减到24000元,②英国人都不愿到新加坡任职。1857年以前,新加坡的行政官员只能租用私人住宅用以办公。殖民地官员埃德温·李(Edwin Lee)在1869年殖民地年度报告中追溯殖民地的发展时坦言,"英国殖民政府在19世纪早期的新加坡实力不强"。③因此,在享受到人口增长和贸易繁荣带来的成功喜悦的同时,新加坡管理不力、社会失序的压力和隐患也越来越大。1830年华人区一家打铁铺失火引起的火灾烧了整整三天三夜,被戏称为"新加坡火灾"④,但是消防力量仍然没有建立起来,直到1869年,新加坡又发生了一场大火,为了自保,岛内的欧籍人士组织了一个志愿的消防队(Volunteer Fire Brigade),一些华商则合作创办了一家水火险的保险公司。1831年的新加坡"还是处在社会秩序混乱的状态中,通常一星期内发生若干起杀人案件。而且,既无法缉拿罪犯,也无法保障远离市区居民生命和财产的安全,政府对于超越岛上许多小山之外之情况毫不了解"。⑤ 1833

---

① Kathirithamby-Wells J.,"Early Singapore and The Inception Of A British Administrative Tradition In The Straits Settlements(1819—1832)",*Journal of the Malaysian Branch of the Royal Asiatic Society*,Vol.42,No.2(Fre 1969),p.53.

② Kathirithamby-Wells J.,"Early Singapore and The Inception Of A British Administrative Tradition In The Straits Settlements(1819—1832)",*Journal of the Malaysian Branch of the Royal Asiatic Society*,Vol.42,No.2(Fre 1969),p.57.

③ Robert L.Jarman,*Straits Settlements Annual Report*,Vol.2,London:Archive Editions Limited,1998,p.53.

④ [新加坡]宋旺相:《新加坡华人百年史》,叶书德译,新加坡中华总商会1993年版,第23页。

⑤ [新加坡]宋旺相:《新加坡华人百年史》,叶书德译,新加坡中华总商会1993年版,第24页。

年,东印度公司失去对华贸易垄断权,财务更加拮据,海峡殖民地“成为一项费钱又无用的负担”①,因此管理变得更加消极,实行严格的自由放任不干涉政策,只维持极其单薄的行政构架,尽量减少开支。

(二)分而治之与间接统治的社会管理策略

来岛上的人都被视为财源,“只要他们不扰乱治安,他们的行动很自由。”②开埠后头一两年来的移民可以随意在自己喜欢的地方居住。1822 年莱佛士主导了新加坡第一个城市规划,将华人、武吉士人、马来人分开居住,减少相互间的摩擦,方便英国人的管理。莱佛士组建了一个委员会,由三个欧洲人和阿拉伯人、马来人、武吉士人、爪哇人、华人各一位代表组成,通过委员会与各族群的代表人物的合作实行对岛内居民分而治之的间接管理。这种分区管辖的布局奠定了殖民时期新加坡城市发展的基调,如图 1-1 所示。

图 1-1　1851 年的新加坡全图

资料来源:Lee Poh Ping,*Chinese Society in Nineteenth Century Singapore*,London:Oxford University Press,1978,p.68.

① [英]康斯坦丝·玛丽·藤布尔:《新加坡史》,欧阳敏译,中国出版集团东方出版中心 2013 年版,第 51 页。

② [英]维克多·巴素:《马来亚华侨史》,刘前度译,马来西亚光华日报有限公司 1950 年版,第 51 页。

莱佛士最初也在新加坡实行甲必丹制度，他在告诉法夸尔少校关于怎样执行驻扎官职务的书信中指出："华人、武吉士人以及其他外国的定居者都应该由你派定他们各自种族的首领分别加以直接管理，这些首领要对你负责他们各自管辖区域内的治安。"①1826 年海峡殖民地成立时废除了甲必丹制，实际取消了族群首领的正式身份。随着新加坡经济繁荣与社会失序矛盾的凸显，19 世纪中期开始，殖民当局认为解决社会秩序混乱的唯一办法是吸收族群首领协商管理，他们成立华人参事局（The Chinese Advisory Board），吸收华人进大陪审团，1864 年，佘有进、陈金声、陈明水、陈金钟和胡亚基这 5 名华人绅士被委任为大陪审员。②

在涉及族群的公共事务、民间纠纷上，驻扎官也基本听任各族群内部协商，或采用通告的方式发出倡议，至于是否落实则不予追究，比如 1827 年，驻扎官碧灵斯曾发出通告，号召居民合作办学，而实际响应者几乎为零。但是一旦事情进入司法程序，伊斯兰教徒的事首先遵循伊斯兰教规教律处理，其他种族则按英国法律或海峡殖民地地方法令执行，时常会出现与民间惯例不同的裁决结果。19 世纪 60 年代，殖民地法院曾产生了一起华人妻妾遗孀分割财产的判例，这起判例的法官没有遵循华人民间传统，主张妻妾具有平等的财产继承权，宣称："一夫多妻制对我们的法律来讲，不只是外来的，而且是有抵触的。因此，对于地位高低不同的配偶应得的份额，在法律上并无明文规定。我不晓得除了同等分摊外还有任何适当的理由来作其他的分配了。"③

① ［新加坡］宋旺相：《新加坡华人百年史》，叶书德译，新加坡中华总商会 1993 年版，第 6 页。

② ［新加坡］宋旺相：《新加坡华人百年史》，叶书德译，新加坡中华总商会 1993 年版，第 107 页。

③ ［新加坡］宋旺相：《新加坡华人百年史》，叶书德译，新加坡中华总商会 1993 年版，第 100 页。

(三)公立医院的设立和殖民政府有限度的社会职能

在关乎殖民者自身利益的公共事务方面,当局不是完全无所作为,只是效果差强人意,比如公立医院的创办。殖民政府的官方医院从殖民者的随军医生发展而来。1819年莱佛士第一次到新加坡时带了一名医生,1821年设立了一家为英国驻军服务的军医院,命名为“General Hospital”,这是现在新加坡最大医院“新加坡中央医院”的前身。当时医院由一名助理医官负责,收治英国驻军和殖民地官员家里的仆人,官员或富人患病时医官会出诊到家里治疗。医院初建时很简陋破败,只有几间棕榈叶覆顶的小木屋(新马当地称为亚答屋,atap shed),19世纪30年代前没有资料显示这家医院收治病人情况。1845年,医院扩建,更名为“欧洲海员医院”(European Seamen' s Hospital),有40个床位,过境商船上的欧裔海员也可以入院治疗。① 1882年,医院迁址于欧南路的Sepoy Lines②,定居此处至今。

中央医院自身条件的局限远远不能适应新加坡人口增长速度,越来越多生病或受伤的劳工流落街头,“不久,新加坡的大街上就满是生病和饥饿的乞丐和流浪汉。他们在野外生活和死亡,因为没有地方可以让他们去寻求经济或医疗援助”。③ 为了减轻这一令人痛苦的情况,1821年,殖民当局又搭建了一间亚答屋贫民医院(Pauper Hospital),收容生病的贫民和被遗弃在岛上的海员病患,这是19世纪新加坡殖民当局开办的第二家官方医院。

贫民医院也由中央医院的医官负责管理,开支从鸦片烟馆、酒馆和赌场的

---

① Lee Yong Kiat, *The Medical History of Early Singapore*, Tokyo: Southeast Asian Medical Information Center, 1978, pp.23-79.

② 在中央医院迁址前,Sepoy Lines原是建有四排印度士兵军营的小山坡,华人称这个地方为“四排坡”或“四排铺”,中央医院在Sepoy Lines建院后,“四排坡”或“四排铺”也就成了老一辈新加坡华人对中央医院的别称。

③ Lee Yong Kiat, “The Pauper Hospital in Early Singapore (Part I)”, *Singapore Medical Journal*, Vol.14, No.1 (March 1973), pp.43-54.

税收中支付。1821 年 11 月 1 日至 1822 年 1 月 31 日，医院的开支是 72.19 银元，其中医生工资 48 银元，伙食费 14 银元，其他物品 10.19 银元。① 因为是免费收治，来贫民医院的病患越来越多，医院不堪重负，要求增加拨款。而莱佛士则在 1823 年为了保证中央医院的开支决定停办贫民医院，虽然在新加坡地方当局的劝说下保留了贫民医院，但没有解决增加经费的问题，作为病房的棚屋反而被要求几经搬迁。1827 年 6 月，贫民医院增加资金的要求被再次提出，当时的总督认为贫民医院收治的主要是华人，应该由华人承担医院开支，但是没有华商捐款。1827 年 10 月，当局准备关闭医院。

贫民医院虽生存困难，在当时严重缺医少药的情况下却是聊胜于无，因此关闭医院的意图引起新加坡岛内政商各界的反对，关闭计划最终没有实施，殖民当局转而计划以增加新税收项目的方式来补助医院开支。1830 年，东印度公司批准了这项要求，新税收被称为"猪肉税"（Pork Farm Tax），将屠宰生猪和出售猪肉的特许经营权竞标出售，收入用于贫民医院开支。猪肉税的征收缓解了贫民医院的财务危机，1832 年 9 月，东印度公司授权新加坡建造一个"更高效、更宽敞"的新医院，1833 年 7 月，新医院的建筑工程在贫民医院旧址启动，一年后落成使用。② 新医院使用仅半年，负责建造医院的建筑师同时又是新加坡监狱长的科尔曼（George Drumgdd Coleman）向海峡殖民地总督提出建议，将医院暂时挪用为监狱，以杜绝频繁发生的越狱事件。为了公共安全，这一建议很快得到批准。但是，征用医院做监狱的做法遭到新加坡当地人尤其是缴纳猪肉税的商人们的反对，认为违背了设置猪肉税的初衷，另一方面，猪肉税也导致猪肉价格上涨，生活成本提高。由此引发了新加坡岛内关于是否应该征收猪肉税的激烈辩论，立法委员、商人、媒体都积极参与讨论，反对声

---

① Lee Yong Kiat, "The Pauper Hospital in Early Singapore (Part I)", *Singapore Medical Journal*, Vol.14, No.1 (March 1973), pp.43-54.

② Lee Yong Kiat, "The Pauper Hospital in Early Singapore (Part II)", *Singapore Medical Journal*, Vol.15, No.1 (March 1974), pp.72-80.

音居多,贫民医院是否应该由华人筹资的问题也再次被提出来。1837 年 5 月,海峡殖民地总督决定停收猪肉税,理由是:(1)向一部分人征税以供养其余的人不公平;(2)税收没有全部用于资助贫民医院,“超过三分之一的税收进入了一般收入”挪作他用;(3)在新加坡维持一家贫民医院不值得,现有的医院更像一家乞丐收容所;(4)征收猪肉税不符合东印度公司禁止对必要食品征税的政策。① 1837 年 9 月,总督收到正式指示,贫民医院由当局拨款,为了减少开支,只能收治急性病人和意外事故受伤者。② 1837 年 10 月 31 日,猪肉税被废除。受困于投入和人员的严重不足,贫民医院每况愈下,几乎相当于等死的收容所。这家风雨飘摇的医院最终在陈笃生捐建新医院后关闭了。

贫民医院的波折集中反映了殖民当局在面向平民的公共事务管理方面自由放任的原则和人才、财力上的严重不足。东印度公司的自由放任政策严重影响了殖民政府的管理效能,面对新加坡的经济繁荣和人口激增的严峻形势,印度大总督在 1859 年坦言,海峡殖民地“最大的麻烦”是公务人员紧缺③。

三、族群社会的自治

新加坡集聚了自力更生、拼搏进取的移民文化特质。在长期自由放任、分而治之的殖民政策影响下,整个社会按照族群被分割成一个个社群,但是每个族群、每个个体也因此在历史演进中培育了高度的自治意识和自治能力。

---

① Lee Yong Kiat,“The Pauper Hospital in Early Singapore(Part II)”,*Singapore Medical Journal*,Vol.15,No.1(March 1974),pp.72-80.

② Lee Yong Kiat,“The Pauper Hospital in Early Singapore(Part II)”,*Singapore Medical Journal*,Vol.15,No.1(March 1974),pp.72-80.

③ [英]康斯坦丝·玛丽·藤布尔:《新加坡史》,欧阳敏译,中国出版集团东方出版中心 2013 年版,第 52 页。

（一）华人社会的形成

在19世纪，前往新加坡的华人不断增多，据1860年海峡殖民地年度报告显示："过去十年中，新加坡华人移民估计增加了22000人。"[①]此后，在华人商人的招募下，大量华人来新谋取生路，1881年共有46744名华人到达新加坡。[②] 随后的十年（1884—1893年），每年均有数万华人前往新加坡（见表1-2）。英属时期，在新加坡形成了一个成分复杂、规模庞大的华人社会。

表1-2　华人前往新加坡的数量统计（1884—1893年部分年份）（单位：人）

时间	1884年	1885年	1886年	1888年	1889年	1892年	1893年
人数	68517	119555	151517	164300	150809	122029	189843

资料来源：1. 1884—1889年数据出自［英］Robert L. Jarman, *Straits Settlements Annual Report*, Vol.3, London: Archive Editions Limited, 1998, p.14; p.93; p.179; p.443; p.517.

2. 1892—1893年数据出自［英］Robert L. Jarman, *Straits Settlements Annual Report*, Vol.4, London: Archive Editions Limited, 1998, p.58; p.130.

勤劳的华人受到殖民者欢迎，他们认识到"华人是我们人口中最有价值的部分"[③]，"中国人是世界上最优秀的移住民并且非常有助于促进新加坡殖民地的无比繁荣"[④]，不过殖民者无力也无意自己管理越来越多且方言复杂的华人人口，为此，他们推行了间接统治策略。1822年，莱佛士划定不同种族居住区域时指示委员会："已经决定要把华人的事务大幅度交由他们自己的首领来直接管理，你们要安排便于指挥的中心地点给这些首领做宅邸，并拨给他

① Robert L. Jarman, *Straits Settlements Annual Report*, Vol.1, London: Archive Editions Limited, 1998, p.222.

② Robert L. Jarman, *Straits Settlements Annual Report*, Vol.2, London: Archive Editions Limited, 1998, pp.466-467.

③ ［英］维克多·巴素：《马来亚华侨史》，刘前度译，马来西亚光华日报有限公司1950年版，第64页。

④ ［新加坡］宋旺相：《新加坡华人百年史》，叶书德译，新加坡中华总商会1993年版，第114页。

们广大的地方使他们得以设置有力的治安机构,同时要唤起他们关心下层社会的人们。"①不同方言的华人被划分在不同的区域,福建人安置到吻基,广东人安置到牛车水附近,潮州人安置到郊外。②《叻报》曾评论过这种管理方式:"事无大小悉委之平章,将恐不能适应,故任其各立会党,择其中能任事能明理者自理。公门中省一案件,草野中培一元气,权变之道在上者自妙措施也。一乡之中尤难废出入相友,守望相助,疾病扶持,而况作客重洋,所以知其联会而不深究,王道不外人情耳。"③

因为殖民当局的自由放任和间接统治,19 世纪的新加坡华社"已经获得某种程度的自治"④,"早年的新加坡华人社会,有其自身的一套运作体系。当殖民地政府不把华社的福利纳入其施政范畴时,是华社内部自生的力量,承担了照顾自己族群的责任。"⑤无论是土生的"海峡华人"还是南来的华南移民,在共同的帮群意识、文化认同、乡土情结的驱使下,很自然地形成华人帮群社会。⑥ 英殖民当局官员的报告中也指出:"华人是自成一帮与排外的种族,他们大多根据宗族、宗派、部族的观念联合起来成立组织。"⑦一般认为,社团、学校和报纸是华人社会的三大支柱,其中,社团又是华人社会的奠基石。

(二)华人社团与华社自治

1. 华人社团的类型

19 世纪新加坡华人各帮群都有地缘、血缘和业缘等各类社团,"透过这些

---

① [新加坡]宋旺相:《新加坡华人百年史》,叶书德译,新加坡中华总商会 1993 年版,第 10 页。

② Lee Poh Ping, *Chinese Society in Nineteenth Century Singapore*, London: Oxford University Press, 1978, pp.39-40.

③ 《论互斗寻訾适以自祸》,《叻报》1888 年 12 月 11 日。

④ [澳]颜清湟:《新马华人社会史》,中国华侨出版公司 1991 年版,第 45 页。

⑤ [新加坡]柯木林:《从龙牙门到新加坡》,社会科学文献出版社 2016 年版,第 138 页。

⑥ 关于殖民时期新加坡华人帮群社会研究情况的梳理可参见曾玲:《越洋再建家园:新加坡华人社会文化研究》,江西高校出版社 2003 年版,第 8—9 页。

⑦ Robert L.Jarman, *Straits Settlements Annual Report*, Vol.1, London: Archive Editions Limited, 1998, p.8.

社团和组织，华人社会担负起原本应由政府承担的社会功能，这包括兴办学校，修建医院、坟山，照顾华人移民的生老病死，解决年轻一代的教育问题等项。”①英属时期新加坡华人社团数量众多，其中方言和宗亲分属于地缘性和血缘性社团，有条件的社团都会选择一处屋所做会商、集结之地，称会馆，所以华人社团一般都以会馆的方式存在，早期分方言会馆和宗亲会馆，后来统称宗乡会馆。宗乡会馆积极参与社会事业的建设，延续至今，深刻影响了当地华人社会的运行，“如果没有宗乡会馆，就没有今天的华社，这样说一点也不过分”②。

方言组织即地缘组织，是新加坡华人社会自发形成的最早的社会组织。移居海外的华人，很自然地会与来自同一地域、操同一种方言的“乡亲”聚集一起，形成方言群体，根据地域与方言的不同，新加坡华人可划分为福建人、广府人、客家人、潮州人与海南人几大方言群，福建人居多，不同的方言群体因安全、娱乐和互助的需要进而形成方言组织。新加坡出现的第一个方言组织是1822年曹亚志创立的台山人的宁阳会馆，随后是嘉应客家人1822年建立的星洲应和会馆，规模较大的是福建会馆。同一地域的华人一般都组建相应的会馆，如同一县级的华人组建县级会馆；来自同一省级地域而隶属不同县籍的华人则组建省级地域会馆，如来自广东的广府人、客家人、琼籍人士共同成立了省级会馆——广东会馆。

宗亲组织是华人社团中的另一种类型——血缘组织，1819年曹亚志创办的曹家馆被认为是新加坡最早的宗亲组织。宗亲组织在新加坡再次出现是1850年前后，新加坡陈氏宗族、黄氏宗族和林氏宗族分别于1848年、1854年和1857年建立了会馆。③ 大部分同一姓氏的华人也建立自己的宗亲组织，有

---

① 曾玲：《越洋再建家园：新加坡华人社会文化研究》，江西高校出版社2003年版，第20页。

② 《新加坡宗乡会馆史略》，新加坡宗乡会馆联合总会2004年版，序言。

③ 相关讨论见［澳］颜清湟：《新马华人社会史》，中国华侨出版公司1991年版，第68—72页。

的同一姓氏但地缘不同的还会建立地域性的宗亲组织,即地缘兼血缘组织。当然,也有关系融洽的两个或两个以上的姓氏族群组成的联宗组织,如曾邱公会即以曾邱两姓组成,刘、关、张、赵四姓建立刘关张赵古城会馆。

根据 1959 年 5 月新加坡社团注册局统计的数据,英属时期新加坡共有 237 个地缘会馆,上百个血缘性会馆。① 表 1-3"英属时期新加坡华人社会组织(1819—1959)"是根据新加坡宗乡会馆联合总会编辑的《新加坡宗乡会馆史略》和《新加坡宗乡会馆联合总会会员通讯录(2016—2018)》整理的,共 199 家会馆。经历了开埠以来近二百年,有的会馆走入历史,有的则活跃至今,新加坡宗乡会馆联合总会 2016 年的通讯录上记录了殖民时期创办的、仍登记在册的 180 余家宗乡会馆。

表 1-3　英属时期新加坡华人社会组织(1819—1959 年)

序号	社会组织名称	类型	所属方言群或原籍	创建年份(年)	创始人
1	曹家馆(Ts' ao Clan House)	血缘组织	广府人/广东台山	1819	曹亚志(Ts' ao Ah-chih)
2	新加坡宁阳会馆(Ning Yang Association of Singapore)	地缘组织	广府人/广东台山	1822	曹亚志(Ts' ao Ah-chih)
3	星洲应和会馆(Ying Ho Association of Singapore)	地缘组织	客家人/广东嘉应(梅县、兴宁、五华、平远、蕉岭五县)	1822	刘润德(Liu Jun-teh)
4	新加坡惠州会馆(Wui Chiu Fui Kun)	地缘组织	客家人/广东惠州	1822	蒋文瑞、温观顺
5	福德祠绿野亭公会(Hok Tek Chi Loke Yah Teng Association)	地缘组织	广府人、客家人/广东广州、惠州、肇庆、嘉应、丰顺、永定、大浦	1824	
6	新加坡中山会馆(Chung Shan Association of Singapore)	地缘组织	广府人/广东中山	1837	梁亚胜(Liang Ah sheng)

① 转引自刘宏:《论战后新加坡华人社会结构的演变与帮权网络的特征》,"国家·地方·民众的互动与社会变迁"国际学术会议暨第九届中国社会史年会论文集,2002 年 8 月 1 日。

续表

序号	社会组织名称	类型	所属方言群或原籍	创建年份(年)	创始人
7	新加坡南顺会馆(Nan Shun Association of Singapore)	地缘组织	广府人/广东南海、顺德	1839	陈云桂
8	新加坡福建会馆(Singapore Hokkien Huay Kuan)	地缘组织	福建人	1840	陈笃生、薛佛记
9	丰永大公会(Fong Yun Thai Association)	地缘组织	客家人/广东丰顺县、永定县、大埔县	1840	
10	新加坡冈州会馆(Kang Chou Association of Singapore)	地缘组织	广府人/广东新会、开平、恩平、台山、鹤山、赤溪	1843	
11	四邑陈氏会馆(Sze Yap Chan Si Wuikun)	血缘组织	广府人/台山、新会、开平、恩平	1848	陈南(Chan Nam)
12	台山黄家馆(Wong Ka Koon)	地缘、血缘组织	广府人/广东台山	1854	黄氏
13	新加坡海南会馆(TheSingapore Hainan Hwee Kuan)	地缘组织	海南人/海南	1854	韩亚二、王志德等
14	福建九龙堂(Hokkien Kew Leong Tong)、林氏大宗祠九龙堂家族自治会(Lim See Chong Soo Kiu Leong Tong Family Self - Management Association)	血缘组织	福建、广东	1857,1929年更名	林氏
15	八和会馆(Pat Wo Wui Kun)	业缘组织	广府人/广东	1857	
16	新加坡茶阳会馆(Ch'a Yang Association of Singapore)	地缘组织	客家人/广东大埔	1858	萧贤舞(Hsiao Hsien-wu)、钟曾康、曹顺兴、卓文理等
17	周家祠(Chou Chia Ch'in)	血缘组织	广府人/广州、肇庆	1861	周活(Chou H'o)
18	凤廓汾阳公司(或名凤廓汾阳公会,Feng Guo Fen Yang Association)	地缘、血缘组织	潮州人/广东潮安凤廓、龙坑、溜龙、后廓四乡	1865	郭修敬

续表

序号	社会组织名称	类型	所属方言群或原籍	创建年份(年)	创始人
19	刘关张赵古城会馆(前身四姓馆, Lau Kwan Cheong Chew Ku Seng Wui-kun)	联宗组织	广府人	1866	刘大就(Liu Ta-chiu)、刘池长(Liu Ch'ih-chang)、关亚东(Kuan Ah-lo)、张士煜(Chang Shih-i)、赵以仁(Chao I-jen)
20	福建济阳蔡氏宗祠(Sehnh Chua Burial Ground)	血缘组织	福建	1866	蔡氏
21	新加坡永春会馆(Yung Ch' un Association of Singapore)	地缘组织	闽南人/福建永春	1867	李清渊(Lee Cheng Yan)、陈若锦(Tan Jiak Kim)
22	潮州江夏堂(Tao Chew Kang Hay T' ng)	地缘、血缘组织	广东潮州	1867	黄再全、黄坤炎、黄仙丹
23	新加坡东安会馆(Tung On Wui Kun)	地缘组织	广东东莞、宝安	1870	
24	金门会馆(Kim Mui Hoey Kuan)	地缘组织	福建金门	1870	李仕达、李连排、黄英伟、吴仲钟、陈泰
25	广惠肇碧山亭(Kwong Wai Siew Peck San Theng)	地缘组织	广府人、客家人/广州、惠州、肇庆	1871	
26	闽王祠(开闽王氏总会, Hokkien Ong Chan Temple)	地缘、血缘组织	闽南人/福建同安	1872	王友海(Ong Eu Hai)、王求和(Ong Kew Ho)、王宗周(Ong Chong Chew)
27	丰顺会馆(Foong Shoon Fui Kuan)	地缘组织	客家人/广东梅州	1873	谢顺邻、朱诗合、谭东合
28	李氏书室(Li Shih Shu Shih)	血缘、地缘组织	广府人/广东广州、惠州、肇庆	1874	李氏
29	葆赤宫陈氏宗祠(Po-chia-keng, Tan Clan Temple)	血缘组织		1878	陈元肃、陈金钟(Tan Kim Cheng)、陈明水(Tan Beng Swee)

续表

序号	社会组织名称	类型	所属方言群或原籍	创建年份（年）	创始人
30	肇庆会馆（Siu Heng Wui Kun）	地缘组织	广东肇庆16属	1878	司徒长、黄硕、汤五、何显达
31	新加坡番禺会馆（Singapore Poon Yue Association）	地缘组织	广东番禺	1879	胡亚基
32	潮州西河公会（Teo Chew Sai Ho Association）	血缘组织	广东潮州	1880	林氏
33	三和会馆（1992年易名广西暨高州会馆Guangxi and Gaozhou Association）	地缘组织	广客人/广东高州、廉州;广西	1883	庞敦武、揭志松、许爱廷、张祺福
34	三水会馆（San Sui Wui Kun）	地缘组织	广东三水县	1886	谢均、邓寿平、何三兴
35	符氏社（Fu Shih She）	血缘组织	海南	1887	符愈贵（Fu Yu-kuei）、符运政（Fu Yun-cheng）、符福基（Fu Fu-chi）、符昌文（Fu Ch'ang-wen）
36	李厝公司（Lee Choo Kongsi）、新加坡潮州（陇西）李氏公会（Singapore Teo Chew Lee Clan Association）	地缘、血缘组织	广东潮州人	1890	李氏
37	雷州公馆（Lui Chiu Hoe Kuan）	地缘组织	海南人	1892	
38	韩氏祠（Han Clan Temple）	地缘、血缘组织	海南人	1900	韩氏
39	梅汝南堂（Boey Ni Lam Hong）	地缘、血缘组织	广东台山县端芬	1900	梅渐耀、梅百福、梅南乐、梅连振、梅炳炎
40	龙氏祠（龙氏公会，Lung Clan Temple）	血缘组织	海南人/琼州琼山县	1903	龙其章（Lung Ch' I-chang）
41	三江会馆（San Kiang Huay Kwan）	地缘组织	江苏、浙江、江西	1906	潘云卿、曹裕昌、傅竺贤、陆进发、黄智慧

续表

序号	社会组织名称	类型	所属方言群或原籍	创建年份（年）	创始人
42	陇西公所（李氏总会，Long Say Kong So）	血缘组织		1907	李清渊（Lee Cheng Yan）
43	新加坡李氏总会（Singapore Lee Clan General Association）	血缘组织		1907	李氏
44	汪平阳堂（Wang P' ing Yang T' ang）	血缘组织	闽南人/福建同安	1908	汪氏
45	新加坡福州会馆（Singapore Foochow Association）	地缘组织	福建福州	1909	孙子善、徐季钧、林乾增、陈文清
46	广东吴氏书室（Kwangtung Wu Shih Shu She）	血缘组织	广府人	1910	吴氏
47	琼崖黄氏公会（Chiung-yai Huang Clan）	血缘组织	海南人	1910	黄氏
48	新加坡仁和联谊社（Singapore Jin Hoe Lian Ghee Sia）	地缘组织	福建晋江	1910	蔡尤琛、蔡长淡、蔡尤监、蔡德武等
49	新加坡福清会馆（Singapore Fotsing Association）	地缘组织	福建福清	1910	庄端、李春、周福、郭可春、王万高
50	四知堂（Yeoh Shi Ti Tong Association）、星洲福建杨氏公会（Singapore Hokien Yeo See Association）	血缘组织	福建	1911，1959年更名	杨氏
51	南洋孔教会（Nanyang Confucian Association）	业缘组织		1914	
52	永定会馆（Eng Teng Association）	地缘组织	客家人/福建永定	1918	胡必育、胡秀容、张滋楼、胡星阶
53	新加坡晋江会馆（Singapore Chin Kang Huay Kuan）	地缘组织	福建晋江	1918	萧志来、萧金奎、洪宝植、庄丕唐、王季叻
54	花县会馆（Fa Yun Wui Kwun）	地缘组织	广东花县	1919	骆梓欢、曾潜森、侯蕴玉、刘河杰
55	谭氏宗社（Tham Si Tsung She）	血缘组织		1919	谭氏

续表

序号	社会组织名称	类型	所属方言群或原籍	创建年份（年）	创始人
56	兴安会馆（Hin Ann Huay Kuan）	地缘组织	福建兴安	1920	陈耀如、林志诚、林鸿宾
57	官山社（Singapore Kuan Sun Sia）	地缘、血缘组织	金门县金沙镇官澳乡	1920	杨氏、李氏联宗
58	荥阳堂郑氏公会（Eng Yong Tong Tay Si Association）	血缘组织		1921	郑天足、郑荣俊、郑木火、郑邦国、郑亚米等
59	新加坡安溪会馆（Singapore Ann Kway Association）	地缘组织	福建安溪	1922	施明德、高铭王、张培恭、胡绪省、白圻引
60	新加坡桃源俱乐部（Singapore Thor Guan Club）	业缘组织		1923	
61	新加坡惠安公会（Singapore Hui Ann Association）	地缘组织	福建惠安	1923	谢荣西、苏妈英、郭枚生、许洁成、谢致成
62	新加坡温州会馆（Wenzhou Clan Association of Singapore）	地缘组织	浙江温州	1923	金天放、陈岳书
63	星洲南洋江夏堂、新加坡黄氏总会（Huang Shi Zong Hui（Singapore））	血缘组织		1924	黄济舟、黄有渊、黄良保、黄宗朝等
64	新加坡清远会馆（Ching Yoon Wooi Kwoon）	地缘组织	广府人/广东清远	1924	李汝桐、朱世棠、何仕焜、欧蔚堂
65	琼崖朱氏社（Keng Yai Choo Tee Clan）	血缘组织	海南	1925	朱和卿、朱儒焕、朱儒兴
66	会宁公会（曾名四会会馆、会宁会馆，Singapore Wui Neng Association）	地缘组织	广府人/广东四会、广宁	1925	吴炽昌、谭乾生、林德、李二九
67	潮阳会馆（Teo Yeonh Huai Kuan）	地缘组织	潮州人/广东潮阳	1925	陈源泉、何乐如、林雨岩、郑则士、李金赐
68	新加坡南安会馆（Singapore Lam Ann Association）	地缘组织	福建南安	1926	王加禄、侯西反、林水朴、洪光胜、梁少山、赵文烟、张金荣、林志伊

续表

序号	社会组织名称	类型	所属方言群或原籍	创建年份(年)	创始人
69	琼崖王氏祠(Kheng Jai Wee Tee Soo)	血缘组织	海南	1926	王应文、王绍经、王永源、王其俊、王业序等
70	潮阳会馆(Teo Yeonh Huai Kuan)	地缘组织	广东潮州潮阳	1926	
71	同怀俱乐部(Thong Huai Association)	地缘组织	海南同怀	1927	
72	禾山公会(Ho San Kong Hoey)	地缘组织	福建禾山	1928	陈幼籍
73	新加坡延陵吴氏总会(Yen Leng Goh Clan General Association Singapore)	血缘组织	福建	1928	吴先荣、吴文汉、吴晋三
74	苏氏公会(Soh Clan Association)	血缘组织		1929	苏耀卿、苏根文、苏炳鞍、苏圻庆等
75	余氏家塾—余氏总会(Yee Clan Association)	血缘组织	家塾时限于广东台山、新会、开平、恩平四县,1950 年更名余氏总会,不限地域	1929	余建业、余堂记、余操中
76	南洋客属总会(The Nanyang Khek Community Guild)	地缘组织		1929	汤湘霖等
77	新加坡谢氏总会(前身宝树联合会,Chia General Association(Singapore))	血缘组织		1929	谢荣西、谢荔圃、谢伟源、谢成裕、谢顺德
78	漳州总会(Chang Chow General Association)	地缘组织	闽南人/福建漳州	1929	黄作发、黄乐天、杨开榜、谢龙门、颜长贵、丘国瓦等
79	新加坡潮州八邑会馆(Teo Chew Poit Ip Huay Kuan)	地缘组织	潮州人/广东潮州	1929	林义顺、黄蔚廷、刘正兴、廖正兴等
80	新加坡刘氏总会(Lau Clan General Association)	血缘组织		1930	刘木荣、刘发盛、刘先奇、刘志我

续表

序号	社会组织名称	类型	所属方言群或原籍	创建年份（年）	创始人
81	新加坡济阳蔡氏公会（Singapore Ji Yang Cai Clan Association）	血缘组织	广东潮州	1930	蔡善顺、蔡钦慧、蔡满吉、蔡开亮、蔡永锡、蔡炳清
82	新加坡同安会馆（Tung Ann District Guild）	地缘组织	福建同安	1931	陈延谦、林金殿、蒋骥甫、张扶来、胡先恩、洪镜湖、颜世芳
83	南洋赖氏公会（Nanyang Lai Clan Association）	血缘组织		1932	赖汉初、赖大章、赖滚先、赖金奎
84	南舜同宗会（原名南舜别墅，Lam Soon Tang Chong Huay）	血缘（姚、虞、陈、胡、田、袁、孙、陆八姓联宗）组织		1932	陈仙精、陈忠成、陈长胜、陈双照、陈锦章等
85	南洋梁氏公会（Nanyang Neo Clan Association）	血缘组织		1932	梁氏
86	茶阳（大埔）励志社（Chay Yang（Dabu）Lee Chee Association）	地缘组织		1934	张进之、陈育民、黄小品、杨雨若、吴岳鹏
87	南洋方氏总会（Nanyang Fang Shee Association）	血缘组织		1935	方松柏、方国钧、方诗联、方振雄、方立传等
88	白氏公会（Peh Clan Association）	血缘组织		1935	白成通、白祥、白德建
89	海南陈氏公会（Hainan Tan Clan Association）	血缘组织	海南	1935	陈行琼、陈有经、陈昌连、陈达儒
90	新加坡广东黄氏宗亲会（Singapore Cantonese Wong Clan Association）	血缘组织	广东	1936	黄氏
91	光武国术团（Guang-wu Club）	业缘组织		1936	
92	诏安会馆	地缘组织	福建诏安	1936	张干之、沈添国、谢火珠
93	武吉班让客属公会（Bukit Panjang Khek Community Guild）	地缘组织		1936	彭学龄、陈荣华、陈兆义、吴书香

续表

序号	社会组织名称	类型	所属方言群或原籍	创建年份（年）	创始人
94	新加坡海南吴氏公会（Hainan Goh Clan Association（Singapore））	血缘组织	海南	1936	吴氏
95	新加坡海南（琼崖）郑氏公会（Kheng Zai Cheng Clan Association）	血缘组织	海南	1936	郑尊五、郑兰新、郑馨爵、郑庭辉、郑心光等
96	新加坡福州瀛洲同乡会（Singapore Ying Chew（Foochew）Association）	地缘组织	福建闽侯县瀛洲	1936	程天香、程道榕、程瑞华、洪仲枝、洪鼎荣
97	新加坡广东会馆（Singapore Kwangtung Hui Kuan）	地缘组织	广府人、客家人、潮州人、海南人/广东	1937	李伟南、杨瓒文、林文田、陈开国、曾纪辰、符致逢、李德初、魏森泰
98	太原王氏公会（Tai Guan Ong See Association）	血缘组织		1937	王溪水、王和二
99	西河别墅（Sai Ho Piat Su）			1937	
100	新加坡张氏总会（Chang Clan General Association）	血缘组织		1937	张琼琳、张三品、张进之、张建金、张德发
101	新加坡琼崖林氏公会（Hainan Lim Clan Association）	血缘组织	海南	1937	林昆季等
102	新加坡海州会馆（Hoi Chow Whay Kuan）	地缘组织	广府人/广东中山海州镇	1937	
103	颍川公所（Eng Chuan Kong Soh）	血缘组织		1937	陈诗宗、陈溢庆、陈水镇、陈水泉
104	潮安联谊社（Teo Ann Lian Ngee Seah）	地缘组织	潮州人/广东潮安	1937	
105	新加坡宁波同乡会（Ningpo Guild Singapore）	地缘组织	浙江宁波	1937	陈来昌、余宝森、王相贤、邵逸夫
106	新加坡龙岩会馆（Singapore Lung Yen Hui Kuan）	地缘组织	福建龙岩	1938	

续表

序号	社会组织名称	类型	所属方言群或原籍	创建年份（年）	创始人
107	新加坡厦门公会（Singapore Amoy Association）	地缘组织	福建厦门	1938	
108	南洋廖氏公会（Nanyang Leow Sih Association）	血缘组织		1938	廖修茂、廖立玩、廖开乙、廖克发等
109	新加坡龙溪会馆（Singapore Leong Khay Huay Kuan）	地缘组织	福建龙溪	1939	林德根、林谦逊、林绍荣
110	同美社（Tong Bee Sia）	地缘、血缘组织	福建安溪同美乡	1939	陈锦章、陈双照、陈玉秀、陈金牌、陈炳南
111	新加坡庄氏公会（Singapore Chong Clan Association）	血缘组织		1939	庄锦发、庄清法、庄竹林、庄培华等
112	新加坡汪氏总会（Ang Association（Singapore））	血缘组织		1939	汪氏
113	新加坡卓氏总会（Toh Clan General Association（Singapore））	血缘组织	福建南安	1939	卓开榜、卓复成、卓青云、卓添丁
114	新加坡鹤山会馆（Singapore Hok San Association）	地缘组织	广东鹤山	1939	张子方、任兆林、温茂之、源冠曹
115	南洋潘氏总会（南洋潘氏公所，Nanyang Phua Clan Association）	血缘组织		1939	潘氏
116	琼崖李氏公会（Kiung Jai Lee Clan Association）	地缘、血缘组织	海南	1940	李大枋、李清泉、李学勤、李嘉和
117	南洋沈氏公会（Nanyang Sim Clan Association）	血缘组织		1940	沈添国、沈赛光、沈华菊、沈大炳
118	新加坡客属黄氏公会（Singapore Hakka Wong Association）	血缘组织		1940	黄群灼

续表

序号	社会组织名称	类型	所属方言群或原籍	创建年份（年）	创始人
119	新加坡广东黄氏宗亲会（黄大本堂，Singapore Cantonese Wong Clan Association）	地缘、血缘组织	广东	1940	黄氏
120	新加坡高要会馆（Singapore Koh Yiu Wool Kwoon）	地缘组织	广府人/广东肇庆高要	1940	廖开、冼丽初、梁伟谦、刘傅天等
121	新加坡傅氏公会（前身银青公司，Singapore Poh Clan Association）	血缘组织		1940	傅传屋、傅成业、傅子心、傅金城、傅永源
122	南洋普宁会馆（Nanyang Pho Leng Hui Kuan）	地缘组织	潮州人/广东揭阳普宁	1940	张伯贤、李子白、陈荣清、陈梓亭
123	琼崖重兴同乡会（The Song Heng Association）	地缘组织	海南人/海南文昌重兴镇	1940	莫玉深、符邦喜、吴家川
124	新加坡孙氏公会（Singapore Soon Clan Association）	血缘组织		1941	孙炳炎、孙崇瑜、孙雅度
125	湘灵音乐社（Siong Leng Musical Association）	业缘组织		1941	
126	新加坡琼崖杨氏公会（Kheng Zai Yeo Clan Association（Singapore））	血缘组织	海南	1941	杨氏
127	新加坡揭阳会馆（Singapore Kityang Huay Kwan）	地缘组织	潮州人/广东揭阳	1941	李魁士、方静堂、姚国华、林达
128	新加坡潮州弘农杨氏公会（Singapore Teochow Hong Long Yeo Clan Association）	血缘组织	潮州人/广东潮州	1941	杨荣德、杨美兴、杨树初、杨元林等
129	新加坡汾阳郭氏公会（Singapore Fen Yang Guo Association）	血缘组织		1941	郭朝梯、郭可济、郭文炳、郭迪集、郭灿祥
130	新加坡长林公会（Tiang Lim Association）	血缘组织		1945	林耀花、林富贵、林友明、林金春、林振益等

续表

序号	社会组织名称	类型	所属方言群或原籍	创建年份（年）	创始人
131	新加坡庐江何氏总会（Singapore Loh Kang Ho Clan Association）	血缘组织		1945	何成法、何建章、何穆基
132	冯氏总会（Fong Clan General Association）	血缘组织		1946	冯翘锐、冯田保、冯锡市、冯家驹
133	新加坡杨氏公会（Singapore Yong Sze Association）	血缘组织		1946	杨氏
134	南洋施氏公会（Nanyang See' s Clan Association）	血缘组织		1946	施家南、施性前、施性注、施家晓
135	南洋胡氏总会（Nanyang Hwu Clan General Association）	血缘组织		1946	胡光、胡策、胡达庭、胡源宝
136	南洋洪氏总会（Nanyang Ang Clan Guild）	血缘组织		1946	洪氏
137	萧氏总会（Siow' s Clan Guild Association）	血缘组织		1946	萧氏
138	陆氏宗祠（Loke' s Association）	血缘组织		1946	陆溢屏、陆处安、陆汉文、陆炳金等
139	浯卿陈氏公会（Wuqing Chen' s Association）	血缘组织	福建金门	1947	陈清来、陈江山、陈连科、陈诗宗、陈朝吉
140	星洲颍川公会（SingaporeTheng Chuan Association）	血缘组织		1947	陈氏
141	新加坡叶氏公会（Singapore Yap Association）	血缘组织		1947	叶连成、叶怡煎、叶茂坤、叶龙团、叶维谋
142	朱氏公会（ Choo Clan Association）	血缘组织		1947	朱氏
143	宏安旅外同乡会（Oversea Hong Ann Villagers Association）	地缘组织	潮州人/广东潮安宏安乡	1947	许戊泉、许崇和、陈再丰、许振雄等
144	新加坡南安罗溪黄氏公会（Lam Ann Loh Khoe Ng Shi Association）	血缘组织	闽南人/福建南安	1947	黄氏

续表

序号	社会组织名称	类型	所属方言群或原籍	创建年份（年）	创始人
145	新加坡钟氏公会（Zhong Clan Association（Singapore））	血缘组织		1947	钟氏
146	新加坡高平公会（Phor Tiong Koh Peng Association）	地缘组织	闽南人/福建莆田	1947	唐文理、郑文高、林天建、林九三
147	新加坡增龙会馆（Singapore Chen Loong Wui Koon）	地缘组织	广东增城、龙门	1947	
148	甄氏联合会（Yan Clan Union）	血缘组织		1947	甄耀堂、甄华沾、甄叶明、甄龙琰
149	邝氏公会（宣城堂，Kwong Clan Association）	血缘组织	广东	1948	邝由美、邝茂鸿、邝炎兴、邝亚金、邝梓棋、邝关利、邝华亨
150	新加坡安海公会（An Hai Association）	地缘组织	闽南人/福建晋江安海镇	1948	苏秋生、黄天铎
151	新加坡何思成堂（Singapore Ho See Seng Tong）	血缘组织	广府人/广东开平	1948	何銮燕
152	顺德会馆（Shun Tak Community Guild）	地缘组织	广府人/广东顺德	1948	何耀平、张仲丹、潘杰夫
153	泉菌江公所（Chuan Khoon Kang Kong So）	地缘组织	闽南人/福建泉州	1948	
154	新加坡高氏公会（Singapore Koh Clan Association）	血缘组织		1948	高思恭、高敬廷、高瑞锦
155	新加坡恩平会馆（Singapore Yen Peng Wui Kuan）	地缘组织	广府人/广东恩平	1948	
156	惠来同乡会（The Hui Lai Countrymen Association）	地缘组织	潮州人/广东揭阳惠来	1948	林世协、李史初、李国汉、赖顺自等
157	新加坡琼海同乡会（Qionghai Association（Singapore））	地缘组织	海南人/海南	1948	
158	新加坡琼崖何氏公会（Kiung Jai Ho Association）	血缘组织	海南	1948	何氏

续表

序号	社会组织名称	类型	所属方言群或原籍	创建年份（年）	创始人
159	新加坡曾邱公会(Singapore Chan Khoo Kong Huay)	联宗组织	福建泉州	1948	曾发达、曾顺德、曾和生
160	新加坡湖峰社(Singapore Oh Hong Sia Association)	地缘、血缘组织	福建金门县湖下村	1948	杨天堂、杨允炮、杨岐山、杨金贵
161	新加坡杨氏总会(Yang Clan General Association)	血缘组织		1949	杨耀基
162	星洲梁氏总会(Leong's Clan General Association)	血缘组织		1949	梁元浩等
163	新加坡蓝氏总会(Singapore Lam Clan Association)	血缘组织		1949	蓝伟烈、蓝爵禄、蓝森堂
164	新加坡吕氏公会(Singapore Loo Clan Association)	血缘组织		1950	吕清荣
165	南洋罗氏公会(Nanyang Loh Clan Association)	血缘组织		1950	罗氏
166	客属林氏公会(The Khek Lim Clan Association)	血缘组织		1951	林云仙、林仰文、林政可、林金毅等
167	客属刘氏公会(Khek Community Lieu Clan Association)	血缘组织		1951	刘桐星、刘焕光、刘叔宽、刘镇江
168	新加坡南洋杜氏公会(Singapore Nanyang Tu-si Kong Huay)	血缘组织		1952	杜德楚、杜文送、杜绍裘、杜文冰
169	南洋范氏总会(Nanyang Fan Clan General Association)	血缘组织		1952	范子英、范基让、范文祺、范运芳、范美庭
170	新加坡许氏总会(Singapore Khoh Clan Association)	血缘组织		1953	许戊泉、许木泰、许连锡、许允之
171	南洋周氏总会(The Nanyang Chew Clan Association)	血缘组织		1953	周宗启、周祖鱙、周钗、周银川、周锥延

续表

序号	社会组织名称	类型	所属方言群或原籍	创建年份（年）	创始人
172	新加坡浯江公会(SingaporeGnon Kung Association)	地缘组织	福建金门	1953	谢振坤、陈汇川、黄启澍、陈清华、翁鸿禧、张清月、李启谋等
173	黄氏炽昌联谊社(Huang Clan Chichang Association)	血缘组织	广东潮州	1953	黄碧汉、黄吴松、黄贤泉、黄绍基等
174	德侨社(Teck Keow Association)	地缘组织	海南人/海南	1953	符祥珍
175	潮安金砂陈氏同乡会(Teo Ann Kim Sar District Tan Clan Association)	地缘、血缘组织	潮安金砂乡	1953	陈宜谷、陈永松、陈壁元。陈华辉
176	南洋柯氏公会(Nanyang Kuah Si Association)	血缘组织		1954	柯进来、柯朝阳、柯贤树、柯世英、柯隆美等
177	颖川鳌头旧家同乡会(Theng Chuan Ngau Thau Koo Kay Tan Clan Association)	血缘组织	潮安鳌头乡、潮阳西芦乡、揭阳西淇乡	1954	陈宝裕、陈顺有、陈伟民、陈松海
178	新加坡彭氏总会(Singapore Pang Clan Association)	血缘组织		1954	彭维清、彭万明、彭泽之、彭少雄
179	南洋赵氏公会(Nanyang Chao Clan Association)	血缘组织		1955	赵克都、赵德代、赵开华、赵玉山
180	清河张氏公会(Chin Ho Teo Clan Association)	血缘组织		1955	张诚义、张有才、张东成、张福兴、张岳富
181	新加坡善志社(Singapore Thien Chee Society)	地缘组织	海南人/海南	1955	符德椿、詹所习、祝捷卿、马琼浩
182	新加坡潮州沈氏联合会(Singapore Teo Chow Sim Clan Association)	地缘、血缘组织	广东潮州	1956	沈氏
183	姚氏公会(Yeow Si Kong Huay)	血缘组织		1956	姚氏

续表

序号	社会组织名称	类型	所属方言群或原籍	创建年份（年）	创始人
184	兴宁同乡会(Singapore Shin Neng Fellow Countrymen Association)	地缘组织	客家人/广东兴宁	1956	黄国华、刘云华、黄贵焕
185	新加坡海南协会(Singapore Hainan Society)	地缘、业缘组织	海南人/海南	1956	符红雨、黄国良、梁明广、周传琳、冯所干等
186	新加坡福州洪氏公会(Foochow Hoon Clan Guild of Singapore)	血缘组织	福建福州	1956	洪氏
187	新加坡客属宝树谢氏公会(Chia(Pow Soo) Hakka Clan Association)	血缘组织		1957	谢龙源、谢载椹、谢学修、谢俊珊
188	南洋徐氏总会(Nanyang Chee Clan Association)	血缘组织		1957	徐建善、徐晋盛、徐标史、徐栾鸿
189	新加坡莆田会馆(Putian Association Singapore)	地缘组织	福建莆田	1957	
190	琼联声剧社(Hymn Rhyme Sing Opera Club)	业缘组织	海南人/海南	1957	
191	嘉应五属公会(Kar Yeng Five Districts General Association)	地缘组织	客家人/广东嘉应	1957	邓世坤、林水松、王海如、夏国光
192	潮安仙乐乡杨氏同乡会(Teo Ann Sian Luck Heo Yeo Clan Society)	地缘、血缘组织	广东潮安仙乐	1957	杨木和、杨木高、杨海寿、杨茂木
193	潮安东凤陈氏同乡会(The Teo Ann Tang Hong District Tan Clan Association)	血缘组织	广东潮安东凤乡	1957	陈文波
194	潮安仙都林氏同乡会(Teo Ann Sian Tow District Lim Clan Association)	地缘、血缘组织	广东潮安仙都	1958	林氏
195	刘陇同乡会(Low Leng Association)	地缘兼血缘组织	潮州人/广东潮州	1958	刘亚洲

续表

序号	社会组织名称	类型	所属方言群或原籍	创建年份（年）	创始人
196	新加坡武吉班让福建公会（Singapore Bukit Panjang Hokkien Kong-huay）	地缘组织	福建人/福建	1958	梁光南、王可咮、陈炳成、梁后宙、黄种行
197	新加坡客属张氏公会（Singapore Hakka Chong's Association）	血缘组织	客家人	1958	张戴彝、张洋彝、张添星
198	南洋马氏总会（Nanyang Man Clan General Association）	血缘组织		1959	马海源、马卿侯、马玉盛
199	西河上官路同乡会（Sai Ho Cheo Kwa Looh Village Association）	地缘、血缘组织	广东潮安县上官路	1959	林锦成、林悦照、林廷聪

说明：新加坡华人社团成立的时间说法不一，且常有变化。表中所列会馆成立时间如有不同说法，无确切史料记载的均采用登记在《新加坡宗乡会馆联合总会会员通讯录（2016—2018）》上的时间。

资料来源：1.《新加坡宗乡会馆史略》，新加坡宗乡会馆联合总会 2004 年版。

2.《新加坡宗乡会馆联合总会会员通讯录（2016—2018）》，新加坡宗乡会馆联合总会 2016 年版。

2. 华人社团的社会功能

方言会馆和宗亲会馆基本上都以联络宗亲、团结乡人、敦睦乡情、共谋福利、服务社会为宗旨，自觉承担了很多社会职能，比如组织宗教祭祀和节庆等社会活动，操办红白喜事、治病救助等福利、仲裁纠纷，等等。① 华人社团本身是华社的基石之一，他们还打造了华社的另一块基石——学校。在华人社团参与的所有社会事业中，对殖民地社会发展贡献最大的华人社团在讲述自己历史时最引以为豪的就是教育和医疗。

早期移民来新加坡的目的是谋生，生产技能多是在劳动中习得，学校教

① 关于会馆社会职能的讨论，详见［澳］颜清湟：《新马华人社会史》，中国华侨出版公司 1991 年版，第 41—48 页，第 77—86 页；曾玲：《越洋再建家园：新加坡华人社会文化研究》，江西高校出版社 2003 年版；曾玲：《新加坡华人宗乡文化研究》，中国社会科学出版社 2019 年版。

育的社会需求不大。但是受传统文化的影响，华人重视教育，只要条件允许，读书肯定是华人为后代做的第一选择。就现有资料来看，最早的华社办学记录出自 1829 年德国传教士汤森（Thomsen）牧师的报告，他记录了在华人居住区的甘榜格南有 3 间华人学校，其中 2 间是广东人的学校，分别有男生 12 人和 8 人，另外一间在北京街的福建人学校有男生 22 人。① 教育体制与课业内容大都沿用中国，老师使用方言传授中国文化。这类学校的代表是 1849 年陈金声与佘有进等人筹集资金在天福宫创立的崇文阁以及 1854 年陈金声在厦门街出资创办的义校萃英书院（Chiu Eng Si E）。崇文阁是新加坡最早有案可稽的华社私立教育机构，也是仅次于莱佛士书院历史悠久的学校，1915 年成为崇福女校校址，日据时期停办，1945 年 9 月复课，并于 1949 年开始招收男生，更名为崇福学校，1985 年学校开始招收各族学生，现在是政府特选学校。萃英书院在 19 世纪 70—80 年代发展成一所著名的华文教育机构，1954 年归福建会馆管辖，1987 年被政府征用。受殖民当局推动殖民地教育的影响，华校的鼎盛时期是在 20 世纪上半叶，具体情况在下一章讨论。

医疗自救是 19 世纪新加坡华人社会自治的另一大杰作。殖民政府在平民公共医疗领域的不作为，迫使新加坡居民自力更生，华人族群的医疗自救靠中医药，也促成了中医药业在新加坡发展。与华校鼎盛期时间相似，华人医社也是在 19 世纪末 20 世纪初兴盛起来，而开创华人医社先河的陈笃生医院却独自领先了半个世纪。

1844 年，华人富商陈笃生（福建人，1798—1850）捐资 7000 西班牙银元，在珍珠山中央医院附近建设华人贫民医院（Chinese Pauper Hospital），医院奠基石上记："新加坡华人贫民医院是基石于一八四四年五月二十五日在槟、新、甲（笔者注：指马六甲）总督巴德务上校及新加坡驻扎官丘奇先生任期内

① ［新加坡］宋旺相：《新加坡华人百年史》，叶书德译，新加坡中华总商会 1993 年版，第 22 页。

奠基。医院建筑费由慈悲为怀的华裔陈笃生先生(太平局绅)慷慨捐助的。”①新医院于1847年建成,因为资金不足,1849年9月才开放使用。1850年更名为陈笃生医院(Tan Tock Seng Hospital)。1856年以前,陈笃生医院的资金完全靠社会筹资,是新加坡第一家完全由非政府资金建造的医院,一直到1961年才被新加坡自治政府完全接管。②

1856年,医院在实龙岗路(Serangoon Road)和马里士他路(Balestier Road)的交界处盖新院址。新医院的建设资金来自政府和陈氏家人。这也是殖民当局首次资助陈笃生医院。1861年6月,新医院启用,增加了麻风病病房和女性病房。陈笃生医院的女性病房是新加坡最早单独为女性设置的病房。然而,医院的条件并没有随迁址而改善,患者之间的隔离清洁非常困难,许多病人逃离医院,在街头乞讨,四处流浪,成为一个社会问题。

1867年,海峡殖民地成为英国皇家直辖殖民地后,殖民当局加强社会管理,其中包括对民间医疗机构的扶持。1873年,陈笃生医院被置于政府官员的直接监督下,但是资金来源仍然以民间筹资为主。在社会力量的广泛支持下,医院规模不断扩大。因医院处于低洼地带,1882年,陈笃生医院再次在穆尔明路(Moulmein Road)和马里士他路之间选址搬迁。1909年,新医院落成,可容纳近1000张床位,病房通风良好,设施设备也较之前有了明显改善。

陈笃生医院是新加坡华人社会自助自治的一座丰碑,自创办以来在新加坡医疗事业中的地位仅次于中央医院,创造了新加坡医疗史上的多个第一。1905年,新加坡成立医学院,开始医学教育本地化,临床教学设在陈笃生医院,所以新加坡的第一批医学生是1910年在陈笃生医院毕业的。日据时期,陈笃生医院更名为“Hakuai Byoin”,意为“环球爱心医院(Universal Love Hos-

---

① [新加坡]宋旺相:《新加坡华人百年史》,叶书德译,新加坡中华总商会1993年版,第53页。

② Tan Tock Seng Hospital, https://eresources.nlb.gov.sg/infopedia/articles/SIP_70_2004-12-24.html.

pital)”,是当时主要的民用医院之一。1948 年,该院被指定为结核病治疗中心。建国后,陈笃生医院成功实施了新加坡第一例心脏直视手术、第一例冠状动脉搭桥手术,还是新加坡第一家进行骨髓移植的医院。

(三)秘密会党与殖民地社会

19 世纪一度很兴盛的秘密会党是新马地区一种特殊的社团,成员以华人为主,兼有印度人,在 19 世纪的新加坡留下了不容忽视的印记。

1. 秘密会党的发展

秘密会党是 19 世纪新加坡华人社会影响广泛的民间组织。关于新加坡秘密会党的最早记录是 1824 年在新加坡发生的天地会会员抢劫富人财富的大暴乱,这次活动引起了殖民政府对天地会的关注,因其活动具有隐蔽性,殖民政府在各种场合便以 Secret Societies 加以称呼,后人将其翻译成“秘密会党”或“秘密会社”。①

1824 年后,秘密会党发展迅速,规模日益扩大,数目不断增多。势力较大的义兴会与海山会是当时占绝对统治地位的会党,很多会党都是它们的分支。19 世纪中期,因方言地域的差异及经济利益的争夺,义兴会分裂为福建义兴、福兴、潮郡义兴、广福义气、松柏馆(客家义兴)、广惠肇(广府义兴)、义信、义福和琼州义兴馆九个分支。② 1851 年,义兴会内部势力较大的义福会分裂出来,自成独立的组织,从此新加坡逐渐形成义兴会、义福会与海山会三足鼎立的局面,华人社会的重要活动均有上述三大会党的身影。1860 年,新加坡警察局长布鲁克特(C.B.Blunket)给总督的信中附有一份当地会党名称、方言群、会所

① 蔡少卿:《中国近代会党史研究》,中华书局 1997 年版,第 379 页。巴素记录新加坡第一次有记载的秘密会党活动是在 1831 年,见[英]维克多·巴素:《马来亚华侨史》,刘前度译,马来西亚光华日报有限公司 1950 年版,第 53 页。

② 引自邱格屏:《世外无桃源:东南亚华人秘密会党》,生活·读书·新知三联书店 2003 年版,第 77 页。

地址与人数的名单(见表 1-4),这是新加坡殖民官方第一次详细记载华人秘密会党的有关情况。布鲁克特的统计说明殖民政府已对秘密会党的情况有所掌握,当时新加坡有 14 个影响比较大的秘密会党,它们拥有数百至上万的会员,总人数近 4 万人,共同构成一股强大势力,对当地社会施加诸多影响。

表 1-4　1860 年新加坡华人秘密会党情况表

名称	方言群	会所地址	人数(人)
义兴	福建	罗克街	15000
Chen Chen Kow	潮州、客家	北桥路	1000
义福	潮州	木匠街	800
海山	福建、潮州	横街	6000
洪明	福建	南桥路	500
Choo Leong	福建	上福建街	500
福明	福建、海南	上南京街	600
洪门	福建	直落亚逸街	400
义福	潮州	爪哇路	1500
义气	客家、潮州	长椅街	1500
义福	福建、海南	甘榜明骨路	1500
Cho Koon	潮州	新桥街	3500
义兴	海南	香港街	2500
义兴	广府	罗克街	4000
合计			39300

资料来源:[马来西亚]Wilfred Blythe, *The Impact of Chinese Secret in Malaya: A History Study*, London: Oxford University Press, 1969, p.538.

2. 秘密会党之于殖民政府、华社的两面性

(1)协助当局维持社会稳定

在 19 世纪 70 年代以前,殖民政府对当地华侨实行“间接统治”的策略,任由秘密会党发展,甚至将秘密会党当作治安管理、稳定社会的倚仗力量。1859

年至1867年，海峡殖民地总督嘉文纳（Covenagh）接受警署李德（Read）的提议，委任秘密会党首脑为特别警察，调派会党成员分组负责日间巡查街道，维持治安。之后，每遇秘密会党械斗骚乱，警察总监都如法炮制，任命会党首领做特别巡警。肯定秘密会党作为一支稳定力量的积极作用的殖民官员不在少数，认为他们“可以作为政府和广大文盲群众之间重要的联系纽带”，毕麒麟担任华民护卫司的第一份报告就表达了这种想法：“我以为，无论如何，当我提出洪门在帮助政府与中国人的下层阶级打交道中常常是很有用之时，警察应该支持我。”①

殖民当局对秘密会党实行放任与利用的政策，一方面是受当时英国对殖民地的自由放任政策的影响，另一方面是因为19世纪70年代以前秘密会党在新加坡经济领域和当局的治安管制方面发挥了不可忽视的作用。

鸦片市场、赌场、娼妓、“猪仔”贸易②等行业在19世纪的新加坡都非常兴盛，同时也是社会治安的主要隐患所在，而这些行业在相当长的时间里都被秘

---

① ［澳］颜清湟：《新马华人社会史》，中国华侨出版公司1991年版，第107页。

② “猪仔”贸易是华人华侨研究的一个重要问题，研究成果不少，可参阅［澳］颜清湟：《新马华人社会史》，中国华侨出版公司1991年版；林远辉、张应龙：《新加坡马来西亚华侨史》，广东高等教育出版社2008年版；刘玉遵：《“猪仔”华工访问录》，广东人民出版社2016年版；汤水清：《十九世纪五十年代中国苦力海上死亡及其对英移民政策影响》，《历史研究》2018年第6期；朱骅：《19世纪北美“猪花”离散群体的社会资本分析》，《妇女研究论丛》2017年第4期；须山卓、刘晓明：《殖民地奴隶制和中国苦力贸易》，《南洋资料译丛》1991年第1期；梁碧莹：《美国与中国的“苦力”贸易——兼论十九世纪中国旅美“苦力”华工》，《中山大学学报》1985年第1期；蔡鸿生：《十九世纪后期东南亚的“猪仔”华工》，《中山大学学报》1959年第4期；彭家礼：《历史上的华工出国》，《近代史研究》1984年第6期；曹雨：《19世纪中叶赴美合同制华工与赊单制华工的比较》，《东南亚研究》2015年第3期；沈毅：《猪仔贩运与苦力贸易异同辨析——与陈翰笙先生商榷》，《史学月刊》1988年第4期；李昆勇、李延祥：《邦加岛华人开采锡矿缩影：〈“猪仔”华工访问录〉》，《兰台世界》2011年第5期；吴凤斌：《略论马来亚契约华工制的发展与变化》，《南洋问题研究》1987年第2期；王珊珊：《论19世纪中期拉丁美洲的契约华工——以古巴为例》，《安阳师范学院学报》2006年第1期；吴凤斌：《厦门的苦力掳掠》，《南洋问题研究》1986年第2期；余建华：《近代契约华工输入西印度洋诸岛探析》，《西亚非洲》1991年第1期；丁立福：《“契约华工”海外生活之尘封画卷——兼论古巴著名作家罗哈斯及其经典小说〈黄色行李〉》，《暨南学报》2014年第6期；沈立新：《苦力贸易——华侨中最心酸的一页》，《社会科学》1983年第11期；汪鲸：《新加坡华人族群的生活世界与认同体系（1819—1912）》，博士学位论文，暨南大学国际关系学院，2011年；叶波：《晚清东南亚契约华工研究》，硕士学位论文，华中师范大学，2008年；杨帆：《晚清涉外劳动契约制度研究》，硕士学位论文，西南政法大学，2016年。

密会党垄断控制。秘密会党实际控制当时新马两地臭名昭著的“猪仔”贸易,①“充当了控制移民的主要工具”②。秘密会党与卖淫业的相互利用更是一种天然组合,“在19世纪的新加坡和马来亚,秘密会社控制了娼妓是一个众所周知的事实”③。秘密会党对鸦片市场、赌场、酒馆的控制权则通过饷码制度得到殖民当局的承认。英殖民当局在新加坡实行以饷码承包为主的包税制度,将鸦片、赌场、酒、妓院等行业的税收进行招标,由出价高者中标,中标者只需将税收额提前交付给政府,至于以后征收多少,如何征收,完全由承包者决定,英殖民政府无权过问。在当时,中标者绝大多数是华侨首领、大商人,因为只有他们有雄厚的财力保证税收交付。而这些华侨首领、大商人为了维持经营秩序、保证财源的稳定和财产安全,惯常的做法就是借助秘密会党的势力。他们或自行成立秘密会党,或加入秘密会党成为会党的头领,因此,华商、侨领、会党头领在很多情况下是同一批人,大商人蔡茂春、陈亚炎就是秘密会党义福会、义兴会的首领。秘密会党对鸦片、妓院、赌场、酒等行业的管控不仅保证了殖民政府每年的税收收入,同时帮政府减少了大量的人力物力开支,秘密会党也得以在当时殖民政府管制体系占有一席之地。

(2)族群内部的帮扶救困

作为华人民间社会团体,具有纪律严明、互帮互助特性的秘密会党,也承担了诸如安排工作、解决纠纷的社会事务。

秘密会党在招劳工时一般会考虑两个因素:一是能否对本社群忠诚;二是要能传承本社群职业。鉴于上述两点,秘密会党一般会挑选同方言同地域的华工以减少语言交流的障碍,方便工作开展,增强社群向心力,如义兴会大多

① 关于新马地区秘密会党参与猪仔贸易的研究详见[澳]颜清湟:《新马华人社会史》,中国华侨出版公司1991年版;邱格屏:《世外无桃源:东南亚华人秘密会党》,生活·读书·新知三联书店2003年版;邱格屏:《19世纪新、马华人秘密会党与猪仔贸易》,《青岛海洋大学学报》1999年第3期;邱格屏:《19世纪南洋华人会党与“猪仔”贸易的关系》,《青海社会科学》1999年第3期。

② [澳]颜清湟:《新马华人社会史》,中国华侨出版公司1991年版,第103页。

③ [澳]颜清湟:《新马华人社会史》,中国华侨出版公司1991年版,第114页。

雇福建人，海山党雇广府人。通常情况下，秘密会党会安排人员在各港口进行蹲点，华工上岸时，他们便积极活动，识别出本社群的人员，然后安排在自身控制的行业里工作。①

因为在华人社会中有影响力，秘密会党首领常常充当各类社会矛盾的调解者，为稳定当地秩序效力于殖民当局。1854 年，福建籍会党与潮州籍会党发生纠纷，殖民当局召开两帮首领会议，陈金声与佘有进分别对各自会党进行调停、劝说，最终使这次纠纷得到和平解决。② 另一重要人物——海山会领袖叶亚来，19 世纪六七十年代几乎成为当地的统治者，他不仅制定详细的规章制度维持当地的秩序，还亲自处理民事纠纷，建立监狱关押罪犯。1875 年 12 月秘密会党福明会与义福会、义兴会发生冲突，最后是担任殖民政府翻译官的钟明秀（亦是福明会的首领）出面使双方停火并达成协议。③

（3）破坏社会秩序

秘密会党控制的行业大多是容易滋生社会毒瘤的行业，生意越好、势力越大，对社会的负面影响越大，因争权夺利引发的械斗也越来越激烈。④ 19 世纪中期，秘密会党对社会的负面影响越来越受到关注，其充当的“警察”角色也受到越来越多的质疑，舆论中出现清除秘密会党的声音。⑤ 这种声音最初并没得到殖民当局的认可。在爆发了三次大规模（1846 年、1851 年、1854 年）的秘密会党械斗⑥、严重威胁新加坡的社会治安的情况下，殖民当局不得不检讨

① 邱格屏：《19 世纪新、马华人的职业垄断与会党械斗》，《江苏社会科学》1999 年第 2 期。

② 林远辉、张应龙：《新加坡马来西亚华侨史》，广东高等教育出版社 2008 年版，第 216 页。

③ 邱格屏：《新马华人侨领与会党头目的依存与互动》，《青海社会科学》2003 年第 2 期。

④ 详见［澳］颜清湟：《新马华人社会史》、邱格屏：《世外无桃源：东南亚华人秘密会党》的相关研究。

⑤ Wifred Blythe, *The Impact of Chinese Secret Societies in Malaya: A History Study*, London: Oxford University Press, 1969, p.85.

⑥ 具体状况参见［新加坡］宋旺相：《新加坡华人百年史》，叶书德译，新加坡中华总商会 1993 年版。

对秘密会党的放任政策,认为"华人秘密会党从事犯罪活动的成员极其邪恶、可耻……"①,成为直辖殖民地后,殖民当局扩大政府职能,对秘密会党实行限制与管理,进而取缔。

宗亲组织、方言地缘组织和秘密会党构成19世纪晚期前华人社会机构的三大支柱,维系着新加坡19世纪华人社会的高度自治。但是,华人社会帮群的特征又使华人社会内部高度分裂。因此,高度自治并不意味着天下太平,19世纪的新加坡社会是极度动荡的,根据颜清煌的研究,19世纪新加坡"社会冲突的症结,在于帮与帮之间,以及华人社会与英国殖民政府之间经济利益的冲突。"②持续不断的冲突刺激着殖民政府的神经。而在殖民政策、移民社会心理需要和华人鸦片赌博承包商纵容等因素共同作用下,鸦片、赌博、卖淫业的泛滥与猖獗③进一步激化了冲突的症结,使得19世纪中期的新加坡几乎成为罪恶的渊薮,严重损害了英国标榜的"自由贸易港"的声誉和利益,迫使殖民当局检视自由放任政策。1867年,将海峡殖民地转隶于殖民部直辖,即是殖民政府在这一地区加强社会管理的对策。

---

① Robert L.Jarman, *Straits Settlements Annual Report*, Vol.2, London: Archive Editions Limited, 1998, p.56.

② [澳]颜清湟:《新马华人社会史》,中国华侨出版公司1991年版,第183页。关于19世纪新加坡社会冲突的研究见[澳]颜清湟:《新马华人社会史》,中国华侨出版公司1991年版,第181—184页。

③ 相关研究见[澳]颜清湟:《新马华人社会史》,中国华侨出版公司1991年版,第七章社会问题及其控制;郭峰:《19世纪新加坡治安研究》,硕士学位论文,赣南师范大学,2018年,第13—18页。

第二章　有序管理:直辖殖民地时期的社会治理

1867 年 4 月 1 日,海峡殖民地的正式移转典礼在新加坡市政厅举行,新加坡由此进入了直辖殖民地时期,直到 1959 年成为自治领。

变更海峡殖民地管辖权是因为东印度公司已经无法胜任其管理职责。19 世纪 50 年代,在新加坡工作的英国人就向英议会呈送了请愿书,请求由国王直接管理海峡殖民地。东印度公司也深感不堪重负,1859 年 11 月,印度总督查尔斯·坎宁(Charles Canning)伯爵在关于建议移转管辖权的备忘录中说:"如果海峡殖民地仍旧要保持在印度总督管辖之下,那就绝对需要订出一个计划,通过这个计划使政府所雇用行政人员接受到一种特殊的训练;倘若没有这样做,那么,印度政府将不能够对这个殖民地进行恰当管理。"①

成为直辖殖民地后,殖民政府转变了东印度公司对新加坡的自由放任和间接统治的政策,加强政府的社会职能,使社会管理逐渐步入有序状态。这种情况的发生一方面是因为新加坡已经不再是一个小港口,殖民政府自由放任的政策难以为继;另一方面得益于殖民政府财政状况的改善。

---

① [新加坡]宋旺相:《新加坡华人百年史》,叶书德译,新加坡中华总商会 1993 年版,第 118 页。

一、19 世纪中期新加坡社会基础的变化

19 世纪中期世界航运史的两个革命性变化进一步提升了新加坡作为港口在国际航线上的重要地位,这两个变化,一是 19 世纪 40 年代轮船替代帆船,二是 1869 年苏伊士运河的通航。新加坡港口长为 4400—10000 尺,可航行 20000 吨以上的汽船,相比之下,槟榔屿除涨潮,一般情况下和马六甲一样都只能航行百吨船舶。① 轮船不仅使运输速度、数量大为改观,也大大提高了船只的自我防卫能力,降低海盗的威胁性,使新加坡海域交通更加通畅。苏伊士运河通航后,苏伊士—印度洋—马六甲海峡、新加坡海峡—太平洋成为国际海上航线的首选,新加坡成了东西方联络站,西方人不管是胸怀大志还是纯粹为了赚钱,都把新加坡当成是通向东方特别是中国的渠道。西方传教士要到中国传教,新加坡是他们的歇脚站;看中中国市场的商人把新加坡当作他们的第一停泊港。东来西往的船只都到这里采购日用品和燃料以及获取其他方面的服务,新加坡迅速成为重要的国际中转站和东南亚贸易中心。1861 年、1891 年、1931 年新加坡的贸易额分别是 45457100 元、②194737235 元、③602000000 元,④同期槟榔屿的贸易额分别是 13966554 元、⑤81777899 元、⑥171000000

① 朱镜宙:《英属马来半岛》,上海大东书局 1932 年版,第 88—89 页。

② Robert L.Jarman, *Annual Reports of the Straits Settlements, 1855-1941*, Vol.2, London: Archive Editions Limited, 1998, p.35.

③ Robert L.Jarman, *Annual Reports of the Straits Settlements, 1855-1941*, Vol.3, London: Archive Editions Limited, 1998, p.665.

④ Robert L.Jarman, *Annual Reports of the Straits Settlements, 1855-1941*, Vol.9, London: Archive Editions Limited, 1998, p.645.

⑤ Robert L.Jarman, *Annual Reports of the Straits Settlements, 1855-1941*, Vol.2, London: Archive Editions Limited, 1998, p.35.

⑥ Robert L.Jarman, *Annual Reports of the Straits Settlements, 1855-1941*, Vol.3, London: Archive Editions Limited, 1998, p.665.

元,[①]其贸易额明显少于新加坡。马六甲的贸易额更少,同期分别仅有3228464元、[②]3202077元、[③]14858484元。[④] 新加坡的贸易额是其他殖民地贸易额总和的数倍之多,1926年商业发展达到极盛时,新加坡贸易额高达18亿8670万银元。[⑤]

港口经济的繁荣改善了新加坡财政状况。19世纪中期,新加坡的财政收支开始转向盈余(见表2-1)。1867年,海峡殖民地建立了财政收支预算制度,为政府各部门提供明确的财政管理和控制框架,促进资源的合理配置,使加强政府职能、扩大公共支出成为可能。

表2-1 1855—1866年新加坡财政收支统计 (单位:卢比)

年份(年)	收入	支出	盈余
1855	596365	475975	120390
1856	678559	596365	82194
1857	678559	620726	57833
1858	770796	—	—
1859	863689	—	—
1860	774659	—	—
1861	965687	—	—
1862	1159431	1060652	98779
1863	1252190	1065557	186633
1864	1484725	1243982	240743

① Robert L.Jarman, *Annual Reports of the Straits Settlements, 1855-1941*, Vol.9, London: Archive Editions Limited, 1998, p.645.

② Robert L.Jarman, *Annual Reports of the Straits Settlements, 1855-1941*, Vol.2, London: Archive Editions Limited, 1998, p.35.

③ Robert L.Jarman, *Annual Reports of the Straits Settlements, 1855-1941*, Vol.3, London: Archive Editions Limited, 1998, p.665.

④ Robert L.Jarman, *Annual Reports of the Straits Settlements, 1855-1941*, Vol.9, London: Archive Editions Limited, 1998, p.645.

⑤ 《新加坡建国历程》,新加坡国家文物局1998年版,第17页。

续表

年份(年)	收入	支出	盈余
1865	1485385	1346598	138787
1866	1473902	1579593	-105691

资料来源:RobertL.Jarman,*Annual Reports of theStraits Settlements*,1855-1941,Vol.1,London:Archive Editions Limited,1998,p.50,p.92,p.145,p.264,p.332,p.408,p.418,p.579,p.598,pp.685-686,p.702.

二、殖民政府社会管理职能的加强

(一)完善社会管理机制

1.健全法治机构,提升管理能力

按照英国直辖殖民地的惯例,海峡殖民地归英国殖民部管辖后,由总督在行政会议和立法会议协助下进行统治。“1867 年海峡殖民地行政会议建立,成员包括总督、海峡殖民地最高军事长官以及 6 名高级官员。立法会议成员包括行政会议成员、大法官和 4 名总督提名的‘非官方人士’。”①总督享有最高行政权,对法案拥有赞成或否决权,但要受制于英国殖民部;行政会议类似于内阁,但不对立法会议负责;立法会议更像一个咨询机构,但其建议对总督不具有强制约束力,法案动议、通过与否的权力都在总督手里。不过立法会议在形式上很规范,会议公开进行,新闻记者可以旁听、报道,通常每年一次,在二三月开始,年底结束,以 1873 年为例,“当年立法会会期在 3 月 11 日开始,10 月 31 日结束,期间开了 30 次会议,每次会议大约 4 个小时。”②总督在会议开始和结束时都会做一次演讲。立法会议的成立和运行促进了海峡殖民地的法治建设,据

① [英]康斯坦丝·玛丽·藤布尔:《新加坡史》,欧阳敏译,中国出版集团东方出版中心 2013 年版,第 110 页。

② Robert L. Jarman,*Annual reports of the Straits Settlements*,Vol.2,London:Archive Editions Limited,1998,pp.450-456.

统计,1867 年立法会议成立至第一次世界大战这几十年间,就制定了约 1000 款条例和法令,[①]包括《最高法院法案》(Supreme Court Bill,1868)、《危险社团条例》(The Dangerous Societies Ordinance of 1869)、《华人移民法》(The Chinese Immigration Ordinance,1873,1880)、《华人农业劳工保护条例》(Chinese Agricultural Labourers' Protection,1891)、《印度移民条例》(The Indian Immigration Ordinance 1897),等等,对促进海峡殖民地的繁荣稳定起了相当大的作用。

司法机构得以健全。东印度公司统治时期,海峡地区长期只有一个巡回法庭,根本无济于事。成为直辖殖民地后,设立高等法院和初级法院两级法院,高等法院由一名大法官、三名或者更多的助理法官组成,初级法院包括地方法院、警察法院和验尸法院,"地方法庭由地方法官主持,审理较轻的刑事和民事案件,马六甲及纳闽各设一庭,新加坡及槟榔屿各设二庭,一庭处理刑事案件,二庭处理民事案件……海峡殖民地三州各设验尸庭一,审理一切意外丧命嫌疑之案件。"[②]

同时加强了警务力量。1821 年,新加坡第一支警察队伍组建时只有十几人,10 年后的 1831 年还是只有警察 18 名。[③] 1841 年新加坡人口已约有 40000 人,但仍只有 1 名兼职的警监,3 名欧洲人警察,14 名警官和 110 名土著警察。[④] 1867 年人口较 1841 年翻了一倍多,但是当年殖民地年度报告记载,"新加坡只有 202 名警察。"[⑤]如此弱小的警察队伍根本无力维护新加坡社会治安,连一些普通的偷盗抢劫都无力制止,更遑论动辄上百人的会党械斗。1856 年印度方面通过"第十三法案",也被称为"警察条例",它规定海峡殖民地每个地区的警务系统都由海峡殖民地政府控制,印度派遣的行政议员继续

---

① Kevin Y.L.Tan, *The Singapore Legal System*, Singapore: Coronet Books Inc, 1999, p.39.

② 星州日报编:《星州十年》,星洲日报出版社 1940 年版,第 120 页。

③ Song Ongsiang, *One Hundred Years History of the Chinese in Singapore*, Singapore: Oxford University Press, 1984, p.10.

④ 鲁白野:《狮城散记》,世界书局 1979 年版,第 176 页。

⑤ Robert L.Jarman, *Straits Settlements Annual Report*, Vol.1, London: Archive Editions Limited, 1998, p.20.

担任警务专员。这条规定的后果是造成了行政和警务职责不清。法案还试图削减原本就单薄的警察待遇,导致 1857 年有 25 名新加坡警员辞职。① 1871 年,海峡殖民地废除了 1856 年警察条例,颁布了新的警察条例。根据该条例,殖民地警察的最高官员是总督察,负责管控整个海峡殖民地的警务系统,一般驻扎在首府新加坡。其他的殖民点都设有警司、副警司以及其他的警务人员专门负责当地的事务。他们大多定期由总督和立法会选举任命。条例对警察的职能也做出了规定,一共有 17 项,除了维护治安、预防、打击犯罪和保护公共财产外,还需要维护交通秩序,规范游行集会,协助执行税收、卫生、管理和检疫法律,照看和圈紧走丢的家畜等工作。② 1881 年再次修改的"警察条例"取消了警察在法院承担的协助法院传呼、处理、执行的责任,使警察的职责更专注于治安领域。为提高当地警察的素质,1881 年海峡殖民地开办了一所警察培训学校,专门负责警务人员的教育培训。同年英国政府从欧洲和印度派遣了两批人员来充实海峡殖民地的警务系统,一共有 23 名训练有素的欧洲警察和 55 名印度警员抵达海峡殖民地。③ 警察人数也逐渐增加,1881 年海峡地区警察人数增长到 1428 人,④1889 年人数突破 2000,达到 2095 人,⑤1908 年增长到 2400 人,⑥ 1918 年增长到 2649 人,⑦1922 年人数突破 3000,达到 3151 人。⑧

---

① Walter Makepeace, Gilbert E.Brooke, Roland St.J.Braddell(editor), *One hundred years of Singapore*, Singapore: Oxford University Press, 1991, p.351.

② "Police Force Ordinance No.1 1872", *The Laws of the Straits Settlements* 1835-1900, Vol.1, London, Waterlow & Sons Limited, 1920, pp.225-243.

③ Walter Makepeace, Gilbert E.Brooke, Roland St.J.Braddell(editor): *One hundred years of Singapore*, Singapore: Oxford University Press, p.256.

④ Robert L.Jarman, *Annual Reports of the Straits Settlements, 1855-1941*, Vol.2, London: Archive Editions Limited, 1998, p.502.

⑤ Robert L.Jarman, *Annual Reports of the Straits Settlements, 1855-1941*, Vol.3, London: Archive Editions Limited, 1998, p.525.

⑥ Robert L.Jarman, *Annual Reports of the Straits Settlements, 1855-1941*, Vol.6, London: Archive Editions Limited, 1998, p.77.

⑦ Robert L.Jarman, *Annual Reports of the Straits Settlements, 1855-1941*, Vol.7, London: Archive Editions Limited, 1998, p.274.

⑧ Robert L.Jarman, *Annual Reports of the Straits Settlements, 1855-1941*, Vol.8, London: Archive Editions Limited, 1998, p.127.

新加坡警务与族群隔阂的问题也受到正视并纠正。海峡殖民地警务系统的官员一般由欧洲人担任，大部分警员则是马来人和印度人，但是19世纪中期开始新加坡就形成以华人为主的人口结构，华人不乐意接受马来人和印度人警员的管理，加上语言不通，严重影响了警察的工作效率。为了解决这个问题，19世纪80年代，海峡殖民地开始招募华人警察，不过数量极少，据记载，一些华人为了成为当地警察，不惜改信伊斯兰教。①

其他殖民地公职人员的配备也受到重视。1867年以后，英国殖民部在本土招募年轻人前往海峡殖民地担任公职，1869年后受举荐的人还要接受审查。从1882年开始，海峡殖民地公务机构公开向社会招募人员。也是从19世纪80年代开始，担任华人相关事务公职的人选还要被送往厦门、汕头和广州学习中国方言。② 这些招募进来的公职人员一般都在海峡地区任期至退休，他们的稳定和对殖民地的熟悉有助于维持殖民地政策的稳定，所以，直到太平洋战争爆发，“新加坡的行政管理状况比其他大多数直辖殖民地更为平顺。”③

2. 设立华民护卫司署

成为直辖殖民地后，海峡殖民地在社会管理方面最大的举措、同时也是一大创新是1877年华民护卫司署（Chinese Protectorate，1904年改名华民政务司署，Chinese Secretariat）的成立，威廉·毕麒麟（William Pickering）被任命为首任华民护卫司（Protector of Chinese）。

---

① 《盗案候讯》，《叻报》1888年11月13日；《逃差被获》，《叻报》1896年5月2日。

② ［英］康斯坦丝·玛丽·藤布尔：《新加坡史》，欧阳敏译，中国出版集团东方出版中心2013年版，第118页。

③ ［英］康斯坦丝·玛丽·藤布尔：《新加坡史》，欧阳敏译，中国出版集团东方出版中心2013年版，第117页。

关于华民护卫司署的记载和研究不少[①]，其成立原因的解释也不同。藤布尔《新加坡史》认为殖民政府对虐待劳工现象的调查催生了华民护卫司署的设立，以便“通过加大对新移民的保护力度来加强政府的控制”。[②]林远辉和张应龙在《新加坡马来西亚华侨史》中指出“华民护卫司署的建立，完全是英国向马来亚侵略、扩张的产物，是英国在海峡殖民地的殖民统治发展的必然结果。”[③]这是英殖民政府对新马华人华侨间接统治改为直接统治的标志。黄萧扬则认为华民护卫司署是政府为了改善政府和华人之间的关系，让政府和普通华人更好地相互了解而设立的机构。[④]郭峰的《19世纪新加坡治安研究》认为观念差异、语言不通导致华人与殖民者之间互不信任、华人对政府政策不理解，甚至抗议，“华民护卫司署是由于在1867年后随着新加坡重要性的提高，殖民政府想要整改新加坡糟糕的治安环境，可是政府却和广大的华人群体存在的巨大的‘隔阂’让殖民政府的很多举措难以实施，因此而设立的一个专门负责与广大华人群众打交道的一个机构，希望借此来减少双方的隔阂和矛盾。”[⑤]

华民护卫司署的设立是海峡殖民地成为直辖殖民地后，殖民政府加强社会职能的举措之一，它针对了新加坡以华人，且是底层华人为主的特点，“猪仔”贸易、虐待华工、黄赌毒猖獗、秘密会党尾大不掉、帮群矛盾等形式上与华

---

① 参见郑慧明：《华民政务司署史略》，《南洋学报》第四卷，第一辑；Ng Siew Yoong, *Chinese Protectorate* 1877-1900, Singapore: University of Malaya, 1955; Robert Nicholas Jackson, *Pickering: Protector of Chinese*, Oxford University Press, 1995；［英］康斯坦丝·玛丽·藤布尔：《新加坡史》，欧阳敏译，中国出版集团东方出版中心2013年版，第119—123页；［澳］颜清湟：《新马华人社会史》，中国华侨出版公司1991年版，第238—240页；林远辉、张应龙：《新加坡马来西亚华侨史》，广东高等教育出版社2008年版，第210—241页；郭峰：《19世纪新加坡治安研究》，硕士学位论文，赣南师范大学，2018年。

② ［英］康斯坦丝·玛丽·藤布尔：《新加坡史》，欧阳敏译，中国出版集团东方出版中心2013年版，第119页。

③ 林远辉、张应龙：《新加坡马来西亚华侨史》，广东高等教育出版社2008年版，第210页。

④ Ng Siew Yoong, “The Chinese Protectorate in Singapore 1877-1900”, *Journal of Southeast Asian History*, Vol.2(1961), pp.89-116.

⑤ 郭峰：《19世纪新加坡治安研究》，硕士学位论文，赣南师范大学，2018年，第30—31页。

人有关的社会问题的严重化,推动了殖民政府下决心加强对华人社会进行直接管控。正如本书第一章所述,1867 年以前,东印度公司对新加坡华人社会的管理基本交给华人领袖,在开埠以降半个世纪里,新加坡华人社会的高度自治既培育了如宗乡会馆那样的促进社会进步的积极势力,也培育了如秘密会党之类的危害社会秩序的消极势力,且秘密会党对社会的危害日渐突出。继 19 世纪中期连续爆发秘密会党暴乱后,1870、1871、1872 年连续 3 年,又发生了跟秘密会党相关的严重骚乱,持续数日,令华社、当局都苦不堪言,要求严惩的呼声也越来越激烈,迫使殖民政府重新检视对族群社会间接统治的方式。

1872 年暴乱后,当局组织了一个调查委员会,委员会报告的结论是:其一,有必要设立一个华人移民制度;其二,管理华人的最好办法是由华人自己负责,仿效在荷兰领地和在西贡的流行办法。① 1875 年,警察总监邓洛普(Dunlop)少校在年度报告中提出建议,设立一个专门的华人部门,由一个护卫司做首长。② 同年一位新加坡官员的报告指出:"政府对华人知之甚少,但他们却是殖民地的支柱;与此同时绝大多数华人更是对政府几乎一无所知。"③1876 年,毕麒麟在一篇名为《马六甲海峡的华人》文章中谈到处理华人秘密会党的困难时,承认殖民政府对秘密会党的失控:(1)秘密会党的注册完全是一出滑稽戏,把真的履历记载保留着,给政府当局检查的登记和名录都是为了迷惑政府而捏造的。真正的幕后操纵者是谁完全无法知道,政府当局对秘密会党的实况毫无把握。(2)1869 年的《危险社团条例》并没有发生真正的法律效力。他提出解决困难的办法是在华人中推行负责自治,即把华人社团划分为具有首领负责管理的一些区域并设甲必丹进行管理,以根绝秘密会

① [新加坡]宋旺相:《新加坡华人百年史》,叶书德译,新加坡中华总商会 1993 年版,第 139 页。

② [新加坡]宋旺相:《新加坡华人百年史》,叶书德译,新加坡中华总商会 1993 年版,第 154 页。

③ [英]康斯坦丝 · 玛丽 · 藤布尔:《新加坡史》,欧阳敏译,中国出版集团东方出版中心 2013 年版,第 119 页。

党的存在，也使华人社团同政府建立更加密切的联系。①

上述情况说明，进入19世纪70年代，殖民政府已经在考虑如何加强对华社的掌控，包括设立一个专门机构的建议已经提出。还没等当局制定出具体对策，1876年新加坡发生严重的华人邮政暴动②，暴露了部分华人领袖与殖民政府之间已经存在一种紧张关系，殖民政府依靠华人领袖的间接统治方式失效，设立殖民政府直接隶属的华人管理机构刻不容缓。次年，华民护卫司署诞生。

华民护卫司署的职责重在"护卫"，根据司署的年度报告，职责范围从登记和保护华人新移民、巡视各种植园和矿场保护华工、登记华人秘密会党和各类社团、保护华人妇女与女童、保护"妹仔"、管理当地侨民客栈（Native Passenger Lodging Houses），到管理华人参事局、管理华人学校、审查华文报纸和救助贫苦失业华人等与华人切实相关的各种事务。此外，它还要负责落实与华人相关法律的实施，同时参与华人相关法律的制定和修订工作，包括召集华人参事局开会讨论法律草案、给总督提供相关咨询，等等。

华民护卫司署设立了两个附属机构，一是1878年建立的中国妇女庇护所，实际上是妓女康复中心，后来发展成半官方机构的保良局（Po Leung Kuk），经费来自政府资助和华社赞助，华社各帮派代表组成保良局委员会（The Committee of Po Leung Kuk）进行管理，华民护卫司是委员会主席。1889年1月1日起，海峡殖民地开始实施《1888年妇女与女孩保护条例》，保良局负责落实。二是1889年12月成立的华人参事局（The Chinese Advisory Board），华民护卫司担任主席，成员由各帮的华人领袖组成，总督任命。参事

① ［新加坡］宋旺相：《新加坡华人百年史》，叶书德译，新加坡中华总商会1993年版，第154页。

② 关于邮政暴动的细节，详见Robert L.Jarman, *Annual Reports of the Straits Settlements*, Vol. 2, London: Archive Editions Limited, 1998, p.453；［新加坡］宋旺相：《新加坡华人百年史》，叶书德译，新加坡中华总商会1993年版，第155—158页；郭峰：《19世纪新加坡治安研究》，硕士学位论文，赣南师范大学，2018年，第32页。

局每月开会一次,商讨华人社会、经济、文化、教育等方方面面的事务,所议之事及结果只具有咨询的作用,不具备决策权。

毕麒麟是当时殖民地少见的"中国通","举凡华人风俗,博采周知"①,他本人在中国的多年工作经历和对华南地区多种方言的熟稔为华民护卫司署工作的开展提供了许多便利,也使殖民政府认识到管理新加坡这样一个多元族群社会,通晓本地语言的重要性。毕麒麟给学员们制定了一套完善的学习过程,被选中需要去学习汉语的官员会被派往中国工作两至三年,通常是汕头和厦门这两个港口,回到新加坡后会对他们进行测试,优秀的官员会得到更高的薪金和更好的岗位。为了让华民护卫司署的公务员更好地了解、管理华人社会,1894 年,毕麒麟的副手海尔(G.T.Hare)编撰出版《三州府文件修集》(A Text Book of Documentary Chinese Selected and Desinged for the special use of Members of the Civil Service of the Straits Settlement and the Protected Native States),给任职华民护卫司署的公务员当中文教材,修集收录了 383 篇官方和民间中文文件,包括"民间向英殖民政府上呈的禀帖、中(当时的清政府,笔者注)英政府出示的告示、各类商业和私人往来书信、遗嘱、申请书、誓词、章程、合同、借据、序文、议论文、咨文、照会和奏章。"②除了华语,殖民政府还专门拨出一笔钱作为特殊津贴,鼓励官员学习马来语和当地其他语言。

3. 吸收华人参政议政,培养本地效忠

进入保良局委员会和华人参事局是殖民当局对那些华人领袖们在华社领导地位的承认,但不是官方身份,更为正式的官方身份是市政委员。1888 年,新加坡根据 1887 年《市政法令》选举市政委员,15 个候选人竞选 5 个议

① [新加坡]柯木林、廖文辉编注:《三州府文件修集选编》,新加坡宗乡会馆联合总会、马来西亚新纪元大学学院 2020 年版,第 125 页。

② [新加坡]柯木林、廖文辉编注:《三州府文件修集选编》,新加坡宗乡会馆联合总会、马来西亚新纪元大学学院 2020 年版,第 9 页。

席，候选人中有陈金钟、陈若锦、林永庆、李庆炎、曾全福、邱文林6位华人，陈金钟、陈若锦、林永庆当选。吸收华人进议政局，让华人领袖特别是海峡土生华人领袖有限度地参加政府事务，是殖民当局尝试加强华人管理的举措之一，在19世纪晚期，著名的华人富商陈金钟、胡亚基、佘有进、陈明水、陈成宝、章芳琳等人都被授予太平局绅，任职于保良局、华人参事局、市政局、陪审团等机构。

能够被吸收进入官方、半官方机构的华人毕竟是少数，为了扩大效忠英帝国的海峡华人的社会影响力，1900年8月17日海峡英籍华人公会（Straits Chinese British Association）成立，这个组织的成立目标是："（a）促进会员对英帝国事务的关心，并鼓励会员作为女王子民保持对英帝国的忠诚。（b）为本殖民地英籍华人讨论有关社会、智识和道德福利的问题时提供便利条件。（c）增进英籍华人在任何其他法律或宪法方面的一般福利。（d）在伦敦设立一个代表委员会以照顾公众的利益。（e）从一些实际的途径鼓励华人接受高等教育和技术教育。（f）采取任何必要的法律步骤，以保护英国籍民的权利和特权。"①这个组织的作用是双重的，既是殖民当局在本地的代理，也是本地社群权益的维护者，实际上主要的作用是前者，公会自觉主动地迎合殖民政府。

（二）加强立法，规范社会秩序

英国分别在1826年和1855年两次颁布《皇家宪章》（Royal Charter），规定海峡殖民地沿用英国本土法律法规，海峡殖民地无权制定法令。英国人虽然给新加坡带来了现代法律，但这种嫁接式的做法脱离了社会实际，"由于英国本土和殖民地社会环境、风俗习惯、文化背景、宗教信仰以及发展程度都有非常大的差异，一些英国人普遍认可的法令在新加坡却经常不

① ［新加坡］宋旺相：《新加坡华人百年史》，叶书德译，新加坡中华总商会1993年版，第264—265页。

被接受,英国人也经常会遇到很多在英国当地没有出现过的状况。"①海峡殖民地急需适应本地情况的法规。1867 年后,立法会议的设立解决了海峡殖民地的立法困局,陆续制定了一系列针对殖民地特殊问题和特殊情况的社会领域法规法令,规范社会秩序。19 世纪 60 年代后,外来人口激增(见表 1-1),由此滋生的利益冲突和社会问题日益严重,秘密会党是其中的焦点,因此社会立法主要是加强对移民的管理和对秘密会党的管控直至取缔秘密会党。

1. 加强对移民和劳工的管理

开埠以后,劳工移民构成新加坡移民主体,这些劳工主要来自中国华南地区,其次是印度,每年大量的劳工涌入填补劳动力的短缺,同时也催生了人口贩卖、虐待劳工、违法犯罪等危及社会秩序的问题。所以,19 世纪 70 年代开始,殖民政府制定并多次修订针对中国和印度的移民与劳工的条例,加强对移民和劳工的管理。

(1)《华人移民条例》(The Chinese Immigrants' Ordinance)

第一部《华人移民条例》是 1873 年制定的,1880 年修订后一直沿用至 1960 年移交权力。《华人移民条例》专门针对成批量从中国来的华人劳工,"本条例所用的'移民''华人移民'的表达应指在任何华人移民船上的从中国被带往殖民地的华人,不是第一级或第二级舱室乘客。'华人移民船'的表达应指将 20 人以上的华人移民运至殖民地的船舶。"②规定严格登记这些移民的个人信息、债务和从业情况,目的是避免华工落入"猪仔"的悲惨境地。违反条例者要受到惩罚:"任何违反规章制度的人都将因为每一次违反被处以

① 郭峰:《19 世纪新加坡治安研究》,硕士学位论文,赣南师范大学,2018 年,第 36 页。

② "The Chinese Immigrants' Ordinance, 1880", *The Acts and Ordinances of the Legislative Council of the Straits Settlements*, Vol.I, London: Eyre and Spottiswoode, 1898, p.695.

不超过 100 元的罚金。”[1]“所有根据本条例而被定罪的罪行,可由地方执法官或由两名地方执法官组成的法庭进行审理。”[2]具体规定主要是以下几点[3]。

第一,移民登陆前登记制度。

第四条规定:“每一艘华人移民船的船长,在到达殖民地任何港口的信号通信距离之内时,应打出 D.K.M 的信号并悬挂一面或几面表示船上移民人数的旗帜,并应继续保持航行,直到所有的移民已上岸,如有违者将处以不超过 250 元的罚款。”

第五条规定:“华人移民船在抵达规定地点要让移民上岸时,应让华民护卫司署的一名官员上船,该船的船长应向其提供一份包含所有华人移民的名单,并应提供与华人移民有关的信息,如运费支付情况、登船地点、他们航行期间的健康状况、在船舶从其第一个出发港口离开时或之后的任何时间内已在船上的任何移民的死亡或缺席情况,以及为履行本条例而合理要求船长提供的其他信息。

如果船舶在日出和日落之间抛锚停泊,则(华民护卫司署的官员)应立即登船,如果船舶在日落和日出之间抛锚停泊,则应尽快在日出之后登船。

任何船舶的船长拒绝或故意不遵守本条例规定,或者故意提供虚假名单或虚假信息,应根据《刑法典》第 176 或 177 或 179 条(视情况而定)构成犯罪。”

第六条规定:“除卫生官员、港务长、港务长助理、华人移民保护人、或以上任何官员们,或者该船的船主、代理人、收货人以外,任何人在船抵达港口后与任何华人移民船只接触联络应视为不合法之行为,不过根据本条例的规定

① “The Chinese Immigrants' Ordinance, 1880”, *The Acts and Ordinances of the Legislative Council of the Straits Settlements*, Vol.I, p.693.

② “The Chinese Immigrants' Ordinance, 1880”, *The Acts and Ordinances of the Legislative Council of the Straits Settlements*, Vol.I, p.695.

③ 以下《华人移民条例》引文出自:“The Chinese Immigrants' Ordinance, 1880”, *The Acts and Ordinances of the Legislative Council of the Straits Settlements*, Vol.I, pp.693-695.

出于从船上卸货和使移民上岸的目的除外，但应直至移民上岸后为止；除本条例另有规定者外，中国移民不得擅自从任何华人移民船下船、上岸或试图下船、上岸。

本条例的规定并不妨碍任何外国的总领事、领事、副领事或领事代理人登上任何他所代表国的华人移民船，任何违反本条规定与华人移民船只联络或试图联络的人，任何违反本条例的规定从华人移民船只下船或试图下船的华人移民，以及任何违反本条例的规定协助或唆使任何华人移民从华人移民船只下船的人，一经定罪，可处不超过500元的罚款，如未付款，则可处严厉或简易监禁，刑期不超过六个月。"

第二，移民检查制度。

规定所有移民登陆后必须接受检查，包括以下内容：

首先，规定所有移民在登陆后必须第一时间前往殖民政府设立的专门检查站。第七条规定："总督可合法地在任何殖民地设立批准用于检查和拘留华人移民的站点，并制定管制该站点的规章制度，制定关于使用站点以及移民在其中食宿的生活费的收费表。任何人违反根据本条文制定的任何规章制度，都将被处以不超过25元的罚款。"第九条补充规定："任何华人移民，如果没有合理的理由为地方执法官或由两名地方执法官组成的法庭所允许，而拒绝或忽视本条例所规定的前往检查站并在那接受检查，将被处以不超过25元的罚款。""任何从站点潜逃或拒绝前往站点的移民，可由任何治安官员或华民护卫司署的官员进行逮捕并带回站点。"

其次，在检查站，华民护卫司署要鉴别移民的债务情况，保护欠债移民不会落入工头手里以身抵债。"华民护卫司署的官员按照第五条文的规定登船后，应将船上所有移民移送到检查站，然后再查询一下每位华人移民的船费支付情况以及订立的劳务合同或拟订立的劳务合同。"第十至十二条分别规定了对欠债和不欠债移民的区别处理方式："每一位移民，在接受上述的检查后发现他并没有亏欠船主或将他从中国带来的人的运费，应被立即允许离开检查站。”“每一位移民,在接受上述的检查后发现他仍亏欠船主或将他从中国带来的人的运费,应在‘华人保护人’的照管下,被拘留在一个根据本条例授权的站点内,直至安排好偿还该欠款。但任何移民不得在违背其意愿的情况下被拘留超过十天,或者在付清该欠款后的任何时间内仍被拘留。”“任何上述所提到的如此负债的移民,在检查站经华民护卫司署的官员检查并命令后,仍拒绝或忽视前往根据本条例授权的站点,或者任何在没有‘移民保护人’或其代理人的书面批准下离开该站点的移民,应被处以不超过50元的罚款。”

拐骗欠债移民的同样要受到惩罚:“任何人诱使或试图诱使任何上述所提到的欠债的移民前往除根据本条例设立的站点以外的任何地方,或者怂恿或试图怂恿任何被华民护卫司署官员移送到站点的移民离开任何站点,都将因为每一个移民处不超过20元的罚款。”

最后,验证移民是否签订或有意向签订劳动合同,以及合同是否合法。

第十五条规定:“根据本条例上岸的华人移民所订立的每一份合约应以书面的形式,并由‘中国移民保护人’(即华民护卫司,笔者注)或其部门授权的官员向移民解释,在‘保护人’或其他官员确信移民已理解合约的性质和条款后,该合约应由移民和拟雇用该移民的人或该人的代理人在“保护人”或上述其他官员在场的情况下签署。每一份书面合同均须承担每位移民不超过1元的印花税。印花税可不时由总督的指令规定,由拟雇用该移民的人以印花税票的方式支付,并由“保护人”或上述授权的官员在合同双方签字时予以注销。如果劳务合同没有按本条例所要求的签字和贴印花税票,则不应该被认为对任何移民具有约束力。”

《华人移民条例》使新移民身份明确、入境前债务情况明确和入境后去向明确,避免他们落入黑市成为黑户而受欺凌和压榨。条例颁布后仍有一些人暗箱操作,想方设法躲避华民护卫司署的检查,为此,护卫司署专门发布谕令禁止。1889年9月20日,针对有人从新加坡将所谓负债的“欠单”新移民转运到槟榔屿申报,且申报“人数姓名均有不符”的情况,华民护卫司署发布“欠单到屿新客非在牌馆居者视为现单晓谕”,禁止不法“客头”藏匿、转运负债移民:“兹特出示通谕叻屿二处众牌馆东家人等知悉,查例载凡有到此三州府内之人,如系向别人借贷船费而来者,到埠之际,即须进新客牌馆住宿等语。嗣后凡有欠单新客到屿,如其在叻之时,非在牌馆居住者,屿埠之华民护卫司副堂,即可将该客作现单而论。所欠客头之项,概置不理。且自示出之后,若有抗不遵行者,则惟众客馆东家是问。本司必将其牌取回,以儆效尤。”①10月14日,又发布“禁冒新客晓谕”,明令“各老客馆带客到署问话,内中或有本司不准做字者,即不许别间牌馆再行带赴署内以图冒充新招之人。若有此弊,则该牌馆纵以不知为辞,而本司亦必将带客之人革退,并将该馆大牌吊回,以儆效尤,先此示告,勿谓之不预也,此谕。”②

移民条例及管理把控的是进口关,未能触及劳工的就业情况,新加坡虐待劳工的现象依然严重,因此殖民政府在1891年又制定了《华人农业劳工保护条例》。

(2)《**华人农业劳工保护条例**》(Chinese Agricultural Labourers' Protection,1891)

《华人农业劳工保护条例》是海峡殖民地第一部劳工保护法,目的是保护种植园的华人劳工不受虐待。条例通过后是华民护卫司署常规执法工作的主要依据。条例的主要内容是:

第一,劳工和雇主的申诉权。

劳工有申诉权:“如果任何劳工想要向地方法官提出申诉,并请求他的雇主带他或允许他去最近的地方法院。雇主依法必须要在合理的时间内依从他的要求。任何没有合理的理由(应附有证据)的雇主忽视了去依从本条例所

① [新加坡]柯木林、廖文辉编注:《三州府文件修集选编》,新加坡宗乡会馆联合总会、马来西亚新纪元大学学院2020年版,第57页。欠单即欠款,现单指付现,即无欠款之意;牌馆指有营业执照的旅舍。

② [新加坡]柯木林、廖文辉编注:《三州府文件修集选编》,新加坡宗乡会馆联合总会、马来西亚新纪元大学学院2020年版,第57页。“做字”意为申请合法官方文件。

提到的请求,可能将处高达 100 元的罚金;如果继续无视请求,还要另处可能每天 25 元的罚金。如果劳工来到或者被带来(申诉)而地方法官却又觉得这个申诉很无理,法官可以以劳工缺勤或申诉对雇主造成的损失的名义,判处劳工向雇主支付不得超过 10 元的补偿金。"①

雇主也有申诉权:"如果任何雇主想要向当地法官投诉某个劳工,他可以逮捕并把他带到最近的地方法院。如果地方法官发现没有足够的依据去逮捕并把劳工带到法官面前(接受审判),雇主将向这个劳工支付不超过 10 元的补偿金。"②

劳工不允许在合同期内逃离雇主,"如果一个劳工潜逃并由此被地方法官定罪,地方法官可能除了其他惩罚还会判处劳工向雇主支付一笔不超过 15 元的合理的补偿金以使雇主满意,证明其在对劳工的逮捕中的付出。"③

第二,雇主报告制度。

一是报告人数,规定雇佣劳工超过 20 人的雇主必须上报:"每个在本条例刚开始制定时雇佣 20 个或者更多劳工的雇主应该在本条例通过后立刻向'保护人'送达一份关于雇佣劳工数量的报告,并且每个在条例通过后雇佣 20 个或者更多的劳工的雇主应该立刻送达一份类似的报告。任何不提交本条例所要求的报告的人可能将处高达 100 元的罚款。"④

二是报告劳工的信息和劳动状态详情细节。第十条规定"每个雇佣了 20 个或者更多劳工的雇主应该按照规定的形式对庄园上所有雇佣的劳工进行登记。每个这样的雇主应该在每年一月、四月、七月、十月这些月份的开头七天

① "Chinese Agricultural Labourers' Protection", *The Acts and Ordinances of the Legislative Council of the Straits Settlements*, Vol.II, London: Eyre and Spottiswoode, 1898, p.1269.

② "Chinese Agricultural Labourers' Protection", *The Acts and Ordinances of the Legislative Council of the Straits Settlements*, Vol.II, London: Eyre and Spottiswoode, 1898, p.1269.

③ "Chinese Agricultural Labourers' Protection", *The Acts and Ordinances of the Legislative Council of the Straits Settlements*, Vol.II, London: Eyre and Spottiswoode, 1898, p.1269.

④ "Chinese Agricultural Labourers' Protection", *The Acts and Ordinances of the Legislative Council of the Straits Settlements*, Vol.II, London: Eyre and Spottiswoode, 1898, p.1269.

内向‘保护人’提交通知报告，讲述这三个月间写报告前发生在他庄园上的劳工死亡、逃跑、被解雇或者合同到期的详情细节。每个忽视完成规定项目登记的人和每个忽视提交本条例所提到的报告的人或者忽视讲述本条例所提到的（相关）详情细节的人将因为每次这样的疏忽可能处高达100元的罚款。”①

第三，华民护卫司署有权随时入园检查劳工的工作和生活条件。

第十一条规定：“‘保护人’以及他以书面形式授权的官员应该始终有权进入并参观每一个雇佣了劳工的庄园的每个部分，包括其建筑，以检查其中的条件以及劳工的生活条件，并且出于类似的目的应该始终有权进入所有的劳工居住的苦力区以及其他（居住）的地方，无论这个苦力区和（居住的）地方是否位于庄园。”②

第四，关于劳工工时的规定。

第十四条规定：“劳工每日实际工作时间不得超过九个小时，并可在每个中国农历月以及中国的传统节日放假两天，不扣除任何工资。如果在任何一天劳工按照雇主的要求工作了超过九个小时，应按每小时二分钱对劳工的超额工作给予报酬。”③

第五，劳工终止合同的权利。

第十六条规定：“劳务合同上有着确定期限的劳工，在一个月前提交通知、根据合同向雇主偿还完（早已）垫付给劳工的或因为劳工的名义垫付的预付款（如果有的话）并且支付完额外的25元的罚金后，应该随时有权终止这个合同。在劳工提出要求后，每个雇主必须在合理的时间内向劳工提供一份账单，显示该劳工因预付款所欠雇主的金额（如果有的话）。任何雇主没有合

① “Chinese Agricultural Labourers' Protection”, *The Acts and Ordinances of the Legislative Council of the Straits Settlements*, Vol.II, London: Eyre and Spottiswoode, 1898, p.1270.

② “Chinese Agricultural Labourers' Protection”, *The Acts and Ordinances of the Legislative Council of the Straits Settlements*, Vol.II, London: Eyre and Spottiswoode, 1898, p.1270.

③ “hinese Agricultural Labourers' Protection”, *The Acts and Ordinances of the Legislative Council of the Straits Settlements*, Vol.II, London: Eyre and Spottiswoode, 1898, p.1271.

理的理由(应附有证据)拒绝或忽视提供上述所要求的账单,或者故意提供错误的账单,或者雇主(如果)没有合理的理由(应附有证据)不允许劳务合同已经终止的劳工离开都将因为每次违反判处100元的罚款。"①

第六,劳工的生活与医疗待遇。

第十七条规定:"雇主应该为劳工提供令'保护人'满意的条件:充足合适的住房;卫生饮用水的充足供应;充足合适的卫生设施;数量充足的合格的日常药物。如果'保护人'要求劳工住院或其他医疗,雇主(如果)没有合理的理由(应附有证据)拒绝或忽视服从本条例的任何要求,将被处100元的罚款,并且(如果)继续拒绝或忽视,将处每天25元的额外罚款。""任何由医务官认定因疾病或其他原因无法工作的劳工有权去医院接受治疗,住院无法工作期间应该由雇主负责劳工的衣食费用,但这段时间劳工是没有工资的。"②

(3)**《印度移民条例》(The Indian Immigration Ordinance)**

《印度移民条例》旨在保护受雇于殖民地的印度劳工。海峡殖民地立法会曾制定过3个《印度移民条例》:《1884年印度移民条例》(The Indian Immigration Ordinance 1884)、《1892年印度移民条例》(The Indian Immigration Ordinance 1892)和《1897年印度移民条例》(The Indian Immigration Ordinance 1897),《1897年印度移民条例》于1897年7月22日颁布,1884年和1892年的《印度移民条例》随即废除。

《1897年印度移民条例》综合了《华人移民条例》和《华人农业劳工保护条例》的移民管理和劳工保护两方面的规定。负责执行《印度移民条例》的官员称护卫司(Protector)。条例第三部分"移民的到达与离开"中劳工身份的界定、移民登陆前登记制度和劳工契约必须经护卫司见证才有效的规定都与

① "Chinese Agricultural Labourers' Protection", *The Acts and Ordinances of the Legislative Council of the Straits Settlements*, Vol.II, London: Eyre and Spottiswoode, 1898, p.1271.

② "Chinese Agricultural Labourers' Protection", *The Acts and Ordinances of the Legislative Council of the Straits Settlements*, Vol.II, London: Eyre and Spottiswoode, 1898, pp.1271–1272.

《华人移民条例》一样，但是对印度劳工移民没有上岸后集中检查，特别是询问债务情况的规定，而是要求检查劳工的健康状况，第十四条规定："任何移民在抵达殖民地后被发现因为疾病或身体虚弱的原因不适合劳动，应被送往医院接受治疗，并且应被扣留在那里，直到掌管这家医院的医务官宣布他适合劳动为止。如果移民被宣布是不可治愈的或者永久不适合契约下的劳动，则他可以被政府送回他在印度被招募的地方。而政府可依法向招募他的雇主追讨因此导致的所有费用。"①其次，对于印度劳工进入殖民地后的去向有明确规定：第十六条，"任何移民如果没有护卫司手写的书面批准，不得离开殖民地，除非他去：海峡殖民地管辖内的另一个殖民地；同一块殖民地的另一个地区；总督在英属印度政府同意下批准授权的印度人可移民的国家或城市；英属印度或锡兰；英国保护下的马来半岛各邦或者柔佛。"②"任何移民违背本条例第十六条的规定非法离开或试图非法离开殖民地，应处一笔不超过 20 元的罚款，并可在没有授权令的情况下，为任何警察或护卫司署的官员逮捕。并且任何人在刑法典意义内唆使（移民）违法，根据本条例，将因为每一个他唆使犯罪的移民，处一笔不超过 50 元的罚款，或不超过 7 天的监禁。如果有移民上船以非法离开殖民地，则船长应被视为唆使犯罪，除非有相反的证据证明。"③第三点不同是华工契约需交印花税，印度劳工的契约没有交印花税的要求。

对印度劳工的劳动保护也与华工有所不同，对印度劳工权益保障规定的项目比华工多，且待遇比华工好。一是既有最高日工时的规定："移民不应该被逼迫一个星期工作超过 6 天，或连续工作超过 6 个小时，或一天实际工作超

① "The Indian Immigration Ordinance 1897", *The Acts and Ordinances of the Legislative Council of the Straits Settlements*, Vol.II, London: Eyre and Spottiswoode, 1898, p.1634.

② "The Indian Immigration Ordinance 1897", *The Acts and Ordinances of the Legislative Council of the Straits Settlements*, Vol.II, London: Eyre and Spottiswoode, 1898, p.1634.

③ "The Indian Immigration Ordinance 1897", *The Acts and Ordinances of the Legislative Council of the Straits Settlements*, Vol.II, London: Eyre and Spottiswoode, 1898, p.1635.

过9小时。"[①]工厂劳工如果被要求加班，"一天不得超过3小时"[②]；也有最低工资规定："成年男性在300天的法律劳动期间，每天16分，之后每天18分。女性或者21岁以下的男性在300天的法律劳动期间，每天13分，之后每天15分。"[③]对华工是没有最低工资规定的。二是生活与医疗待遇方面，在与华工一样的待遇规定外，还额外规定了"煮熟的口粮"和"数量充足的质量好的日常药物"，[④]而《华人农业劳工保护条例》中规定只是"数量充足的合格的日常药物"。三是对于劳工死亡人数过多的庄园限令关停，第四十四条规定，"如果12个月内在该庄园或该庄园的某部分的死亡移民的总人数占该时期在庄园居住或工作的移民总人数的比例超过7%，或者三年内在该庄园或该庄园的某部分的年平均移民死亡人数占该时期在庄园居住或工作的移民总人数的比例超过5%，则总督可在没有任命任何委员会或者不顾委员会相反结论的报告的情况下，通过公报的告示宣布该庄园或庄园的任意部分不适宜移民的居住或工作。"[⑤]这条规定在《华人农业劳工保护条例》中是没有的。

《印度移民条例》第八部分是关于"移民犯罪行为"的规定，忽视规定、拒绝劳动、不服从雇主合法命令、非法缺勤、逃跑、装病、售卖口粮等行为都被视为犯罪。"任何移民在没有合理理由的情况下，不听从雇主发布的合法命令，或者故意忽视履行为了庄园的管理纪律和良好秩序而必要做的义务，第一次违反，可处一笔不超过50分的罚款，第二次或继续违反，应处不超过1个

① "The Indian Immigration Ordinance 1897", *The Acts and Ordinances of the Legislative Council of the Straits Settlements*, Vol.II, London: Eyre and Spottiswoode, 1898, p.1638.

② "The Indian Immigration Ordinance 1897", *The Acts and Ordinances of the Legislative Council of the Straits Settlements*, Vol.II, London: Eyre and Spottiswoode, 1898, p.1638.

③ "The Indian Immigration Ordinance 1897", *The Acts and Ordinances of the Legislative Council of the Straits Settlements*, Vol.II, London: Eyre and Spottiswoode, 1898, p.1637.

④ "The Indian Immigration Ordinance 1897", *The Acts and Ordinances of the Legislative Council of the Straits Settlements*, Vol.II, London: Eyre and Spottiswoode, 1898, p.1639.

⑤ "The Indian Immigration Ordinance 1897", *The Acts and Ordinances of the Legislative Council of the Straits Settlements*, Vol.II, London: Eyre and Spottiswoode, 1898, p.1641.

月的监禁。”“每个契约移民如果逃跑或试图逃跑，可处不超过 1 个月的监禁；每个因为逃跑已经被定罪的契约移民再次逃跑，可处不超过 2 个月的监禁；每个因为逃跑已经被定罪两次的契约移民再次逃跑，可处不超过 3 个月的监禁。”①“故意使自己受伤”或装病的“处不超过 1 个月的监禁”。② 私自“出售、交换或处理”口粮“将处一笔不超过 25 元的罚款或不超过 1 个月的监禁。”③

惩戒劳工犯罪行为的同时，《印度移民条例》第九部分规定了四种可以被认定为“针对移民的犯罪行为”的情况及其处罚：一是“任何人使移民离开或在刑法典意义内唆使移民离开他的妻子或 16 岁以下的孩子或依赖他的任何人，而没有经过他或他们的同意，应处一笔不超过 100 元的罚款，并且涉及这样分离的契约应是无效的，护卫司应使他的妻子或孩子或依赖他的人尽快与移民团聚。”④二是“如果雇主造成或允许任何移民在任何根据第六部分条例（笔者注：即第四十四条，见前引文）被发现或宣布不适宜移民居住或工作的庄园居住或工作，且该发现和声明仍然有效，应处一笔不超过 500 元的罚款或不超过 6 个月的监禁。”⑤三是阻碍劳工合规赎回契约期限或不按规定提供劳工生活和医疗待遇的雇主，“在缺乏证据表明该疏忽是意外的情况下，应处不超过 200 元的罚款，并且如继续忽视，可另处每天 50 元的罚款。”⑥四是“任何

① “The Indian Immigration Ordinance 1897”, *The Acts and Ordinances of the Legislative Council of the Straits Settlements*, Vol.II, London: Eyre and Spottiswoode, 1898, p.1644.

② “The Indian Immigration Ordinance 1897”, *The Acts and Ordinances of the Legislative Council of the Straits Settlements*, Vol.II, London: Eyre and Spottiswoode, 1898, p.1646.

③ “The Indian Immigration Ordinance 1897”, *The Acts and Ordinances of the Legislative Council of the Straits Settlements*, Vol.II, London: Eyre and Spottiswoode, 1898, p.1646.

④ “The Indian Immigration Ordinance 1897”, *The Acts and Ordinances of the Legislative Council of the Straits Settlements*, Vol.II, London: Eyre and Spottiswoode, 1898, p.1647.

⑤ “The Indian Immigration Ordinance 1897”, *The Acts and Ordinances of the Legislative Council of the Straits Settlements*, Vol.II, London: Eyre and Spottiswoode, 1898, p.1647.

⑥ “The Indian Immigration Ordinance 1897”, *The Acts and Ordinances of the Legislative Council of the Straits Settlements*, Vol.II, London: Eyre and Spottiswoode, 1898, p.1648.

人单独或联合其他人通过语言、手势或行为阻碍或干扰任何移民履行其契约，可处一笔不超过200元的罚款或不超过6个月的监禁。"①

比较《印度移民条例》和《华人移民与劳工条例》，可以发现，殖民政府对印度移民和华人移民还是区别对待的。

2. 取缔秘密会党

秘密会党是具有黑社会性质的组织，在19世纪新加坡的社会中占据重要地位，19世纪70年代以前，当局对秘密会党的放任政策极大地促进了秘密会党的发展，人员数量大大增加，规模不断扩大，彼此之间争夺势力范围的矛盾和冲突日益激烈，对社会的危害日益严重，于殖民政府而言亦成尾大不掉之势。1887年7月18日，华民护卫司毕麒麟遭遇暗杀，殖民政府认定"行刺之故，料必有匪党串合预谋，而蔡亚惜不过听其指使以害毕君耳。"②毕麒麟遇刺案被认为是殖民政府对秘密会党从限制转向镇压与取缔的转折点。③ 取缔秘密会党是19世纪下半叶新加坡殖民当局规范社会秩序的一记重拳。

（1）限制与管理秘密会党

海峡殖民地立法会一成立就关注了秘密会党。1867年，立法会议员汤姆森·史各特（Thomas Scott）向立法会提出改善社团条例和禁止非法集会的法案，史各特解释法案的目的和理由时说："长期以来大家都觉得有必要制定某些法令以处理在直辖殖民地最为常见的秘密会党问题，但是由于有秘密会党分子的地方，其警察官员对于这些会党的大多数成员的语言知识一无所知，所以对于如何处理这个问题所应采取的方式就一直存在着极大

---

① "The Indian Immigration Ordinance 1897", *The Acts and Ordinances of the Legislative Council of the Straits Settlements*, Vol.II, London: Eyre and Spottiswoode, 1898, p.1648.

② ［新加坡］柯木林、廖文辉编注：《三州府文件修集选编》，新加坡宗乡会馆联合总会、马来西亚新纪元大学学院2020年版，第66页。蔡亚惜系刺杀毕麒麟之人。

③ 相关研究见宋海群：《论19世纪英殖民政府对新加坡秘密会党的政策变化》，《赣南师范学院学报》2016年第4期。

的困难。”①

1867年,《维持治安法令》(The Preservation of the Peace Ordinance)作为临时措施生效,法令主要目的是给予总督最大的权力处理秘密会党之间的械斗,规定:授予总督具有把直辖殖民地的外国人和英籍民以及华侨与英籍华人驱逐出境的权力,甚至无须有一张书面证明核实总督所采取的行动是正当无误的,也无须核实总督的意见是维持治安所必需的,也无须对要加以驱逐出境的当事人进行任何的审问,并且又没有申诉的余地;法令授权杀死那些虽是没有必要加以杀死的暴徒,规定在他们不听从地方长官的号召而准备解散的情况下,可以向他们射击。②

1869年,英殖民当局颁布了《取缔危险社团条例》(The Dangerous Societies Suppression 1869),这是一个完全针对秘密会党的条例,“法令中所谈到的秘密会党,很大程度上被认为对公共和平造成了危害。”③法令内容共有32条,主要条款是:(1)所有的秘密会党(人员不少于10人),不管其性质如何,均要实行登记。商业公司与英国互助组织除外。(2)所有类似的社团都要求在法令生效10日内,进行登记。(3)需登记的内容含有会党名称、成立宗旨、会员人数、名字及会党管理者所在的地址。(4)对未登记的会党罚款500元或拘禁6个月,对参加未登记会党的人罚款250元或拘留3个月。(5)任何会党,不管登记与否,都应该向统治者表明自身拥有合法的宗旨或未对公共和平造成危害。④《取缔危险社团条例》的颁布表明,殖民政府希望通过注册制度把所有社团纳入掌控。

---

① [新加坡]宋旺相:《新加坡华人百年史》,叶书德译,新加坡中华总商会1993年版,第121页。

② [新加坡]宋旺相:《新加坡华人百年史》,叶书德译,新加坡中华总商会1993年版,第124页。

③ Robert L.Jarman, *Annual Reports of the Straits Settlements 1855-1941*, Vol.2, London: Archive Editions Limited, 1998, p.49.

④ Robert L.Jarman, *Annual Reports of the Straits Settlements 1855-1941*, Vol.2, London: Archive Editions Limited, 1998, p.49.

英殖民政府对秘密会党的政策转变是诸多因素综合作用的结果，具体原因有以下几点：

一是国际形势变化所迫。19 世纪 60 年代，美、法等新兴国家已完成工业革命，实力大增，为获取海外利益积极向外寻求市场和原料产地，甚至不惜发动战争企图分割英国的海外利益，英国的商业霸权受到了挑战，同时苏伊士运河的开通使马六甲海峡及周边地区的战略地位愈显重要。此外，马来亚丰富锡矿的发现和开采对英国的发展起到突出的作用，而美、法等国对此地区也虎视眈眈。为了排挤其他竞争对手，保持自己的殖民帝国地位，英国放弃原先的间接统治战略，积极干涉和侵略马来半岛。1867 年，英国加强掌控印度事务部，使海峡殖民地成为皇家殖民地，直属英国殖民部管辖，然而作为海峡殖民地一部分的新加坡此前在一定程度上由秘密会党控制，若要直接干涉各项社会事务，必须要对规模庞大的非法秘密会党加以压制，使自己的影响贯彻到社会下层，因此才有了 1869 年《取缔危险社团条例》的颁布。华民护卫司署初创时并没有根本改变当局对会党的放任态度。毕麒麟尽管对《取缔危险社团条例》颁布后秘密会党登记制度流于形式多有诟病，但对秘密会党总体持肯定欢迎的态度，他曾经对想镇压会党的官员提出严厉警告："如果秘密会党被消灭，我们就一点也控制不了华人中无法无天的阶层。"①

二是秘密会党对于英殖民政府还有可资利用之处。秘密会党虽然会因职业垄断、经济利益纠纷而发生大规模冲突，破坏社会稳定，但对于英当局来讲，秘密会党还有存在的必要。首先，它可稳定社会秩序。19 世纪五六十年代，大量华工流入新加坡，初到异地的他们，人生地不熟，英殖民当局没有相应的机构收留他们，而秘密会党则可以为他们提供落脚之地，并介绍合适的工作，使他们尽快找到归属感，快速融入这个移民社会。如 1896 年被解散的"敬德行"会馆，创立目的是会员之间相互济贫："若有会友无工作者则任在会馆食

① Lee Poh Ping, *Chinese Society in Nineteenth Century Singapore*, London: Oxford University Press, 1978, p.89.

宿;会友若有病者可得调养;若死者安葬欲回籍,亦给资送饭"。[①] 倘若不存在秘密会党,数量众多的华工涌进这个弹丸之地,缺乏基本生活保障的他们会做出怎样的事?对当地社会秩序造成怎样的影响实在不可想象。其次,在税收方面秘密会党仍然是当局的得力助手。

(2)镇压与取缔秘密会党

由于《取缔危险社团条例》颁布以及1885年的修正案《危险社团条例》(The Dangerous Societies Ordinance 1885)并没有真正解决会党问题,19世纪80年代,随着荷属殖民地陆续宣布会党是非法组织,是否应该对秘密会党进行全面镇压提上了海峡殖民政府的议程中。当时政府内部大多人都同意对会党进行镇压,时任总督金文泰(Cecil Clementi Smith)就主张立即通过严厉手段镇压秘密会党,他认为"(秘密会党的存在)对所有好的政府来说都是一种长期的威胁,是英国治理中的丑闻"。[②] 他在1888年一次针对秘密会党的会议中指出压制秘密会党的紧迫性:1881年"新加坡有11个大型会党,他们有1122名头目和60037名会员,而槟榔屿有5个大型会党,有361名头目和92581名会员,两地加起来一共有156440名会员,……1881年殖民地的华人一共只有153532人(当年新加坡的华人数是86766人,笔者注)。这一数字是令人非常吃惊的....."。[③]

在金文泰的推动下,1889年,海峡殖民地立法会议正式通过旨在镇压危险社团的《1889年社团条例》(The Societies Ordinance 1889),并于1890年1月1日生效。《1889年社团条例》是殖民政府对民间社会团体进行全面规范的法规,是对《1869年取缔危险社团条例》和《1885年危险社团条例》的修

---

① 《严办会党案汇查》,《叻报》1896年4月29日。

② [英]康斯坦丝·玛丽·藤布尔:《新加坡史》,欧阳敏译,中国出版集团东方出版中心2013年版,第122页。

③ Walter Makepeace, Gilbert E.Brooke, Roland St.J.Braddel eds., *One hundred years of Singapore*, Singapore: Oxford University Press, 1991, p.278.

正,重点是打击危险社团。条例开篇即说明目的:"鉴于某些社团的存在,其宗旨与本殖民地的和平与良好秩序并不相容,已产生巨大的危害,权宜之计是防止这种危险,并修订与社团有关的法律。"①条例宣布废除《1869 年取缔危险社团条例》及《1885 年危险社团条例》,要求"十人或以上组成的俱乐部、公司、合伙公司或协会,无论其性质或目的为何"都必须注册登记,已注册的商业公司、共济会分会或"根据总督会同行政局法令豁免注册的任何社团或任何类型的社团"免于登记。② "每一个在本条例生效后成立却未根据本条例进行登记注册的社团应为非法社团。每一个在本条例开始生效时就已存在的社团,如在 6 个月内,或在总督就任何特定个案所允许的更长时间内,仍未根据本条例进行注册登记,则在 6 个月或更长期限到期后,即为非法社团。"③与非法社团有关的人员将受到严厉处罚:"任何管理或协助管理非法社团的人,应处以不超过 3 年的监禁。任何充当非法社团成员的人或参加非法社团集会的人,应处以不超过 500 元的罚款或不超过 6 个月的监禁,或两者并罚。任何人在知情的情况下,允许非法社团或非法社团成员在属于他的或他所占有的或由他控制的房屋建筑或地方举行集会,一经定罪,可处不超过 500 元的罚款或不超过 6 个月的监禁。"④

为了防止社团登记流于形式或危险社团改头换面的情况再次发生,《1889 年社团条例》赋予总督和执法官前所未有的特权,对非法社团采取最严格的措施,规定:"总督在任何时候,如他认为为了公共安全或福祉有必要,可命令任何社团无论是根据本条例注册的还是根据任何其他条例注册的,废除

① "The Societies Ordinance 1889", *The Acts and Ordinances of the Legislative Council of the Straits Settlements*, Vol.II, London: Eyre and Spottiswoods, 1898, p.1106.

② "The Societies Ordinance 1889", *The Acts and Ordinances of the Legislative Council of the Straits Settlements*, Vol.II, London: Eyre and Spottiswoods, 1898, p.1106.

③ "The Societies Ordinance 1889", *The Acts and Ordinances of the Legislative Council of the Straits Settlements*, Vol.II, London: Eyre and Spottiswoods, 1898, p.1107.

④ "The Societies Ordinance 1889", *The Acts and Ordinances of the Legislative Council of the Straits Settlements*, Vol.II, London: Eyre and Spottiswoods, 1898, p.1108.

并解散,则该社团应依据事实解散,并且之后该社团将被视为非法社团。"① "任何地方执法官可合法地在有或没有协助的情况下进入,或者命令任何警务人员或在场的其他人员,在必要时使用武力进入任何住宅或其他建筑,或进入任何他有合理的理由相信任何非法社团或非法社团成员正在举行集会的地方,并逮捕或促使逮捕在任何该集会上发现的所有人士,搜查该房屋建筑或地方,没收或促使没收所有的书籍、文章、文件、旗帜、徽章、武器以及其他有合理理由相信属于任何非法社团或与集会目的有任何联系的其他物品。所有被逮捕的人和所有被没收的物品都应该被拘留扣押,直至可以方便地将其带到地方执法官面前,并依法予以处理。"②该法令的颁布标志着英殖民当局对秘密会党的态度发生了根本性的改变,新加坡秘密会党走到了穷途末路。

依据《1889 年社团条例》,海峡殖民地政府接连发了数个谕令,广告于民。1890 年 7 月 1 日,殖民政府发布《严禁会党晓谕》,宣布即日起,"本坡之福建义兴、福兴、松柏馆、广惠馆、广福、义气、洪义、利城行、粤东馆、兴顺、义福等会,均作犯法会党而论。凡人若敢办理,或帮办各该会之事务,或充作会内同人者,均可照一千八百八十九年之会党章程示罚。"③10 月 30 日,华民护卫司署发布谕令,宣布天地会非法,华人如有疑难之事,"可赴署求其指助……均无须缴纳规费银。"④"嗣后所有埠内各会均须遵照新律,另行纪录,方准开设。""现此新律已定于华人本年十二月十一日起办,所有国家不准其纪录之会则皆与以期限,裨将会内事务数目办理清楚,方行关闭。此限最少亦以六个月为率,自此以后,凡有擅入并无纪录之会者,或办理,或帮办会内事务者,均

① "The Societies Ordinance 1889", *The Acts and Ordinances of the Legislative Council of the Straits Settlements*, Vol.II, London: Eyre and Spottiswoods, 1898, p.1108.

② "The Societies Ordinance 1889", *The Acts and Ordinances of the Legislative Council of the Straits Settlements*, Vol.II, London: Eyre and Spottiswoods, 1898, p.1109.

③ [新加坡]柯木林、廖文辉编注:《三州府文件修集选编》,新加坡宗乡会馆联合总会、马来西亚新纪元大学学院 2020 年版,第 60 页。

④ [新加坡]柯木林、廖文辉编注:《三州府文件修集选编》,新加坡宗乡会馆联合总会、马来西亚新纪元大学学院 2020 年版,第 57 页。

必照律严惩。”[①]11 月 27 日，华民护卫司晓谕新加坡各妓院：“兹特出示专谕本坡各娼寮主人知悉，嗣后汝等慎勿交纳此等陋规（笔者注：指保护费），倘有匪徒胆敢到来索取者，可即鸣捕拘拿，然后到本署禀明一切，则本司自可将该匪等从严究治或申详督宪，押解回华。”[②]

《叻报》对秘密会党焚毁各会牌位的情形作了详细报道：“光绪十六年元月二十六日（1890 年 2 月 15 日），所有六大会党——义兴党、义福党、福兴党、广福党、松柏馆党、广惠肇的会头与执事人员，齐集小坡梧槽路的义兴党总部，在副华民政务司与警察局长见证下，英官员均趋前道贺，祝贺他们解散会众，重新为良好的当地公民。”[③]其他秘密会党没有按照政府的命令自行解散的转入地下，开始真正的“非法”活动。也有胆大妄为的改头换面重开公司，华民护卫司署曾经通报了名为“同明会党”的秘密会党死灰复燃组织，该组织“历年以来屡禁屡开，若不风行雷厉，决意严办，定难绝其根株。”“嗣后凡属中国生长之华人，如敢再将该会复设者，无论易名与否，一经告发，即行照例控告，拘禁囹圄。期满之日另由本部堂及议政局将其递解回籍……”[④]

从放任到限制再到镇压，盛极一时的秘密会党退出了新加坡历史舞台，这是殖民政府加强社会管控的必然结果。

第一，秘密会党从英殖民当局的合作者变成了反对者。19 世纪六七十年代前，秘密会党虽是功能强大的组织，为下层华工民众解决了许多问题，在民众中树立了极高的威望，可 19 世纪六七十年代后，下层华侨民众自主意识不断增强，他们发现许多华商和秘密会党首领背叛民众，出卖民众利益，引起了

---

① ［新加坡］柯木林、廖文辉编注：《三州府文件修集选编》，新加坡宗乡会馆联合总会、马来西亚新纪元大学学院 2020 年版，第 58 页。

② ［新加坡］柯木林、廖文辉编注：《三州府文件修集选编》，新加坡宗乡会馆联合总会、马来西亚新纪元大学学院 2020 年版，第 60—61 页。

③ 《论社会告急》，《叻报》1890 年 2 月 19 日。

④ ［新加坡］柯木林、廖文辉编注：《三州府文件修集选编》，新加坡宗乡会馆联合总会、马来西亚新纪元大学学院 2020 年版，第 69 页。

下层民众的极度愤怒。1872 年,新加坡爆发了小贩罢市运动,此次运动的组织者是广大民众,他们因忍受不了殖民统治及华侨富商(大都是秘密会党的首领)的压榨揭竿而起,袭击了华商胡璇泽的面包场,胡璇泽本身是秘密会党的首领。秘密会党的首领在下层广大华侨民众中的威望大大降低,对下层民众的控制力也大不如前,因此,秘密会党在英殖民政府统治机器中的地位也就大大下降。

更让殖民政府担心的是,在 19 世纪中后期,华人暴动逐渐由会党间的争斗转变成华人与政府的矛盾,而秘密会党在其中扮演了"不光彩"的角色。例如 1872 年的罢市和 1876 年的邮政暴动,都有秘密会党参与或组织,1876 年的邮政暴动更是由义福帮直接挑起的,会党的所作所为已经走上了殖民政府的对立面。

第二,秘密会党的危害性日益增大。危害性一方面来自秘密会党间因日常纠纷造成的械斗。类似事情在《叻报》有不少报道,如"本坡潮客两党械门之事昨已将其大概情形记登于报。因查其起因之详细情形系牛车水有某理发店,系松柏馆客籍之人所设,而将其门前之地税与义忠兴潮人某甲售卖粥桌向无所争。然先经议定卖粥于每日五点钟后始能开卖,乃数日甲于三点钟即到售卖,该店门前设有布帐一具,以遮夕阳,……由是口角遂成。两党械斗而起。"①"本报近来迭接驻闽友人各函所言,近事以械门一事为最多,大抵漳泉两地之人,其心性所最好者在于门,而风俗之最坏者亦在于门。"②

另一方面是因为秘密会党控制饷码制度而起。秘密会党通过饷码制度垄断了新加坡赌博、鸦片、卖淫业三大行业,从中获取巨额利润。这三个行业都是滋生社会隐患的温床,是殖民地社会最阴暗的一面,尽管它们是殖民政府和饷码承包商合作的"杰作",但是秘密会党作为饷码承包商,在这三个行业经营销售方面所起的作用超过殖民政府。根据政府部门的报告,1882 年,小小

① 《论本坡会党械门之患》,《叻报》1889 年 10 月 30 日。

② 《原奋》,《叻报》1889 年 12 月 28 日。

的新加坡竟然有超过 100 家的赌馆。[①] 赌博泛滥的影响极其恶劣。

秘密会党为了从鸦片行业中获取暴利,采取了薄利多销的策略,他们先出售质量好的鸦片,然后把吸食后的鸦片烟渣卖给较穷的瘾君子,因为处理后的烟渣价格是原鸦片的一半,最后把烟渣吸食后的残渣再以更低的价钱卖给更穷的人使用。一份鸦片可被烟馆老板重复利用三次,获取三次利润,涉及收入不等、社会地位不同的民众,扩大了鸦片市场,也使更多的人深陷其中,1848年,“新加坡的瘾君子中有 1/3 的人要耗费他们收入的 75%用于吸食鸦片。”[②]鸦片烟馆在 19 世纪下半叶的新加坡增长迅速,据统计,1848 年新加坡有 45 家有执照的烟馆,1897 年增至 500 家,仅 3 年后的 1900 年又增至 550 家。[③]鸦片之害,令全社会痛心疾首,《叻报》有一篇社论写道:“鸦片贻害之深,议请中英为之禁绝,等语善哉,然恐此事终有不易行之势焉夫,鸦片一物流毒,不准华人知之言之。”[④]鸦片饷码制度是导致鸦片在新加坡泛滥的罪魁祸首,要平息社会对鸦片的深恶痛绝,抑制鸦片泛滥,扭转社会风气,则必须拿秘密会党开刀。

第三,英殖民当局在新加坡的统治地位获得了巩固,秘密会党失去了利用价值。经过几十年的经营,英殖民当局在新加坡的军事、政治、经济力量比先前有了很大的提升,它可以凭借自身的力量维持社会秩序。华民护卫司署的设立和《华人移民条例》《华人农业工人保护条例》等一系列保护和控制华工法令的出台,加强了英殖民政府对华人社群的直接控制,秘密会党垄断华工贩卖、转运、销售的局面被打破,权力开始转移到英殖民政府手中。同时,新加坡自由港在 19 世纪末获得巨大发展,英殖民当局可以通过其他途径获取收入,大大减少了对饷码的税收依赖。

---

① Robert L.Jarman eds.,*Annual Reports of the Straits Settlements 1855-1941*,Vol.2,London:Archive Editions Limited,1998,p.752.

② [澳]颜清湟:《新马华人社会史》,中国华侨出版公司 1991 年版,第 208 页。

③ [澳]颜清湟:《新马华人社会史》,中国华侨出版公司 1991 年版,第 208 页。

④ 《论会党之害》,《叻报》1890 年 5 月 24 日。

（三）整治黄赌毒，净化社会风气

吸食鸦片、赌博和妓女问题伴随着新加坡开埠就长期存在，是 19 世纪新加坡社会的顽症，也是 19 世纪中期新加坡社会风气恶化最突出的表现，新加坡欣欣向荣的自贸港形象也由于鸦片、娼妓、赌博而遭到破坏，在国际社会留下“脏乱臭”的印象。这些社会问题的出现和发展与 19 世纪新加坡移民社会特性、性别比例失衡有关，更与饷码制度下殖民政府与包税商联合推波助澜、诱惑消费有关。它们腐蚀的不仅是那些特殊消费群体的身心健康，还破坏了社会风气，由这些恶习引发的犯罪以及争夺利益而起的包税商和会党之间的冲突及械斗更是危害了社会治安，令社会各阶层都无法置身事外，整治黄赌毒，在 19 世纪后期的新加坡是一种社会共识。

关于 19 世纪新加坡社会黄赌毒问题的研究不少，颜清湟在《新马华人社会史》中详细讨论了吸食鸦片、赌博和妓女问题在殖民地时期新马一带泛滥的原因、现象和危害，以及殖民地官方与民间禁烟、禁赌和控制卖淫业的努力与措施；[①]郭峰在论文《19 世纪新加坡治安研究》中做了补充研究，[②]研究更集中于鸦片问题。[③]

在是否禁烟和禁赌的问题上，殖民当局内部有两种意见，一种主张保留饷码制度，一种主张严厉禁止，对待鸦片问题，殖民当局更是模棱两可，甚至到了

① ［澳］颜清湟：《新马华人社会史》，中国华侨出版公司 1991 年版，第七章社会问题及其控制，第 206—240 页。

② 郭峰：《19 世纪新加坡治安研究》，硕士学位论文，赣南师范大学，2018 年，第 36—42 页。

③ Wen C. U., "Opium in the Straits Settlements, 1867 - 1910", *Journal of Southeast Asian History*, Vol.2, No.1(1961), pp.52-75; Goto-Shibata H., "Empire on the Cheap: The Control of Opium Smoking in the Straits Settlements 1925-1939", *Modern Asian Studies*, 2006, pp.59-80; Carl A.Trocki, *Opium and Empire: Chinese Society in Colonial Singapore*, 1800-1910, Cornell University Press, 1990; ［日］鬼丸武士：《鸦片、秘密结社与自由贸易——19 世纪新加坡、香港的英国殖民地统治的比较研究》，乔云译，《南洋资料译丛》2003 年第 3 期；沈燕清：《19 世纪新加坡华人秘密会党与鸦片包税探析——以陈成宝为个案的研究》，《南洋问题研究》2010 年第 3 期；沈燕清：《新加坡与爪哇华侨鸦片包税制比较研究》，《南洋问题研究》2007 年第 3 期。

20世纪初还在讨论是否应该禁烟,究其原因,无非是利益使然。殖民政府对新加坡鸦片贸易的态度可大致分为确立并完善包税制、大力扶植鸦片包税、废除鸦片包税改由官方控制、最后全面禁止鸦片这四个阶段,这一变化也从侧面反映了殖民政府对新加坡有序管理的一步步加深。

1. 从管控鸦片到全面禁烟

新加坡是鸦片的转运和消费中心,据统计,印度每年鸦片产量的20%是运到新加坡的,其中一些被转运到中国和东南亚其他地区,但大部分都是在新加坡消费。[①] 因此鸦片对新加坡的经济非常重要,英国殖民政府也高度重视鸦片贸易的利益。鸦片和赌博是新加坡殖民当局最早实行饷码制度的对象,起初收入用来支付警察薪水,但是很快鸦片饷码收入就不仅仅够用于警察薪水,而是长期占据新加坡殖民当局财政收入的50%左右(详见表2-2),直到第一次世界大战前,都是新加坡当局最重要的税种。围绕鸦片的转口贸易、税收、种植、加工和销售,鸦片带动的是一条产业链,是19世纪新加坡的特色工商业,在如此巨大的利益面前,殖民政府当然不会轻易禁烟。

表2-2 1820—1914年鸦片税金占新加坡殖民当局总税入的比例表

(单位:西班牙银元)

年份(年)	鸦片税金	税收总额	占比(%)
1820—1821	7345	15925	46.1
1830—1831	39240	96331	40.7
1840—1841	65000	142900	45.5
1852—1853	88058	204110	43.1
1860—1861	266751	492853	54.1
1870	360600	855174	41.1
1880	600000	1277413	47.0
1890	1296000	2327795	55.7

① Carl A.Trocki, *Opium and Empire: Chinese Society in Colonial Singapore, 1800-1910*, Cornell University Press, 1990, p.57.

续表

年份(年)	鸦片税金	税收总额	占比(%)
1905	3540400	6556816	54.0
1914	5321480	8019090	66.4

资料来源:Carl A.Trocki, *Opium and Empire: Chinese Society in Colonial Singapore, 1800-1910*, Cornell University Press, 1990, p.72, pp.96-97, p.188.

为了保护好这份重要的财源,殖民政府制定了详细的规章制度来规范和保护鸦片包税。殖民政府先后通过了《消费法》(Straits Excise Act)、《鸦片条例》(Opium Ordinances)等相关法规以及修正案,详细规定了鸦片的进口、出口、零售和消费的规则。1894 年,海峡殖民地立法会议再次完善和补充了鸦片的相关法令。[①] 这些法令为鸦片包税提供了最基本的法律保障。例如 1830 年新加坡实行的"鸦片条例"第四款规定,任何人只要发现非法拥有鸦片,初犯者罚款 500 叻币,再犯者罚款 1000 叻币,初犯者如无钱支付罚款,将被判罚监禁及 6 个月的带镣苦役;重犯者 12 个月,屡犯者则全部判 2 年。[②] 殖民政府还通过规范鸦片销售价格来保护鸦片收入。从 1840 年起,新加坡每箱鸦片的价格几乎都在 500 元左右[③],价格浮动并不高,这是因为殖民政府认为鸦片的价格过高会导致鸦片销量下降和增加走私,太低则会导致劳工大量吸烟,无心工作。无论是哪种都不利于殖民地的发展,而一个中等而稳定的价格则能平衡政府、包税商和消费者的利益。殖民政府为鸦片包税采取的种种措施远远超过了经济层面,特罗基·卡尔很精辟地评价"它也建立了一个由英国行政系统所建立的社会控制体系"[④],鸦片包税制成为了英国殖民政府与新加坡

① Robert L.Jarman(eds.), *Annual Reports of the Straits Settlements 1855-1941*, Vol.4, London: Archive Editions Limited, 1998, p.18.

② 转引自[澳]颜清湟:《新马华人社会史》,中国华侨出版公司 1991 年版,第 244 页。

③ Wen C. U., "Opium in the Straits Settlements, 1867 - 1910", *Journal of Southeast Asian History*, Vol.2, No.1(1961), p.53.

④ Carl A. Trocki, *Opium and Empire: Chinese Society in Colonial Singapore, 1800 - 1910*, Concnell University Press, 1990, p.9.

华人之间的一个纽带,政府将鸦片包税权卖给华商,而鸦片最重要的消费者则是华人劳工,这种通过鸦片串联起来的官民联系对英国殖民地财政和社会控制都至关重要。

但是对于消费者个体而言,吸食鸦片就是人生噩梦的开始;对于整个社会而言,鸦片泛滥就是罪恶渊薮的代名词。从 1819 年鸦片饷码制确立以来,新加坡反鸦片的呼声和行动就没有停止过①,在 19 世纪末 20 世纪初世界性禁烟运动的推动下,重新掀起高潮。与此同时,对秘密会党的清缴也促使殖民政府重新思考鸦片包税存在的必要性,因为鸦片包税商几乎都是秘密会党上层人士或与秘密会党关系密切。1883 年,殖民地总督华尔德曾提出废除鸦片包税制;1894 年,英国组建皇家委员会调查殖民地的鸦片状况时,殖民部大臣纳茨福德建议海峡政府考虑直接控制鸦片。② 最后促成鸦片包税制被取消的是 1908 年鸦片委员会报告。

1907 年底,迫于国内外的压力,英国政府终于不得不正式回应,在海峡殖民地成立了一个鸦片委员会(Opium Commission),调查当地的鸦片问题,1908 年,委员会提交了一份长达 1352 页的调查报告,认为鸦片对个人的影响并不是很大,海峡殖民地的鸦片问题也没有严重到必须要全面禁止的地步,鸦片对于海峡殖民地总体是利大于弊的,另一方面他们也认为有必要对鸦片加强管控。③ 1910 年,殖民政府正式宣布废除鸦片包税制,改由官方直接控制和垄断,还设立了专门管理鸦片贸易的垄断局(Government Monopolies Department),配置多名税务官和数台摩托艇,供稽查走私活动或者执行鸦片垄断相关法规之用。

---

① 详见[澳]颜清湟:《新马华人社会史》,中国华侨出版公司 1991 年版,第 206—222 页。

② Wen C. U.,"Opium in the Straits Settlements, 1867 - 1910", *Journal of Southeast Asian History*, Vol.2, No.1(1961), p.61.

③ 关于鸦片委员会报告的具体内容可参见 *Straits Settlements and Federated Malay States Opium Commission*, The Lancet, Volume 173, Elsevier Ltd, 1909, pp.784-786, https://www.sciencedirect.com/science/article/abs/pii/S014067360066806X。

官方控制只是切断了包税商的财源,并没有改变鸦片的危害。表 2-2 中 1914 年鸦片税金在新加坡总税入的占比前所未有地达到 66.4%的高峰值,说明官方控制鸦片交易使政府获利更大,也从另一个角度说明新加坡鸦片的产业链依然繁荣,鸦片危害依旧,新加坡是否该全面禁止鸦片的争论再次被提上议程。压力不仅来自殖民地和英国本土。1912 年 1 月,美、中、日、英、德等国在海牙召开了禁毒国际会议,参会国签署了第一个国际禁毒公约——《海牙禁止鸦片公约》,《公约》规定缔约国应当制定法律管制"生鸦片"的生产、销售和进口;逐渐禁止"熟鸦片"的制造、贩卖和吸食。虽然在《公约》上签字了,但英国并没有真正执行。第一次世界大战后,《海牙禁止鸦片公约》写入《凡尔赛条约》强制执行,美国也催促英国执行公约,英国只能被迫宣布正式执行。

禁烟行动不可能一蹴而就,殖民政府制定了多项过渡措施,既表明禁烟的态度,又考虑鸦片利益逐渐退出。第一,官方对吸食鸦片者进行登记,并限制每天供给鸦片的数量。第二,阻止吸食鸦片者移民进入殖民地(由于检测技术上的问题并未真正实行)。第三,为居民提供其他的娱乐活动,例如定期的足球和其他体育比赛、开设"游乐园"、举办戏剧表演,等等。第四,改善医疗服务,向官方医院的鸦片成瘾者提供免费的治疗,各大医院提供"戒毒"服务。① 二战爆发后殖民政府的禁烟中断,英国政府急于挽回唯利是图的负面形象,1943 年 11 月,宣布在海峡殖民地全面禁止鸦片。尽管此时英国已经失去对海峡地区的实际控制权,且是迫于形势下的承诺,但是它结束了鸦片在海峡地区的合法化。历经百余年,新加坡鸦片问题终于画上句号。

2. 禁赌

赌博是万恶之源,但是赌博饷码又是新加坡殖民当局的主要税收来源,所

---

① Robert L.Jarman(eds.),*Annual Reports of the Straits Settlements 1855-1941*,Vol.7,London:Archive Editions Limited,1998,p.678.

以尽管莱佛士强烈反对,从法夸尔开始,多任驻扎官都主张赌馆的合法存在。赌场和赌博饷码制度是否应该取消的讨论在新加坡持续了很长时间,终于在1860年引起了英国本土高层的注意,殖民部大臣受命对赌场合法经营的利弊进行调查。1870年,海峡殖民地立法委员会通过了一项新的赌博法令,规定在新加坡禁止开设赌场,聚众赌博者被抓到会处以罚款。[①] 法令经多次修订,最后在1888年发布了《公共赌馆法令》(Common Gaming Houses Ordinance)。1889年,殖民政府成立专门管理赌博问题的赌博管制局(Gambling Suppression Department),负责在警察的协助下处理新加坡的赌博问题。居民对当局的禁赌行为也多有称赞,有文载:"近数日市中赌风顿息,月白风清之夜,虽横街僻静之处,亦不闻呼博之声,皆密君严缉之力也,可谓克尽厥职矣!"[②]

但是殖民政府的禁赌不顺利,"每见犯者未出狱,而继者又起于后",[③]而且赌博业容易改头换面,或者转移至海上,或者采用发行彩票的方式。华民护卫司署曾经查禁了一个在新加坡发行了10年之久的彩票"闱姓",告示中细陈赌博之害:"照得叻地十年前,有奸商数辈创设赌厂,诱人投买。初惟广人嗜之,买者寥寥,似于地方尚无大碍。讵意近年以来,日盛一日……闱姓以小博大,最易动人贪念……按本坡商场冷淡,银根紧绌,而各籍人等仍好买闱姓,月中耗费统计不下五万余元。……更有店中司账之人,嗜买闱姓,工金不足,则继以侵吞,迨至事发被控,拘禁囹圄,追悔何及。总之闱姓赌局,为祸无穷。历年以来国家明察暗访,尽悉此中情弊,刻下决意禁绝,以挽颓风。""本司现奉宪谕,出票拘拿,无论东家、担保、在事、行街,各治以应得之罪。兹将各该犯姓名分列示内,凡汝守份良民,务宜勷助本司缉获正犯归案严办,以绝闱姓根

① Robert L.Jarman(eds.),*Annual Reports of the Straits Settlements 1855–1941*,Vol.2,London:Archive Editions Limited,1998,p.190.

② [新加坡]柯木林、廖文辉编注:《三州府文件修集选编》,新加坡宗乡会馆联合总会、马来西亚新纪元大学学院2020年版,第102页。

③ [新加坡]柯木林、廖文辉编注:《三州府文件修集选编》,新加坡宗乡会馆联合总会、马来西亚新纪元大学学院2020年版,第102页。

株,则坡中商局从此可有转机矣。然嗣后无论各色人等,倘敢不畏法纪,再设闱姓赌厂者,一经告发,定当加等惩治,以儆效尤。"①

3. 管治卖淫业

妓院林立也是殖民时期新加坡一大伤风败俗的社会现象,殖民当局自称"本不欲准其开设,第念华人旅居南洋无家者众,土娼流妓,在所必有,与其使若辈暗设私窝,究不若准其彰明较著,而本署亦得以从中保护院内妓女之尤为妥善,故不得已而设专条派官治理。"②对卖淫业的管治是华民护卫司署主要工作职责之一,具体可分为三项内容:一是打击拐卖妇女,特别是未满 16 岁的幼女;二是抑制性病传播;三是禁止私设淫窝。为此专门成立中国妇女庇护所(后来的保良局),解救那些被迫落入魔窟的妓女。《华人移民条例》也方便华民护卫司署对入境新加坡的中国女性进行甄别,防止潜在的人口买卖事件发生。

1887 年 5 月 5 日,殖民地议政局针对诱拐 16 岁及以下少女卖淫通过五条章程,规定:"一如有自五岁至十六岁之女子在娼寮出入,或住宿者,即将寮主罚银一百元,或监禁六个月。至于女子之年貌岁数,系由各处地方官查看定夺。二如有被人诱拐强逼之妇女,其形迹可疑者,其带领该妇女之人,须要殷实之人担保,毋任该妇女逃往别处,须要俟候饬传到案审问,或将该妇女发落妥当之处暂住,俟候审问。若审明果系被人诱拐者,即将该妇女发落妥当之处暂行居住,俟送回原居之家,或由其本人自行商酌,皆要保护便宜。如其原居之家在大小叻叻之外者,其护送文照要由正使或副使定夺。三如有十六岁以下女子要学习歌舞之技者,将该女子发落妥当之处养到十六岁。四以上三款

① [新加坡]柯木林、廖文辉编注:《三州府文件修集选编》,新加坡宗乡会馆联合总会、马来西亚新纪元大学学院 2020 年版,第 68 页。"闱姓赌厂"是从流行于广东一带的彩票赌博发展起来的赌博和赌局。"在事""行街"是赌厂东家爪牙的称呼。

② [新加坡]柯木林、廖文辉编注:《三州府文件修集选编》,新加坡宗乡会馆联合总会、马来西亚新纪元大学学院 2020 年版,第 68 页。

除各处地方官外，仰华民护卫司一体办理。五如不遵者，其罚款与第一条同。”①

在随后几天的议政局会议上，通过了另一个抑制性病传播的章程。1870年开始实行的《传染病条例》要求妓院和妓女要接受登记和定期的免费医疗检查，结果一些妓院为了逃避登记和检查转为地下，反而恶化了本就存在的性病传播、虐待妓女、拐卖妇女、利益争斗等问题。1887年5月9日，议政局会议商定章程五条，责令华民护卫司自1888年1月1日起执行，严格督查花柳病，瞒报或阻扰者均要受罚，章程具体内容有：“一、如妓妇被人告其有毒症，能传染于人者，宜票传该妓妇到案查问。二、如查实其有毒症者，宜照会医院官验明。三、如医院验明该妓果有毒症，许华民护卫司或地方官着医院官将该妓留院调治。四、妓妇若有毒症已传染于人者，即将该妓及寮主罚银，重者至一百元。五、如有以毒症诬捏妓妇报官者，罚银重者至二百五十元，将所罚之银以给受诬之妓，由该主审官定夺。”②

为了让染病妓女愿意接受治疗，除继续免费外，华民护卫司署改变了隔离治疗的方式，允许探病或日间门诊治疗。1889年12月5日，华民护卫司发布谕令，晓谕各妓院，“照得凡属娼寮人等，若系身染疾病者，均可到竹仔脚之医院居住调理，医药各费分文不取。按旧例凡有妓妇沾染花柳之症，概皆送留该院医治，不许擅自出入。惟近日王家已改设新章，故刻下该院每日上午七点钟起，至下午四点钟止，其门辟而不闭。凡在院内调医者，均可于此数点钟内，接见戚友。”“至若汝等有病，而不欲在医院居住，则亦可于每日上午七点钟，赴院求治。”③

① ［新加坡］柯木林、廖文辉编注：《三州府文件修集选编》，新加坡宗乡会馆联合总会、马来西亚新纪元大学学院2020年版，第61—62页。

② ［新加坡］柯木林、廖文辉编注：《三州府文件修集选编》，新加坡宗乡会馆联合总会、马来西亚新纪元大学学院2020年版，第61页。

③ ［新加坡］柯木林、廖文辉编注：《三州府文件修集选编》，新加坡宗乡会馆联合总会、马来西亚新纪元大学学院2020年版，第56页。

对卖淫业的管治使一些人为了逃避检查私设淫窝,其危害变本加厉,所以华民护卫司署的第三项工作是查禁私窝,司署发布的《查禁娼妓私窝晓谕》历数私窝的四大弊端:藏匿无知弱女,“肆意酷虐,而本司无从庇护”;诱骗无知少年躲避家人约束,流连花巷而倾家荡产;干扰邻里;“引诱良家妇女,丧节辱身”。因此,“刻下私窝日盛,亟应设法禁绝,以维风化而正人心。本司现拟,嗣后凡被缉获开设私窝者,无论诸色人等,概皆尽法严办,以儆效尤。”①

1888 年,海峡殖民地终于有了管治卖淫业的专门法律《妇女与女孩保护条例》(The Women and Girls' Protection Ordinance 1888),1889 年 1 月 1 日开始实施。条例赋予华民护卫司署在任何时候对任何一家妓院进行检查的权力,并传唤妓女和老鸨进行调查;妓院必须向政府登记注册,注明妓女或者帮佣的姓名、人数、国籍、妓院业主姓名、位置等。此外,还特别要求每个登记妓女都必须附有一张照片,以防止作假。护卫司署官员会发给妓女一张票据和规章手册,一旦她们遇到麻烦,可以凭借票据到华民护卫司署寻求帮助……护卫司署官员需每年至少对妓院检查三次。② 这项检查权被质疑有违“自由市场”原则引起争议,一度被废止。

《1888 年妇女与女孩保护条例》经 1890 年、1891 年、1894 年、1896 年四次修正,1896 年的《妇女与女孩保护条例》(The Women and Girls' Protection Ordinance 1896)是殖民政府打击拐卖妇女特别是不满 16 岁未成年女孩卖淫的重要举措,不仅重新确认了对妓院的检查权在减少虐待妓女和逼良为娼事件上的切实有效,而且加强了保护力度。

第一,条例禁止胁迫女性卖淫的几种行为,规定:买卖、雇佣或利用女性在殖民地内外卖淫;促使任何非妓女的女性在殖民地内外发生性关系(婚姻方

---

① [新加坡]柯木林、廖文辉编注:《三州府文件修集选编》,新加坡宗乡会馆联合总会、马来西亚新纪元大学学院 2020 年版,第 68—69 页。

② Robert L.Jarman eds.,*Annual Reports of the Straits Settlements 1855-1941*,Vol.3,London:Archive Editions Limited,1998,p.231.

式除外），或通过欺骗、欺诈或欺骗性手段（无论该欺骗、欺诈或欺骗性手段是否在殖民地作出或使用）将任何女性带入殖民地从事卖淫；收留、窝藏、协助或知情上述行为者；违背任何妇女或女孩的意愿而将其扣留在妓院；或违背任何妇女或女孩的意愿而将其扣留在任何其他地方，意图使她从事卖淫或出于任何非法和非道德的目的；扣留任何属于妇女或女孩的衣物以及其他财产，或者以法律诉讼追讨任何债务或所谓的债务或使用其他威胁手段来威胁该妇女或女孩卖淫；非法与15岁及以下的女童发生肉体接触。这些行为的直接行为人或参与、协助甚至知情者，“一经在最高法院或由两名地方执法官组成的地方法庭面前定罪，应处以一年以下的监禁，或不超过500元的罚款，或两者并罚。”①

第二，禁止买卖女童的行为，“任何人在殖民地购买、出售或交易或出于贩卖的目的进口任何10岁以下的女童，即属犯罪，一经地方执法官定罪，应处不超过6个月的监禁，或处不超过200元的罚款，或两者并罚。”②

第三，禁止虐待妓女，虐待妓女且不在合理的时间向保护官转达妓女投诉的妓院管理者属犯罪，“一经最高法院或由两名地方执法官组成的法庭定罪，可处不超过1年的监禁，或不超过500元的罚款，或两者兼有。”③

第四，对被胁迫女性的保护：“保护官经适当调查后，如确信任何女孩正被用于不道德的目的，或正由于这些目的被训练，且该女孩不满16岁，可签发手令并加盖印章，命令将该女童移往安全地点，并在那里拘留，直到接到进一步命令或直到她年满19岁或结婚，以先发生者为准。”④“任何人引诱或协助

① “The Women and Girls' Protection Ordinance 1896”, *The Acts and Ordinances of the Legislative Council of the Straits Settlements*, Vol.II, London: Eyre and Spottiswoode, 1898, p.1602.

② “The Women and Girls' Protection Ordinance 1896”, *The Acts and Ordinances of the Legislative Council of the Straits Settlements*, Vol.II, London: Eyre and Spottiswoode, 1898, p.1603.

③ “The Women and Girls' Protection Ordinance 1896”, *The Acts and Ordinances of the Legislative Council of the Straits Settlements*, Vol.II, London: Eyre and Spottiswoode, 1898, p.1603.

④ “The Women and Girls' Protection Ordinance 1896”, *The Acts and Ordinances of the Legislative Council of the Straits Settlements*, Vol.II, London: Eyre and Spottiswoode, 1898, p.1604. “保护官”（The Protector）是指在任何殖民地履行华人移民保护官职责或助理职责的官员。

任何上述被拘留的妇女或女孩违反上述规章制度离开被拘留地点,或故意窝藏任何该妇女或女孩,即属犯罪,可处以不超过100元的罚款或不超过一个月的监禁,或两者并罚。"①华民护卫司署的保良局即据此条款而来。

第五,保护官的检查和问询权:"保护官以及经保护官书面特别授权的华民护卫司署官员,有权搜查其有合理理由怀疑有任何按照本条例第二部分的条文被处置的妇女或女孩的任何船只、房屋建筑或其他地方,并且可将该妇女或女孩送往安全地点并拘留在那里,直到她的案子被调查为止。""保护官有充分的权力传唤任何他有理由相信能够提供怀疑任何妇女或女孩因被欺骗、欺诈而被带入殖民地用作不道德的目的、或怀疑任何女孩被利用或被训练用作不道德的目的、或任何妓女信息的人,被传唤的人依法必须按召见令中规定的时间和地点参加,出示他所保管拥有的所有与该妇女或女孩有关的文件,并如实回答保护官向他提出的与该妇女或女孩有关或与正在调查的事宜有关的一切问题。如果保护官要求出示该妇女或女孩,则被传唤的人有责任出示该妇女或女孩。"②

《妇女与女孩保护条例》在19世纪新加坡的作用是双重的,它同时打击当时新加坡臭名昭著的两大恶疾:人口贩卖和卖淫业。

(四)治理公共卫生

开埠后的新加坡迅速成长为东南亚重要的自由贸易港,也吸引了大量的外来人口,导致社会公共服务领域压力陡增,尤其是公共卫生领域,环境恶劣,天花、霍乱、麻风病、性病等传染病流行,甚至达到肆虐的程度,危害公众健康,也损害了殖民者的利益,迫使殖民政府将公共卫生治理列入公共事务,改善公

---

① "The Women and Girls' Protection Ordinance 1896", *The Acts and Ordinances of the Legislative Council of the Straits Settlements*, Vol.II, London: Eyre and Spottiswoode, 1898, p.1605.

② "The Women and Girls' Protection Ordinance 1896", *The Acts and Ordinances of the Legislative Council of the Straits Settlements*, Vol.II, London: Eyre and Spottiswoode, 1898, p.1605.

共卫生环境,建立防疫机制,促进社会进步。

1.19 世纪新加坡恶劣的公共卫生状况

开埠前,新加坡是个荒废的小渔村,没有什么基础设施。随着自由贸易的发展,移民数量不断增加,各种设施却未能跟上港口繁荣的步伐,新加坡开始变得拥挤不堪。居民们在城镇的主要道路上留下成堆垃圾,堵塞排水沟,并在城镇中心形成了污水池。一些死去的动物尸体经常摆放于路面。特别是西部地区沼泽多,居民将垃圾扔进沼泽,因为没有适当的排水系统,许多道路在涨潮时被淹没,令人无法忍受的恶臭和苍蝇淹没了这个地区。① 1854 年,新加坡市政当局着手调查城市排水系统的缺陷和恶劣的卫生条件,②并于 1857 年初向东印度公司申请贷款,以资助对排水系统的翻新,同时计划进行一场清洁运动,但遭到拒绝。③

另外,新加坡的饮水问题也一直困扰着居民。新加坡河由于人口的增多受到污染,居住上游的麻风病患者经常到河里洗澡④,这样的水不仅不适合人饮用,对疾病的传播也起到了推波助澜的作用。按照 19 世纪西方医学观点,疾病主要是由潮湿、受污染的土壤和臭气熏天的水域产生的有毒废水引起,⑤不干净的水,无论是用于洗涤,还是烹饪或饮用,都对痢疾、腹泻、肝炎和霍乱等疾病的传播负有重大责任。新加坡贫民区地表水井的状况被认为是导致霍

---

① *Straits Times*, 5 August 1845 and 1 April 1846; *Singapore Free Press*, 30 April 1846 and 26 September 1851.

② *Singapore Free Press*, 1 December 1854.

③ *Straits Times*, 5 August 1857.

④ Martha Kaplan, "The Singapore Water Supply", *Journal of the Malaysian Branch of the Royal Asiatic Society*, Vol.89, No.311(2016), pp.144-147.

⑤ 在 19 世纪后期,诸如脚气病、腺鼠疫、白喉、天花和各种类型的发烧等疾病在健康报告中被归类为"血管性疾病"。普遍看法认为这些疾病是由潮湿的土壤中有机物分解产生毒素,这些毒素通过肺部吸入最终导致患病或死亡。

乱、肠道热、腹泻和痢疾等疾病流行率以及相应的高死亡率的主要因素①。

新加坡糟糕的卫生状况长期未受殖民政府重视。目前能找到的海峡殖民地年度报告最早出现"公共卫生"(public health)事项记录的是1873年6月完成的1872年《槟榔屿和威利斯省蓝皮书》(The Blue Book of Penang and Province Wellesley)。② 相比教育和公共工程这些有形的公共事业，公共卫生显然不受当局待见。

然而问题是回避不了的。除脚气外，天花、霍乱、麻风病是19世纪新加坡公共卫生最大的威胁。自殖民报告有"公共卫生"事项起，关于天花、霍乱、麻风病的记录就从未缺席。传染病高发是19世纪新加坡主要的致死原因，1882至1895年新加坡死亡人数在海峡殖民地中居于榜首(见表2-3)，几乎接近槟榔屿、天定、威利斯三地总和，但是新加坡居民只略微超过三地居民总数的一半，1891年新加坡居民184554人，槟榔屿、天定、威利斯合起来231480人。③ 苏瑞福的研究也印证了新加坡的高死亡率和较低的出生率，根据他的研究，1881年至1900年，以每五年为一阶段，新加坡的粗出生率分别是15.0‰、16.4‰、17.3‰和17.1‰，而同期粗死亡率分别是32.9‰、37.3‰、35.4‰和39.4‰，都是出生率的两倍多。④ 19世纪末20世纪初，新加坡的死亡率仍居高不下，1893年至1910年，新加坡市区的粗死亡率在30‰到50‰之间，平均为42.2‰，与其他印度或亚洲城市相比，这些数字也被认为是相对较高的。⑤

---

① Brenda S. A. Yeoh, "Urban Sanitation, Health and Water Supply in Late Nineteenth and Early Twentieth Century Colonial Singapore", 发表期刊 *South East Asia Research*, Vol.1, No.2(1993), pp.82-92.

② Robert L.Jarman, *Annual Reports of the Straits Settlements 1855-1941*, Vol.2, London: Archive Editions Limited, 1998, p.176.

③ Robert L.Jarman, *Annual Reports of the Straits Settlements 1855-1941*, Vol.3, London: Archive Editions Limited, 1998, p.593.

④ [新加坡]苏瑞福:《新加坡人口研究》,薛学了译,厦门大学出版社2009年版,第84、157页。

⑤ Brenda S.A.Yeoh, "Urban Sanitation, Health and Water Supply in Late Nineteenth and Early Twentieth Century Colonial Singapore", *South East Asia Research*, Vol.1, No.2(1993), pp.82-92.

表 2-3　海峡殖民地各地死亡人数(1882—1894 年)　　(单位:人)

年份(年)	新加坡	天定	槟榔屿	威利斯	马六甲	总计
1882	5011	—	3170	2105	3911	14197
1883	4619	—	3354	2774	2652	13399
1884	4922	—	3521	2276	2784	13503
1885	5749	—	3720	2161	2465	14095
1886	6308	58	3795	2697	2468	15326
1887	6165	90	3800	2706	3163	15924
1888	5974	101	4051	4070	2961	16157
1889	6385	104	3998	3571	4148	18206
1890	6557	119	4002	2624	3511	16813
1891	6449	106	4903	3441	2671	17570
1892	5621	79	4241	3331	2761	16033
1893	6776	95	4167	2956	2951	16945
1894	6216	111	4428	3654	2825	17234

资料来源:Robert L.Jarman:*Annual Reports of the Straits Settlements 1855-1941*,Vol.3,London:Archive Editions Limited,1998,p.14,p.95,p.179,p.318,p.517,p.593;Vol.4,p.58,p.190.

19 世纪新加坡的高死亡率是人口爆发式增长带来的弊端,即城市人口增长速度快于城市扩张速度,从而导致城市人口密度上升,城市卫生、医疗条件跟不上人口增长速度。

2. 防疫机制的建立

官方医疗资源的杯水车薪和民间医疗机构的善行义举都不足以解决新加坡日益严重的公共卫生危机,医疗设施的粗陋和传染病的扩散使新加坡的劳动力减弱,经济受损,军队人员身体素质下降。新加坡传染病的严重程度,使殖民政府遭受疾病威胁的同时也遭受国际舆论的压力,不得不思考提供全岛范围的健康服务,以遏制传染病的传播。

(1)通过立法为卫生防疫提供保障

首先是《检疫及疾病预防条例》《预防疾病条例》与口岸检疫制度的建立。

新加坡港口检疫开始于19世纪中期。1850年的第41号法令以及1855年第22号法令分别要求对海峡殖民地的港口检疫注意事项和港口税收以法律的形式记录在案,来往船只必须进行检疫,对传染病患者进行隔离。

1886年11月,海峡殖民地立法会通过《检疫及疾病预防条例》(The Quarantine and Prevention of Disease Ordinance 1886),以"防止感染和传染性病毒的传入和传播",条例规定停靠殖民地港口的所有船只(含船上人员与动物)都必须接受检疫,隔离所有患病的人员和动物,受疾病影响的人员转移至医院或其他地方接受治疗,直到他们能够安全地回到公共场所。①

1887年,新加坡《市政条例》(The Municipal Drdinance)再次对本港口岸检疫作了详细规定:"第1条,当殖民地范围以外的任何港口存在或暴发传染病时,政府需要发出通告对港口的停泊与航行做出规定,该项规定将一直有效……第3条,废除1886年检疫及预防疾病条例中的第14条。规定所有根据1886年《检疫及疾病预防条例》订立的规则都要在宪报刊登……规则必须切实可行,方可提交给立法会审议,如被立法会否决,规则将会失效。"②根据条例要求,1887年有8艘船只被检疫隔离③,1888年有15艘船只因霍乱、14艘船只因天花被检疫隔离④,1889年1艘船只被检疫隔离⑤。

1894年5月至10月,中国香港地区爆发开埠以降最严重的鼠疫,海峡殖民地高度戒备。为了阻止鼠疫进入殖民地,1894年6月,立法会通过《预防疾

① "The Quarantine and Prevention of Disease Ordinance 1886", *The Acts and Ordinances of the Legislative Council of the Straits Settlements*, Vol.II, London: Eyre and Spottiswoode, 1898, pp.970-974.

② Ordinance No.VII. of 1894, *The Laws of the Straits Settlements, 1835-1900*, Vol.2, London: Waterlow & Sons Limited, 1920, pp.770-778.

③ Robert L.Jarman: *Annual Reports of the Straits Settlements 1855-1941*, Vol.3, London: Archive Editions Limited, 1998, p.323.

④ Robert L.Jarman: *Annual Reports of the Straits Settlements 1855-1941*, Vol.3, London: Archive Editions Limited, 1998, p.449.

⑤ Robert L.Jarman: *Annual Reports of the Straits Settlements 1855-1941*, Vol.3, London: Archive Editions Limited, 1998, p.523

病条例》（The Prevention of Diseases Ordinance 1894）①，作为 1886 年《检疫及疾病预防条例》的补充条款。《预防疾病条例》宣布："来自中国疫区或途经疫区的中国移民进入殖民地后可能会成为病源；发出警示禁止中国移民进入海峡殖民地；面对潜在的和任何可能的病例，殖民政府应该有充分的权力采取紧急措施，以维护公共卫生。"②条例加大了对来自中国的人口和船只的检疫力度，规定："任何口岸出现因中国移民和中国移民船引起的传染病病例都必须发布公告"，"被公告的中国移民和船只在殖民地范围内都不能合法入境和登陆"，"已上岸或试图登陆的人处以 50 元以下罚款或 6 个月以下监禁或两者并罚，同时处罚船主每个移民 100 元以下罚款或 6 个月以下监禁或两者并罚。"③条例还禁止殖民地本地居民接触这类移民和船只，规定："除港口卫生官和华民护卫司，其他试图联系这类船只的都处以 100 元以下罚款或 6 个月以下监禁或两者并罚。"④

其次，颁布《麻风病条例》。

1886 年，为了使麻风病患者的监禁合法化，麻风病被列入《检疫及疾病预防条例》的危险传染病名单。1899 年，海峡殖民地立法会颁布《麻风病条例》（Lepers Ordinance No.63），条例规定：总督有权设立收容所，接收或拘留麻风病患者；禁止麻风病患者在任何公共浴室洗澡和任何旅馆、招待所或寄宿处住宿。"任何警察在没有逮捕令的情况下，也可以逮捕被他怀疑为麻风病的患者。这些被逮捕的人，经过医生检查之后，不是麻风病患者应立即释放。"未与公众隔离的麻风病患者，如果生活中有可能将病毒传染给他人，法院将会对其拘留。首席民事医疗员与当局的市政卫生官在所管理的辖区内如怀疑某住

① "The Prevention of Diseases Ordinance 1894", *The Acts and Ordinances of the Legislative Council of the Straits Settlements*, Vol.II, London: Eyre and Spottiswoode, 1898, pp.1364–1366.

② "The Prevention of Diseases Ordinance 1894", *The Acts and Ordinances of the Legislative Council of the Straits Settlements*, Vol.II, London: Eyre and Spottiswoode, 1898, p.1364.

③ "The Prevention of Diseases Ordinance 1894", *The Acts and Ordinances of the Legislative Council of the Straits Settlements*, Vol.II, London: Eyre and Spottiswoode, 1898, p.1365.

④ "The Prevention of Diseases Ordinance 1894", *The Acts and Ordinances of the Legislative Council of the Straits Settlements*, Vol.II, London: Eyre and Spottiswoode, 1898, p.1366.

宅或建筑物中有麻风病患者,该医生或官员可以以书面授权,不经当事人同意便可直接进入房屋或建筑物中,如有必要可诉诸武力。禁止麻风病患者从事面包师、屠夫、厨师、洗衣工、裁缝、理发师、家政服务员、护士、人力车和其他公共车辆司机、船员等职业。"任何人如违反本条例,或根据本条例订立的未明文规定罚款的任何规则,处以最高 50 元的罚款,拖延支付的监禁 1 个月。"①另外,被拘留的麻风病患者可视情况而定,向政府提交一定的费用用于麻风病收容的日常开支。除了对本地麻风病患者进行隔离治疗外,殖民当局坚决抵制外来麻风病患者在任何港口登陆新加坡。

《麻风病条例》的实施使得隔离和防控麻风病传播有据可循,麻风病收容所也越来越得到认可。麻风病院成了麻风病人的庇护所,隔离政策一定程度上有利于麻风病人健康的恢复,同时有利于殖民政府的管理,因此隔离政策对于公共卫生安全有一定的保障。虽然 19 世纪的《麻风病条例》还不够完善,但为 20 世纪《麻风病条例》的修订完善奠定了基础,在新加坡和马来亚的立法目录表中我们发现政府对麻风病的管理法案越来越完善,在一定程度上为遏制麻风病提供了法律保障。到 19 世纪 90 年代,麻风病的发病率相对平缓。1895 后海峡殖民地年度报告中不再有麻风病例的记录,说明麻风病在 1895 年后退出了海峡地区主要传染病名单。

上述条例措施对传染病确实起到了遏制作用,也开启了海峡殖民地的公共卫生立法进程,具备里程碑的意义。但是,真正推动新加坡防疫机制建立健全的立法是《市政条例》。

再次,《市政条例》与传染病防控规定。

《市政条例》是殖民时期新加坡城市管理的纲领性文件。1887 年第一部《市政条例》(The Municipal Ordinance 1887)获得通过,其中第一次明确提到了公共卫生,并细化了对新加坡口岸检验检疫的规定。1896 年,海峡殖民地

---

① "Lepers Ordinance No. 63", *The Laws of the Straits Settlements, 1835 - 1900*, Volume I, London: Waterlow and Sons Limited, 1920, pp.794-800.

立法会通过新的《市政条例》(The Municipal Ordinance 1896),1897 年 1 月 1 日起实施,取代之前使用的 1887 年《市政条例》(The Municipal Ordinance 1887)、1889 年《市政条例修订条例》(The Municipal Ordinance 1889)、《1869 年消防条例》(The Fire Protection 1869)、《1894 年市政屠宰场条例》(The Municipal Slaughterhouse Ordinance)和 1856 年印度法案对应的市政条款等条例规定。新市政条例第 222—231 条款是专门关于"传染病防控"(Prevention of Infectious Diseases)的规定,将天花、霍乱、鼠疫、白喉、膜性丹毒、猩红热等疾病归类为"危险的传染病"。[①] 这也是新加坡殖民当局首次为传染病防疫制定的专项法规,其主要内容包括:

一是传染病的报告制度:"住所周围出现危险的传染病时,应当立即到警局反映情况,接到报案的警务人员有责任立即通知卫生官员。医生发现传染病例时,应以书面形式呈现给总督或者交由卫生官上交总督。……24 小时内未报告且无任何合理解释的居民或医生,可处 25 元以下的罚款。""总督、卫生官员或任何受命处理传染病事务的专员,有权进入任何住宅,且无须事先通知,如果有需要也可强行进入居民住宅,要求病人转入医院治疗。"

二是接触物的消毒隔离:"当医院或其他住所发现传染病病例时,卫生官应书面通知业主或住户对建筑物进行清洁和隔离,未在特定时间内完成的处以 110 元以下罚款,每拖延一天加 5 元以下罚款。""被感染的垃圾和物品必须集中焚烧,接到通知但未处理的人处以 50 元以下罚款。因销毁物品造成的损失由市政基金补偿。""传染病感染者住过的房子或使用过的其他建筑,未达到隔离期限或处置要求的不允许出租,违者处以 200 元以下罚款,酒店和寄宿处等同于出租屋。"

三是防控的后勤保障:当局要提供财力支持,"提供合适的车辆免费运送病人""承接公共交通的业主和司机都应及时转运病人,违者处以 25 元以下

① "Prevention of Infectious Diseases, Ordinance No.XV.of 1896", *The Acts and Ordinances of the Legislative Council of the Straits Settlements*, Vol.II, London: Eyre and Spottiswoode, 1898, pp.1474-1475.

罚款”“为病人提供隔离区，并免费提供生活用品”“发生传染病暴发情况时，如果官员认为正常举措不能有效控制病情扩散，经立法会主席批准，可以采取特别措施，所需费用从市政基金支出。”①

以上规定发表于公报，广而告之，任何人不得否定或拒绝履行，违者处以100元以下罚款。

（2）实行疫苗接种的重要预防性措施

天花这种疾病在东南亚地区早就存在，控制天花最好的办法是接种疫苗，但是在英属新加坡早期，天花疫苗接种近乎失败。新加坡最早于1819年12月决定将接种疫苗引入定居点，由槟城供应疫苗。1827年，新加坡设立了疫苗机构，因为接种人数很少，1829年6月，疫苗机构被取消。19世纪30年代，经历多次天花疫情的折磨，新加坡居民对疫苗的认识和态度多少有些变化，不少人将自己的孩子送去接种疫苗，新加坡也能从巴达维亚获得良好的疫苗，高级外科医生在1847—1848年度报告中指出，疫苗接种计划比前几年更为成功，1848年在新加坡已接种疫苗的人数达到389人，其中304人已获得成功。② 但是疫苗接种的范围仍然过于狭小，1849年3月，新加坡再次爆发天花疫情。各种批评充斥报端，舆论普遍指责殖民政府措施不力，批评政府缺乏适当的统计数据和宣传疫苗接种的热情，希望政府的“高薪雇员”能有布道者的热情，敦促政府建立疫苗站，认为当局有责任在最方便的地方提供疫苗和疫苗接种站，以方便一些偏远地区的妇女和孩子。③

流行病的产生不仅震惊了媒体人员，市政委员也同样担心。海峡殖民地总督向委员会通报了他采取的步骤：向孟加拉国方面寻求疫苗，以便随时发送；要求居民委员会提供几年前以马来语印制和出版的介绍接种疫苗优点的

① “Prevention of Infectious Diseases, Ordinance No.XV.of 1896”, *The Acts and Ordinances of the Legislative Council of the Straits Settlements*, Vol.II, London: Eyre and Spottiswoode, 1898, pp.1541-1544.

② Y.K.Lee, “Smallpox in Early Singapore (Part II) (1830-1849)”, *Singapore Medical Journal*, Vol.17, No.4 (1976), pp.202-206.

③ The Straits Times, 18 July 1849.

小册子；指示用中文发行类似的小册子，供华人查阅。① 除此之外，殖民政府通过敲锣向镇内的所有居民宣布，可以带着孩子去医院接种疫苗。疫苗接种人员在1849年4月执行466个项目并取得期望性的效果，成功了396个，失败了70个。② 到19世纪60年代，接种情况仍然不如预期，医疗部门在警察的协助下，接种的孩子仍然停留在数百人的水平。③ 天花成为1864—1865年间新加坡医院里第二大致死病因。④

1867年8月12日，英国议会通过了一项疫苗接种法案的修正案，规定所有人必须强制性接种疫苗。1867年9月3日，海峡政府收到了该法案的副本，要求总督向伦敦报告在海峡地区通过和执行类似规定的可能性。⑤ 1868年，立法会在英国议会的敦促下通过《疫苗接种条例》（Vaccination Ordinance），规定：疫苗接种由疫苗机构的公共接种人员或医生执行，"现居殖民地或将居留殖民地的7岁以下未接种的儿童，必须在条例实施3个月内接种疫苗；殖民地的新生儿必须在出生后3个月内接种疫苗。符合上述情形，且因父母死亡、疾病等原因无力照顾而被他人看管的孩子，收养者必须在领养3个月内带孩子接种疫苗。""任何生产或试图生产假疫苗，以及私自为他人接种疫苗的行为或个人都属犯罪，一经裁判官定罪，可处以不超过100元的罚款，或不超过6个月的监禁，或两者并罚。"⑥条例于1869年5月1日开始在

① Y.K. Lee, "Smallpox in Early Singapore (Part IV) (1860 - 1872)", *Singapore Medical Journal*, Vol.1, No.2, (1977), pp.126-135.

② Y.K.Lee, "Smallpox in Early Singapore (Part II) (1830-1849)", *Singapore Medical Journal*, Vol.17, No.4. (1976), pp.202-206.

③ Robert L.Jarman, *Annual Reports of the Straits Settlements 1855-1941*, Vol.1, London: Archive Editions Limited, 1998, p.502.

④ Robert L.Jarman, *Annual Reports of the Straits Settlements 1855-1941*, Vol.1, London: Archive Editions Limited, 1998, p.614.

⑤ Robert L.Jarman, *Annual Reports of the Straits Settlements 1855-1941*, Vol.2, London: Archive Editions Limited, 1998, p.49.

⑥ *The Acts and Ordinances of the Legislative Council of the Straits Settlements*, Vol.1, London: Eyre and Spottiswoode, 1898, pp.23-27.

新加坡与槟榔屿实施。为了保证《疫苗接种条例》能够有效落实，殖民地先引入了《出生和死亡登记条例》，第一次对出生和死亡进行强制性登记，规定出生和死亡登记员的主要职责是通知新生儿父母关于强制接种儿童疫苗的情况，以便为强制疫苗接种提供基础。到19世纪80年代，海峡殖民地的疫苗接种成功率在70%以上①，新加坡成效尤其突出，1888年，新加坡的疫苗接种成功率达到98.2%，是海峡殖民地中最高的。② 天花在新加坡基本被遏制。

（3）适时采取收容隔离制度

在新加坡，针对传染病的隔离措施是从麻风病开始的。麻风病也是较早引起殖民地医生注意的传染病。1828年的槟榔屿和新加坡华人贫民医院里，100多名病人中，有14人患有麻风病。③ 为了避免疾病的传播，殖民当局在新加坡建立了一个临时收容所，以容纳30名贫民，但远远不能满足需要。而且，在庇护所里也没有相应的隔离措施，健康的贫民与麻风病患者同住一个屋檐下。当局在舆论的压力之下最终决定将健康的贫民留在庇护所，患病的贫民送入贫民医院。

1869年11月24日，应英国殖民大臣要求，新加坡成立专职委员会研究麻风病人问题。④ 1871年6月5日，委员会完成调查，向总督提交了报告，建议为麻风病人建立一个独立的避难所，远离人群，最好是在一个无人居住的岛屿上。立法会将报告和会议记录送交伦敦的殖民大臣几个月后收到了答复，隔离麻风病人的做法得到批准。当年，殖民当局在金银岛的木蔻山（Jerejak）建了一家麻风病院，用于隔离麻风病患者。1882年，殖民政府在陈笃生医院

① Robert L.Jarman, *Annual Reports of the Straits Settlements 1855-1941*, Vol.3, London: Archive Editions Limited, 1998, p.202.

② Robert L.Jarman, *Annual Reports of the Straits Settlements 1855-1941*, Vol.3, London: Archive Editions Limited, 1998, p.449.

③ Hairudin Bin Harun, *Medicine and Imperialism: A Study of the British Colonial Medical Establishment, Health Policy and Medical Research in the Malay Peninsula, 1784-1918*, PH. D. thesis, University of London, 1988, p.195.

④ The Straits Times, 4 December 1869.

后面建立了一个女性病房，用于接收女性麻风病病人。隔离制度的建立既有利于麻风病人健康恢复，也方便了当局的管理，可以对病例进行准确跟踪（见表 2-4），防止传染病扩散。

表 2-4　新加坡麻风病院病人统计（1889—1894 年）　　（单位：人）

年份（年）	病例	死亡	出院或潜逃	留院
1889	93	26	45	22
1890	132	18	87	27
1891	155	49	49	57
1892	165	33	100	32
1893	101	28	45	28
1894	114	22	51	41

资料来源：1889—1891 年数据出自 *Annual Reports of the Straits Settlements 1855-1941*, Vol.3, pp.602-670；1892—1894 年数据出自 *Annual Reports of the Straits Settlements 1855-1941*, Vol.4, p.201.

隔离措施也用于天花的防控，在 19 世纪 40 年代之前，新加坡还未建立政府医院，私立医院没有病房隔离天花病患者，加剧了天花的感染扩散。1872 年底，新加坡建立了“天花医院”，隔离天花患者。出现在公共场合无家可归的病患会被羁押在临时的棚屋医院和空旷的建筑物中隔离。

《检疫及疾病预防条例》和《麻风病条例》的相继颁布，使隔离制度更加严格，也越来越得到认可。

3. 整治公共卫生环境

新加坡开埠后的头几十年，殖民地管理相对简单，许多地方事务都交由警察来处理，公共卫生也一样，《海峡殖民地第 16 号条例》规定警队要协助政府执行税收、卫生、水利、检疫等管理。[①] 随着人口的增加，一个机构身兼数职的

① “Police Force, Ordinence No.16”, *The Laws of the Straits Settlements 1835-1900*, Vol.1, London, Waterlow & Sons Limited, 1920, pp.750-766.

简约型管理方式远远无法满足城市发展的需要,特别是传染病暴发时更是捉襟见肘。1867 年,新加坡正式转移到英国王室直辖之下,对新加坡的关注与之前相比有所增加,处理公共卫生与疾病问题也更加积极。1887 年《市政条例》(Municipal Ordinance 1887)规定成立"市卫生部"(Sanitary Department),新加坡独立的官方卫生管理机构应运而生。

1887 年,殖民政府组建市卫生委员会。1889 年 5 月,市卫生部成立,下设医疗卫生官,一般由医生担任该职位,负责公共卫生的日常管理,包括对牛棚、排水沟、屠宰场、车道和小巷、厕所、市场、下水道等公共场所进行粪便处理、家禽饲养等项目的卫生检查。新加坡首位医疗卫生官埃利斯博士(Dr. Gilmore Ellis)自述自己"通常每天 4 小时用于处理市卫生状况。……只有通过频繁的拜访、通知和传唤,他们才能保持好秩序。"①1890 年 2 月,海峡殖民地的卫生官员在报告中也指出,"新加坡排水系统存在问题。厕所与排水渠有关,在排水渠的喷射器开始运作前,通常要向厕所中注入大量的水,因为排放通道被大量污物堵塞。一旦出现这种情况,且只有一个排气口,下水道所产生的气体,最终不利于人们的身体健康和公共卫生的发展。该月发出了 14 张传票,因为他们在收到通知后,未能及时处理厕所污物。34 人收到通知,要求他们把厕所和街道排水管分开;19 名居民因在他们的粪池中有超过一英尺的粪便而被传唤。"②

公共卫生环境的整治对抑制传染病的传播有积极作用,特别是对霍乱的防治作用明显。霍乱是由英国殖民者从印度带进新加坡的,新加坡被东印度公司占领九个月之后,第一次遭受了霍乱的袭击,③而新加坡糟

---

① *Straits Settlments Government Gazette*, 21 July, 1889, Singapore: National Library Board.

② "Government Notification, No. 245", *Straits Settlements Government Gazette*1890, Singapore: National Library Board, p.25.

③ Hairudin Bin Harun: *Medicine and Imperialism: A Study of the British Colonial Medical Establishment, Health Policy and Medical Research in the Malay Peninsula*, 1784 - 1918, PH. D. thesis, University of London, 1988, p.212.

糕的卫生条件成了霍乱流行的温床。19 世纪上半叶，新加坡人面对霍乱基本束手无策，很多人因害怕隔离不愿意接受治疗，患者家属有意隐藏病人，拒绝去医院，所以在医院的数据上看不出霍乱疫情的真实情况（见表 2-5）。

表 2-5 19 世纪中期新加坡医院霍乱病例统计 （单位：人）

年份（年）	1857	1858	1860	1861	1862	1863	1864	1865	1866
收治	1	57	9	—	14	7	3	41	8
死亡	1	18	1	22	7	2	2	11	1

说明：含监狱医院、综合医院和陈笃生医院

资料来源：Robert L.Jarman, *Annual Reports of the Straits Settlements 1855-1941*, Vol.1, London: Archive Editions Limited, 1998, p.135, p.247, p.352, p.376, p.448, p.536, p.650, p.754.

1873 年在新加坡暴发了一次严重的霍乱疫情，死亡率为 41.5%。[①] 霍乱最初始于坎丹克尔巴（Kandang Kerbau）和甘榜卡波（Kampong Kapor），然后传播到梧槽（Rochor）和甘榜格南（Kampong Glam）。由于坎丹克尔巴地势低洼，排水不畅，加上该地卫生条件恶劣致使疾病迅速传播，到 1873 年底，霍乱病例仍然间歇性出现。根据海峡殖民地年度报告，19 世纪 90 年代，新加坡是海峡地区唯一还会出现霍乱疫情的地方，1895 年和 1896 年连续两年疫情严重，病例统计分别是 430 人和 592 人，死亡人数分别高达 317 人和 511 人。[②]

4. 19 世纪公共卫生治理成效与局限

19 世纪新加坡传染病的横行肆虐倒逼殖民政府采取应对措施，初步建立了防疫机制，对防止外埠传染病侵入和岛内天花、麻风病和霍乱等疾病的流行

① Robert L.Jarman, *Annual Reports of the Straits Settlements 1855-1941*, Vol.2, London: Archive Editions Limited, 1998, p.191.

② Robert L.Jarman, *Annual Reports of the Straits Settlements 1855-1941*, Vol.4, London: Archive Editions Limited, 1998, p.308.

起到了积极的防控作用,也降低了当地居民传染病的患病率和传播速度及范围。1890 年,新加坡及整个海峡殖民地罕见地没有任何疫情①。除天花被遏制外,1895 后海峡殖民地年度报告中不再有麻风病例的记录,说明麻风病在 1895 年后退出了海峡地区主要传染病名单。到 19 世纪末,霍乱也不再是威胁新加坡的主要传染病。

防疫机制的建立也改善了新加坡公共卫生环境,初步搭建了公共卫生治理体系,带动了公共卫生事业的进步。19 世纪 60 年代以后,殖民当局用于医疗的公共支出明显增加(见表 2-6),为殖民地公共卫生事业发展提供了支撑。对公共卫生的治理在很大程度上推动了社会的进步,推动了新加坡城市化发展和城市治理的现代化。

表 2-6　19 世纪下半叶海峡殖民政府医疗卫生支出　（单位:新元）

年份(年)	1855	1856	1857	1858	1861	1862	1863
支出额	18564	20580	20698	22880	15240	15240	15240
年份(年)	**1864**	**1865**	**1866**	**1877**	**1878**	**1882**	**1883**
支出额	11836	42553	46606	71415	84850	82667	77443

说明:按财年计算当年 5 月 1 日—次年 4 月 30 日。

资料来源:1. 1855—1866 年数据出自 *Annual Reports of the Straits Settlements 1855-1941*, Vol.1, p.50, p.92, p.128, p.338, p.414, p.594, p.699;

2. 1877—1878 年数据出自 *Annual Reports of the Straits Settlements 1855-1941*, Vol.2, p.379;

3. 1882—1883 年数据出自 *Annual Reports of the Straits Settlements 1855-1941*, Vol.2, p.638.

但是,19 世纪新加坡防疫机制和公共卫生治理机制都处于初始阶段,许多方面都是粗陋的。首先,从主观目的来看,殖民当局建立防疫机制并不是为了人民健康,而是因为随着殖民地经济发展,人口激增,环境恶化,殖民者认识到居高不下的死亡率、糟糕的卫生状况已经构成制约经济发展、社会声誉的主要障碍,在内外各种压力下,为了实现经济利益的最大化,维持统治秩序的稳

① Robert L.Jarman, *Annual Reports of the Straits Settlements 1855-1941*, Vol.3, London: Archive Editions Limited, 1998, p.601.

定性，才开始承担起越来越多的公共卫生治理的社会职能。这一出发点导致防疫机制建立过程中的一些举措设施变得敷衍，例如贫民医院附近就是大型垃圾场，病房拥挤，卫生条件差，很多人因害怕隔离不愿意接受治疗，患者家属有意隐藏病人，拒绝去医院。同时，殖民政府主观意识、人员紧张和财政拮据等因素也限制了防疫能力。直到19世纪末，新加坡医疗机构仍然严重不足且设施简陋，难以满足人口增长的医疗需要，住房拥挤、排水不畅、卫生条件差等生活环境也没有根本改变，传染病赖以生存的温床未能根除。进入20世纪后，瘟疫、肺结核等传染病取代天花、麻风病和霍乱，成为新加坡人新的主要威胁。传染病防疫局势的完全改观是在二战后特别是新加坡建国后。

其次，隔离制度存在泛化倾向。对麻风病人活动场所和职业的限制很容易延续到他们病愈之后乃至终生遭人嫌弃，只能从事最低等的工作。与天花不同，麻风病和霍乱的发病和传播与环境条件有很大关系，所以通常暴发在贫民聚居区，由此也容易产生社会阶层甚至族群间的歧视和仇恨，收容隔离有时候也是变相的拘留。贫民医院的建筑师科尔曼负责设计医院的隔离区，他建议新加坡的城市规划应进行阶级和种族分离，这一建议很明显地体现在19世纪新加坡的城市布局上。

最后，殖民地当局建立的防疫机制是19世纪新加坡公共卫生体系的一部分，且作用非常有限。殖民者建立的是一套西医系统，且提供的医疗资源根本无法覆盖结构复杂的19世纪新加坡移民社会，促使各种族各自为政、建立相对自成一体的医疗体系，19世纪新加坡公共卫生领域实际上是一种多元共治的局面。尤其是在华人社会，19世纪中期以降，华人社团陆续建立了陈笃生医院、同济医院、广惠肇方便留医院等医疗机构，既解决了华人移民的燃眉之急，也为新加坡的公共卫生事业的发展进步作出了重大贡献。

（五）第二次世界大战前后的社会改革

19世纪中期后，新加坡殖民政府的有序管理取得一些成效，但也有明显局限与不足，大多数社会问题只是得到了遏制，并非完全解决。例如对治安威胁最大的秘密会党到20世纪依然严重威胁着新加坡的社会治安，“当时（20世纪20年代）的新加坡被称为‘东方芝加哥’，是持枪匪徒和街头黑帮的天堂。他们在牛车水和乡村区域横行肆虐。1927年，谋杀案的数量再创新高，黑帮火并每天都在上演。”①进入20世纪，新加坡赌博和卖淫行业都很快地重新繁荣。当然，从本质上说，维持稳定统治的前提下，只看重经济利益和战略利益，而不重视社会进步，不愿意花太多的人力物力用于社会建设，这是殖民地的特性，殖民时代的新加坡亦逃不过这种普遍性。

进入20世纪，特别是第一次世界大战后，为了防止新加坡卷入正在全世界范围内兴起的新一轮反殖民运动，稳定英国在这一地区的利益，同时也是受英国国内社会干预思潮和实践的影响，殖民当局对新加坡的有序管理更加系统全面地展开。在19世纪统治机构的设置基础上，相继成立了教育部、改良信托局、卫生部、社会福利部、外国人登记处、劳工部等管理部门和委员会或理事会等法定机构，分别负责教育、住房、卫生、社会福利、移民和劳工事务，初步建立了比较完整的现代国家的社会管理系统，对社会的管控深入各领域，给新加坡自治后人民行动党政府的社会管理奠定了较好的基础。1929年，英国通过《探索性殖民地福利与发展立法》（Pioneer Colonial Welfare and Development Legislation），将政府的社会责任原则引入殖民地，但是大萧条和随之而来的战争使这一原则基本上只停留在法律层面，真正的实践是在战争结束英国人重返新加坡后开始的。第二次世界大战后，英国又将《贝弗里奇报告》里政府统一管理社会保障原则落实在殖民政府的实践中，对殖民地的管理更加有序、规范。

战后快速的人口增长是新加坡殖民政府面临的主要问题，与1940年相比，

① ［英］康斯坦丝·玛丽·藤布尔：《新加坡史》，欧阳敏译，中国出版集团东方出版中心2013年版，第122页。

1953 年人口增长了 1 倍,病人数也增长了 1 倍,而门诊病人增加了 10 倍,①半数人口在 21 岁以下②。儿童要上学,青年要就业要住房,人口激增给教育、医疗、住房造成极大的压力。为了应对战后极度困难的状况,英国于 1945—1950 年实施“殖民地发展和福利行动”(Colonial Development and Welfare Acts),分配给新加坡的预算资金是 7324286 新元。1955 年,新加坡的地区配额取消,但之前未使用的配额余额仍然有效,能用于发展和福利的款额每年仍然有 475907 新元。此外,1955 年,英国殖民部设立了一笔总计 12500000 英镑的殖民地发展专款。③这些资金指定用于岛内交通、教育场所、卫生健康、通讯设备等公共设施建设,缓解了殖民政府的财政压力,为殖民地社会改革创造了条件。

第二次世界大战前后殖民政府的社会改革集中于教育、卫生和底层社会救助三个领域。

1. 加强教育管理,建立相对完整的教育体系

教育是殖民政府 20 世纪社会改革的主要领域。1823 年,莱佛士于离开新加坡前夕创建了新加坡书院,是当时唯一一所政府资助的学校,但是书院直到 1835 年才最后建成,1868 年改名莱佛士书院。19 世纪,移民社群和来自欧美国家的教会组织相继开办了一些学校,基本上只提供基础教育。1902 年,当局颁布了“教育法”,这也是新加坡殖民地第一部专门的教育法令,1909 年又成立教育委员会,殖民政府开始有计划地介入教育,兴办英语小学,推动英语教育,同时也提供少量资助给一些华语和泰米尔语学校。

到第二次世界大战前,殖民政府对教育的扶持停留在初等教育层次,只有两所公立中学:莱佛士学院(1928 年开办)和维多利亚学校(1931 年开办),中等教育基本上靠民间自力更生。职业技术教育也在此时提上了议程,1929 年

① *Colony of Singapore Annual Report* 1953, London: Her Majesty' s Stationery Office, 1954, p.7.
② *Colony of Singapore Annual Report* 1953, London: Her Majesty' s Stationery Office, 1954, p.8.
③ *Colony of Singapore Annual Report* 1958, London: Her Majesty' s Stationery Office, 1959, p.86.

创办了第一家公立商业学校;1938 年,一个官方的委员会建议大力发展职业教育和技术培训,只是英国人没来得及推行。1947 年,殖民政府启动一项教育发展"十年计划"(Ten-Year Plan),提出发展教育的三原则:政府应承担基础教育责任;所有种族所有儿童都应该享有平等的教育机会;要在小学免费教育基础上发展中学教育、职业教育和高等教育,以更好地适应社会需要。① 在这一计划指导下,新加坡的教育在短期内获得快速发展。

加大投入是政府承担教育责任的第一要务。如表 2-7 所示,第二次世界大战后英国殖民当局对教育的投入显著增加,特别是 20 世纪 50 年代后半期,均占政府总开支的 20%以上,几乎成了新加坡殖民地最大的财政开支领域。

表 2-7 新加坡殖民政府教育支出情况(1951—1959 年) (单位:新元)

年份(年)	教育总支出	政府总支出	教育支出占比(%)
1951	16344440	127397183	12. 8
1952	19310891	167754072	11. 5
1953	20936382	169730548	12. 3
1954	29465100	248912615	11. 8
1955	40041500	197911662	20. 2
1956	46242800	222518924	20. 8
1957	57146928	238432454	24. 0
1958	68858730	264871700	26. 0
1959	63081000	253825759	24. 0

资料来源:1. *Colony of Singapore Annual Report 1953*, London: Her Majesty' s Stationery Office, 1954, p.89.
2. *Colony of Singapore Annual Report 1954*, London: Her Majesty' s Stationery Office, 1955, p.96; *Colony of Singapore Annual Report 1956*, London: Her Majesty' s Stationery Office, 1957, pp. 119-120; *Colony of Singapore Annual Report 1957*, London: Her Majesty' s Stationery Office, 1958, p.148; *Colony of Singapore Annual Report 1958*, London: Her Majesty' s Stationery Office, 1954, p. 159; *Colony of Singapore Annual Report 1959*, Singapore: Government Printing Office, 1961, p.218.
3. 比例为作者自算。

---

① *Colony of Singapore Annual Report* 1953, London: Her Majesty' s Stationery Office, 1954, p.91.

殖民当局投入的重点是基础教育,按经费来源分成三个系统:一是完全由政府财政支持的政府学校(Government Schools),包括所有马来语学校和部分英校。二是接受政府援助的政府辅助学校(Government-Aided Schools),包括所有泰米尔语学校和大部分英校、华校,最初给予英校的资助包括教师工资、教师培训费和校舍建设,给华校的资助形式是学生助学金和英语教师工资,后来发展到包括职员工资,支出超过收费的部分,维持学校运行和维修的助学金,新校舍建设、教学设备①。三是无政府资助的私立学校(Non-Aided Schools),只有一些英校和华校属此类。1953 年,当局开始在政府学校和政府辅助的英校实施免费的五年小学义务教育,1954 年延伸到小学六年制义务教育。如图 2-1 所示,在官方投入不断加大的背景下,新加坡中小学数量、教师数量和学生数量都逐年上升,教师数量和学生数量增长尤其明显。

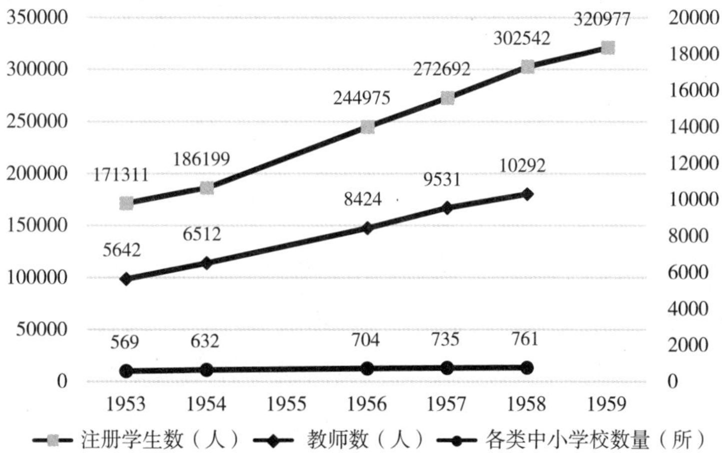

图 2-1　新加坡中小学校数量、教师数及注册学生数变化(1953—1959 年)

资料来源:1. *Colony of Singapore Annual Report 1953*, p.90.

2. *Colony of Singapore Annual Report 1954*, p.95.

3. *Colony of Singapore Annual Report 1956*, p.123.

4. *Colony of Singapore Annual Report 1957*, p.141.

5. *Colony of Singapore Annual Report 1958*, p.152.

6. *Colony of Singapore Annual Report 1959*, p.208.

---

① *Colony of Singapore Annual Report* 1957, London: Her Majesty' s Stationery Office, 1958, p.137.

1950年,殖民政府颁布《学校注册登记条例》(the Registration of Schools Ordinance),首次将新加坡各类学校纳入统一管理,对中小学校实行注册登记制。在此基础上,1957年底出台了《教育条例》(Education Ordinance,1957),规定为殖民地的所有学校、所有教师、管理者登记注册;原则上赋予四大主要语言平等权;基本政策是继续推行小学六年制免费教育(由家长选择语言媒介),中学教育和职业教育向免费教育发展,高等教育要完全适应新加坡需要。① 经过战后几年的努力,英国殖民统治退出新加坡时已经建立了比较完备的教育体系,正规教育序列从基础教育到中等教育再到高等教育一应俱全,辅助性教育形式包括技能教育、职业教育和成人教育等初具规模。

2. 医学院的创办和十年医疗计划的实施

公共卫生的治理在20世纪继续推进,突出的措施是创办了新加坡本土的医学院和十年医疗计划的实施。

(1)创办医学院

新加坡第一家医学院创办于1905年,它源于1902年关于海峡殖民地教育制度的一份调查报告,这份报告提出有必要成立一个培养本地医务人员的医学院。②。1904年,新加坡华人和其他非欧洲族群领袖联合向总督提交请愿书,要求设立一所医学院。总督的答复指出设立医学院的主要障碍是经费,他保证只要华人和其他亚洲人能够募捐出7.1万元,他就会向立法委员会提出创办医学院的措施方案。各族群积极响应,新加坡第一届市政局委员和立法会非官方议员陈若锦是第一个捐款人,个人捐款1.2万元,列在捐款人名单首位。③

---

① *Colony of Singapore Annual Report 1957*, London: Her Majesty's Stationery Office, 1958, p.185.

② [新加坡]宋旺相:《新加坡华人百年史》,叶书德译,新加坡中华总商会1993年版,第373页。

③ 1917年陈若锦又捐款1500元设立奖学金,资助成绩优异的学生毕业后到岛外医学教育机构进修6个月。陈氏家族世代热心公共事业,乐善好施,陈若锦捐助建立了新加坡第一个水供处理厂。1911年英王授予陈若锦陈圣迈各名号及乔治三等勋章(The Companionship of the Most Distinguished Order of St.Michael and St.George)。见[新加坡]宋旺相:《新加坡华人百年史》,叶书德译,新加坡中华总商会1993年版,第302页。

新加坡华人的捐款总数达5.37万元，加上槟城、雪兰莪等地华人的捐款，总数达87077元，[①]设立医学院的建议终于可以付诸实施了。1905年6月，立法会提出设立医学院的法案，次月开始兴建校舍，9月总督亲自主持了开学典礼。医学院开办后，这些华社领袖继续担任学校管理委员会委员，不遗余力地为学校筹款，医学院的临床教学设在陈笃生医院。

1913年，学校易名为爱德华七世医科学校（King Edward VII Medical School）。时任殖民地总督约翰·安德森（John Anderson）高度评价了华人在医学院发展事业中的贡献："同医学专科学校有关的一个使人们最感高效的特征，就是我们的华人同胞所表现出的热心公益的精神。他们慷慨地解囊捐献，其结果使这个学校从着手开办就非常成功。"[②]

（2）十年医疗计划的实施

1943年，英国殖民部发布殖民地医疗政策的三条指导原则，促进了殖民地公共卫生领域革命性的变化：

"第一条原则是医疗服务不应该被认为是人们自己该考虑的事，而应该被认为是为改善社区福祉而合作努力的一部分。所有的无论是官方的还是非官方的机构都应该组织起来在这个努力的过程中发挥作用。因此，政府医务部的工作应该是协调好其他与社会福利有关的部门（如农业、兽医、教育等）的工作与社会志愿机构（如在医疗领域工作的传教士团体）的活动。而且还需与邻近地区的（医疗服务领域）的专业同行保持密切联系。

第二条原则就是'预防胜于治疗'。治疗工作固然非常重要，但医疗服务的首要目标应该是通过消除可预防的疾病和控制疾病的传播来提高总体健康水平。特别应该注意母亲和儿童的健康，并利用一切可能的手段对成年人进

---

① ［新加坡］宋旺相：《新加坡华人百年史》，叶书德译，新加坡中华总商会1993年版，第301—302页。

② ［新加坡］宋旺相：《新加坡华人百年史》，叶书德译，新加坡中华总商会1993年版，第374页。

行健康方面的普及教育。

第三条原则就是要使预防医学的好处惠及广大民众,就必须要从人民大众中选出必要的工作人员。只有这样才能有充足的工作人员;并且只有这样工作人员才能成功获得公众的充分信任。”①

新政策特别提出要加强本地医务人员的培训和指导。

为了落实上述原则,1948 年,新加坡开始了一项为期十年的医疗计划,目的是扩展医疗保健服务,增加 X 光透视设备等医疗设施,降低死亡率(特别是母婴死亡率)。医疗计划实施过程中建立了完善的门诊看病系统和免费血液供应服务,保证让每个需要的人可以得到必要的医疗服务;对新加坡岛内主要疾病如瘟疫、霍乱、天花、疟疾基本实现免费治疗,使这些传染病得到有效控制。② 1953 年,新加坡城区饮用水达到西方城市标准,可直接饮用。同年建立了母婴健康服务网络,设置了 27 家专业诊所、22 个访问中心、8 个农村助产士中心,全部政府出资,对婴幼儿的健康服务一直持续到上学年龄。在当时,新加坡的妇女儿童保健服务被认为是亚洲最好的。③ 1955 年,新加坡建立了鸦片治疗中心(Opium Treatment Centre),强制戒烟,也为自愿戒烟者服务。

在十年计划实施过程中,也建立了包括医药局和卫生部两条平行系统的公共卫生组织机构:医药局是殖民政府负责卫生健康事务的部门,负责监管医院和诊所的服务及学校卫生、环境卫生等其他卫生事务;市议会的卫生部负责监管城市食品、酒水和毒品的流通以及母婴福利中心的运行。1956 年市议会卫生部职责并入政府医药局,医药局改组为卫生部。

到 1959 年新加坡自治政府成立时,新加坡由医院、诊所、药房和健康中心

---

① *Imperial Policy and Colonial Practice 1925–1945*, Part II, London: HMSO, 1996, London: Her Majesty' s Stationery Office, 1955, p.340.

② *Colony of Singapore Annual Report 1953*, London: Her Majesty' s Stationery Office, 1955, p.99.

③ *Colony of Singapore Annual Report 1953*, London: Her Majesty' s Stationery Office, 1955, p.104.

构成的卫生服务体系已经比较完善,医疗条件得到极大改善。表 2-8 显示,经过十年医疗计划的实施,新加坡卫生支出几乎增长了 3 倍,医疗设施得到明显改善,床位数和医务人员数增长较快,死亡率明显下降,特别是婴儿死亡率,20 世纪 50 年代中期与当时大部分西方国家相当,新加坡被认为是亚洲最健康地区之一。①

表 2-8　新加坡卫生健康事业发展情况(1947—1958 年)

项目	1947 年	1951 年	1952 年	1953 年	1954 年	1955 年	1956 年	1957 年	1958 年
出生率(‰)	45.88	—	47.53	48.68	48.86	—	48.05	42.9	42.0
婴儿死亡率(‰)	87.33	75.15	69.97	67.04	56.10	49.67	42.66	41.11	43.73
产妇死亡率(‰)	2.9	1.6	1.7	1.2	1.5	0.9	0.7	0.9	0.8
自然死亡率(‰)	13.21	11.88	11.20	10.31	9.26	8.73	8.11	7.40	7.0
床位总数(张)	—	—	—	5352	5579	—	6483	6691	7141
注册医务人员人数(人)	**1947 年**	**1951 年**	**1952 年**	**1953 年**	**1954 年**	**1955 年**	**1956 年**	**1957 年**	**1958 年**
医生(人)	—	—	—	416	454	—	634	651	676
牙医(人)	—	—	—	53	60	—	76	334	331
女护士(人)	—	—	—	606	539	—	496	818	966
男护士(人)	—	—	—	199	196	—	225	240	225
助理护士(人)	—	—	—	—	—	—	84	194	224
助产士(人)	—	—	—	341	396	—	240	239	272
药剂师(人)	—	—	—	74	77	—	86	87	91
卫生支出(百万元)	—	14.4	19.0	26.2	27.2	—	38.1	39.9	42
占政府总支出比例(%)	—	11.3	11.3	12.2	10.9	—	17.1	16.7	15.8

资料来源:1. *Colony of Singapore Annual Report 1953*, p.37, pp.101-108.

2. *Colony of Singapore Annual Report 1954*, p.10, pp.106-117.

3. *Colony of Singapore Annual Report 1956*, pp.129-146.

4. *Colony of Singapore Annual Report 1957*, p.65, p.73, pp.150-166.

5. *Colony of Singapore Annual Report 1958*, p.75, pp.162-176.

6. *Colony of Singapore Annual Report 1959*, pp.279-304.

① *Colony of Singapore Annual Report 1954*, London: Her Majesty' s Stationery Office, 1958, p.112.

3. 成立社会福利部，加强底层社会管理

1946年6月，殖民当局成立了社会福利部(Ministry of Social Welfare)，帮助难民和流离失所的人们。随着战后生活常态的回归，社会福利部的工作逐渐扩展到提供一些长期服务，主要服务对象是社会弱势群体，其职责包括：管理社区中心等社会福利组织和机构；照料和保护妇女与女孩，特别是那些以非正常方式谋生的女性；负责《儿童与青少年条例》(Childern and Young Persons Ordinance)的执行和儿童福利事务；社会服务工作培训；提供法律援助；负责落实对老、病、孤、寡、失业者和肺结核患者的财政援助；全面、深入的社会状况调查，为社会政策的制定、城市规划以及其他政府部门提供现实依据和实际信息。

保护妇女、儿童与青少年是社会福利部的主要职责，其法律依据是《儿童与青少年条例》、《妇女与女孩保护条例》(1951年修订)和《儿童收养法》(The Adoption of Children Ordinance)。1949年颁布的《儿童与青少年条例》明确对生病、未被好好照管的、有不良行为的青少年进行救治、帮助和教育，规定应当将依条例被认定受虐待和未被好好照管的孩子送至安全场所，一般是儿童收容所。条例还强化了战前就制定的禁止“妹仔”制度的法律。依据条例，殖民政府建立了一家青少年法庭，开办了儿童收容所和青少年感化院。《儿童与青少年条例》1954年修正案增加了儿童和青少年的福利保护，提升了保护女孩反对强迫婚姻的权力，规定雇佣12—17岁青少年的私营企业必须经过劳工部对劳动场所、工种、工时等系统调查。1956年修正案则禁止私营部门雇佣16岁以下童工。

英国人曾经在20世纪30年代取缔了妓院，但日占期间日本人又让妓院合法化。1951年修订的《妇女与女孩保护条例》将受保护的未成年女性年龄从16岁提高到18岁，警方每年组织数百次(后逐渐降到几十次)对妓院等卖淫场所的突击搜查，发现18岁以下的女性即行带走送进少女收容所教养。入

境殖民地的外来女性会被仔细调查以防被利用于卖淫。

救助老弱病残是社会福利部第二个主要职责,主要有公共援助计划(Government Public Assistance Scheme)和肺结核治疗补助计划(Government Tuberculosis Treatment Allowance Scheme)两类,都由政府出资,为需要帮助的家庭提供资金援助。公共援助自1946年7月开始,对象包括:65岁以上男性和60岁以上女性;病患者包括肺结核病幸存者、寡妇和孤儿、永久性伤残者、暂时伤残者、失业者。① 政府每月给予一定的援助金。肺结核治疗补助计划于1949年4月设立,旨在为肺结核患者及其家属(仅限新加坡公民)提供全免费治疗和后期康复帮助,每个患者家庭在治疗和康复期间可领取不超过每月180元的津贴。② 肺结核是战后到20世纪60年代新加坡最严重的疾病,针对肺结核的措施还包括对在校生和老师免费胸透体检。20世纪50年代初,新加坡公立肺结核医院是当时亚洲大型肺结核专门医院之一,1953年起对所有患肺结核的门诊病人实行免费接诊。

4. 移民管理收紧

19世纪末新加坡人口激增,当局开始考虑对移民进行控制。1933年,当局颁布《外国人移民条例》(Aliens Ordinance,1933),取代19世纪的《华人移民条例》和《印度人移民条例》,增加了对外国移民实行配额制的规定,女性和儿童不受限制可自由移民③,希望以此鼓励女性移民。中国抗日战争全面爆发后情况发生变化,大量留在中国的移民妻儿为躲避战乱来到新加坡与丈夫团聚,同时也有众多未婚女性从中国来到新加坡或马来亚。新的移民潮改变了新加坡人口的性别比,1931年男女比例是1.713∶1,1947年为1.217∶1,

① *Colony of Singapore Annual Report 1953*, London: Her Majesty's Stationery Office, 1954, p.111.

② *Colony of Singapore Annual Report 1959*, Singapore: Government Printing Office, 1961, p.149.

③ *Colony of Singapore Annual Report 1959*, Singapore: Government Printing Office, 1961, p.54.

1957年时为1.117∶1，[①]基本趋于正常。也是从1933年的移民条例开始，为了保持本地生活水准和本地人的就业，新加坡当局对外籍移民实行越来越严格的限制。

1948年，当局启用殖民地人口登记制，超过12岁且没有英属直辖殖民地身份证的人在新加坡停留的时间不得超过30天[②]。1953年8月1日起实施《移民条例》(Immigration Ordinance)，规定只有英国公民、马来亚联邦公民和特定人群可以自由进入新加坡，在新加坡停留时间超过14天的外籍公民必须向外国人登记处报告。[③] 限制移民政策使新加坡人口趋于稳定，本地出生的人口比例逐渐增加，1957年的人口普查显示，64.3%的人口出生在新加坡，8.6%出生在马来亚，只有27.1%出生在其他国家或地区。[④]

限制移民的同时，新加坡也开始控制人口的自然增长，尝试实行计划生育。1953年，政府援助成立了志愿者组织家庭计划协会(Family Planning Association)，成员包括提供志愿服务的专业医务人员，他们为家庭计划生育提出建议，为需要的人提供门诊帮助，通过教育和医疗，为推广普及家庭计划的理念与实践创造了社会基础。新加坡的志愿者组织家庭计划协会是亚洲最早建立的家庭计划协会，也是1952年成立的国际计划生育联合会的发起成员之一。

三、华人社会自治的延续和发展

1867年后，尽管殖民政府加强了机构和制度建设，提高社会管理能力，但是统治势力并没有完全深入到社会基层，特别是面对与欧洲人相差甚远的亚

① *Colony of Singapore Annual Report 1959*, Singapore: Government Printing Office, 1961, p.54.
② *Colony of Singapore Annual Report 1953*, London: Her Majesty's Stationery Office, 1954, p.19.
③ *Colony of Singapore Annual Report 1953*, Singapore: Government Printing Office, 1961, p.18.
④ *Colony of Singapore Annual Report 1959*, Singapore: Government Printing Office, 1961, p.57.

洲多元族群社会,仍然是力不从心,新加坡各族群依然保持着相当程度的自治,华人社会更是如此。

(一)华校的如火如荼

19 世纪末 20 世纪初,新加坡的民间办学由私塾教育逐渐向正规的机构教育发展,这一趋势是由以下因素促成的。第一,“戊戌变法”失败后,康有为等维新分子为获取海外华人的支持,在华社进行宣传教育。孙中山在广州起义失败后,奔往东南亚号召宗乡会馆倡办华文教育加强团结。清政府为抵消上述两股势力,“设劝学所、派视学员、刊发钤记、颁奖匾额”①,以此拉拢海外华人。第二,私塾教育的弊端日益凸显。如“义学课程着重于传统思想伦理之灌输,旁及写信与算数,独缺英语之教授,这对生长在英殖民地的华人子弟来说,不论是谋事与处世,非常不利。”②这种课程的设置与学校布局,跟当时新加坡成为世界商港后对精通中英文“复合性”人才需求增多的现象极不匹配。同时,华侨人士虽然认为“吾侨人士得沐欧陆之学,挹注风化殊可欣幸”,但也担忧“吾国礼教文物根本之学容有缺遗,莘莘学子靡所考德而问业”③,因此,适应殖民地社会需要的新式学校在华人社会中应运而生,至 1959 年新加坡成为自治邦时,有华文小学 268 所。④ 无论兴办华校的原因有多少是受祖籍国的影响,华校对新加坡殖民地教育事业发展的贡献是毋庸置疑的,其推动了新加坡社会进步。

19 世纪晚期后,新加坡华人社会办学仍然以宗乡会馆为主体,数量多,持续时间长。此外,也有一些不以宗乡会馆名义的个人或群体创办学校,尽管数

---

① 汤锋旺:《二战前新加坡华人“会馆办学”研究》,《东南亚研究》2012 年第 4 期。

② [新加坡]崔贵强:《新加坡华人——从开埠到建国》,新加坡宗乡会馆联合总会 1994 年版,第 155 页。

③ [新加坡]李谷僧、林国璋:《端蒙学校式五周年纪念刊》,新加坡端蒙学校 1931 年版,第 2 页。

④ [新加坡]周维介:《再谈文化大坡》,《怡和世纪》2018 年第 37 期。

量不多,办学质量却不低。

1. 宗乡会馆办学

宗乡会馆办学一般有三种方式:直接办学、资助办学、设立奖助学金。其中,直接办学的成就和影响最大。

第一间在政府注册的华校是 1905 年由应和会馆创办的应新学校(The Yin Sin Chinese School,初名应新学堂),从次年到 1910 年之间,陆续诞生了养正、启发、端蒙、道南等 8 所新式学校,将新加坡的华文教育从私塾和学塾推向新式学校(见表 2-9)。这些学校开设的课程主要涵盖“地理、历史、卫生、英文与国语,教科书也是由正规的出版社如中华书局、商务印书馆提供”①。

表 2-9　英属时期新加坡华人社团办学情况

序号	学校名称	创办社团	办学时间
1	崇文阁	福建会馆	1849—1915 年
2	萃英书院	福建会馆	1854—1954 年
3	毓兰书塾(保赤学校)	葆赤宫陈氏大宗祠	1889—1962 年
4	应新学校	应和会馆	1905—1969 年
5	宁阳学校	宁阳会馆	1906 年—20 世纪 50 年代末
6	启发学堂(1947 年更名启发学校)	茶阳会馆	1906—1985 年
7	端蒙学堂(1955 年更名端蒙中学)	义安公司	1906—1994 年
8	道南学校(现名道南小学)	福建会馆	1906 年至今
9	爱同学校	福建会馆	1912 年至今
10	敦本学校	福州会馆	1914 年
11	南明学校	凤山寺(南安会馆)	1914 年—20 世纪 30 年代
12	崇福女校(续崇文阁,1949 年更名崇福学校)	福建会馆	1915 年至今
13	培青学校	福清会馆	1919 年至今

① [新加坡]傅无闷:《星洲日报周年纪念册》,星洲日报有限公司 1930 年版,第 10 页。

续表

序号	学校名称	创办社团	办学时间
14	宏文学校	兴安会馆	1920年至今
15	鼎新学校	永春会馆	20世纪20年代—日据时期
16	丹诏学校	龙溪会馆	1922年—20世纪70年代末
17	东安义学	东安会馆	1923—1964年
18	惠侨夜校	惠安公会	1923—?
19	三水义学	三水会馆	1924—1961年
20	作人学校	安溪会馆	1924年—20世纪20年代末
21	三山学校	福州会馆	1925—1927年，1946—1982年
22	冈州义学（冈州学校）	冈州会馆	1929—1968年
23	通德书塾（培南小学）	苏氏公会	1929年—战前
24	南顺学塾（南顺义学、南顺学校）	南顺会馆	1931—1968年
25	民众义学	南洋客属总会	1935—1942年?
26	广惠肇碧山亭学校	广惠肇碧山亭	1936—1981年
27	侨南学校	温州会馆	1936—1973年
28	惠群学校	惠安公会	1937—1940年
29	三江公学	三江会馆	1937?—1970年
30	禾山公学	禾山公会	1939—1980年
31	桂林学校（华农学校）	桂林公所（揭阳桂林刘氏公会）	战前，时间不详
32	梅氏书室（阅览室）	梅汝南堂	战前—20世纪60年代
33	义安女校（义安小学）	义安公司	1940年至今
34	南同小学	丰永大公会	1945—1977年
35	晋江学校	晋江会馆	1946—1977年
36	三和学校	三和会馆（广西暨高要会馆）	1946—1969年
37	南侨女子中学暨附小（1984年更名南侨中学）	福建会馆	1947年至今
38	南侨小学	福建会馆	1947年至今
39	道周公学	漳州总会	1947—1968年

续表

序号	学校名称	创办社团	办学时间
40	瓯江公学	温州会馆	1947—1973 年
41	晋江学校	晋江会馆	1947—1977 年
42	番禺学校	番禺会馆	1952 年—20 世纪 60 年代初
43	朝阳学校	潮阳会馆	1953—1981 年
44	光华学校	福建会馆	1953 年至今
45	龙溪学校	龙溪会馆	1954 年—20 世纪 70 年代
46	武德学校	南洋沈氏公会	1955—1981 年

说明：所有学校办学时间跨越 20 世纪 40 年代的，都曾在日据时期停办，战后复办。

资料来源：1.《新加坡宗乡会馆史略》，新加坡宗乡会馆联合总会 2004 年版。

2.［新加坡］梁秉赋编：《阮的学堂：新加坡福建人创办的学校》，新加坡福建会馆 2010 年版。

应新学校由嘉应客属人士钟秀元于 1904 年创办，1905 年 5 月 5 日正式开课，招收嘉应五属以及其他籍贯的儿童，是第一所现代化学校，课程包括读本、体育、图画、地理、历史、算术和唱游，同时用中文和英文授课，男女同校。规模从小到大，创办之初只有一间房，学生 50 余人，①20 世纪 20 年代初时已有 110 名男生和 20 名女生。② 应新学校教师多数是客家人，学校常用语是客家话，“学费很低，一般家长都付得起”③，经费除学生缴交的学费外不足部分由会馆董监事捐助，直到 1957 年成为政府辅助学校。④ 应新学校培养了不少杰出校友，曾任南洋大学副校长及代校长的黄应荣教授、曾任南洋大学商学院院长的傅文楷教授都是应新校友。1969 年，应新学校因生源不够关闭。

① 《承前启后，温故知新——应和会馆 181 周年会暨大厦重建落成纪念特刊》，新加坡应和会馆 2003 年版，第 97 页。

② ［新加坡］宋旺相：《新加坡华人百年史》，叶书德译，新加坡中华总商会 1993 年版，第 164 页。

③ 《承前启后，温故知新——应和会馆 181 周年会暨大厦重建落成纪念特刊》，新加坡应和会馆 2003 年版，第 97 页。

④ 《承前启后，温故知新——应和会馆 181 周年会暨大厦重建落成纪念特刊》，新加坡应和会馆 2003 年版，第 94 页。

应新学校六十余年的办学历史是华社热心华文教育、传承中华文化、提高华人适应社会能力的一个缩影。但并不是所有社团学校都能坚持这么长时间，如表 2-9 所示，不少学校办学时间并不长，其中有自身经费的原因，也有生源受限的原因。殖民时期即停办的多数是因为自身经费难以为继，新加坡建国后停办的多数是因为生源受限。比如福州会馆创办的三山学校，1946 年复办后迁了新址，20 世纪五六十年代在新加坡名噪一时，鼎盛时期学生人数达 2000 多名，[①]但是 20 世纪 70 年代受市区重建计划和华文教育式微的大环境影响，学生人数逐年减少，不得不在 1982 年停办。

宏文学校是新加坡华校适应从殖民政府到人民行动党政府历次教育改革而成功转型的代表。1920 年兴安会馆成立同时即创办了宏文学校，之后在经济萧条（1923—1925 年）和日据时期（1941—1945 年）两度停办，1945 年 8 月复办，1957 年成为政府辅助学校。在华校萎缩的 20 世纪六七十年代，宏文学校凭借优质的教育质量和适应新形势及时调整课程设置的灵活性而幸免于难，并成为政府特选学校而得以延续至今，期间受学生规模或政府市政建设的影响，校址也几次搬迁，但是能坚持实属新加坡华校中的佼佼者。与宏文学校相同经历的社团华校还有崇福学校、道南小学（1990 年成为特选小学）、爱同学校、南侨女子中学、培青学校、光华学校等 8 所学校。南侨女中在 1947 年初创之时，为给予失学儿童更多的上学机会，设置了初中、预备班及附小，当时共有学生六百余名。

宗乡会馆资助办学是第二种方式。根据新加坡福建会馆编辑的《阮的学堂：新加坡福建人创办的学校》统计，福建会馆和安溪会馆以津贴或协助筹款的方式资助学校，福建会馆给予津贴的学校有 14 所：通德学校、崇德学校、彰德学校、益群学校、惠群学校、丹诏学校、中华学校、钟声学校、光洋学校、俊源学校、丹戎隅学校、中南学校、振东学校、益励学社。安溪会馆支持过的学校更

① 《新加坡宗乡会馆史略》上册，新加坡宗乡会馆联合总会 2004 年版，第 78 页。

多:励群学校、明伦学校、万礼学校、全民学校、孺廊学校、怀南学校、崇文学校、裕群学校、克明学校、醒南学校、洛阳学校、培德学校、介谷学校、育贤学校、辅华学校、兴华学校、启华学校、培童学校、育正学校、中立学校、平仪学校、侨南学校、启育学校、振中学校、树群学校、培华学校、光华学校、兀兰新民学校、淡申路新民学校 29 所。① 会馆对这些学校的支持比较机动灵活,不会每年固定拨款,只是在学校有经济难关或需要时,会馆利用自己的教育基金或者向会馆会员和社会人士募捐,或者举办活动卖票筹款,"会馆主要扮演着桥梁的角色,借助会馆的人脉,发挥登高一呼的作用,以此协助学校筹募基金。"②

给会员子弟设立奖助学金是宗乡会馆资助教育的第三种方式。如义安公司创办义安学校后,每年仍拨出巨款作为学校的经费,并为学生提供奖、助学金。1952 年成立的安溪会馆学校每年颁发中小学奖助学金,以此鼓励学子发奋学习。成立于 1939 年的新加坡卓氏总会 1956 年成立教育小组,筹募奖助学金,帮助贫苦而品学兼优的会员子女完成教育,也是宗乡会馆中最早设立奖学金的团体之一。③ 蓝氏总会于 1958 年设立会员子女奖助学金,1965 年设大专贷学金;④黄氏炽昌联谊社也在 1959 年前设立了奖助学金;⑤1960 年,符氏社设立会员子女勤学奖励金,次年设立大学贷款金,⑥是比较早设立大学贷款的会馆。20 世纪 60 年代设立中小学奖学金还有琼崖重兴同乡会、新加坡杨厝港琼崖联谊会,同时设立中小学奖学金和大学贷学金的会馆还有新加坡武吉知马琼崖联谊会。无论办学或不办学,大部分会馆在 20 世纪 70 年代都开

① [新加坡]梁秉赋编:《阮的学堂:新加坡福建人创办的学校》,新加坡福建会馆 2010 年版,第 9 页。

② [新加坡]梁秉赋编:《阮的学堂:新加坡福建人创办的学校》,新加坡福建会馆 2010 年版,第 111 页。

③ 《新加坡宗乡会馆史略》下册,新加坡宗乡会馆联合总会 2004 年版,第 169 页。

④ 《新加坡宗乡会馆史略》下册,新加坡宗乡会馆联合总会 2004 年版,第 253 页。

⑤ 《新加坡宗乡会馆史略》下册,新加坡宗乡会馆联合总会 2004 年版,第 219 页。

⑥ 《新加坡宗乡会馆史略》下册,新加坡宗乡会馆联合总会 2004 年版,第 225 页。

始设立了奖助学金，比如南洋梁氏公会1969年开始筹设教育基金，奖励品学兼优的会员子女，1973年起颁发中小学奖助学金，1990年增设大专奖学金。特别是会馆所属学校停办或转为政府辅助、特选学校后，原本用来支持学校的经费相继都转成奖助学金或贷学金，继续宗乡会馆兴学扶教的传统。

2. 个体或群体办学

在殖民时期的新加坡，有钱又有见识的华人热衷于办学的很多，宗乡会馆属下的学校多是在他们的推动和赞助下创办和维系的，但有能力凭一己之力办学的不多，福建商人颜君（字永成）是其中之一，他不仅向同济医院和陈笃生医院捐钱捐地，还曾于1886年资助开设英华义学（Anglo-Chinese Free School），1892年再次创办义校，《叻报》有载："颜君之志，不但以济人利物为怀，其于作育人才一道，尤属孳孳不倦，如前者曾在甲地（指马六甲，笔者注）创设华文义塾，复在本坡丹戎巴葛创设英文义塾，均系颜君捐资创办，欲以诱掖将来，目今均有成效可观。……近来更在直落亚逸创建中西书塾，兼教华英文字，延聘中西名儒，以司讲席。"①

19世纪末，华人的教会组织也参与教育事业。1889年，卫理公会女校（The Methodist Girls' School）创办。1891年，华人教会组织成立新加坡华人教育协会（Singapore Chinese Educational Institute），这是新加坡最早的在职培训组织之一，借用莱佛士书院的教室开办英国历史、英国文学、中国历史、中国文学、数学和速记等夜班课程，每期3个月，每周六晚上上课。教育协会开班目的一方面是为已进入社会谋生的人补习进修，另一方面是训练这些青年人公开演讲的技巧，提高他们的素养和技能。1899年6月，新加坡华人女子学校诞生，学校以培养"未来一代的未来母亲"为宗旨②，提供马来文、华文、英文、

① 《作育情殷》，《叻报》1892年10月28日。

② ［新加坡］宋旺相：《新加坡华人百年史》，叶书德译，新加坡中华总商会1993年版，第253页。

算术、地理、音乐和缝纫等科目的教育，经费在华人社会中募捐筹集。

华侨中学与中正中学是20世纪上半叶华人群体办学的两个标志性成果。1919年，陈嘉庚、林义顺、王会仪联合创办华侨中学，募款总数近50万元。华侨中学是新加坡第一所华文中学，也是新加坡坚持华文教学时间最长的学校。1974年，华中初级学院在政府改革华文中学学制后成立，是新加坡第一所政府辅助的初级学院。1988年，华侨中学成为自主学校，2005年与华中初级学院合并成为新的华侨中学。

1938年创办的中正中学是在中国抗日战争全面爆发的背景下筹办的，本地华人陈育崧、林惠祥、陈厥祥、张述、林文庆、李振殿、林中杏、林金殿等为发起人，取蒋介石的字"中正"为名，第一任董事长是著名华人领袖胡文虎。学校于1939年开学，以"好学力行"为校训，只收男生，当年招收学生近400人。① 1940年，校内教师之间闹矛盾，引起重庆方面的干涉，要求学校停办。有人提出"中正"是"不偏不倚，无过无不及"之意，从此与蒋介石脱离关系。1942年日军占领新加坡，学校停办，1945年9月复学，男女兼收。20世纪50年代是中正中学的鼎盛时期，学生规模最大的时候达5566人，119个班级，教职员198人。② 1979年中正中学成为第一批政府特选中学之一，现在的中正中学是华文卓越中心。

第二次世界大战结束后，要如何使适龄与超龄孩童尽快恢复就学，成为当时各方关注的社会问题，华社办学之风吹到当时的"乡村"之地，一些村民自发联合办学，统合资源，取"公立"之名，解决村民子弟读书问题。1945年，淡申路公立新民学校成立，分三个分校——醒侨学校、中立学校和新民学校，1946年1月开学时三个学校共有学生450名左右③。1949年因经费短缺，三

① 中正中学校友协会编：《中正人》，中正中学校友协会2009年版，第208页。

② 中正中学校友协会编：《中正人》，中正中学校友协会2009年版，第209页。

③ [新加坡]梁秉赋编：《阮的学堂：新加坡福建人创办的学校》，新加坡福建会馆2010年版，第65页。

个分校各自发展,中立和新民两校接受过安溪会馆的支持。据新加坡教育部1961 年统计,中立学校当时有 20 个班级、24 名教师和 705 名学生①;醒侨学校有 10 个班级、12 名教师和 410 名学生②;新民学校有 32 个班,1300 多名学生③。醒侨学校停办的时间不详,中立、新民两校分别维持到 1980 年和 1987年停办。战后乡村兴办的学校还有 1947 年义顺三巴旺成立公立励德学校(1977 年停办)和 1948 年义顺区合春格村民筹办的公立敬文学校。

3. 南洋大学的创立

南洋大学是华社办学的顶峰,不仅因为它的办学层次,更因为它空前广泛的参与面。它是新加坡华人社会发展史上最可歌可泣的壮举和盛事,它的创办凝聚了新马华人社会超越帮群和阶层的囿限走向华社联合、超越祖籍效忠走向服务新马的时代精神。“南洋大学的创建和发展,反映了华文教育体系的完整性及高等华教茁壮的新气象,展现了一个民族和平崛起的新景象,并体现了一个国家展翅腾飞的新面貌。”④ 关于南洋大学的回忆和研究很多,⑤

---

① [新加坡]梁秉赋编:《阮的学堂:新加坡福建人创办的学校》,新加坡福建会馆 2010 年版,第76 页。

② [新加坡]梁秉赋编:《阮的学堂:新加坡福建人创办的学校》,新加坡福建会馆 2010 年版,第77 页。

③ [新加坡]梁秉赋编:《阮的学堂:新加坡福建人创办的学校》,新加坡福建会馆 2010 年版,第65 页。

④ [新加坡]李业霖:《南大是时代精神的一面旗帜(代前言)》,[新加坡]李业霖主编:《南洋大学走过的历史道路:南洋大学史论集》,马来亚南洋大学校友会 2004 年版。

⑤ 除了李光耀的晚年论述,众多南大校友及历史学者撰写了大量关于南洋大学历史的回忆和研究成果,比如:[新加坡]郑奋兴、傅文义、傅文成:《大南大之旅》,新加坡创意圈工作室2001 年版;南大站编委会:《南大回忆》,新加坡文运企业 2011 年版;[新加坡]黄吉生:《情系南大》,南大教育与研究基金会 2006 年版;[新加坡]黄吉生:《从云南园到加拿大》,马来亚南大校友会 1995 年版;[新加坡]郭淑云:《在云南园的日子》,新加坡青年书局 2007 年版;[新加坡]王永炳:《南大在雾中》,新加坡创意圈出版社 2004 年版;陈嘉庚国际学会学术小组编:《南大精神》,新加坡八方文化企业公司 2003 年版;《南大问题评论集》,马来西亚福建社团联合会与雪兰莪福建会馆 1984 年版;《呵这五十年:南洋大学创办五十周年纪念,1955—2005》,新加坡南洋大学毕业生协会 2005 年版;《郑奋兴讲南大故事》,新加坡南洋理工大学中华语言文化中心 2011 年版;

"与它相关的议题总能在全球华裔界引起多番讨论"①,这种现象实不多见。本书不重复其成立的背景、过程、成就,只在社会治理视域范围内讨论南洋大学的创立与华社自治、关闭南大与人民行动党执政后社会控制之间的关系。后者将在下一章论及。

图 2-2　南洋大学牌坊②

[新加坡]李业霖主编:《南洋大学走过的历史道路:南大从创办到被关闭重要文献选编,1953—1980》,马来亚南洋大学校友会 2002 年版;[新加坡]李业霖主编:《南洋大学走过的历史道路:南洋大学史论集》,马来亚南洋大学校友会 2004 年版;[新加坡]李元瑾主编:《南大图像:历史河流中的省视》,新加坡南洋理工大学中华语言文化中心 2007 年版;[新加坡]利亮时:《陈六使与南洋大学》,新加坡南洋理工大学中华语言文化中心 2012 年版;[新加坡]周兆呈:《语言、政治与国家化:南洋大学与新加坡政府关系:1953—1968》,新加坡南洋理工大学中华语言文化中心 2012 年版;[新加坡]丘淑玲:《理想与现实:南洋大学学生会研究,1956—1964》,新加坡南洋理工大学中华语言文化中心 2006 年版;[新加坡]丘淑玲编:《炽热年代、铿锵声音:南洋大学学生会文献汇编,1956—1964》,新加坡南洋理工大学中华语言文化中心 2012 年版;[新加坡]胡兴荣:《记忆南洋大学》,广西师范大学出版社 2006 年版。李淑飞的博士论文对其中部分研究和回忆作了评述,见李淑飞:《语文政治、国族建构与新加坡华人社会权力重构:以南洋大学教学媒介语问题为研究主线》,博士学位论文,新加坡国立大学,2015 年。

① 陈嘉庚国际学会学术小组编:《南大精神》,新加坡八方文化企业公司 2003 年版,前言。

② 本书各章图片如未注明出处,即为作者拍摄。

在社会治理现代化的视角下考察南洋大学的创立,它的意义就不光是局限在对新加坡教育特别是华文教育的贡献,作为一个社会事件,南洋大学承载着多面相的社会图像。

首先,南洋大学的创立说明20世纪50年代新加坡华社已经具备高度的自治能力和行动能力。1955年,南洋大学在特定的历史背景下诞生,以陈六使先生为首的华人精英们倡议筹建南洋大学,其直接目的是满足华校学生升学的需求。当时的中正中学庄竹林校长所言颇具代表性:"战后侨校的高中毕业生,因时局关系,不能回国(中国)升学,赴英美澳等地升学,非每个学生都能做到,投考马大,似乎难乎其难,因此创立马华大学,是非常切要的。"①华文报章也纷纷发声,支持华人自己办大学。在短短几十天里,新马地区中文报刊就发表了数十篇为华人大学辩护的文章。《星洲日报》就发布评论:"马来亚同侨社会,无论欲谋中华文化传统发扬光大,抑为子弟前途或为个人工商事业现实打算,都应该成立一间专门高等学府,众志成城,望大家共起而力图之。"②

1955年,南洋大学先修班开课,1956年3月15日,南洋大学举行了盛大的开学典礼。建校伊始,南洋大学开设了文、理、商三个学院,十个系,第一届共584名学生。尽管没有获得当局的支持和资助,但仅用三十几个月的时间筹备就开学,堪称教育界的奇迹。

其次,南洋大学的创立说明经过近90年的有序管理,殖民政府对新加坡社会的管理依然是松散的,在20世纪50年代,新加坡华社仍然处于高度自治状态。第二次世界大战后,英国殖民主义衰退,民族自决风潮盛行,故英国当局不能以殖民主义视角反对南洋大学的筹办,但是仍然表达了对这所新学校的担心。如薛尼肯就表示马来亚地区种族成分复杂,设立南洋大学可能会造成不同种族之间的隔阂和矛盾增加,不利于一个统一的马来亚国家

---

① 《星洲日报》1953年1月20日。

② 《星洲日报》1953年1月19日。

的建立；英国海外高等教育大学理事会委员、马来亚大学的创始者卡桑特表示马来亚地区的资源有限，故应先集中精力办好第一所大学。只是英国当局的反对并没有阻止南洋大学的创办。1954 年 10 月 12 日，新加坡总督在立法议会宣布欢迎创立南洋大学，但是在南大正式开学后的 1956 年 5 月，教育部部长宣布政府不会承认南大学位。当局延续了让华文教育自生自灭的态度。

再次，南洋大学创立引发的岛内争议说明新加坡多元族群在同一片土地生存了 150 余年，仍然彼此隔阂，互不信任。华人是外来人，在人口、经济实力上却都居于优势，马来人是土著，人少势弱，但享受殖民政府给予的特殊待遇，因此马来人对华人的忌惮由来已久，南洋大学的动议一出，马来族群特别是马来亚大学立即反对。成立于 1949 年的马来亚大学，是当时新马地区唯一的大学，长期保持着优越的地位，担心南洋大学分流了本该给马来亚大学的财政支持，抢走生源，马来亚大学副校长直言华文大学没有创立的必要。① 而马来亚大学所代表的马来亚知识分子和政治精英，则更多从政治角度出发，担心南洋大学的创立会使华人文化对马来文化形成挤压。马来亚独立党在《海峡时报》撰文抨击南洋大学为种族服务的种族主义倾向："我们如允许越来越多的'小南京'或'小北京'在马来亚境内存在，那么种族之间的摩擦将会一直延续下去，同时马来亚观念和生活方式的成长，也更加缓慢。马大既然已决定设立中文系，那么就没有必要另设一所大学。"②《海峡时报》从 1953 年至 1959 年刊登了 181 篇关于南洋大学的读者来函，其中有一半是反对创立华文大学的，"认为它会加深族群的效忠，使国家分化。"③

---

① 《陈祯禄与薛尼在电台辩论》，[新加坡]李业霖主编：《南洋大学走过的历史道路：南大从创办到被关闭重要文献选编，1953—1980》，马来亚南洋大学校友会 2002 年版，第 15 页。

② The Straits Times, 23 January 1953.

③ [新加坡]李光耀：《李光耀回忆录：我一生的挑战，新加坡双语之路》，译林出版社 2013 年版，第 56 页。

最后，南洋大学的创立说明新加坡华人社会服务本土的意识转向。陈六使在新加坡倡议华人自办大学显示了华语社群希望融合于当地、参与到新兴国家建设进程、“效忠国家，为最多数人谋最大幸福”①的愿望，他多次强调创办大学是为了培养马来亚人才，反复强调大学并非包含政治目的，不是为他国服务，是为了本地区的人才能够更加多样化，从而更好地服务于马来亚的经济和文化发展的需要。与此同时，陈六使还做出了在聘请教职工上不会带有政治性，也不准教学活动涉政的承诺。

1953 年 4 月 7 日，南洋大学筹备委员会发表《南大创立宣言》，宣言强调南洋大学的创立是“为本邦造就专门人才”，“南洋大学以历史背景和特殊环境，一切设施，除去国际著名大学一般宗旨外，尚有两大特质”，一是沟通东西文化，“马来亚大学重英文，而南洋大学则兼重中英巫各语文，以应学术研究之实际需要。”二是发展马来亚文化，“马来亚为华巫印等民族和衷共济之邦，……南洋大学之特质在研究各民族文化，吸取各民族之菁华，陶冶熔铸，使马来亚文化有辉煌之成就。”②建校后，南洋大学体现宗旨，开学当年，就开办马来文班，表示要更好地为新马地区的经济发展和社会建设服务，马来文班获得了学校和社会各界的广泛支持。次年，南洋大学成立了南洋研究所和社会科学研究会，该研究会的目的是针对马来亚的社会问题进行研究；两年后的 3 月，南洋大学设立了马来文选修课。③

除此之外，南洋大学还出版多种刊物、进行马来文化研究以及举办马来民族的文化娱乐活动。1958 年，南洋大学学生会与另外几家大学的学生会举办了义演活动，并联合半岛巫人学生会成立了“半岛巫人学生联合会—南大学

① ［新加坡］李业霖主编：《南洋大学走过的历史道路：南大从创办到被关闭重要文献选编，1953—1980》，马来亚南洋大学校友会 2002 年版，第 298 页。

② ［新加坡］李业霖主编：《南洋大学走过的历史道路：南大从创办到被关闭重要文献选编，1953—1980》，马来亚南洋大学校友会 2002 年版，第 24 页。

③ ［新加坡］李元瑾主编：《南大图像：历史河流中的省视》，新加坡南洋理工大学中华语言文化中心 2007 年版，第 300 页。

生会联络委员会”，目的是“建立华巫学生的友谊及促进民族文化交流和寻求共同利益。”1960年，南洋大学学生会为了充分体现对马来亚的民族认同，举办了一年一度的“大学周活动”，在活动中，南洋大学学生会充分结合马来亚的文化特点和思想传统，培养大众对马来亚文化的意识，并传播对马来亚国家的爱国主义精神。这都体现了南洋大学立足新马，服务新马的办学宗旨和社会责任感。

南洋大学的兴办与停办代表了人民行动党执政前后，新加坡社会领域从高度自治到政府全面掌控的变化。

（二）华社医院的方兴未艾

陈笃生医院开创了早期新加坡华人自办医疗事业的先河，但是杯水车薪，一家医院根本满足不了华人社群的需要。19世纪晚期，越来越多帮群会馆兴办医院医社。

1. 同济医院

同济医院是新加坡华人第一家中医院。14世纪开始，中医药作为海上丝路贸易的一部分传入新加坡。新加坡开埠后，华人移民中不乏从事中医药业者，华人人口增多却缺医少药的现状，为中医药在新加坡的落地生根创造了条件。19世纪20年代，新加坡已经有几家发达的零售药材铺，如开元、成德记、同善和福安堂等，药材铺有华人医师坐诊，诊费每次一角，福安堂的创办人李荣元(Lee Eng Guan)本人就是医生。①

在19世纪大部分时期内，中医药业在新加坡是作为零售业存在的，以卖药为主，兼问诊配药。直到1885年，由广帮人士何道生和梁炯堂等人发起、闽

① ［新加坡］宋旺相：《新加坡华人百年史》，叶书德译，新加坡中华总商会1993年版，第36页。

潮广客琼五大华人帮群共同资助管理的同济医社成立,[①]结束了新加坡中医药零售的生存方式。医社初名“同济赠医社”,[②]“同济”一名取“同善相济”之意[③],1893 年,医社更名同济医院。自成立之日起,同济医院坚持“赠诊贫病,不取医资,以便贫人”,[④]只收取象征性的药费,如果连药费都付不起则完全免费,早期经费和设施设备基本上全部由华社公开募集而来,《叻报》常有关于医院的宣传和评论,也发布募捐启示。华人的义举也得到殖民政府的赞许,1892 年,时任海峡殖民地总督史密斯(Smith)爵士批准将哇央街(Wayang Street)至纽吗吉路(New Market Road)一块面积 8380 平方尺的地段免费授予医社[⑤],用于建造新院址。到 20 世纪初,医院通过置办产业、收取租金等方式不仅完全实现了经费自足,还有盈余。[⑥]

同济医院的出现解决了华人寻医问药的燃眉之急,它的创立不仅是中医正式植入新加坡的开端,也为华社乃至 19 世纪新加坡的医疗事业和公共卫生治理作出了巨大贡献,仅“1891 年一年内,共计求医药者 39196 人”[⑦],在其后的发展中,同济医院的救治范围没有囿于华人族群,新加坡各族黎民均受其

---

① 同济医院的成立时间有 1867 和 1885 年两种说法,详见[新加坡]柯木林:《从龙牙门到新加坡》,社会科学文献出版社 2016 年版,第 122—131 页;李勇:《新加坡“福建人”研究(1819—1942)》,博士学位论文,厦门大学,2011 年,第 214 页;李鹏飞:《新加坡同济医院研究》,硕士学位论文,华侨大学,2013 年,第 9—10 页,从考证情况看多数研究认同 1885 年。而收入《三州府文件修集》“杂文卷”的《议设石叻同济医社赠医公启》为同济医院创设于 1885 年(光绪十一年)提供了最原始的依据,见《议设石叻同济医社赠医公启》,[新加坡]柯木林、廖文辉编注:《三州府文件修集选编》,新加坡宗乡会馆联合总会、马来西亚新纪元大学学院 2020 年版,第 105 页。

② [新加坡]柯木林、廖文辉编注:《三州府文件修集选编》,新加坡宗乡会馆联合总会、马来西亚新纪元大学学院 2020 年版,第 18 页。

③ [新加坡]柯木林、廖文辉编注:《三州府文件修集选编》,新加坡宗乡会馆联合总会、马来西亚新纪元大学学院 2020 年版,第 104 页。

④ [新加坡]柯木林、廖文辉编注:《三州府文件修集选编》,新加坡宗乡会馆联合总会、马来西亚新纪元大学学院 2020 年版,第 18 页。

⑤ [新加坡]柯木林:《从龙牙门到新加坡》,社会科学文献出版社 2016 年版,第 128 页。

⑥ 李鹏飞:《新加坡同济医院研究》,硕士学位论文,华侨大学,2013 年,第 32 页。

⑦ 《同济医社董事致海峡殖民地施制军大人求更改地产为永久地契之公函》,转引自[新加坡]柯木林:《从龙牙门到新加坡》,社会科学文献出版社 2016 年版,第 128 页。

图 2-3　位于哇央街的同济医院遗址

益。同济医院还是当时华人社会的活动中心，做过清朝钦差大臣张弼士在新加坡的行辕，接待过丁汝昌等北洋海军将士们，更是华社慈善募捐常用之地，中华总商会也诞生于此。医院是“当时新加坡华社、英国殖民地政府及中国驻新领事三方合作的成果”，[①]就这点而言，同济医院是殖民时期新加坡官方与民间合作共治的成功范例。

1901 年，新加坡华人社团效仿同济医院创办了第二家慈善性质的医院善济医社。1910 年，广帮人士设立广惠肇方便留医院，得到当局的支持。1911 年，殖民政府将陈笃生医院在马里士路和实龙路交界处的旧址转让给广惠肇方便留医院，为期 99 年，每年租金一元。医院中西医结合，病人自行选择，需

① ［新加坡］柯木林：《从龙牙门到新加坡》，社会科学文献出版社 2016 年版，第 140 页。

图 2-4　同济医院匾额

要外科救护或受传染病感染的病人不允许留住该院，有政府医官身份的官员负责医院每天的环境卫生状况、病人伙食、治疗和生活设施等方面的检查，确保医院管理良好。①

2. 会馆兴办医社

19 世纪 90 年代到 20 世纪 30 年代之间，新加坡茶阳会馆、海南会馆、应和会馆、惠安公会和福清会馆分别办了 5 家规模不等的医社（见表 2-10）。1890 年，茶阳会馆创办的回春馆是新加坡宗乡会馆设立的第一家医社。1919 年，回春馆从美芝路 465 号迁至马里士他路 363 号，更名为“茶阳回春医社”，日据时期毁于炮火。1981 年，会馆成立“回春医社重建委员会”，推动医社重

① 关于广惠肇方便留医院的研究可参阅胡红梅：《新加坡广惠肇方便留医院研究（1908—1942）》，硕士学位论文，华侨大学，2016 年。

建工作。1989年,耗资300多万元的“茶阳(大埔)回春大厦”竣工。1991年,回春大厦出租作为私人医院,并取名马里士他医院。

海南会馆1902年创办的乐善居医院是宗乡会馆设立的第二家医院,开业至1978年改建,免费供贫病老弱的海南人寄宿及疗养。1999年,耗资800万元的乐善居新址在淡滨尼落成,更名乐善居之家,成为一家新型养老院。

表2-10　英属时期新加坡华人会馆创办诊所(医院)情况

序号	诊所(医院)名称	创办社团	创办时间
1	回春馆	茶阳会馆	1890年
2	乐善居医院	海南会馆	1902年
3	嘉应五属留医院	应和会馆	20世纪20年代
4	施医诊疗所	惠安公会	1931年
5	仁济医社	福清会馆	1932年

资料来源:《新加坡宗乡会馆史略》,新加坡宗乡会馆联合总会2004年版。

(三)超越宗乡关系的社团组织

随着华人社群的扩大,华人的生活空间不再局限于宗乡关系,陈笃生医院和同济医院的成功也说明了超越宗乡关系的可能和必要,其他的尝试如1891年东方协会的成立,这是一个互助会性质的社团,会员须交月捐,用于购买丧葬用品,借给会员举行出殡仪式用,或出资资助会员的红白喜事。1917年3月成立的华人妇女协会是新加坡第一个民间女性组织,李俊源夫人任首任会长,以促进华人女青年的福利为目标,成效卓著,开办缝纫、糕饼制作、音乐、刺绣、烹饪等各类学习班。

当然,最具有代表性的超越宗乡关系的社团组织是中华总商会。

19世纪90年代初期,许多华人提出有必要组织一个跨帮群的华人商会,代表华商的共同利益,但是由于不同帮派的华商之间存在严重分歧,组织商会的建议未能落实。1905年,组织商会事宜再次被提出,3年前成立的槟城华人商会也提供了一个好榜样：在华商张振勋、吴寿珍（首任会长）、林贵荣、王会仪、曾兆南等人的斡旋推动下，拟出了商会章程并召集华商讨论，张振勋带头捐献了3000元作为创立基金。① 1906年，新加坡中华总商会（The Singapore Chinese Chamber of Commerce）成立，新加坡几乎所有华人商号都给予支持，有名望的华人都成为会员。新加坡中华总商会的成立"标志着华人两极性帮群对立状态结束，各帮之间终于有了一个对话的总机构。"②商会设会长和副会长各1名，10名协理和40名理事，章程规定会长和副会长必须有福建帮和广东帮每年轮流担任，10名协理中，4名是福建帮，6名是广东帮；40名理事的分配方式是：福建帮16名，广东帮24名（可包括客属、潮州、海南各帮群和其他广东人）。

中华总商会的功能是多方面的，既是华商和华人帮群纠纷的仲裁者，也是华商与非华商之间的调解者，还是政府与华商之间的沟通者，当然还是诸多慈善事业的发起和组织者。商会的活动领域不局限于商业，在许多公共事业中都有商会活跃且卓有成效的身影。1918年新加坡暴发瘟疫，中华总商会将政府医官的宣传单译成中文印制发放，让华人知晓情况及应采取的措施，效果很好，殖民政府的一份调查报告指出："华人饶有兴趣地阅读这份传单，透彻地理解它的内容，结果他们可能比在新加坡的一般欧洲人更理解瘟疫，因而也就急切地要种牛痘。苦力阶层对于卫生部在这次瘟疫发生所采取的各种措施所持的态度，远比以往对于任何一类时疫的态度要积极得多。把这一切归功于中华总商会热心于公益事业的事实，一点也不过分。"③

---

① ［新加坡］宋旺相：《新加坡华人百年史》，叶书德译，新加坡中华总商会1993年版，第317页。

② 曾玲：《越洋再建家园：新加坡华人社会文化研究》，江西高校出版社2003年版，第13页。

③ ［新加坡］宋旺相：《新加坡华人百年史》，叶书德译，新加坡中华总商会1993年版，第456页。

四、殖民统治终结及其社会治理遗产

在经历了二战时期的日据阶段和战后新马独立运动的冲击后,新加坡殖民统治摇摇欲坠,战后新加坡形势也削弱了殖民统治基础。日本投降后,英国虽然接管了新加坡,但是局势并没有立即稳定下来,英国人无法立即恢复对新加坡全面而有效的管理,岛内一片凋敝,经济萧条、基础设施失修、黑市交易猖獗。“新加坡过去的和平、稳定、自由、舒适的生活已经一去不复返了……新局面乱成一团。”①局势的混乱逐渐驱散了战争结束带来的欢乐气氛,新加坡人的信心开始动摇。

虽然英国战后的殖民政策是在英联邦的框架内推动各个殖民地的自治,但是由于新加坡的重要性以及战时的政策安排,英国在重回新加坡后没有立即推动新加坡的自治,而是将其设置成直辖殖民地,置于英国政府更加直接的统治下。事实上,英国政府早在 1942 年就开始考虑战后远东地区的安排,1942 年 8 月,一份英国对远东地区战后安排的备忘录中阐明:“新加坡享有自由港地位……战略和商业地位是显而易见的……必须对新加坡进行可靠而有效的控制……(新加坡)相关资源和港口服务的自由使用,必须以英国政策为基准。”②文件中并未说明所谓的“可靠而有效的控制”指的是什么,但是可以看出在英国人眼中新加坡是特殊的,英国政府没有打算在战后放松对新加坡的统治。1943 年 3 月 20 日,一份远东宪制再安排的备忘录提出在马来地区组建一个新的政治实体,同时指出“无论在半岛上形成联邦或是传统的联盟,

---

① [新加坡]李光耀:《李光耀回忆录(1923—1965)》,联合早报出版社 1998 年版,第 99—100 页。

② “A Post-War Settlement in the Far East: Need of a Definite Policy: Joint CO-FO Memorandum”, A. J. Stockwell, *British Documents on the end of Empire*, *Series B*: *Malay*, part1, London: Her Majesty' s Stationery Office, 1995, p.23.

新加坡都应排除在外。"[①]将新加坡排除在马来亚之外的提议获得通过。[②] 同年5月18日,一份殖民部的备忘录中再一次强调在战后的安排中,新加坡应该被排除在马来亚联邦之外:"在整个马来亚地区,新加坡的港口和岛屿都极具特色,它应该被当作一个特殊的'自由港'……新加坡的区政管理要与马来亚其他地区分离开来。"[③]战后的工党政府延续了战时内阁制定的新加坡政策,没有做出更改。1946年,英国撤销海峡殖民地,槟榔屿、马六甲和马来诸邦组成马来亚联合邦,新加坡则单独设为英国的直辖殖民地。

英国对新加坡的安排加剧了新加坡岛内的不稳定局面。新加坡内部的政治力量如马来亚共产党、马来亚民主联盟、进步党、劳工阵线、人民行动党等政党迅速发展,大部分政党的目标是新加坡的独立,就连进步党也在执政后期提出自治的要求,政治改革和进步则是所有政党的愿望。在社会底层,各种矛盾也尖锐起来。1950年的玛利亚事件引发马来族和印度族穆斯林与欧亚裔之间的宗教与种族冲突,[④]说明新加坡各族群在"分而治之"下彼此相安无事的局面已经被打破;学潮和工运的发生变得频繁,1955年4月到12月的9个月里新加坡发生工潮260起[⑤]。迫于新加坡各方面的压力,为了能够维护英方的体面,从20世纪50年代开始,英国缓慢地推动着新加坡的政治改革,出台

---

① "Plans for Constitutional Reconstruction in Far East: Memorandum by W. B. L. Monson", *British Documents on the end of Empire. Series B: Malay*, part1, London: Her Majesty' s Stationery Office, 1995, p.42.

② "Constitutional Reconstruction in the Far East: CO Conclusions of a Departmental Discussion on 13 May", A.J.Stockwell, *British Documents on the end of Empire. Series B: Malay*, part1, London: Her Majesty' s Stationery Office, 1995, p.50.

③ "Constitutional Reconstruction in the Far East: Malay, North Borneo and Sarawak: Revised Memorandum by G.E.J.Gent", A.J.Stockwell, *British Documents on the end of Empire. Series B: Malay*, part1, London: Her Majesty' s Stationery Office, 1995, p.52.

④ 参见[新加坡]叶添博、林耀辉、梁荣锦:《白衣人:新加坡执政党秘辛》,新加坡报业控股2013年版,第551—553页;[英]康斯坦丝·玛丽·藤布尔:《新加坡史》,欧阳敏译,中国出版集团东方出版中心2013年版,第330页。

⑤ [新加坡]李光耀:《李光耀回忆录:我一生的挑战,新加坡双语之路》,译林出版社2013年版,第18页。

了林德宪制，但是这一改革无法满足新加坡的自治要求。1956—1958 年，新加坡政府与英国政府前后共进行三次宪制会谈，英国政府同意给予新加坡在英联邦内部的自治邦地位。英国在新加坡的 140 年殖民统治终于走到了尽头。

移交权力的同时，英国殖民当局留下了诸多问题，比如族群隔离、社会失范的现象依然严重，但是也留下了可供继任者利用的遗产。在社会治理方面，首先，建立了比较完整的社会管理机构系统。殖民政府在教育、住房、卫生、福利、就业和人口等社会领域都设置了相应的政府机构和委员会或理事会等法定机构（见表 2-11）。在此基础上，1959 年 6 月 5 日，第一届民选自治政府产生，首届自治政府共 7 个部门，与社会事业有关的部门有 5 个：卫生部（Ministry of Health）、劳动和法律部（Ministry of Labour and Law）、教育部（Ministry of Education）、内务部（Ministry of Home Affairs）、国家发展部（Ministry of National Development）。1959 年 7 月，市议会并入中央政府，国家发展部承接了市议会大部分职能，负责城市规划和住房建设。

表 2-11　自治前新加坡社会管理机构

社会领域	政府管理部门	法定机构
教育	教育部	教育委员会、教育指导理事会、马来语教育理事会、华语教育委员会、马来亚大学、南洋大学、新加坡工艺学院、教师培训学院、成人教育理事会
住房	改良信托局、市议会、新加坡港务局、公共工程部	住房委员会
卫生	卫生部、市议会	健康教育理事会
社会福利	社会福利部	社会福利理事会、新加坡青年理事会、新加坡妇女理事会、社区咨询委员会、社区管理委员会
移民与人口	华民护卫司署、外国人登记处	家庭计划协会
就业与劳工	劳工部	

其次，形成了相对稳定且具有延续性的社会政策体系。即使在战后十余

年,新加坡经历了直辖殖民地、选举产生市议会、林德宪制、内部完全自治的政治体制重大变化,社会政策也不随政体的改变而废弃,不因执政者的变化而颠覆,其原因在于政策的针对性突出,立足新加坡现实。比如对妇女儿童和青少年的社会关怀、四大语言教育平等政策、确保每个儿童平等教育机会的原则、在学校教育中培养对新加坡的忠诚、以政府供房为主而控制私营企业房产开发、公共卫生的综合治理、中央公积金制度、福利的有限性,这些政策都切合新加坡的实际,也符合新加坡的发展需要,因而得以延续。《儿童与青年条例》《妇女与女孩保护条例》《儿童收养法》《劳工赔偿法》等社会领域的立法,更是经不断修订而一直沿用至今。

最后,培育并锻炼了民间社会自治组织和自治能力。在长期自由放任的殖民政策影响下,新加坡形成了自力更生、拼搏进取的移民社会特质,每个族群、每个个体也因此在历史演进中培育了高度的自治能力,个人的责任被放在首位,崇尚在个人自我奋斗前提下群体互帮互爱,民间社会团体承担了大部分基层社会治理的责任。独立后,虽然这些民间社会自治组织的存在一定程度上构成新加坡国家与社会之间的紧张,但是它们仍然在新国家的社会治理体系中发挥了独特的作用。

第三章　政府控制：工业化时期的社会管理

1959年5月，人民行动党在新加坡第一次完全自治政府的大选中胜出，成为这个新政治实体的执政党。从1959年到1995年①，新加坡政府实现殖民时期弱政府到独立国家强政府的转变，完成社会管理三大目标：建立以法制与秩序为基础的威权控制体制，稳定社会秩序，政府全面介入社会，将社会和个人纳入政府的统一管理；整合族群社会，结束族群隔离状态，以政治认同取代文化认同，建构新加坡国家认同；以相应的社会政策促进工业化的经济转型和社会转型。

一、工业化时期的社会基础与国际环境

二战后，新加坡邻近的独立国家相继采取直接贸易政策，新加坡的转口贸易地位下降，人民行动党制定了岛内工业化战略，计划通过依托大马共同市场发展进口替代工业化。然而新马分家使人民行动党进口替代工业化的计划落空，被迫调整为出口导向工业化发展战略，期间经过了劳动密集型工业化阶段

① 1995年7月，经济合作与发展组织宣布从1996年1月起，新加坡升级为发达国家。

（1966—1979 年）和资本、技术密集型工业化阶段（1980—1985 年），1986 年提出建设亚太地区知识和资本密集型区域性服务中心。从殖民地社会进入工业社会，是新加坡工业化时期社会治理的基础，这一社会形态的变化也受到同时期地区和国际环境的影响。

（一）国内局势：从后殖民地到"亚洲四小龙"

初出茅庐的人民行动党踌躇满志，"对于新加坡来说，国家建设不是一项强调我们共同的过去的任务（因为只有过去 150 年）而是强调我们共同的未来；不是我们过去在我们祖先的土地上取得的，而是我们能在未来一起完成的。"①

但是执政初期的人民行动党面对的是一个贫富悬殊、族群隔离、失业严重、人口激增、高度腐败的形势严峻的后殖民社会。从 1959 年到 20 世纪 60 年代末，10 年时间内，新加坡经历了至今为止最动荡的政局——自治、并入马来西亚、国内政治斗争、新马分离、独立建国；最严重的经济衰退——1964 年 GDP 增长率为 -3.68%②；最高的失业率——1960 年的失业率是 10%，③1965—1969 年失业率仍在 6.7%到 8.7%之间居高不下；④最严重的种族骚乱——1964 年爆发"黑色的穆罕默德诞辰"事件；与此同时出现了持续时间最长的高生育率——1961—1966 年生育率在 4.5‰到 5.3‰之间，高出生率——1961—1968 年间出生率在 36.2‰到 24.5‰之间；⑤学校教室不够，学生两班制轮班上课；贪腐之风盛行，公众要想从公务员那里取得出租车牌照、

① Chan Heng Chee & Obaid ul Haq(eds.), *The Prophetic and the Political: Selected Speechs and Writings of S.Rajaratnam*, p.259.

② 世界银行数据库·新加坡，见 http://data.worldbank.org.cn/country/singapore，2019 年 3 月 20 日。

③ ［新加坡］严崇涛：《新加坡发展的经验与教训》，江苏人民出版社 2016 年版，第 184 页。

④ *Singapore* 1974, Singapore, the Publicity Division, Ministry of Culture, 1974, p.274.

⑤ 世界银行数据库·新加坡，见 http://data.worldbank.org.cn/country/singapore，2019 年 3 月 20 日。

小商贩营业证、建筑许可及其他许可证,都必须用“咖啡费”贿赂有关公务员。[①] 更为严重的是,1964 年 7 月和 9 月新加坡爆发两次种族暴乱[②],这是继 1950 年玛利亚事件后在新加坡岛内发生的又一次种族冲突惨剧,说明脱离殖民统治的新加坡族群关系汇集了政治、经济、社会等多领域的矛盾和问题,仍然是个潜在的火药桶,稍有不慎即可能引爆。各种社会问题异常尖锐,特别是就业、住房和教育问题,亟待解决。国家的未来在哪里? 人民的未来在哪里? 官员们下到选区最常被问到的问题就是“我什么时候能找到工作?”“我什么时候能有房子住?”[③]

受战后经济全球化推动,西方国家产业转移为新加坡的工业化战略提供了有利的外部条件,从马来西亚分离出来的新加坡重新将自己定位为一个面向全球的港口城市,只是这一次不再是做一个单一的贸易港,而是贸易加工业化。人民行动党以先天的区位优势和后天的制度设施及人力资源开展经济外交,广泛吸引跨国公司落户新加坡。[④] 从表 3-1 来看,新加坡工业化的成效很快显现,经济形势在 1964 年探底后迅速好转,虽然失业率仍维持了几年高位,但国内生产总值从 1966 年开始 10%以上的高增长率,一直持续到 1973 年,同期的国民总收入也保持同步增长,而失业率从 1968 年起明显下降。即使 1971 年英国撤离新加坡军事基地这样的重大事件发生,也没有对新加坡经济造成太大的打击,说明新加坡独立而富有活力的经济体系已经建立起来。毕竟因为基地的存在,新加坡每年国内生产总值的 20%来自英军的开销,10 个家庭中几乎有一个是靠英军来维持生活,英军基地直接雇佣了 3 万名左右的

---

① [新加坡]严崇涛:《新加坡发展的经验与教训》,江苏人民出版社 2016 年版,第 4 页。

② 关于此次暴乱的研究详见刘玉玲:《黑色的穆罕默德诞辰——1964 年新加坡种族暴动》,《东南亚研究》2000 年第 1 期。

③ Chan Heng Chee & Obaid ul Haq(eds.),*The Prophetic and the Political:Selected Speechs and Writings of S.Rajaratnam*,p.255.

④ 关于新加坡经济外交战略内涵与实施的讨论可参见魏炜:《李光耀时代的新加坡外交研究》第三章,中国社会科学出版社 2007 年版,第 142—193 页。

平民雇员，间接地在支援服务领域提供另外4万份工作，许多商店、餐馆、酒吧等都靠英军和他们家眷的光顾而生存。① 从数据上看，失业率下降的趋势没有受英军基地撤离的影响，国内生产总值和国民总收入在1971年出现波动后很快又恢复上涨态势，甚至还平稳地渡过了1973年波及整个资本主义世界的石油危机。20世纪70年代后伴随着“亚洲四小龙”的故事广为流传，新加坡的经济成就也被津津乐道，到20世纪90年代，在全球市场上，几乎所有与东南亚相关的商业决策都需将新加坡考虑在内，几乎所有跨国公司——不论其从事制造业还是服务业——在计划从北美、西欧或日本向外扩展时，都会先考虑是否将新加坡作为落脚点。表3-1的数据显示，在新加坡工业化升级阶段的20世纪80年代中期到20世纪90年代中期，除了少数年份的下滑，新加坡的GDP基本上保持了高增长；更重要的是，新加坡实现了长期充分就业，失业率从20世纪70年代开始一直维持在低水平。当然，伴随着工业化的推进，人口增长率和出生率是下降的，这也是工业社会的普遍规律。

表3-1　新加坡工业化时期人口与经济状况主要数据（1961—1995年）

年份（年）	人口增长率（‰）	出生率（‰）	失业率（%）	GDP 增长率（%）	GNI 增长率（%）
1961	3.3	36.2	—	8.14	8.14
1962	2.8	34.8	—	7.12	7.07
1963	2.5	34.3	—	9.98	10.63
1964	2.6	32.8	—	-3.68	-2.78
1965	2.4	30.7	8.7	7.60	7.63
1966	2.5	29.5	8.7	10.87	10.67
1967	2.2	26.8	8.1	12.28	11.36

① 《新加坡建国历程》，新加坡国家文物局1998年版，第116页。

续表

年份(年)	人口增长率(‰)	出生率(‰)	失业率(%)	GDP 增长率(%)	GNI 增长率(%)
1968	1.7	24.5	7.3	13.62	12.73
1969	1.5	22.8	6.7	13.72	13.24
1970	1.6	23.0	6.0	13.89	12.89
1971	1.8	22.7	4.8	12.08	10.71
1972	1.8	23.4	4.7	13.53	13.40
1973	1.9	22.2	4.5	11.13	8.86
1974	1.7	19.6	4.0	6.47	5.81
1975	1.5	17.7	4.5	4.61	8.78
1976	1.3	18.7	4.5	7.44	5.81
1977	1.4	16.5	3.9	7.49	6.80
1978	1.2	16.8	3.6	8.70	9.76
1979	1.3	17.1	3.4	9.42	9.27
1980	1.3	17.1	3.0	10.03	4.66
1981	4.8	17.0	2.9	10.68	10.11
1982	4.4	17.3	2.6	7.17	7.97
1983	1.3	16.3	3.2	8.54	11.08
1984	1.9	16.5	2.7	8.80	11.24
1985	0.1	16.6	4.1	-0.69	0.75
1986	-0.1	14.8	6.5	1.33	0.54
1987	1.5	16.6	4.7	10.76	7.88
1988	2.5	19.8	3.3	11.12	12.53
1989	2.9	17.5	2.2	10.18	11.01
1990	3.9	18.4	1.7	10.04	9.61
1991	2.9	17.3	1.9	6.69	6.13
1992	3.0	17.0	2.7	7.09	8.78

续表

年份(年)	人口增长率(‰)	出生率(‰)	失业率(%)	GDP 增长率(%)	GNI 增长率(%)
1993	2.5	17.0	2.7	11.54	9.20
1994	3.1	16.4	—	10.93	13.38
1995	3.0	15.7	2.7	7.03	7.66

资料来源:1. 失业率数据出自 *Singapore 1974*, p.274; *Singapore 1982*, p.244; Joyce Tan, editor: *Singapore 1991*, Singapore, the Publicity and Promotions Division, Ministry of Information and the Arts, 1991, p.122; Joyce Tan, editor: *Singapore 1992*, Singapore, the Publicity Division, Ministry of Information and the Arts, 1992, p.143; *Singapore 1993*, Singapore, the Publicity Division, Ministry of Information and the Arts, 1993, p.164; *Singapore 1994*, Singapore: Ministry of Information and the Arts, 1994, p.210; Foo Siang Luen, John Rocha, editor: *Singapore 1995*, Singapore: Ministry of Information and the Arts, 1995, p.207; *Yearbook of Statistics Singapore*, 2006, "Labour and Productitity——Labour Force"。

2. 其他数据出自世界银行数据库, http://data.worldbank.org.cn/country/singapore, 2019 年 3 月 20 日。

(二)地区处境:马来海洋中的华人岛屿

在战后东南亚地区民族独立浪潮中,新兴民族国家虚弱的社会政治凝聚力、后殖民地政府的合法性问题、国家间的领土争端、地区内意识形态的分化以及外部强国的干涉等,构成了 20 世纪五六十年代东南亚地缘政治图像的特征,该地区一度被描述为"反叛的地区""东方的巴尔干"或"多米诺地区"等。①

地区安全的严峻形势对刚独立的新加坡可谓雪上加霜。新加坡因为新马矛盾被迫独立,独立时印尼与马来西亚还处在对抗当中;而在中南半岛,1965 年 3 月 8 日,首批美国海军陆战队在南越登陆,美国直接卷入越南战争。在东南亚一片反共排华的喧嚣声中突然诞生一个弱小的华人国家,而且还占据着具有重要战略意义的国际交通要地,其生存本来就是个问题,更遑论夹在两个

① 相关研究参见韦民:《民族主义与地区主义的互动:东盟研究新视角》,北京大学出版社 2005 年版,第 130 页。

互相对立的邻国中间。

从建党开始,人民行动党对新加坡的规划就是与马来亚合并成一个国家。当英国人确定必须放弃新加坡时,考虑的也是新马合并,“新加坡迟早必须与马来亚合并,除非我们准备看到它成为一个独立的、处于东南亚战略核心区的海外中国。”①结果合并不久的新马不欢而散。② 1965 年被“强加”独立③的新加坡是东南亚唯一以华人为主的国家,很自然地被怀疑是否会变成“第三中国”,或是“第五纵队”的集结地④。因为在冷战环境下,除新加坡外,东南亚国家普遍存在对华侨华人的排斥、歧视甚至仇视态度,并且程度不同地推行同化华人的政策。⑤ 东南亚国家的排华政策基本上延续到 70 年代中期,在这个风口浪尖形势下冒出来的新加坡共和国成了东南亚地区一个绝对的异类。李光耀将独立的新加坡比喻为“中世纪的威尼斯”“马来——黑色穆斯林中的以色列”“沙漠中的绿洲”⑥和“马来海洋中的华人岛屿”⑦,正反映了 20 世纪 70

---

① “‘Singapore’:Cabinet Memorandum by Mr Lennox-Boyd on Policy to be Pursued at the Forthcoming London Constitutional Talks”,David Goldsworthy edited,*British Documents on the End of Empire,Series A:The Conservative Government and the End of Empire,1951-1957*,Part 2,London:HMSO,1994,p.394.

② 详见庞卫东:《新加坡与马来(西)亚的合并与分离研究》,社会科学文献出版社 2017 年版。

③ Lee Kuan Yew,*The Singapore story:Memories of Lee Kuan Yew*,Singapore,Times Editions Pte Ltd.and The Straits Times Press,1998,p.22.

④ 二战后,新加坡华校激进分子是马来亚共产党的一部分,在新加坡政坛特别活跃,人民行动党也是借助他们的力量成为执政党。参见 C.P.Fitzgerald,*The Third China*,Singapore:Donald Moore Books,1965;[马来西亚]傅树介、陈国防、孔莉莎编:《新加坡 1963 年的冷藏行动:50 周年纪念》,策略资讯研究中心、人民历史中心 2013 年版。

⑤ 关于东南亚各国华侨华人问题的相关研究可参考:暨南大学东南亚研究所编著:《战后东南亚国家的华侨华人政策》,暨南大学出版社 1989 年版;方金英:《东南亚“华人问题”的形成与发展》,时事出版社 2001 年版;庄国土:《华侨华人与中国的关系》,广东高等教育出版社 2001 年版;庄国土:《二战以后东南亚华族社会地位的变化》,厦门大学出版社 2003 年版;吴前进:《国家关系中的华侨华人和华族》,新华出版社 2003 年版;李恩涵:《东南亚华人史》,五南图书出版股份有限公司 2003 年版。

⑥ Philippe Regnier,*Singapore:City-state in South-East Asia*,Malaysia:S.Abdul Majeed,1992,p.149.

⑦ Lee Kuan Yew,*The Singapore Story:Memories of Lee Kuan Yew*,Singapore:Times Editions Pte Ltd.and the Straits Times Press,1998,p.23.

年代前新加坡被猜疑、被孤立、被戒备的艰难处境。① 尽管新加坡政府以法律保障马来人权利，规定马来语为国语，依然改变不了华人占主体的人口结构，在新加坡政治、经济和文化领域中占据主导地位的仍然是华人，执政的人民行动党大部分主要人物都是华人，如李光耀、吴庆瑞、杜进才、林金山等。

20 世纪 70 年代是新加坡修复近邻关系、融入地区的转折时期。20 世纪 60 年代末，新马关系从分家的阵痛中走出，1972—1973 年两国领导人实现互访，两国关系正常化。新加坡与印度尼西亚虽然于 1966 年建交，但真正的睦邻关系开始于 1973 年李光耀首次正式访问印度尼西亚。1978 年的柬埔寨事件是新加坡地区外交的重要转机。柬埔寨冲突对东盟来说是一个关键事件，促进了已经成立多年但分歧多于一致的东盟的团结，东盟通过这一事件向国际社会展示了一个外交共同体的形象和能力。而新加坡在其中的参与斡旋，不仅证明自己是东盟一员，并且可以在地区事务中发挥积极作用。② 在处理与中国关系方面，新加坡也充分照顾了邻国，直到 1990 年 8 月中国与印度尼西亚复交后，才于当年 10 月同中国建交。到 20 世纪 80 年代末，新加坡已经较好地融入了地区。在国际社会，新加坡依托东盟为地区平台，扩大国际影响。

（三）国际环境：冷战的缓和与全球化的深化

新加坡从独立到实现工业化的 20 余年，在国际形势上，正是泾渭分明的冷战格局松动、变化直至过渡到后冷战格局的时期。英国历史学家理查德·克罗卡特（Richard Crochatt）在《50 年战争》中写道：“20 世纪 60 年代中期，冷战政治仍是人们关心的问题，但已经越来越不能决定第三世界以及其他地区的事态发展了，因为不结盟已成定局，国际共产主义运动已无可挽回地有了裂痕，欧洲国家，无论是东欧还是西欧，都不顾超级大国的反对而坚决维护自己

① 关于新加坡独立初期面临的地区与全球环境的讨论可参见魏炜：《李光耀时代的新加坡外交研究》，中国社会科学出版社 2007 年版，第 50—65 页。

② 参见魏炜：《柬埔寨问题与新加坡地区外交的转机》，《南洋问题研究》2012 年第 4 期。

的利益。""(20 世纪)70 年代后期到 80 年代,世界政治的真正冲突中,超级大国之间的冲突要比冷战政治与一个新兴的世界政治日程之间的冲突少一些,在这个日程中,冷战已逐步成为一个枝节问题。"①概而言之,这一时期国际环境集中表现为冷战的缓和与全球化的深化。

首先是全球层面上冷战的缓和。1965 年,冷战进入第三个十年,受国内、国际诸多因素的制约和影响,美苏双方已经失去了当初剑拔弩张、决一雌雄的豪情;两国对各自集团内部的控制能力也表现得力不从心、日渐松弛,国际政治出现多元色彩。在欧洲,美苏开始武器和安全问题谈判;欧共体的政治经济独立性加强;"铁幕"被打破,法国、西德先后主动与苏联及其他东欧国家接触。亚太的形势更加引人注目:其一,中苏关系破裂并发展成公开的对抗,中国作为一个有实力的新的独立角色出现在冷战游戏中,改变了美苏之间的动态关系;其二,美国的越南政策乃至亚洲政策出现重大转折,尼克松政府提出越南战争新政策"战争越南化",进而提出亚洲新政策"尼克松主义",宣布美国从亚洲收缩;其三,日本成为资本主义世界第二号经济大国,与美、欧构成经济三足鼎立之势,开始谋求走出战败国的阴影,实行自主外交。各种迹象显示,冷战正在走向缓和,对抗性集团正在变得松散。

20 世纪 70 年代后,国际政治中的冷战因素继续淡化,国际政治的多元化趋势更加明显,中美关系的改善及美苏中三角战略关系的形成揭开了冷战的新篇章,中国在亚太尤其是东南亚地区的战略地位顿时改观;美苏虽然在 20 世纪 80 年代出现了紧张的短暂反复,但缓和趋势已定,国际政治和平、民主、发展的潮流已经不可逆转。

其次是经济全球化程度加深。不论对全球化(Globalization)有多少种解读方式,有多少种评价系统,经济的全球化进程是一个不争的现实存在,而且

① [英]理查德·克罗卡特:《50 年战争》,王振西主译,新华出版社 2003 年版,第 290、296 页。

对世界历史产生着决定性的影响,在 20 世纪的世界体系解构与重构的过程中,经济全球化是一支决定性的力量。

冷战的缓和与经济全球化的深化将国际热点从意识形态转向经济发展,淡化了新加坡作为"第三中国"的特殊性和敏感性,反而突出了这个小国家的区位优势。新加坡的国情注定它必须融入国际经济体系,以世界资源为自己的资源,以世界市场为自己的市场,经济全球化的发展为新加坡提供了有利形势。新加坡独立后,正赶上 20 世纪 60 年代和 70 年代后两次全球经济国际分工比较优势的转移,出现全球范围内的产业结构调整,发达国家先后将技术密集型产业和资本密集型产业向发展中国家转移。新加坡抓住机会,承接发达国家的产业转移实现工业化。20 世纪 80 年代,新加坡适时提出了"全球化"战略,调整国内产业结构,扩大对外经济关系。由于天时地利,新加坡成为经济全球化的受益者,经济的成功又反过来促进了它在国际和地区经济合作事务中的影响力。

综合上述社会基础和国际环境可以看出,人民行动党解决了诸多内忧外患,成功实现了单一港口贸易经济到新兴工业国的经济转型和殖民地社会到工业社会的社会转型,这一过程得益于新加坡政府正确面对社会动荡、族群隔离、缺乏共同的国家认同、劳动力素质不高等社会问题,将稳定社会秩序、整合族群社会以建构新加坡国家认同、以相应的社会政策促进工业化的经济转型和社会转型确定为社会管理三大目标。其中尤以社会稳定和发展经济为要务,而这两者都需要有一个强有力的政府。新加坡在稳定社会、塑造国家、发展经济的过程中形成了政府控制式的社会管理方式,通过强势政府的权力和严明法制整合移民社会和殖民地社会,塑造独立的新加坡国家认同,实现多元族群和谐稳定,打造有竞争力的人力资源、改善基础设施、制定发展规划和政策,将一个千疮百孔的殖民地建成发达经济体。

二、政府控制机制的建立

（一）社会管理原则

因为一党长期执政，新加坡的社会管理原则依据国情与执政的人民行动党的宗旨而定。《人民行动党章程》提出党的理念是"不断地加强对新加坡的统治和改造，使其成为高度现代化的国家。"党的核心价值观包括：真诚、多民族、精英政治、自力更生，①党的宗旨是：

1. 维持和保护新加坡的独立、主权和领土完整。

2. 通过具有代表性的民主的政府捍卫新加坡人的自由和幸福。

3. 建设一个新加坡人的民族，建立一个多元的、多民族的社会，这个社会充满公平、正义和宽容，不论其种族、语言与宗教信仰；灌输给新加坡人民族认同感的意识，通过爱国主义将新加坡人团结起来。

4. 建设一个遵守法律、自力更生、生机勃勃的社会，在这个社会中根据新加坡人的表现和对社会作出的贡献对其进行奖励，并且国家对老、弱、病、残提供相应的福利。

5. 通过和谐和多元社会的建立，促进经济的发展，社会和文化目标的实现。在社会整体利益高于一切的前提下，所有的新加坡人享有同等的机会去满足自己的目标，通过教育和培训最大限度地发掘自身的潜力。无论他的贡献是多少，每一个新加坡人都会在这里找到自己的归属感。

结合人民行动党的意识形态与政治实践，其社会管理原则可以概括为以下几点：

---

① 孙培军主编：《世界主要政党规章制度文献 · 新加坡》，中央编译出版社 2015 年版，第 290 页。

1.“强政府”领导原则

关于新加坡政治体制的特点及表现形式、形成原因的讨论很多①,这些观点对新加坡政党制度、民主化程度的看法存在区别,但是在总结新加坡政治体制的特点方面有一致性:权力的高度集中和政府对社会的高度控制,由此也带来了政府高效的决策力和执行力。李光耀将之总结为治国经验:“为了人民的长远利益,即使有一些政策在短期间不受欢迎,政府也毫不犹豫地付诸实施……受欢迎的治国方法,并不意味着政府的每一个行动,都必须受到人民的欢迎,而是意味所有符合公众利益的政策,必须及时加以拟定。”②“我们说一个政府受欢迎并不是说它要在治理期间的任何时刻都受欢迎——有时你必须彻底不受欢迎。但在你的任期结束时,你应该给人民带来福利,这样人民才会认识到你所做的事情都是必要的,才会再一次投你的票。这是我治理的基础。如果你想一直都受欢迎,那么你在治理时就会出现失误。”③

李光耀认为,政府对社会的多方干预恰恰是新加坡成功之道,“声量多大,哪一种语言,你是否可以随地吐痰。假如我们没有这样的干预,而又没有积极去执行这些措施的话,我们就没有今天的成就。”④“政府的作用就是做出坚定的决策,在管理人民的事务时采取明确的、一贯的态度。政府的管理艺术

---

① 详细讨论参见:[美]塞缪尔·亨廷顿:《第三波:20世纪后期民主化浪潮》,上海三联书店1998年版;[澳]尼古拉斯·塔林主编:《剑桥东南亚史》,第七章,“独立国家的政治结构·新加坡”,贺圣达等译,云南人民出版社2003年版,第355—359页;李路曲:《新加坡的权威主义政治与现代化》,《政治学研究》1997年第1期;陈祖洲:《新加坡——“权威型”政治下的现代化》,四川人民出版社2001年版,第112—154页;常征:《新加坡:权威主义,还是精英民主?》,《东南亚研究》2005年第4期;孙景峰:《新加坡人民行动党执政形态研究》,人民出版社2005年版。

② [新加坡]李光耀:《建国经验的总结》,1980年1月5日,《联合早报》编:《李光耀四十年政论选》,新加坡报业控股华文报集团1993年版,第154页。

③ [新加坡]李光耀口述,[美]格雷厄姆·艾里森等编:《李光耀论中国与世界》,蒋宗强译,中信出版社2013年版,第141页。

④ [新加坡]李光耀:《创造成功的条件》,1986年8月17日,《联合早报》编:《李光耀四十年政论选》,新加坡报业控股华文报集团1993年版,第226页。

就在于最大限度地利用本国有限的资源。"①

人民行动党主张以"好政府""强政府"作为政府衡量标准,因为"亚洲国家的人民希望生活在一个有秩序的社会,并享有更高的生活水平。"②"一个好政府不仅应该秉持、维系社会标准,还应提出标准。"③而有序社会的建立有赖于强有力政府的领导,"一个有序社会必定会有等级。如果要给船领航,必定需要一个船长。如果所有的乘客都表现得像船长,麻烦就大了。"④新加坡几代领导人都对新加坡的"好政府"引以为豪。李光耀不厌其烦地以新加坡为例跟西方自由主义者辩论,强调"好政府"才是国家成功之道,"虽然民主和人权都是可贵的意念,但是我们应该明白,真正的目标是好政府。""政府必须廉洁有效,能够保护人民,让每一个人都有机会在一个稳定和有秩序的社会里取得进步,并且能够在这样的一个社会里过美好的生活。"政府要保障"人民在食、住、就业、保健等方面都受到良好的照顾。"⑤1995 年,吴作栋在美国威廉斯学院演讲时说:"新加坡的成功经验只有两个:一是良好的经济基本因素:竞争的市场、对外开放、经济整体的稳定、高储蓄率和投资率;二是好政府:政府在协助取得良好的经济基本因素方面,扮演一个重要角色。"21 世纪初,新一代领导人李显龙也表达了同样的观点:"我们的国家小而且脆弱,如果出现不合适的或不称职的政府,其后果要比其他国家更严重。""缺少领导能力和道德权威的政

---

① [新加坡]李光耀口述,[美]格雷厄姆·艾里森等编:《李光耀论中国与世界》,蒋宗强译,中信出版社 2013 年版,第 136 页。

② [新加坡]李光耀:《亚洲国家关心政治稳定》,1991 年 5 月 9 日,《联合早报》编:《李光耀四十年政论选》,新加坡报业控股华文报集团 1993 年版,第 557 页。

③ [新加坡]李光耀口述,[美]格雷厄姆·艾里森等编:《李光耀论中国与世界》,蒋宗强译,中信出版社 2013 年版,第 136 页。

④ Chan Heng Chee & Obaid ul Haq(eds.), *The Prophetic and the Political: Selected Speechs and Writings of S.Rajaratnam*, p.539.

⑤ [新加坡]李光耀:《好政府比民主人权重要》,1992 年 11 月 20 日,《联合早报》编:《李光耀四十年政论选》,新加坡报业控股华文报集团 1993 年版,第 574 页。

府不能明确国家的目标。如果管理混乱，缺乏领导，新加坡将面临灭亡。”①

“强政府”是相对的：相对于立法机关，总理对内阁部长的任免具有实质性权力；对于社会而言，“强政府”无处不在，无所不管，无孔不入，政府通过各种立法或其他方式加以规定和规范。

2. 种族与宗教和谐原则

实现多元种族和谐是人民行动党最重要的社会目标，是实用主义的人民行动党不多的坚守之一，即使因为这一宗旨成为行动党与马来西亚联邦政府主要矛盾而被踢出联邦，人民行动党也没有放弃。多元种族和谐包含两层含义，一是多元种族和谐，二是多元宗教和谐。1965 年 8 月 9 日新加坡宣布独立当天，李光耀在记者招待会上宣告：“新加坡要建立一个多元种族的国家。我们将建立个榜样。这不是个马来国，这不是个华人国，也不是个印度国。让我们真正的新加坡人，……不论种族、语言、文化、宗教，团结一致。”②李光耀认为，种族问题和国民问题互相牵制，是治理上的失败，各个族群在经济和政治上应该更团结而非更加隔膜，对于经济发展就更有利，并促进政治稳定。③

新加坡是个种族博物馆，也是个宗教博物馆，这个小岛上几乎可以找到世界上所有的宗教信仰：巴哈伊教、佛教、基督教、印度教、耆那教、犹太教、回教、锡克教、道教、袄教等。从殖民时期开始，新加坡的种族拼图就是和宗教拼图叠加在一起的。多数华人信奉佛教和道教；几乎所有的马来人信奉回教；印度人主要是印度教徒，也有部分信奉回教；欧亚裔和欧洲人，以及部分华族和印度族的中产阶级则信奉基督教。建国后，各宗教的信众规模发生变化，比如回

---

① Lee Hsien Loong，“*Singapore of the Future*”，Arun Mahizhnan，Lee Tsao Yuan（eds），*Singapore：Re-engineering Success*，Singapore，Tims Academic Press，p.7.

② 《星洲日报》1965 年 8 月 10 日。

③ ［美］汤姆·普雷特：《李光耀对话录：新加坡建国之路》，张立德译，现代出版社 2011 年版，第 58 页。

教徒和印度教徒的占比基本变化不大，但基督教和佛教、道教的信众都有显著变化，表现为基督教信众的增加和华人传统宗教（佛教、道教、其他民间信仰）信众的减少，同时“无宗教信仰”的人口占比也增加。但多元宗教的格局没有改变。新加坡政府在政教分离的前提下维护多元宗教和谐。种族与宗教和谐是新加坡共同价值观之一。

《新加坡宪法》规定“挑拨国民中不同种族间或其他阶级间的恶意与敌对情绪，并有引发暴行的可能”的行动，国会可援引宪法赋予的“防止颠覆的特别权力”予以制止。① 国会议员选举时“不得把带有种族歧视或者宗教意义的标志分配给候选人。”②

人民行动党政府常被比喻成“绒手套里的铁腕”③，在族群问题上，人民行动党也是软硬兼施，一旦有人越界，政府绝对是铁腕解决，不允许任何问题酝酿、发酵和滋长。建国初期，政府主要防范的是国内各族群对祖籍国的认同，采取的措施有：禁止30岁以下的华人去中国，直到20世纪70年代末解禁；从20世纪60年代开始，以《内部安全法令》对付激进回教组织，新加坡回教革命军被指煽动华人与马来人的种族冲突，新加坡人民解放组织则被指企图通过暴力推翻政府；政府对新加坡天主教会干预政治的动向时刻保持高压态势；政府也不允许任何令族群不满或不快的言论出现，1971年《南洋商报》四名职员被指虚构华语和华族文化将面临被消灭的危险、煽动种族情绪而被捕；互联网环境下，几起在博客、脸书等自媒体上不负责任的言论都受到严惩。④

---

① 孙培军主编：《世界主要政党规章制度文献·新加坡》，中央编译出版社2015年版，第85页。

② 孙培军主编：《世界主要政党规章制度文献·新加坡》，中央编译出版社2015年版，第163页。

③ ［新加坡］叶添博、林耀辉、梁荣锦：《白衣人：新加坡执政党秘辛》，新加坡报业控股2013年版，第574页。

④ 详见［新加坡］吴元华：《新加坡良治之道》，中国社会科学出版社2014年版，第120—121页。

新加坡政府注重在全社会灌输、营造种族、宗教和谐意识,使种族、宗教和谐的警钟长鸣。在学校,学生们每天的学习是从诵读《国家信约》开始的:“我们是新加坡公民,誓愿不分种族、言语、宗教团结一致,建立公正平等的民主社会,并为实现国家之幸福、繁荣与进步共同努力。”①1990 年,新加坡制定了《维持宗教和谐法》(Maintenance of Religious Harmony Act)(2001 年修订),法令的宗旨是确保政教分离,禁止宗教领袖发起政治运动,遏制过度狂热的劝诱、转换宗教行为。设立宗教和谐总统理事会,规定维持宗教和谐必须服从政府政策,宪法第 221 条规定:“如果内阁的建议与宗教和谐总统理事会的建议相冲突,总统得取消、变更、赞同或否决根据《维持宗教和谐法》发布的限制令。”②每年的 7 月 21 日被定为种族和谐日,提醒国民谨记 1964 年 7 月 21 日种族暴动的教训。每年 7 月,各宗教领袖都会在教堂或寺庙宣读“宗教和谐声明”:“宗教和谐是确保我国多元种族、多元宗教社会之和平、进步与繁荣的要素。我们决心通过相互容忍、信任、尊重和了解,强化宗教和谐。我们将始终如一,确认国家的世俗性,提升社会的凝聚力,尊重各人的信仰自由,既增广共同空间也尊重彼此的差异,促进各宗教间的沟通。从而确保在新加坡宗教不会被滥用来制造冲突与不和。”③1991 年发表的《共同价值观白皮书》将“种族和谐、宗教宽容”列为新加坡公民的共同价值观。④

在新加坡,不仅有定期的不同宗教团体对话会,还有多元宗教一同祈祷的仪式,新加坡武装部队见习军官的结业典礼、公共工程的开工仪式、为灾难受

---

① [新加坡]叶添博、林耀辉、梁荣锦:《白衣人:新加坡执政党秘辛》,新加坡报业控股 2013 年版,第 556 页。

② 孙培军主编:《世界主要政党规章制度文献・新加坡》,中央编译出版社 2015 年版,第 23 页。

③ 转引自[新加坡]吴元华:《新加坡良治之道》,中国社会科学出版社 2014 年版,第 118 页。

④ 关于新加坡“共同价值观”的讨论参见:吕元礼等:《鱼尾狮智慧:新加坡政治与治理》,经济管理出版社 2010 年版;范磊:《新加坡族群和谐机制:实现多元族群社会的善治》,湖南人民出版社 2016 年版;李路曲、肖榕:《新加坡熔铸共同价值观:“移民国家”的立国之本》,湖南人民出版社 2016 年版。

害者举行的悼念活动等等仪式上，都可以看到新加坡宗教联谊会各宗教长老们一起诵读经文、祈祷和祝福。2001 年美国发生“9・11 事件”后，新加坡政府发起了名为“族群与宗教互信圈”的基层运动，希望通过跨族群、跨宗教的交往，促进族群和宗教间的理解与亲善。

3. 公正平等、自力更生原则

社会改革是人民行动党执政后两大施政方针之一：“第一，使现有的转口贸易经济发挥最高的效能。……第二，满足广大民众对改变社会各阶层关系的热望。”①“政府的责任，是确保经济成长和全体人民都享受良好安定的生活……我们应朝向一个更公平和更平等的社会迈进，使每一个人照自己对社会的贡献，取得一份公平和应有的酬劳。”②

“平等”是所有社会政策追求的目标，但是对平等的理解有三种：目标平等，即平均主义；公平；机会平等。人民行动党坚信机会平等是实现社会公正的基础，也是归宿，人民行动党提出“基于绩效的不平等收入和对社会发展贡献的不平等是公平的不平等”“同等机会以及不同的收入是平等的精髓”③。独立之初，外交部长拉惹勒南（S.Rajaratnam）对外阐述人民行动党的社会原则时指出，“我把平等主义看成是每个人能靠自己的能力和贡献在这个等级社会找到自己的位置，不管他的种族，宗教，社会阶层和血统。”④“在新加坡，我们试图给每个人所有的机会去开发他们的才能，不管他们做什么。”⑤李光耀

---

① ［新加坡］李光耀：《实现公平的社会》，1960 年 2 月 24 日，《联合早报》编：《李光耀四十年政论选》，新加坡报业控股华文报集团 1993 年版，第 115 页。

② ［新加坡］李光耀：《政府须照顾全体利益》，1971 年 5 月 22 日，《联合早报》编：《李光耀四十年政论选》，新加坡报业控股华文报集团 1993 年版，第 530 页。

③ Chan Heng Chee & Obaid ul Haq(eds.), *The Prophetic and the Political: Selected Speechs and Writings of S.Rajaratnam*, p.523.

④ Chan Heng Chee & Obaid ul Haq(eds.), *The Prophetic and the Political: Selected Speechs and Writings of S.Rajaratnam*, p.539.

⑤ Chan Heng Chee & Obaid ul Haq(eds.), *The Prophetic and the Political: Selected Speechs and Writings of S.Rajaratnam*, p.523.

说:“归根结底,就是要解决社会公平这一基本问题……如果你把成功者的收入过多地配置给其他人,则会打击他们力争上游、取得成功的积极性……另外,如果底层的人觉得自己被忽略了,那么社会将会出现分裂、动荡,社会凝聚力也将丧失。”①

独立后,政府提醒国民,在新国家里,在缺乏天然资源的新加坡,必须改变工作态度,必须调整各种不实际的优待措施,“我们开始要解决的基本问题,是消除一种要不得的态度,这态度是:‘你得照顾我的生活。根据人权宪章,我有权享受最低的工资,有薪假期,教育机会等’。我们要消除的是这态度。除非你消除掉这种认为世界都欠负着对我的生活照顾的态度,否则我们的其他问题都不可能着手解决。”②“我们的迫切任务就是建立起这样一个社会,即不以人们拥有财富的多寡作为奖赏依据,而是以人们通过体力劳动或脑力劳动对社会做出的积极贡献作为奖赏依据,力争做到人尽其才,实现对社会的价值与贡献。”③人民行动党坚信,无论个人还是国家,只有自食其力,各尽所能,才能在新马分家后的格局中生存。李光耀批评福利国家的大包大揽:“在发展中国家,很多事情必须由家庭承担。但在西方,这些原本由家庭承担的事情却由政府大包大揽,二战以后更是如此,这样的政府被视为成功的政府……在东方,我们都依靠自己。”④

人民行动党将“各尽所能”确定为建立新加坡民主社会主义的原则,⑤政府的职能被定位于“必须教导人们天上不会掉馅饼,为了享受明天的果实他们必须

---

① [新加坡]李光耀口述,[美]格雷厄姆·艾里森等编:《李光耀论中国与世界》,蒋宗强译,中信出版社 2013 年版,第 148 页。

② [新加坡]李光耀:《酬劳与工作表现挂钩》,1967 年 6 月 4 日,《联合早报》编:《李光耀四十年政论选》,新加坡报业控股华文报集团 1993 年版,第 125 页。

③ [新加坡]李光耀口述,[美]格雷厄姆·艾里森等编:《李光耀论中国与世界》,蒋宗强译,中信出版社 2013 年版,第 136 页。

④ [新加坡]李光耀口述,[美]格雷厄姆·艾里森等编:《李光耀论中国与世界》,蒋宗强译,中信出版社 2013 年版,第 136 页。

⑤ Chan Heng Chee & Obaid ul Haq(eds.), *The Prophetic and the Political: Selected Speeches and Writings of S. Rajaratnam*, p.84.

牺牲今天。”①“领导人的一个职责就是给人民注入信心,使其有所担当……”②

李显龙在2013年国庆致辞中表示:“每个新加坡人永远是国家要照顾的对象,人人也都会有充分机会成就自己。不过,要记住:我们还必须各尽所能,发挥尽善尽美、自强不息的精神,因为唯有人人献出一份力,新加坡才能有所成就。”③

4. 依法治理原则

新加坡以法纪严明著称世界,在政治和经济风险咨询公司(PERC)和管理研究所的世界法律体系排名中常年位居前列。“Singapore is a *fine* place”一语双关地道出新加坡法律的严苛。新加坡法治的主要目的不是保障权利而是保障稳定和秩序。律师出身的李光耀强调法律是社会秩序的基础,有严密的法律,才能产生井然的社会秩序。1962 年在马来亚大学法律学会发表演讲时,他告诫法学学生们:“任何司法制度的严峻考验,并不在于其理想概念的伟大或崇高,而在于它是否能够在人与人之间,以及人与国家,产生社会秩序和精神意义。”“当现行条规不能制止日益混乱和违抗政府的情况发生时,就有必要制定严厉的新条规,以便维持秩序,使法律能够继续治理人际关系。否则,混乱和无政府状态就会取代秩序了。”④新加坡现行法律有 400 多种,涉及范围非常广泛,从政府权力、商业往来、交通规则、旅店管理,一直到公民生活的各个方面,几乎无所不包,以致像口香糖不得在新加坡生产和销售也以法律形式加以规定。“实行法治”被总结为人民行动党执政成功的因素之一,⑤社会领域的法治规范主要有以下内容:

---

① Chan Heng Chee & Obaid ul Haq(eds.), *The Prophetic and the Political: Selected Speeches and Writings of S.Rajaratnam*, p.251.

② [新加坡]李光耀口述,[美]格雷厄姆·艾里森等编:《李光耀论中国与世界》,蒋宗强译,中信出版社 2013 年版,第 137 页。

③ [新加坡]李显龙:《2013 年国庆献辞》,《联合早报》2013 年 8 月 8 日,第 1 版。

④ [新加坡]李光耀:《法律严密秩序井然》,1962 年 1 月 18 日,《联合早报》编:《李光耀四十年政论选》,新加坡报业控股华文报集团 1993 年版,第 324 页。

⑤ 《南洋商报》1980 年 1 月 27 日。

(1)《新加坡社团法》与社会组织的法律规定

新加坡关于社会组织的法律规定是1967年1月颁布的《新加坡社团法》(Societies Act,2004年修订)。相较于殖民时期的《1889年社团条例》,新社团法明显对社团的注册登记把关更严,法案第四条规定登记员应当拒绝登记的社团申请包括:"该特定社团的规则章程不足以提供足够恰当的管理和控制;该特定社团可能被用于非法目的或者与新加坡的社会安宁、福利或者良好秩序相悖的目的;该特定社团的申请不符合本法或者其所规定条例的规定;该特定社团的登记与国家利益相违背;如果是政治性社团,而其章程没有规定只有新加坡公民才可以成为其会员,或者它加入了被登记员认为与新加坡国家利益相违背的境外的其他组织或者与该组织有密切联系。"①"向登记员或者助理登记员所提供的信息的任何部分是虚假的、不准确的或者不完整的,提供信息的人应当被认定为有罪,并处新币5000元以下的罚金……"②

对于非法社团或参与非法社团的人的处罚很严厉:"任何非法社团的成员,或者是参加了非法社团会议的人,应当被认定为有罪,并处新币5000元以下的罚金或者3年以下的监禁,或者两罚并处。"且属于"不可保释的犯罪行为和可扣押的案件"。提供私有场所给非法社团或非法社团成员开会的人,或者劝诱、煽动或邀请他人成为非法社团成员的人,或者协助管理非法社团的人,处罚等同于非法社团成员。如果是以暴力、威胁或者恐吓等方式迫使他人成为非法社团成员或协助管理非法社团的人,有罪处罚更重,"处新币5000元以下的罚金或者4年以下的监禁,或者两罚并处。"帮助非法社团获得捐款或资助的人;以及打印、出版、散发、出售或邮售,或非法持有招贴广告、报纸、书籍、传单或者其他任何形式的非法社团发行的文件或书面材料的人,也被认定为有罪,处新币5000元以下的罚金或者2年以下的监禁,或

① 孙培军主编:《世界主要政党规章制度文献·新加坡》,中央编译出版社2015年版,第262页。

② 孙培军主编:《世界主要政党规章制度文献·新加坡》,中央编译出版社2015年版,第265—266页。

者两罚并处。①

新社团法对殖民时期残存的秘密会党采取零容忍的严厉措施，规定“任何社团，无论其是否经过登记，使用三合会仪式的将被认定为是非法社团。任何个人被发现占有、管理或控制任何三合会社团及其分支机构的，或者与三合会社团相关的记录、账户、书面文件、印签、旗帜或者标识的，无论该三合会社团是否在新加坡境内成立，该个人应当被认定为有罪，处新币 5000 元以下的罚金或者 3 年以下的监禁，或者两罚并处。”且属于“不可保释的犯罪行为和可扣押的案件”。② 在《社团法》之前，1959 年 10 月，自治政府曾制定了针对秘密会党的刑事法案临时条款（Criminal Law Temporary Provision Ordinance Section 55），规定警方有权长期拘留为非作歹的不法分子。猖獗一时的秘密会党等以社团名目存在的危险组织销声匿迹了。

（2）关于社会秩序的法律规定

社会秩序是新加坡政府社会立法规范的重点，为了保持市容市貌的良好秩序，1965 年的《贫民法》禁止乞丐乞讨，《内部安全法》《破坏性行为法》《公共秩序维护法》《宗教和谐法》《新闻法》《煽动法令》《诽谤法》等法律制止各类危害社会秩序、不利于社会和谐或可能引起社会不安的言行。

1966 年，新加坡政府在殖民地政府《轻罪条例》（Minor Of fences Ordinance，1906）基础上修订颁布了《惩罚破坏性行为法》，1970 年，法案改名为《破坏性行为法》（Vandalism Act）。它与《内部安全法》（殖民时期的《紧急条例》改造而成）一起是新加坡独立前后人民行动党解决国内政治斗争时的主要法律依据，③用来禁止反政府力量书写、粘贴或悬挂宣传标语和海报、传单等，后来发展到在任何公有、

① 孙培军主编：《世界主要政党规章制度文献 · 新加坡》，中央编译出版社 2015 年版，第 268—269 页。

② 孙培军主编：《世界主要政党规章制度文献 · 新加坡》，中央编译出版社 2015 年版，第 271 页。

③ ［新加坡］约西 · 拉贾：《威权式法治：新加坡的立法、话语与正当性》，陈林林译，浙江大学出版社 2019 年版，第 64—79 页。

私有财产上的涂抹、粘贴等大小"涂鸦"行为都是《破坏性行为法》要惩处的,所以又被戏称为"涂鸦法"。《破坏性行为法》最有威慑作用的是它的鞭刑惩罚①。

《公共秩序维护法》(Public Order and Nuisace Act)1985 年公布,将可能造成社会秩序混乱的一切行为——小到公开辱骂他人、家犬追逐车辆等行为——都列入可惩罚范围。② 在《公共秩序维护法》基础上,2009 年 10 月公布《公共秩序法》(Public Order Act 2009),一人或一人以上的任何聚会或集会,只要其目的是如下情形的,都必须事先获得警察许可:(1)支持或反对任何个人、组织或政府的意见或行动;(2)宣传一项事业或运动;(3)纪念或庆祝任何活动。③

(3)社会领域的司法机构

新加坡法庭由最高法院(由上诉庭和高等法庭组成)、初级法院(以前的下级法院)和回教法院组成。上诉庭审理高等法庭和附属法庭提出的民事和刑事上诉。高等法庭专门审理特定法律领域的案件,如地方法官的上诉案、超过 25 万新元的索赔案、死刑、10 年以上监禁的刑事案、海事和知识产权案。最高法院还设新加坡国际商事法院(SICC)和宪法法庭。回教法院专门处理回教事务。

社会领域的法律问题主要由初级法院负责。初级法院由地方法庭、地区法庭、少年法庭、验尸官法庭以及小额赔偿法庭组成。2014 年,根据《2014 年家庭司法条例》成立家庭司法法庭,包括高等法院(家事庭)、家庭法庭及青少年法庭,家庭法庭处理与家庭有关的事宜,包括离婚及其他附属事宜(赡养、监护、照顾、控制及接触子女,以及婚姻财产的分割)、领养及个人保护令。少年法庭由地区法官或地方法官主持,对被控犯罪的儿童或青年有管辖权。

独立后,新加坡虽然保留了部分英国人制定的法律,但是在司法方面为了

---

① 关于新加坡的鞭刑,可参见陈新民:《反腐镜鉴的新加坡法治主义:一个东方版本的法治国家》,法律出版社 2009 年版,第 81—90 页。

② 《公共秩序维护法》条款详见陈新民:《反腐镜鉴的新加坡法治主义:一个东方版本的法治国家》,法律出版社 2009 年版,第 55—81 页。

③ [新加坡]约西·拉贾:《威权式法治:新加坡的立法、话语与正当性》,陈林林译,浙江大学出版社 2019 年版,第 241 页。

加强法院的司法权,逐渐摒弃了英式司法的一些做法。1970 年,新加坡废除陪审团制度,将法律和事实的仲裁权完全交给法官。1994 年,新加坡废除了向英格兰枢密院的上诉。1994 年 7 月 11 日,新加坡最高法院发表了关于司法先例的惯例声明:新加坡上诉法院不受其本身的决定以及枢密院以前的决定的约束,但是,它将继续把这些先前的决定视为通常具有约束力。① 殖民时期存在的习惯法被排除在新加坡法律体系之外,只在《穆斯林法管理条例》和《妇女宪章》中应用。

除法院系统外,新加坡有两个法院系统之外的司法协助机构:新加坡国际仲裁中心和新加坡社区调解中心。国际仲裁中心处理商业问题和纠纷,社区调解中心成立于 1997 年,负责处理国内居民可避免诉讼的民事纠纷,具体任务是:调解涉及家庭、社会、社区和其他相关纠纷;与初级法院和警方携手,接办适合通过调解获得解决的案件;接办由国会议员、基层领袖和社区发展理事会推介的案件。② 调解在小额索赔法庭、家庭法庭、少年法庭和社区、青年和体育部的赡养父母法庭(根据 1996 修订的《赡养父母法》设立)中例行进行。为了体现新加坡多民族多宗教的特点,在马林百列、宏茂桥等四个区域设立了社区调解中心和几个卫星调解场所,重点是利用各种族传统领导人的习惯和影响力,发展一种亚洲调解模式,印度村委会和华族协会的高级成员参与调解这些社区内的冲突。2015 年 3 月通过的《社区纠纷解决法案》推动了非诉讼形式解决社区关系或纠纷的努力,该法规定设立社区纠纷解决法庭。

综合上述原则,人民行动党政府以稳定社会秩序为基本前提,通过在威权体制内建立一个个人服从社会、社会服从国家的单向度管理体系,实现对社会的全面控制。

---

① Eugene K.B.Tan, Gary Kok Yew Chan, *The Singapore Legal System*, Singapore Management University, (September 2015), https://ink. library. smu. edu. sg/cgi/viewcontent. cgi? article = 1465&context = sol_research.

② 杨梁白律师事务所、安永会计师事务所主编:《新加坡法律与税务手册》,中国财政经济出版社 2006 年版,第 12 页。

（二）政府控制的基层网络

新加坡政府部门专司社会管理的机构是承袭殖民政府的社会福利部，1965年建国后更名为社会事务部。这个部门几易其名，是新加坡自治以来建制最久、但名称最多变的政府部门，[①]反映了新加坡政府对社会事务的理解和社会管理理念的变化。除专司部门外，教育部、卫生部、人力部、国家发展部、环境部和律政部都在自己的职责范围内参与社会事务，负责住房、教育、就业、医疗、社会救助等社会事业的方方面面。[②] 因为没有地方政府，所以新加坡社会政策的具体执行和社会管理的具体操作是靠遍布基层社会的半官方组织或非政府组织来完成的，这也是新加坡社会管理的特色。这些社会组织在新加坡改革社会管理方式、走向社会治理的过程中很顺利地作为社会主体实现与政府的共同治理。

与殖民政府的自由主义完全不同，人民行动党的"强政府"理念要求政府主导一切社会组织。20世纪50年代至60年代初，新加坡经历了国内政治动荡时期，种族骚乱和政治冲突使新加坡社会分裂更加严重。为了最大限度地动员和组织选民，人民行动党改造利用殖民时期官方组织或新建组织机构，建立起半官方的基层组织网络，并逐步将基层社会组织发展成政治动员和社会动员的全能型网络系统，加强对整个社会的控制。建立基层网络是人民行动党实现"强政府"的重要途径之一。

1. 人民协会的成立与架构

经历过1959年大选的人民行动党深刻认识到动员和组织选民的重要性。

---

① 关于新加坡社会事务部名称的变化参见魏炜：《新加坡社会政策研究》，人民出版社2020年版，第30—31页。

② 各部门的具体职责详见魏炜：《新加坡社会政策研究》，人民出版社2020年版，第30—32页。

1959年大选时，人民行动党倚靠的是党内本地力量多年培育出来的人脉关系，对于李光耀等“海归”派而言，迅速建立他们能掌控的基层力量对掌控党权和政权非常重要且急迫。人民协会即是这一紧迫诉求的产物。1960年7月1日，一部名为《人民协会法》(People' s Association Act)的新法令生效。依据《人民协会法》，成立人民协会(People' s Association，简称PA)。这个新机构不是真正意义上的政府机构，而是一个法定机构，介于政府部门与私人企业之间，其使命是“建设社区，联系社群，以实现一个民族、一个新加坡”①。换言之，就是把“人民和人民联系起来”，同时也把“人民和政府联系起来”，以帮助促进种族和谐与社会凝聚力，为国家建设奠定基础。

《人民协会法》第8条规定人民协会的宗旨是：

(a)组织和促进团体参与新加坡人民的社会，文化，教育和体育活动，以使他们认识到自己属于一个多种族社区，其利益超越了部分忠诚；

(b)建立必要的机构以进行领导力培训，以灌输领导者的民族认同感和为多种族社区奉献的精神；

(c)促进新加坡人民之间的社区纽带和加强社会凝聚力；

(d)履行任何成文法赋予协会的其他职能；

(e)进行董事会认为对促进(a)至(d)所述的协会宗旨有利，必要或方便的活动。

人协的管理机构为董事会(Board of Management)，负责管理和控制协会财产和事务。董事会的构成：主席由总理担任；副主席由主席任命的一名内阁部长担任；成员包含由主席任命的8名委任董事和4名选举董事(任期3年，可以连任)。董事会秘书长与协会秘书长应当是同一人担任。董事会可以随时开会，但至少每3个月要开一次会讨论协会事务。人协代表大会至少每3年要开一次。无论是董事会还是代表大会，主席对所有议题有最后的决定权。

① 人民协会官网，见https://www.pa.gov.sg/about-us。

董事会的构成可以保证人协完全被政府控制。

董事会的权力包括：

(a)制定规则以规范协会和董事会的程序，并总体上执行本法的目的；

(b)任命委员会并分配职责，并规范委员会和董事会成员的执行权；

(c)任命其认为合适的官员和雇员，以实施本法令的规定，并规范这些官员和雇员的行为和解雇；

(d)订立合同，建立信托并总体上规范与协会有关的所有业务的交易；

(e)从参加协会组织的娱乐活动的人那里收取费用，从政府和其他来源获得捐款，并通过一切合法手段筹集资金以实现本法的目的，如此收取或筹集的资金应按照本法的规定；

(f)管理或经营社区中心，俱乐部，研究所和董事会认为合适的其他机构；

(g)通过捐款或其他方式协助其他机构促进儿童，年轻人和成年人的娱乐活动；

(h)取得，购买，租赁，持有和享用各种描述的动产和不动产，并出售，运送，转让，移交和生产，抵押，转废，重新转让，转让或以其他方式处置任何动产和不动产按照董事会认为合适的条款归属协会；

(i)经协会认可的测试后，向参加协会组织的任何课程或活动的人员颁发熟练证书；

(j)授权根据第8(b)条设立的任何机构的理事机构进行与第8条规定的协会宗旨以及该机构的章程规定相一致的活动；

(k)通常采取一切其他必要的行动以达到协会的宗旨。

2. 人民协会的组织网络

人民协会是新加坡基层社会组织的总管理机构，最初只管理几十个民众联络所，后来逐渐扩展延伸，目前管理着1800个基层社会组织，除宗乡会馆和教会机构之外，其他各类社会组织几乎都纳入人协的组织网络。

人民协会的组织网络由草根组织(Grassroots Organisations,GROs)、会员组织(Member Organisations)、国家社区领袖学院(National Community Leadership Institute)、社区发展理事会(Community Development Councils)四个系统构成。其中草根组织、会员组织、国家社区领袖学院是在建国前后发展起来的,社区发展理事会是进入发达国家后社会管理方式改革的产物,其组织和功能在第四章里讨论。

(1)草根组织:基层社会的神经网

民众联络所和民防团是人协最早的下属组织。民众联络所是战后英国重返新加坡设立的救济站,由殖民政府的社会福利部管理,第一家联络所设立于1951年,此外,英国在战后重建过程中建立了社区中心,为居民提供职业培训、诊疗等服务,到1959年权力交接时,全新加坡有民众联络所24个,社区中心33个。① 殖民政府还开办了分性别和种族的青年俱乐部,举办文体活动、技能培训等,到1957年新加坡岛内有42家青年俱乐部,吸纳成员共13500人,其中男性10000人,女性3500人。② 人民行动党执政后将这些民众联络所、社区中心和青年俱乐部整合重组,建成自己的基层网络,到1963年与马来亚合并前,新建了100多个联络所,是新政府联系社会和个体的重要工具,联络所主要负责提供辖区内居民生活娱乐设施。每个联络所成员不超过10个,归民众联络所管理委员会管理。

民防团(Civil Defence Corps)是殖民政府设立的应急组织,成立于1951年,到1959年分别有7种语言的团队:马来语、泰米尔语、英语、华语4种方言,成员都是兼职,平时要接受文化培训和安保训练,以提高应急处理能力。人民行动党执政后,将民防团置于人协旗下,设民防执行委员会管理,2009年

---

① *Colony of Singapore Annual Report, 1959*, London: Her Majesty' s Stationery Office, 1954, p.154.

② *Colony of Singapore Annual Report, 1957*, London: Her Majesty' s Stationery Office, 1954, pp. 174-175

民防执行委员会更名为社区应急和参与委员会。

公民咨询委员会(Citizens' Consultative Committees,CCCs)是人协属下的第二批草根组织,也是人民行动党自创的第一批草根组织,1965年设立,是一种按选区设立的准政治机构,每个选区一个,每新增一个选区即新设一家公民咨询委员会,是选区内最高基层组织,也是真正意义上的政府与人民之间的重要桥梁。每个公民咨询委员会30—40人,成员由该选区议员建议任命,要经过政治可靠性和廉洁的筛选。公民咨询委员会的工作职责包括:策划和领导选区的基层活动,以建立强大的社区凝聚力,推动居民互动,支持政府和相关机构的全国性活动,如防范登革热、环境绿化、种族和谐日等;负责选区内的各种援助计划,如社区关怀基金、教育奖/助学金、交通和水电津贴等;推动大型筹款活动。

居民委员会(Residents' Committees,RCs)和邻里委员会(Neighbourhood Committees,NCs)是人协旗下第三批草根组织,它们的设立背景是城市化。市区重建和组屋的推行,打破了殖民时期形成的族群聚落,传统的社团和地方领袖依托的群体分散到各个地方,不能发挥有效作用。为了重新将人们组织起来,1978年政府在新的组屋区成立居民委员会(RCs),建立新的基层网,促进组屋区内的居民之间的睦邻关系、种族和谐和社区凝聚力。全国共有550多个居委会,每个选区平均有8—10个居委会,每个居委会照顾1500—2000住户。居委会由居民自己管理,并为居民们主办丰富多彩的活动,促进组屋区居民之间的睦邻精神。

在社区融合程度不高的情况下,公民咨询委员会、社区中心管理委员会和居民委员会是促进社区、族群融合的重要准政治机构,监控基层社会,防止反政府、反社会的力量扩大势力。

1998年6月,政府在私人住宅区设立邻里委员会,目的是在私人住宅区中建立更牢固的社区联系,鼓励私宅业主积极的公民意识,帮助促进私人住宅区居民之间睦邻精神。全国约有100多个邻里委员会。为了避免组屋区和私宅区出现更大的裂痕,2018年,新加坡将居民委员会与邻里委员会合并成立居民网络(Residents' Networks,RNs),以促进所有阶层居民之间的社会融合。

从20世纪50年代至今,新加坡草根组织已经发展成了一个庞大的系统(见表3-2),李光耀将其比喻为新加坡的神经网①。各类社区组织肩负使命和为同胞服务的义务,活跃在最基层,可以深入在每家每户,给需要的人士以特别的照顾和服务,发挥政府机构和官员无法取代的作用。

表3-2 新加坡的草根组织

草根组织名称	职责与功能
社区俱乐部管理委员会(Community Club Management Committees)	社区俱乐部的协调机构,前身为民众联络所管理委员会。社区俱乐部(Community Club,CCs,前身是民众联络所)是各族人民聚会,建立友谊和增进社会联系的公共空间。社区委员会还通过提供相关信息并收集有关国家关注和政策的反馈,将居民与政府联系起来
社区应急和参与委员会(Community Emergency and Engagement Committees)	原民防执行委员会(1951—2009),教育并准备居民应对紧急状况,招募志愿者协助民防工作和活动
公民咨询委员会(Citizens' Consultative Committees,CCCs)	策划和领导选区的基层活动,以建立强大的社区凝聚力;推动居民互动,支持政府和相关机构的全国性活动;负责选区内的各种援助计划;推动大型筹款活动
居民委员会(Residents' Committees,RCs)	促进组屋区内居民之间的睦邻,和谐与凝聚力;就居民的需求和愿望与政府当局联络并向其提出建议;传播信息并收集居民对政府政策和行动的反馈;在居民中促进良好的公民身份;与其他基层组织(如公民咨询委员会)和各种政府机构紧密合作,以改善各自辖区的自然环境和安全
邻里委员会(Neighbourhood Committees,NCs)	促进私人住宅区内居民之间的睦邻,和谐与凝聚力;就居民的需求和愿望与政府当局联系并向其提出建议;传播信息并从居民那里获得有关政府政策和行动的反馈;在居民中培养良好的公民身份;与各种政府机构合作,以改善其私人住宅区的社会和自然环境
积极老龄化理事会(Active Ageing Council)	乐龄执委会的协调机构;主办课程和活动,丰富乐龄人士的生活;管理民众俱乐部和居委会属下的乐龄俱乐部

① [新加坡]李光耀:《在新加坡的生理组织里建立神经中枢和神经网》,《星洲日报》1978年4月16日。

续表

草根组织名称	职责与功能
妇女融合网络理事会(Women' s Integration Network Council)	妇女执行委员会协调机构;鼓励妇女积极参与社区活动;向政府反馈妇女革新的课题
马来人活动执行委员会理事会(Malay Activity Executive Committees Council)	马来人活动执行委员会的协调机构;鼓励更多马来同胞参与民众俱乐部活动
印度人活动执行委员会理事会(The Indian Activity Executive Committees Council,或称纳帕尼·皮拉瓦伊 Narpani Pearavai)	印族活动执行委员会(Indian Activity Executive Committees, IAECs)的协调机构。指导印族活动执行委员会通过广泛的宣传计划和主办活动以加强印族和其他社区团体之间的了解;协助印族活动执行委员会和其他基层组织确定和招募合适的印度基层领导人;促进印族活动执行委员会与社区中其他基层组织之间的合作
人民协会青年运动(People' s Association Youth Movement)	通过精彩的活动吸引青年参与社区活动;栽培未来的社区领袖;人协青年运动的协调机构是中央理事会
社区体育俱乐部理事会(Community Sports Clubs Council)	社区体育俱乐部(Community Sports Clubs)的协调机构。通过主办友谊赛和选区球类比赛增进友谊和团队精神,推展体育,凝聚社区
居民网络(Residents' Networks,RNs)	通过与政府机构和社区合作伙伴紧密合作,RN 可以帮助居民更好地了解彼此,寻求了解当地的需求,关注和愿望,以及帮助传达政府信息;在指定地区的公共和私人住房中促进居民之间的社区凝聚力;就指定区居民的需求和期望与政府当局联络并向其提出建议;传播指定区居民有关政府政策和行动的信息并通过渠道反馈;在指定区域的居民中促进良好的公民身份
居民网络理事会(Residents' Network Council)	居民网络(Residents' Network,居民委员会与邻里委员会合并组建)的协调机构。增强原居委会和邻里委员会的能力,通过外展和参与计划促进社区发展;开展创新计划和创新举措;建立跨选区的联系,以促进学习和实践共享文化;共享不同居民网络之间常见问题的解决方案,帮助所有 RN 升级;促进与社区合作伙伴之间的合作,以实现居民之间更好的社会融合
人民协会选区办事处	公民咨询委员会协助机构,每个选区有选区办事处,每个选区办事处 10 人左右,有 1 位选区理事长,1 位副选区理事长,选区经理、选区执行员和选区事务员各 3—4 位,选区办事处人员由人民协会支付工资

资料来源:人民协会官网,见 https://www.pa.gov.sg/our-network/grassroots-organisatio。

新加坡基层事务有两类人在做:一类是国会议员,在选区内设立摄政理事会,每周五晚是议员见面日,有的议员一晚上接待受访人员 20—30 人。吴作栋时期将物业管理事务交给议员。

另一类也是最大多数是草根组织成员,从领袖到一般成员全部是志愿服务,吸引不同年龄群和志趣的国民参加。其中的各级基层领袖任期 2 年,基层领袖对政府负责,帮助中央政府管理人民和区域内所有硬件软件事务。同时作为人民的代表负责上达民意。基层领导人扮演"中间人"角色,在基层保持与人民的直接对话,他们对基层的熟悉也有助于政府了解民情民心,是议员在选区问题上的倚靠力量。各级基层领袖每周二晚上开会处理社区事务,或者上情下达,安排活动。

(2)会员组织:人民协会的外围伙伴

人民协会有 85 个会员组织(见表 3-3),分别代表新加坡社会的各个领域,包括学术协会,文化和教育组织,业余爱好俱乐部,自助团体,服务组织,体育和武术协会,学生会,制服组织,工会,青年组织和专业机构,其中大部分的服务组织、工会和青年组织都源于殖民时期,运行历史悠久,业务熟练。人协和会员组织共享社区纽带的共同目标,并利用彼此的专业知识、优势和外展努力来创建联合计划,以更好地为社区服务。

会员组织多是非政府的民间社团,包括殖民时期宗教团体、兴趣团体和职业团体等等,其活动按《新加坡社团法》的规定,社团注册制可以确保社团在追求各自目标的同时,不会参与损害国家安全的活动。政府基本上不干预社团活动,只是确保它们不会偏离章程和条例。

表 3-3 人民协会会员组织列表

类别	会员组织名称
学术协会 (Academic Guilds)	新加坡校友国际 南洋大学毕业生协会 新加坡国立大学学会 新加坡理工大学毕业生协会

续表

类别	会员组织名称
文化教育组织 (Cultural & Educational Organisations)	马来文化组织中央委员会 新加坡华人书法学会 华人舞蹈艺术家协会 华人戏剧圈 二胡业余音乐和戏剧协会 印地语协会(新加坡) 新加坡技术教育学院 都市爱乐乐团 南洋美术学院 马来艺术协会 新加坡艺术协会 新加坡舞蹈剧院 新加坡 Hadrah 和 Kompang 协会 新加坡印度美术协会 华人美术家协会 斯里瓦纳(Sriwana) 泰米尔人代表理事会 新加坡摄影学会
兴趣俱乐部 (Hobby Clubs)	新加坡电台建模师 新加坡钱币协会 新加坡集邮学会 新加坡邮票俱乐部 新加坡青年飞行俱乐部
体育和武术协会 (Sports & Martial Arts Associations)	新加坡篮球协会 新加坡足球协会 气功师协会 新加坡羽毛球协会 新加坡保龄球联合会 新加坡独木舟联合会 新加坡国际象棋联合会 新加坡合约桥业协会 新加坡自行车联合会 新加坡龙舟协会 新加坡地板球协会 新加坡柔道协会 新加坡空手道联盟 新加坡帆船联合会 新加坡国庆联合会 新加坡实叻联合会 新加坡壁球拍协会 新加坡游泳协会

续表

类别	会员组织名称
体育和武术协会 (Sports & Martial Arts Associations)	新加坡乒乓球协会 新加坡跆拳道联盟 新加坡网球协会 新加坡围棋协会 新加坡武术龙狮舞联合会 新加坡象棋总会 新加坡运动球 新加坡排球协会
学生会 (Students' Unions)	南洋理工大学学生会 新加坡国立大学学生会 义安理工学院学生会 新加坡理工学院学生会
统一的组织 (Uniformed Organisations)	新加坡女孩指南 新加坡童军协会 新加坡红十字会 圣约翰新加坡 新加坡男孩大队 新加坡女孩大队
工会(Unions)	全国工会代表大会 新加坡中文教师会 新加坡马来教师联合会 新加坡中学中文教师协会 新加坡泰米尔语教师联盟 新加坡教师会
青年组织 (Youth Organisations)	马来青年文学协会 新加坡大都会基督教青年会 新加坡马来青年图书馆协会 新加坡青年基督教协会 青年穆斯林妇女协会 新加坡基督教青年会
服务机构 (Service Organisations)	新加坡消费者协会 全国社会服务理事会 新加坡妇女组织理事会 新加坡国家合作社联合会有限公司 新加坡专业中心 新加坡宠物企业与贸易商协会(PETAS)

续表

类别	会员组织名称
自助小组(Self-help Organization)	伊斯兰儿童教育委员会 新加坡印度人发展协会 华人发展扶助委员会 新加坡欧亚协会
专业机构(Professional Bodies)	新加坡特许会计师协会(ISCA) 新加坡厨师协会

资料来源:人民协会官网,见 https://www.pa.gov.sg/our-network/grassroots-organisatio。

(3)国家社区领袖学院:基层领袖的摇篮

基层领袖对于社区组织的持续卓越发展至关重要,“基层领袖在加强人民与政府之间的联系上扮演着重要角色。他们促进种族和谐与社会凝聚力,他们在建屋局组屋区协助培养归属感与社区精神,他们协助解释与替政府的政策辩护,他们把一般人民的情绪、期望及不满反映给政府。”①

作为人民协会的社区领导力培训机构,国家社区领袖学院自 1964 年成立以来一直秉承“发展、培养社区领导者”的使命,提供基层领袖受训课程,以使基层领导和人协的专业人员具备实践和应用技能以及胜任力,以有效地在社区中开展工作。

国家社区领袖学院的培训课程分两大类:所有基层领袖都能报名的课程和执行委员的课程。所有基层领袖都能报名的课程如:基层组织财务管理、如何当一个称职的主持人?如何透过兴趣小组建立和深化人际关系?新近基层领袖推介会,如何组织有效率的家访?如何应对“麻烦”的局面?执行委员的课程主要培训非权威领导力,比如如何有效传达公共政策?如何设计社区参与的有效活动?如何有效进行辅导;等等。

---

① [新加坡]吴俊刚、李小林:《李光耀与基层组织》,新加坡胜利出版私人有限公司 2000 年版,第 77 页。

除课程外，国家社区领袖学院经常组织活动。第一是年度选区工作计划(ACWP)务虚会。年度选区工作计划(ACWP)是具有里程碑意义的事件，基层领导人将作为一个团队汇聚在一起，商讨并制定其选区的战略、来年的方向和可交付成果。它也是基层的平台，帮助选区的领导人加强联系，分享想法并共同创造共同愿景。

第二是团队建设计划。团队通过各种体验活动和反思过程来汲取学习经验，如何优化团队效率。通过我们的团队建设课程，新团队和现有团队将学习：确定他们目前的团队发展阶段，明确他们的团队宗旨、角色和目标，欣赏开放式交流的价值，并检查关键特性，使他们能够发挥表演团队的作用。所有团队建设计划都需要至少一整天。

第三是选区训练，可以在选区为来自同一部门的基层领导人进行培训。可以针对选区进行培训，以提高学习效果。在适当情况下，还可以包括一个实习课程，以便参与者可以展示如何他们可以将他们的学习付诸实践。

第四是对话，定期组织与政府的对话和与居民的，以便基层领导人更好地了解政府政策，并就居民所面临的地面问题向机构提供反馈。

人民协会通过5个社区发展理事会、近2000个基层组织、超过4万名基层领袖、超过100间民众俱乐部、国家社区领袖学院、会员组织机构的协作，实现它的最终目标：促进种族和谐，种族和谐与社区凝聚力是立国的根本，人协、社区发展理事会和基层组织通过各种活动，将居民团结在一起；培养积极公民，基层领袖志愿为社区服务，基层组织促进社区凝聚力；作为人民与政府之间的桥梁，维持与人民和政府机构的紧密联系和相互支持，主办对话会，解释政府政策，听取居民对政策的意见。①

3. 人民协会和基层组织的更新

在任何民主政治中，基层公民参与都具有特殊的作用，任何民主理论或治

① 人民协会官网，https://www.pa.gov.sg/about-us。

理理论都强调公民应该在治理过程中积极参与、相互作用,从而赋予民主政体更充实的内涵。没有任何形式的基层参与,民主政治几乎无从谈起。执政党要代表一定的社会阶层、阶级、集团和群体的利益,就必须积极推动公民的政治参与。新加坡建国初期的特殊国情和政治环境,促使人民行动党威权体制的形成和延续,在这种威权体制下,基层组织的作用尤显重要。李光耀说自己学的第一个政治课是:“在国会里的演讲,效果比不上我下乡访问时所发表的演讲。……当我亲自到各选区访问,在街上和甘榜里向人民解释政策的时候,当我为人民解决选区的问题(譬如道路、沟渠、学校、联络所、兽医站、诊疗所、就业和住屋问题)的时候,问题才算是解决了。”①政府高官们不可能常下乡或下街道社区,而基层组织可以部分代替他们,基层参与可以帮助政府政策推行,可以让上情下达和下情上达成为一种常态,可以在政府过度控制与个人自由增强之间起缓冲和平衡作用。

20 世纪 80 年代以前,以人民协会为首的基层社会网络对政府团结基层、提高社会凝聚力发挥了巨大作用。李光耀充分肯定基层组织的作用:“基层组织的力量,对新加坡的成功向来起着关键性的作用。从(20 世纪)60 年代到 80 年代,基层组织协助政治领袖和人民建立起密切的关系,同时也协助培养共识。”②“只有回教社区发展理事会和回教徒专业人士协会可以特别照顾那些较不成功的马来人。只有印度人发展协会可以照顾较不成功的印度人。”“在协助较不成功的人士力争上游方面,社区组织会比官方机构来得更加有效。”③

但是 20 世纪 80 年代后,基层组织出现一系列问题:一是基层领导人老龄化现象严重,第一代基层领导人受教育程度不高,难以适应新时代的形势变化,所

① [新加坡]李光耀:《说服人民接受好政策》,1981 年 12 月 24 日,《联合早报》编:《李光耀四十年政论选》,新加坡报业控股华文报集团 1993 年版,第 175 页。

② [新加坡]李光耀:《重新巩固基层根基》,1991 年 10 月 4 日,《联合早报》编:《李光耀四十年政论选》,新加坡报业控股华文报集团 1993 年版,第 236 页。

③ [新加坡]李光耀:《重新巩固基层根基》,1991 年 10 月 4 日,《联合早报》编:《李光耀四十年政论选》,新加坡报业控股华文报集团 1993 年版,第 239 页。

以必须加强对青年人的吸引,让受过专业培训的人担任领导角色,消除语言障碍;二是20世纪70年代末以后,公民直接参与的意识增强,不满足于通过“中间人”传递诉求,更不愿意被动地接受基层领导人的“指导”和干预,人们更倾向于寻求与政府各机构的直接交流对话,基层领导人的社会领导力在弱化;三是居民搬迁带来的变化。城市化的发展加速了人们的流动性,购买、置换新组屋或私人房产普遍化,旧的基层被破坏,与此同时新社区网络和新社区认同的培育需要一个过程,社区关系的松散可能弱化社会凝聚力,造成民情反映系统的失灵。因此有必要促进邻里关系,不仅仅出于减少社会异常现象的发生。相比较而言,搬迁对马来社群的影响没那么严重,因为政府在每个组屋区都建有新的回教堂,新居民很容易重新聚合在一起,马来基层组织因此也容易重新建立。但是对于华人社群基层组织的更新与适应要困难得多,宗乡会馆的社会组织和社会功能都被打破,以华文为第一语文的低教育水平者在经济繁荣中被忽视、边缘化,1991年大选遇挫后,人民行动党意识到这个人数占多数的群体需要重新被组织被关注。

要解决日益快速的城市化和社会变革带来的新问题,基层组织亟待更新,以通过基层组织的纽带功能重新凝聚人心。首先是基层领导层的更新。1981年人民行动党在安顺区补选失败,李光耀认为失败的原因之一是因为居民搬迁,使安顺区的公民咨询委员会和联络所管委会失去了与基层的联系,致使安顺区的民情反映系统失效。他提出基层更新必须加快,“发掘新的社区领袖,招收他们,培养他们,并且给他们应有的尊重和关心。老一辈的社区领袖,必须留下来,帮忙发掘和训练新的领袖。”①基层组织成员应该适应国家语文政策的变化,更能与人民对话,“基层组织必须由英文第一语文和华文第二语文,加上华文第一语文和英文第二语文或华文第一语文和讲方言的人士所组成。”②

---

① [新加坡]李光耀:《说服人民接受好政策》,1981年12月24日,《联合早报》编:《李光耀四十年政论选》,新加坡报业控股华文报集团1993年版,第176页。

② [新加坡]李光耀:《重新巩固基层根基》,1991年10月4日,《联合早报》编:《李光耀四十年政论选》,新加坡报业控股华文报集团1993年版,第237页。

其次是联络方式的更新,提升基层组织的吸引力。每个民众联络所都至少有一个娱乐场所,随着经济繁荣和生活水平的提高,新加坡人对娱乐休闲的要求也越来越高,只有电视机和几张乒乓球桌的民众联络所“肯定是门可罗雀”①。20世纪80年代新加坡开始扩建民众联络所,政府出资一部分,募款一部分,由民众联络所管理委员会管理经营。2000年后联络所的翻新由政府出资90%,另10%由管委会募集。为适应时代变化,民众联络所的名称改成社区俱乐部(Community Clubs,CCs,有的仍保留联络所的名称)。现在100多间俱乐部遍布全岛,每个俱乐部平均服务15000住户或50000个居民,是居民联系活动的平台,俱乐部管委会(原民众联络所管理委员会)通过各种优质课程和活动把居民聚集在一起,居民可以办统一的会员卡——百胜卡(Passion),在全岛任何俱乐部报名参加休闲娱乐课程时享受优惠折扣和积分。

最后是功能更新。淡化基层组织的政治功能,加强社会功能,提高社会凝聚力。“社区自助组织”(Community Self-help Organization)是人民行动党为了改善马来人、印度人的经济地位以及缩小与华人群体的相对差距而专门成立的,它以族群为基础,其董事会多是由相关族群的政府成员组成,一方面可以通过政府的力量给予协助与指导,另一方面自助组织协助政府开展相应政策并处理相关的族群议题。这些组织包括成立于1981年的“伊斯兰儿童教育委员会”、1991年成立的新加坡印度人发展协会(Indian Development Agency)、1992年成立的华人发展扶助委员会(Chinese Development Assistance Council,简称CDAC)和1989年重新运作的欧亚人协会(Eurasian Association)。自助组织基本运作方式是每一个有工作的新加坡人每月为自己族群内的有需要的成员家庭的儿童捐助1新元的资金,帮助其改善教育境况。捐款由政府每个月从中央公积金里直接扣除。目的是借助社区自助的力量,协助教育水准较为落

---

① [新加坡]陈怀亮:《李副总理:基层组织三方面须做出调整》,《联合早报》2003年7月28日。

后的族人，提升教育水准、就业机会及工作技能，增加竞争力，为提升他们的社会经济地位及生活水准打下基础。政府对马来族群自助组织倾斜扶持，“伊斯兰儿童教育委员会”由社区及政府共同出资1000万美元，以改善马来儿童教育水准及其未来职业发展机会；1989年该委员会角色及功能进一步拓展，也处理社群的其他经济、社会问题，以及伊斯兰文化价值推广等有利于培育马来人辛勤劳动意识和助推其经济成功的一些问题。

三、族群社会整合

殖民时期遗留下来的族群隔离在新加坡自治之初一度发展成族群之间的社会冲突，加上地区排华势力的推波助澜，新加坡的族群问题不仅仅威胁着内部的社会稳定，同时威胁着国家的存亡与独立。从自治、新马合并到独立，新加坡面临的首要社会问题是如何在一个多元移民社会基础上构建全新的“马来亚认同—马来西亚认同—新加坡国家认同”，将族群社会改造成国民社会？同时如何在地区和国际维护自己的多元种族主义和独立国家身份？因此从自治到20世纪80年代，新加坡多元种族主义的内涵是抑制人口大多数的华族、扶持少数族群。反映在社会管理方面则是加强社会控制，使社会服从政府，服从“国家认同”的需要，实现社会组织的转型，一部分作为政府的法定机构或基层组织协助政府进行社会控制，宗乡会馆等华社组织的存在价值完全转向文化层面，殖民时期的族群自治状态被画上句号。具体而言，是通过语文政策、市区重建、组屋分配等方式，对族群进行社会整合。

（一）语文政治与社会整合

在新加坡，“语文问题就是政治问题”①，不仅是国内政治问题，也是新加坡

① ［新加坡］李光耀：《李光耀回忆录：我一生的挑战，新加坡双语之路》，译林出版社2013年版，第30页。

与邻国间的国际政治问题。“语文政治”是人民行动党执政后新加坡政治、社会领域的一个热词，代表了人民行动党政府通过语文问题整合族群社会特别是华社，建构统一的新加坡意识（建国后是新加坡国家意识）的执政理念与策略。

1. 复杂、敏感的语言社会

新加坡的种族复杂，但是语言比种族更复杂。1957 年的人口普查数据显示，新加坡人口以华族、马来族、印度族三族为主，每个大族内部又有许多小族类，三大族一共有 25 个族类，每个族类都有自己的语言。① 可统计的语言达 34 种之多（见表 3-4），还不包含其中“上海、欧亚混血、欧洲、菲律宾、泰国、缅甸和其他”语言里可能的分类。而在实际生活中，每个新加坡人能说的语言都不止一种，但是最通用的是英语，因为英语是新加坡的政治、法律、商业用语，又是国际最通用的语言，所以尽管人民行动党执政后规定英语、马来语、华语、泰米尔语都是官方语言，但事实上只有英语一直是新加坡最通用的语言。

表 3-4　1957 年新加坡种族与语言统计

种族	华族	马来族	印度族	其他少数族群
语言	福建、潮州、广东、海南、客家、福州、上海、兴化、福清、广西、其他	马来、爪哇、波亚、武吉、班加、米南卡包、其他	泰米尔、马拉亚里、旁遮普、锡克、孟加拉国、僧加罗、古故拉特、泰卢固、帕坦、其他	欧亚混血、欧洲、阿拉伯、尼泊尔、犹太、菲律宾、泰国、日本、缅甸、其他

资料来源：［新加坡］云惟利编：《新加坡社会和语言》，南洋理工大学中华语言文化中心 1996 年版，第 5 页。

2. 英语至上与双语教育

1959 年人民行动党上台后以新马合并为目标，所以实行以马来语为共同语、多语并存的语言政策，1963 年并入马来西亚后大力提高马来语作为国语

① ［新加坡］云惟利编：《新加坡社会和语言》，南洋理工大学中华语言文化中心 1996 年版，第 4 页。

的地位,每年举办“国语月”和“国语周”运动。1965 年 8 月独立后,新加坡仍然以马来语为国语,马来语、华语、泰米尔语、英语同为官方语言,“国语月”和“国语周”运动一直到 1967 年停办。

虽然宪法规定马来语是国语,马来语、华语、泰米尔语、英语四种语言是官方语言,但英语为工作语言是新加坡独立后人民行动党最早制定的几项建国基本决策之一。李光耀将英文比喻为“谋生工具”①,“它不只是国际外交场合的共同语,还是吸取科学及技术知识的媒介,是新加坡要工业化、要谋生的重要工具。”②确实,英语不仅是新加坡国家的谋生工具,也是新加坡人的谋生工具。新加坡能够利用的资源就是地理位置和人力,只有与国际市场联系在一起才可能有出路,而国际市场的通用语言是英语,因此,尽管是殖民语言,英语成了实用主义的人民行动党的最佳选择。英语的通用性很自然地影响着学校的语言教育。因为学英语的升学和就业前景更好,大部分人选择英校就读。1968 年时,以英语为教学语言的学校学生超过 30 万,而华校生只有 13. 5 万,③华校入学率从 1959 年的 45. 9%下降到 1965 年的 28. 5%,到 1978 年是 11. 2%,1982 年只有 2%,④马来语和泰米尔语小学的入学率则一直在下降。新加坡马来教师联合会在 1970 年正式向政府请愿,要求实行以英语为主要教学语言的全国教育体系,以改变民族语言教学带来的教育、就业落后状态。马来语和泰米尔语学校都在 20 世纪 70 年代陆续消失或转为英语学校。1977 年,99%的马来家长选择英文源流学校,⑤最后一所位于麦士威路的泰米尔语学校于

① [新加坡]李光耀:《李光耀回忆录:我一生的挑战,新加坡双语之路》,译林出版社 2013 年版,第 30 页。

② [新加坡]李光耀:《李光耀回忆录:我一生的挑战:新加坡双语之路》,译林出版社 2013 年版,第 34 页。

③ [英]康斯坦丝·玛丽·藤布尔:《新加坡史》,欧阳敏译,中国出版集团东方出版中心 2013 年版,第 425 页。

④ [新加坡]叶添博、林耀辉、梁荣锦:《白衣人:新加坡执政党秘辛》,新加坡报业控股 2013 年版,第 571 页。

⑤ [新加坡]叶添博、林耀辉、梁荣锦:《白衣人:新加坡执政党秘辛》,新加坡报业控股 2013 年版,第 571 页。

1982 年关闭。[①] 1987 年，英语成为新加坡所有学校唯一的教学语言。

人民行动党以马来语作为象征意义的国语，以中立的英语作为工作语言，既有经济原因也有政治原因，经济上的考虑是与国际市场接轨，政治上的考虑就是为了避免被视为一个“华人国家”，避免被视为东南亚地区一个绝对的异类。因此，谨慎的语文政策关乎新加坡的生存与发展。“如果我们选择以华文作为共同语言，那么华族文化将成为主导文化，而这势必导致社会分裂。所以唯一可给所有人平等机会公平竞争的语言是英文。这既不是你的语言，也不是我的语言，而是把我们跟世界联系起来，让我们得以生存的语言。”[②]

每个族群都在为本族母语学校的关停而感伤，政府也意识到在新加坡这个多元种族多元文化的国家，如果只学英语，“将使人民脱离自己的文化根源。如果人民不了解自身的历史文化，因为学英文而斩断了源头，丧失了文化认同感，失去对自己文化的自豪感，以致没有定向，不知何去何从，那又是一出悲剧。”[③]于是，双语政策应时而生，所有中小学生既要学母语，又要学英文。李光耀这样解释新加坡的双语教育理念：“全体学习英文，为的是能公平竞争。以母语教育的传统价值观和文化语言作为根基，为的是培养起人民的斗志和骨气，为国家社会带来稳定和繁荣。”[④]政府开始鼓励各族群开展推广语言运动和文化节，以便重新确定他们的文化身份；各族群也成立自助团体，以应对族群内的教育及社会问题。语言政策的调整和语言的政策工具功能再次完美地诠释了人民行动党实用主义的党性。

双语并重的语言要求增加了学生的学业负担，“在建国的最初 15 年里，

---

① ［新加坡］叶添博、林耀辉、梁荣锦：《白衣人：新加坡执政党秘辛》，新加坡报业控股 2013 年版，第 569 页。

② 转引自［新加坡］叶添博、林耀辉、梁荣锦：《白衣人：新加坡执政党秘辛》，新加坡报业控股 2013 年版，第 571 页。

③ ［新加坡］李光耀：《李光耀回忆录：我一生的挑战，新加坡双语之路》，译林出版社 2013 年版，第 35 页。

④ ［新加坡］李光耀：《李光耀回忆录：我一生的挑战，新加坡双语之路》，译林出版社 2013 年版，第 38 页。

各所母语源流学校存在的双语教育造成了学生无法完成学业，中途退学的大量损耗"，"使我们失去最少 20%有潜能的学生"。[①] 1978 年，新加坡第一次对建国以来的教育政策及其效果做全面检讨，副总理兼国防部长吴庆瑞亲自组织团队深入调研大半年，于次年 2 月完成调研结果《吴庆瑞报告书》，报告提出新的教育分流制，同时确定英语为主、母语为辅的双语政策新基调，以保证新加坡人在不丧失民族特性和传统价值观的同时，能熟练地使用对个人、对国家都至关重要的生存工具——英语。这一语言政策成了新加坡教育的底色，保留至今。

其实在新加坡，语文问题主要指的是华语的地位问题，这是由新加坡华人为主体的人口结构和这个小国身处马来世界的地缘政治之间的紧张关系决定的。新马分家后，提升华族语言和文化地位的诉求由中华总商会牵头提出，得到华文教师工会、华文报业、宗乡会馆的支持，但遭到李光耀毫不含糊的拒绝。[②] 而以英语为通用语，"最大的成功，就是几乎消除了受华文教育者与受英文教育者之间的不同。"[③]

重新强调母语、倡导使用母语以保留传统文化价值的做法在新加坡各个族群之间的反应和影响并不平等。印度人早就英语化了，即使鼓励母语也是少数人的小语种；马来人的马来语本来就是国语，地位足够高；华语则不同，华族的文化传统必须以华文为载体，但是鼓励华文与政府刻意降低"华人国家"存在感的政治目的似乎相违背。所以，在定下双语教育的基本政策后，政府围绕着双语中的华语教育的问题"调整又调整，改革又改革"[④]。讲华语运动即是调整之一。

---

① ［新加坡］李光耀：《李光耀回忆录：我一生的挑战：新加坡双语之路》，译林出版社 2013 年版，第 153 页。

② ［新加坡］叶添博、林耀辉、梁荣锦：《白衣人：新加坡执政党秘辛》，新加坡报业控股 2013 年版，第 569 页。

③ ［新加坡］李光耀：《创造成功的条件》，1986 年 8 月 17 日，《联合早报》编：《李光耀四十年政论选》，新加坡报业控股华文报集团 1993 年版，第 225 页。

④ ［新加坡］李光耀：《李光耀回忆录：我一生的挑战，新加坡双语之路》，译林出版社 2013 年版，第 151 页。

3. 推广华语，整合华人社会

在英语的强力冲击下，双语教育制度为新加坡各族群母语保留了生存空间，但是华语有特殊性。新加坡学校教学使用的华语采用的是当时中国大陆语言文字标准的普通话和简体汉字，结果在华人社会中又出现了华语（普通话）与方言之间的取舍问题，因为一直以来，华社的社群和家庭都是以方言交流的，据表 3-4，华人社会常用的方言就达十余种之多，对一些华人孩子而言，既要在学校学习华语，还要在家学习并使用一种或多种方言，难度加大，有些家庭干脆选择英语作为家庭用语，反而更加不利于华语的使用。为了普及华语，减轻学生学习华语的困难，1979 年，新加坡开展“多讲华语、少说方言”的“推广华语运动”。李光耀这样解释推广华语的必要性：“如果我们让方言普遍使用的情况继续存在，那么英语势必成为我国不同籍贯华人之间的共同语言。”①但是英语与新加坡各族群的文化传统无关，政府要考量的是既要生存，又要保留传统，让人民活得有尊严，“对新加坡人来说，英语既然是要谋生、求存、发展的语言，选择于是只有一个：要华语还是要方言？”②“20%社会最底层的人，要让英语成为他们的日常用语是不可能的事，这是永远做不到的事。既然他们只有掌握一种语文的能力，……为什么不推广华语，使华语成为包括他们在内的全体新加坡华人的通用语呢？”③

在推广华语运动和学校语文教育的双重影响下，方言开始式微，华族家庭用语发生明显转移，1980 年有 64.4%的学生家庭使用方言，到 1989 年就只剩下 7.2%了（见表 3-5），从运动的初衷来说，推广华语无疑是成功的。老一辈

① ［新加坡］李光耀：《李光耀回忆录：我一生的挑战：新加坡双语之路》，译林出版社 2013 年版，第 118 页。

② ［新加坡］李光耀：《李光耀回忆录：我一生的挑战：新加坡双语之路》，译林出版社 2013 年版，第 117 页。

③ ［新加坡］李光耀：《李光耀回忆录：我一生的挑战：新加坡双语之路》，译林出版社 2013 年版，第 118 页。

华人对此耿耿于怀，在一些家庭出现祖辈和孙辈无法单独交流的情况，因为祖辈只会说方言，而孙辈会说英语和华语，甚至马来语，但不会说方言。随着方言一起式微的还有方言所负载的独特的地方文化和方言组织，“方言链”在社会、家庭所有人际关系中构成的价值系统也不再受重视。曾经令英国殖民政府官员们非常头疼的华人方言障碍通过讲华语运动解决了。站在语言文化角度，新加坡国内对华语运动的得失自有一番讨论；①站在国家建构和社会管理角度，方言的弱化，在很大程度上使华人宗乡会馆失去了一定的生命力和活动号召力；相反，华人社会语言趋于同质性，“新加坡人”取代了以方言族群为中心的华人，无疑便利了政府与华社一贯到底的沟通交流，有助于社会整合与国家认同，可谓一举两得。李光耀对此直言不讳：“方言除了干扰双语教育，还起着分裂华人社会的负面作用。华人因为不同方言就出现了不同帮派，讲同一种方言的华人组成一个帮派，同声同气，往来密切，和其他不同方言不同帮派的人，就有了隔膜。以华语取代方言，重组华人社会，使它由分裂变为团结，也是我推广讲华语运动的目标。当华语成为华人的共同语，……过去的各种帮派、小集团就会逐渐分化、消失。”②

表 3-5　新加坡小学一年级华族学生家中最常用语统计

调查年份(年)	方言	华语	英语
1980	64.4%	25.9%	9.3%
1989	7.2%	69.1%	23.3%

资料来源：[新加坡]周海清：《语言与教育》，[新加坡]云惟利编：《新加坡社会和语言》，南洋理工大学中华语言文化中心 1996 年版，第 50 页。

① 参见[新加坡]郭振羽：《新加坡的语言与社会》，台北正中书局 1985 年版；[新加坡]张楚浩：《华语运动：前因后果》，[新加坡]谢世涯：《华语运动：成就与问题》，[新加坡]云惟利编：《新加坡社会和语言》，南洋理工大学中华语言文化中心 1996 年版，第 125—157 页。

② [新加坡]李光耀：《李光耀回忆录：我一生的挑战，新加坡双语之路》，译林出版社 2013 年版，第 119 页。

在语文问题上，新加坡政府可谓用心良苦，世界上很少有国家像新加坡这样持之以恒地在语文上做文章。但是政府也很无奈，通用英语也好、推广华语也好，都是为了降低新加坡人的差异度，提高他们的一致性，最终目的是建构共同的新加坡国民特质，培育统一的新加坡国家意识。同时，从社会管理的角度来说，将复杂语言环境简单化无疑更有利于政府管理，李光耀在总结新加坡语言政策的经验时说得很明白："对于新加坡这样一个多元种族、多元文化的社会来说，要实现国家利益以及政府有效的管理，语言政策是重要而实用的工具。"①当语言成为一种政治工具被政府所用时，对于谋生者来说，语言就是生计，语言就是机会，使用政府倡导的语言就意味着更好的工作岗位，更高的经济收入，更大的发展空间。语言的"优胜劣汰"同样决定了新加坡华校的命运。

（二）统一教育体系和华校的去与留

1. 建立统一的国民教育体系

殖民时期新加坡各族群基本上都是自办教育，第一次世界大战后殖民政府加强对教育的管控，分别在 1920 年和 1950 年两次颁布《学校注册登记条例》，对所有族群组织自办的学校进行注册登记，制定统一的教学大纲，纳入统一管理。并通过提供资助的方式将中小学分为政府学校（Government Schools）、政府辅助学校（Government-Aided Schools）、无政府资助的私立学校（Non-Aided Schools），几乎所有的马来语学校和大部分英语学校成为政府学校，大部分华语学校成为政府辅助学校或保留私立学校身份，泰米尔语的印度族学校基本上是政府辅助学校。虽然殖民政府加强了管理，但是各源流学校基本上仍然各得其所地发展，20 世纪 50 年代还是华校发展的高峰时期。

---

① ［新加坡］李光耀：《李光耀回忆录：我一生的挑战，新加坡双语之路》，译林出版社 2013 年版，第 221 页。

1955年5月12日，新加坡福利巴士车厂罢工工人与警察发生冲突，华侨中学和中正中学学生声援，结果工人、学生、群众数千人卷入，造成4死31伤，事后政府宣布关闭学校一周，结果引发学生抗议。实际上这已经不是第一次华校学生与当局的对立事件。20世纪50年代受战后独立运动的影响，新加坡华校学生积极投身政治，令殖民政府很棘手，借着1955年5月的事态，殖民政府成立“立法议院各党派华文教育委员会”，全面调查华校情况。委员会不仅检视了华文教育，也全面检视了新加坡整个教育问题，形成《立法议院各党派九人委员会华文教育报告书》，1956年在立法会全票通过。报告书提出要加强新加坡意识和对马来亚效忠精神的培育，提出平等对待各语文源流学校、在各小学推行双语教育并在中学推行三语教育、各源流学校采用共同课程等建议，①这是新加坡政府层面第一次提出多语言教育政策。但是这份报告在当时并没有严格实行。

1959年，人民行动党参与竞选，将双语教育作为党的教育政策之一，并进一步提出党的教育纲领的五个重点：平等对待四种语文源流，四种语文都是官方语文；推广双语教育；四种语文源流学校合流，以英文作为主导的共通语；教育必须为政治、经济和社会服务；着重数学、科学和技术课程学习。② 这是一份融合了人民行动党多种族平等主张及实用主义教育理念的政策纲领，也是未来行动党政府的教育政策路线图。执政后人民行动党围绕培养劳动力和培养“共同的理想和价值观”③这两大教育目标，兴办教育，统一源流和体系，实现政府对教育的集中控制，建构国家意识。④

---

① ［新加坡］李光耀：《李光耀回忆录：我一生的挑战，新加坡双语之路》，译林出版社2013年版，第20页。

② ［新加坡］李光耀：《李光耀回忆录：我一生的挑战，新加坡双语之路》，译林出版社2013年版，第21页。

③ ［新加坡］李光耀：《英文教育者特性改变》，1959年8月16日，《联合早报》编：《李光耀四十年政论选》，新加坡报业控股华文报集团1993年版，第368页。

④ 李光耀执政时期新加坡教育政策及实施情况详见魏炜：《新加坡社会政策研究》，人民出版社2020年版，第94—106页。

20 世纪 50 年代,为了实现与马来亚的合并,新加坡政府推行马来化政策,推广马来文化,为马来人提供更多受教育的机会,兴建马来学校,马来语也成为新加坡的教学语言之一。除了马来化政策,新加坡政府还极力打破教育界中种族隔离的状态,新建立的学校中师生大多是族群混合的状态,各个族群的学生在同一所学校接受同样的教育,推动不同族群文化之间的交流,扩大族群之间的理解。最后,新加坡政府还规定使用统一的教科书。政府颁行的教科书一改之前教科书的风格,去除了华人教育中的中国因素,更加新加坡化和多元化,注重突出新加坡的人文历史,向学生灌输新加坡国民意识。殖民时期各源流学校各自为政的局面逐渐消失,新加坡建立了政府主导的教育体系,在这个过程中,受冲击最大的是几百所华校,而首当其冲的则是南洋大学。

2. 关闭南洋大学

自创立以来,南洋大学与新加坡历届政府博弈 20 余年,在 1980 年 8 月与新加坡大学合并,这一过程直到今天在与 20 世纪三四十年代到独立前出生的新加坡华人谈起来时,都是令他们唏嘘不已的一段历史。① 比较集中讨论南洋大学与国家、政府关系的论著有利亮时的《陈六使与南洋大学》、周兆呈的《语言、政治与国家化:南洋大学与新加坡政府关系:1953—1968》和李淑飞的《语文政治、国族建构与新加坡华人社会权力重构:以南洋大学教学媒介语问题为研究主线》。《陈六使与南洋大学》叙述了以陈六使为首的南大领导层与政府角力、激战的过程;②《语言、政治与国家化:南洋大学与

① 笔者在新加坡访谈过几个经历了新加坡建国前后华文教育由盛转衰历史的新加坡华人长辈,他们有的当年想读南洋大学却因思想激进被拒绝,有的虽受双语教育并能在双语之间游刃有余但仍坚持华语的母语价值和意义,有的完全受华文教育且有深厚的华文造诣,都对新加坡华文的命运及其影响深感忧虑。

② [新加坡]利亮时:《陈六使与南洋大学》,新加坡南洋理工大学中华语言文化中心 2012 年版。

新加坡政府关系:1953—1968》则更为详细、全面地呈现了南大与政府互动的历史全程;①《语文政治、国族建构与新加坡华人社会权力重构:以南洋大学教学媒介语问题为研究主线》在国家与社会关系的理论下,将南洋大学、华文教育衰弱历史置于政治社会与市民社会相互试探、相互角力、相互争斗、相互调试的权力关系重构的历史场域里,去考察语文政治和语文运动的具体发生过程。论文认为:"新加坡的地缘政治、多元种族社会现实和殖民统治造成的英文教育与华文教育群体间的语群分割鸿沟,是人民行动党政府选择在国族建构中采用领导权和统治权策略统合社会权力和文化权力构成的新加坡华人市民社会的重要考量因素。语文政治则是国家社会政治统合中需要重点处理的问题,因为在多元种族国家里,行动党政府必须要防止将语文课题演变为'政治争执'这样的'语文政治'在新加坡出现。"②

其实,李光耀自始至终都反对南洋大学的存在,在李光耀看来,南洋大学"一开始就注定失败","在东南亚的政治土壤中栽培中国的果树,既无法在新加坡成长,也不可能在东南亚任何国家容身。"③1958 年新加坡议会准备通过承认南洋大学的《南洋大学法案》时,李光耀就在发言中说:"南大会有分化社会的作用,对马来人来说,它代表了一个非常强大种族的活力、干劲和能力,它几乎是在嘲笑马来人没有能力建立一所马来文大学。"④1960 年 3 月 30 日,李光耀应南洋大学政治学会邀请,在南洋大学发表题为"语言与政治"的演讲,针对南洋大学学生会"南大以华文为主要教学媒介"的声明阐述政府的立场和态度,强调:"在任何情况下,南大也不应当被认为是华人大学或华文大学。

① [新加坡]周兆呈:《语言、政治与国家化:南洋大学与新加坡政府关系:1953—1968》,新加坡南洋理工大学中华语言文化中心 2012 年版。

② 李淑飞:《语文政治、国族建构与新加坡华人社会权力重构:以南洋大学教学媒介语问题为研究主线》,博士学位论文,新加坡国立大学,2015 年,第 291 页。

③ [新加坡]李光耀:《南洋大学兴与败的启示》,《李光耀回忆录:我一生的挑战,新加坡双语之路》,译林出版社 2013 年版,第 51 页。

④ [新加坡]李光耀:《南洋大学兴与败的启示》,《李光耀回忆录:我一生的挑战,新加坡双语之路》,译林出版社 2013 年版,第 56 页。

因为,这是只会加强马来人中间的种族主义事业的刺激……如果南大成为一间民族大学,那么它必须是一间马来亚人大学,而不是华人大学。”①新加坡独立后,李光耀更加坚信南洋大学不应该存在,因为“这所华文大学的存在,正与新加坡的安全、稳定和人民的生计有了抵触。”可以说,在李光耀的执政日程表上,关闭南洋大学是既定之事。南洋大学对中华传统文化的坚守宣扬、南洋大学学生参与政治并与人民行动党对立等这些问题更是触及了人民行动党统治的底线,而通过语言政策,在全社会制造一个英语环境,让南洋大学毕业生找不到理想工作,让南洋大学生源萎缩,在竞争中被“自然”地淘汰,使南大的关闭变得“顺理成章”,避免了强行关闭可能带来的一系列负面影响。

等待南洋大学“自然淘汰”是人民行动党应对当时新加坡可能激化的社会矛盾的一种策略。20 世纪六七十年代的新加坡,政局趋于稳定、经济走上正轨,但族群问题依然非常敏感,人民行动党还没能做到对社会全面掌控,“语文即政治”不仅是李光耀的观点,也是新加坡的社会现实。1971 年《南洋商报》一篇社论直接用语文政治和阶级斗争来解读华文教育在新加坡的衰弱:“殖民地时代的新加坡,是被受英文教育的少数人士统治,以及为他们而存在的新加坡,华文则是那些没有权利的人的主要语文。因此它就成为大多数人争取独立的主要问题;而新加坡独立建国后的当前的政治情况是受英文教育的中层阶级华人当权,在长期上是争取本身的利益,但是在短期之内,却执行了一种全民利益的政策。所谓在长期方面目标是争取本身的利益,他们是要使到整个国家的人民都变成受英文教育。”②以英文为通用语,不仅引起华人质疑,同样引起马来人的不满,李光耀清醒地认识到,如果强行在学校中要求使用英文一种语言,“只会引起受华文、马来文和淡米尔文教育的家长、

---

① [新加坡]李光耀:《语言与政治(1960 年 3 月 30 日)》,[新加坡]李业霖主编:《南洋大学走过的历史道路:南大从创办到被关闭重要文献选编,1953—1980》,马来亚南洋大学校友会 2002 年版,第 267—268 页。

② 《华文华语在新加坡又告抬头》,《南洋商报》1971 年 4 月 18 日。

教师和报章的强烈情绪化的反应,那是我招架不住的。”①“唯一的办法是‘等’”②。事实证明,政策引导下的“等待”的确是最好的办法,对南洋大学如此,对中小学华校亦如此。

3. 关闭中小学华校,保留特选学校

1959 年后,伴随着英语在新加坡行政、经贸领域功能和地位的提升,英语能力对个人的就业与发展越来越重要,家长们为了孩子前途纷纷选择英校,英语学校因此声势浩大,相反其他语文源流的学校连年萎缩,华语学校从 1968 年开始学生也逐年减少,1975 年问题恶化,有些华校因收不到一年级新生而被迫停办或与邻校合并。1977 年,只有 10%的 1978 年小学一年级新生报名华校。③ 1978 年,南洋大学的教学和考试用语全部采用英文,相当于切断了只受华文教育的中学生升学之路。这年《吴庆瑞报告书》以英语为主母语为辅的新双语政策的出台更是让华校的地位跌入低谷。到了 1980 年,多数华校收不到足够的新生开班,只好改收英文班学生,由华校改为英校。另一方面,“为了防范不守纪律的某些华校生进入新大”④,政府对华校中学毕业生升学制造限制,规定中学毕业生必须取得教育部门的“大学入学准证”才能进入高等学府读书。这项措施是新加坡还在马来西亚联邦时联邦政府于 1964 年开始实施的,但人民行动党将它一直延续到 1978 年,让不少华人家长和学生因担心不能读大学而对华校望而却步。在“自然淘汰”与政策限制的双重压力下,华校的衰弱不可避免。

---

① [新加坡]李光耀:《李光耀回忆录:我一生的挑战,新加坡双语之路》,译林出版社 2013 年版,第 77 页。

② [新加坡]李光耀:《李光耀回忆录:我一生的挑战,新加坡双语之路》,译林出版社 2013 年版,第 77 页。

③ [新加坡]李光耀:《李光耀回忆录:我一生的挑战,新加坡双语之路》,译林出版社 2013 年版,第 48 页。

④ [新加坡]李光耀:《李光耀回忆录:我一生的挑战,新加坡双语之路》,译林出版社 2013 年版,第 45 页。

1984 年新加坡教育部宣布从 1987 年起,除了特选学校,全国学校以英文为第一语文,母语为第二语文。从 1829 年有记载的华社私塾到 1986 年最后一所以华文为第一语文的华校关闭,维系新加坡华社教育 150 余年的华校退出了历史舞台。华校关闭后,华人社团对教育的支持改为设立奖学金、助学金、提供无息贷学金等方式。

特选学校是新加坡语言政策与社会文化结构相结合的特殊产物。“为保留华校的优良传统,以及照顾华社平日的牢骚”,①1979 年,新加坡政府在 9 所历史悠久、基础良好的优秀华校推行“特别辅助计划(Special Assistance Plan,简称 SAP)”,提供英文和华文并重的教育,政府给予这些学校更多资源、改进设施,并推出一些政策鼓励学生报读。这 9 所具有华族文化传统、学生学业和课外表现卓越、设备完善、师资优质、校风优良的中学被称为特选中学:圣公会中学(Anglican High School)、新加坡公教中学(Catholic High School)、圣尼各拉女校(CHIJ Saint Nicholas Girls' School)、中正中学(总校)(Chung Cheng High School(Main))、德明政府中学(Dunman High School)、华侨中学(Hwa Chong Institution)、海星中学(Maris Stella High School)、南洋女子中学校(Nanyang Girls' High School)、立化中学(River Valley High School)。2000 年,南华中学(Nan Hua High School)加入特选学校行列,2012 年,南侨中学(Nan Chiau High School)也被评定为特选中学,至此新加坡共有了 11 所特选中学。

特选学校实行华文与英文并重的双语教育,政府的“特别辅助”包括:提供较优良的学校设施;配备优秀师资;小班教学。不过家长们对特选学校反应冷淡,只学英语肯定比英语华语并重要轻松。第一批入选的 9 所特选学校发挥华校师生勤劳坚韧的传统,苦干 4 年,1983 年第一届毕业生交出了骄傲的会考成绩,语文、数学和科学三科及格率 94%。在新加坡分流制教育体制里,成绩是第一标准,从 1984 年起进入特选学校的学生逐年增加,特选中学从不

① [新加坡]李光耀:《李光耀回忆录:我一生的挑战,新加坡双语之路》,译林出版社 2013 年版,第 80 页。

被看好走向出类拔萃。1992 年,新加坡教育部第一次为新加坡中学排名,排名前十的中学里,特选学校占了 6 所:德明政府中学(第三)、华侨中学(第四)、立化中学(第五)、圣尼各拉女校(第七)、南洋女子中学校(第八)、圣公会中学(第十)。

特选中学的成功增强了新加坡政府坚持双语教育的信心。为配合新加坡政府提倡的"亚洲价值观"①,让更多的新加坡儿童从小接受中华传统文化的熏陶,1990 年,政府在 4 所特选中学附小——圣尼格拉女校(小学部)(CHIJ St. Nicholas Girls' School)、海星中学(附小)(Maris Stella High School(Primary))、公教中学(附小)(Catholic High School(Primary))、南洋小学(Nanyang Primary School)——的基础上增加了 6 所特选小学:爱同学校(Ai Tong School)、菩提学校(Maha Bodhi School)、南华小学(Nan Hua Primary School)、万慈学校(Red Swastika School)、公立培群学校(Pei Chun Public School)、道南学校(Tao Nan School);1991 年又增加宏文学校(Hong Wen School)、圣婴小学(Holy Innocents' Primary School)、培华长老会小学(Pei Hwa Presbyterian Primary)、光华学校(Kong Hwa School)、培青学校(Poi Ching School)5 所小学,共 15 所特选小学。

以特选学校的方式,新加坡政府既将所有华校收归政府麾下、为政府服务,又安抚了华族社会对华文教育式微的不满。但是对华文学校的"特别辅

① 关于亚洲价值观的讨论参见:Kishore Mahbubani, *Can Asians Think*? Singapore, Times Books International, 1998; Joanne R. Bauer & Daniel A. Bell, (eds), *The East Asian Challenge for Human Rights*, New York: Cambridge University Press, 1999; James Tang, (eds), *Human Rights and International Relations in the Asia Pacific*, London Pinter, 1995;董正华、赵自勇、庄礼伟、牛可:《透视东亚"奇迹"》,学林出版社 1999 年版;吕元礼:《亚洲价值观:新加坡政治的诠释》,江西人民出版社 2002 年版;李路曲:《东亚模式与价值重构:比较政治分析》,人民出版社 2002 年版。论文有:杨贵言:《当代东亚问题研究》,博士学位论文,华东师范大学历史系,2002 年;郭保强:《战后新加坡的族群管理与国家建构研究》,博士学位论文,华东师范大学历史系,2002 年;郑易平、陈延斌:《亚洲价值观评析》,《甘肃社会科学》2004 年第 2 期,第 62—65 页;李保英、高奇琦:《"亚洲价值观"与新加坡民主政治》,《社会科学战线》2004 年第 1 期,第 182—187 页;魏炜:《对新加坡倡导"亚洲价值观"的再思考——从国际背景出发》,《赣南师范学院学报》2008 年第 4 期。

助"招致其他族群的不满。1978 年政府第一次宣布特选中学时,新加坡马来教师公会就在媒体批评政府:"教育部以冷淡的态度对待马来文和淡米尔文源流学校新生锐减的窘境,直到华校也遭遇同样命运时,才如梦初醒。"特选学校"旨在保护一种语文源流而忽视其他语文源流,未能一视同仁对待四种语文源流,对其他官方语文也未予平等对待。"①1990 年,政府推出 10 所特选小学计划后,引发了新加坡国内一场将近 4 个月的"文化大辩论",反对者担心特选学校会造成学生不能与他族沟通,不了解新加坡族群和睦相处的重要性,特选学校制度会加重新加坡种族隔阂。1999 年,国会议员尚穆根在国会发言时表达了这种担心:"这个政策虽然并不改变新加坡作为多元种族的原则,但是实际的情况是,长此发展,社会上的精英将会沿着种族路线发展,而这可能导致以后领导新加坡的华人,对少数种族的感受更难有共鸣。"②一些华族人士对特选学校的运行也并不认同,他们认为很多特选学校的学生只能听、说华文,不能读更不能写,双语兼优空有其表。

在政府加强社会控制的大背景下,教育和语言一样,是政府实现对社会有效控制的工具,而族群社会则时刻担心自己的特性会消失殆尽。特选学校未来何去何从尚无定论,但可以肯定的是新加坡政府与族群社会的张力将长期存在。

(三)市区重建与族群整合

1.组屋的社会整合功能

新加坡"居者有其屋"(Home Ownership)的住房政策及其成效广受世界好评,③

---

① 转引自[新加坡]李光耀:《李光耀回忆录:我一生的挑战,新加坡双语之路》,译林出版社 2013 年版,第 102 页。

② 转引自[新加坡]李光耀:《李光耀回忆录:我一生的挑战,新加坡双语之路》,译林出版社 2013 年版,第 105 页。

③ 组屋的讨论参见魏炜:《新加坡社会政策研究》,人民出版社 2020 年版,第 81—86 页;李健、兰莹编著:《新加坡社会保障制度》,上海人民出版社 2011 年版,第 94—109 页;Kwame Addae-Dapaah, Grace Khei Mie Wong,"Housing and the elderly in Singapore-financial and quality of life implications of ageing in place",*Journal of Housing and the Built Environment*;Vol.19,No.2(Jun 2001),p.153.

这项政策帮助大多数新加坡公民拥有不动产，是新加坡社会“稳定的关键因素”①，也正是因为政府对住房的主导性，组屋常常被用于配合政府其他政策的辅助措施，其中最突出的、也是政府着力最多的是组屋在族群整合、促进族群和谐相处方面的功能。

族群聚落式群居是殖民时期新加坡的一大特点，马来人在甘榜格南、芽笼士乃和南部岛屿形成聚落；印度人主要分布在实龙岗路；华人按祖籍地聚居，福建人在直落亚逸、潮州人在新加坡河畔、客家人在克罗斯街、广东人在牛车水，土生华人则聚居于丹戎巴葛与尼尔路附近。这便形成李光耀形容的图像："四大种族的人民就像水族馆里不同种类的鱼，虽然近在眼前，其实是分开来，互相不闻不问的。"②如前文所述，这一特点的形成既是殖民政府的主观设计的结果，也是各族群自愿选择的结果。人民行动党执政后，结合城市改造和“居者有其屋”计划，在组屋的分配上会考虑同一小区内不同种族的混搭，避免出现新的种族社区，以支持多元种族与多元文化和谐共处、相互影响的政策，实现族群和谐共处的社会目标。

政府最先解决的是马来人的重新安置问题。许多马来人都抗拒搬迁，吉隆坡的巫统领导趁机煽风点火，《马来前锋报》的总编辑坚持说要马来人搬离甘榜是违反马来文化，还署文公开劝阻马来人搬进组屋。③ 政府通过抽签的方式在公共组屋实现多元种族的居民组合，为照顾马来人的生活方式和宗教信仰，政府在组屋新镇建造回教堂。但是人们在二手组屋的交易时会倾向于和本族人做邻居，到 20 世纪 80 年代末，新加坡组屋有重新出现族群聚居的趋

---

① ［新加坡］李光耀：《民选总统保障资产》，1984 年 8 月 20 日，《联合早报》编：《李光耀四十年政论选》，新加坡报业控股华文报集团 1993 年版，第 197 页。

② ［新加坡］李光耀：《李光耀回忆录：我一生的挑战，新加坡双语之路》，译林出版社 2013 年版，第 51 页。

③ ［新加坡］叶添博、林耀辉、梁荣锦：《白衣人：新加坡执政党秘辛》，新加坡报业控股 2013 年版，第 566 页。

势。为了“在组屋区达致平衡的族群混合,以防止种族聚落的出现”[①],1989年起,政府颁布“种族融合政策”(Ethnic Integration Policy),规定组屋单位按人口比例分配给不同种族居民,华族在组屋区的份额上限是84%,个别座组屋的份额上限是87%;马来人相对应的上限分别是22%和25%,印度人和其他族群相对应的数字限额分别是10%和13%。[②] 新加坡公民在购买新组屋或转售组屋时都要遵守此政策,在2001—2005年间,每年有300起转售组屋的申请因为超出种族比例上限而不被批准。[③] 2010年3月5日,政府宣布组屋区种族限制的政策适用于永久居民,规定同邻里和同座组屋的永久居民分别不得超过5%和8%,以协助他们融入本地社会。[④]

组屋种族融合政策拆解了族群聚居的空间基础,有效地缩短了族群之间的空间距离,传统聚居模式的解体与共同生活空间的拓展,增加了族际间的了解、沟通与对话,如新加坡学者所言,“这种混居方式确保了足够的互动和加强社区精神的机会”。[⑤] 除了加强不同种族间的相互认同,李光耀认为不同种族做邻居能够产生积极的效果:“假如我们没有去调整制度,让马来人能够享有同等的利益,我们就无法团结整个社会。……他们之所以会提升,是因为看到邻人重视孩子的教育,这直接影响了他们。”[⑥]

2. 拆迁华人社团坟山和会所,弱化宗乡会馆经济实力与社会影响

新加坡公共组屋的价廉物美依赖于政府对土地的掌握。1959年人民行动党上台执政时,政府拥有的土地面积不到国土总面积的一半。为了保证公

---

① 《建屋发展局回答公众询问》,《联合早报》2007年3月15日。

② 《联合早报》2006年2月14日。

③ 《联合早报》2006年2月14日。

④ [新加坡]吴元华:《新加坡良治之道》,中国社会科学出版社2014年版,第168页。

⑤ Chan Sek Keong,“Multiculturalism in Singapore,The Way to a Harmonious Society”,*Singapore Academy of Law Journal*,Vol.25(2013),p.104

⑥ [美]汤姆·普雷特:《李光耀对话录:新加坡建国之路》,张立德译,现代出版社2011年版,第57页。

共组屋能够廉价出售,必须降低土地成本,为此,政府修订了1920年生效的《土地征用条例》,并于1966年通过新的《土地征用法令》,规定政府可以公共目的低价购买私人土地,使政府能够有效控制土地这一稀缺资源,为政府的城市规划和公共住房建设用地扫除了法律障碍,也阻止了土地投机活动。《土地征用法令》最基本的原则是:只有在公共目的明确的情况下,私人土地才可以被征用。在新加坡,为了道路、高速公路、低成本政府组屋、裕廊工业园、学校、医院、公园等基础设施建设,种植园、农地、坟地等私人、公司或社团集体土地可以被强制征用。到1976年,国有土地占全国土地面积的67%,1985年这一数字增加到76%,2004年,全国土地的90%为政府及法定机构拥有。①

受政府市区重建影响而拆迁的不仅是"地主"们,也包括"穷人",比如弱势的马来人。1965年11月,政府决定向受城市重建工程影响的马来家庭发放财政补贴,以弥补他们因拆迁而蒙受的损失。受补家庭的户主必须符合以下条件:是新加坡公民;是马来人;受到重建工程影响;接受建屋发展局的安置;家庭收入每月不足300元。② 第一批被纳入评估范围的家庭有1060个,经过严格审查,有416个家庭符合条件获得补贴,政府支出的补贴总额12211元。③ 1970年,495个马来家庭获得总计36777元的补贴。④

受政府市区重建影响最大的是华人宗乡会馆名下土地和物业。人民行动党执政后,对城市重建和住房建设进行总体规划,第一批建屋计划是女皇镇,应和会馆所属双龙山坟山首当其冲。会馆与政府几经交涉,政府同意保留山麓五属义祠及周边4英亩土地,双龙山坟场120多英亩土地全部被征用,用作兴建组屋和道路。这是人民行动党执政后城市重建征用的第一块大型土地,"对会馆而言,确属巨大损失,然而为配合国家之政策,本馆领导层率先接受

---

① [新加坡]叶添博、林耀辉、梁荣锦:《白衣人:新加坡执政党秘辛》,新加坡报业控股2013年版,第578页。

② *Singapore Year Book 1966*, Singapore: Government Printing Office, 1967, p.209.

③ *Singapore Year Book 1966*, Singapore: Government Printing Office, 1967, p.210.

④ *Singapore 1971*, Singapore: the Publicity Division, Ministry of Culture, 1971, p.200.

大型土地被征用之先例。”①

继双龙山之后，被政府征用的宗乡会馆坟山有：福德祠绿野亭公会的绿野亭和福德祠、广惠肇碧山亭、丰永大公会的毓山亭、三和会馆的三和义山、武吉知马琼崖联谊会的武林山、三江会馆的三江公墓、叶氏公会的叶氏公墓、吕氏公会的四角亭山、福建九龙堂的九龙山、潮州江夏堂的广德山坟地、南洋廖氏公会的河水山坟地。

福德祠和绿野亭广客两帮七属（广州、惠州、肇庆、嘉应、丰顺、永定、大浦）合作创立的庙宇和坟山，也是新加坡最早的华人庙宇和坟山之一。福德祠建于1824年，位于今天的直落亚逸街76号；绿野亭建于1840年，位于合乐路与中峇鲁路之间。1931年，绿野亭董事会在合乐路547号设置会所，命名“绿野亭公所”。1957年，因政府征用土地，绿野亭迁到蔡厝港政府坟地，赔偿金用于在直落亚逸街修建了福德大厦。1964年，留在合乐路的绿野亭公所也被政府征用，公所迁入福德大厦。1988年，因市区重建，绿野亭第三次遭遇搬迁，这次是福德祠与福德大厦一起被征用，仅获78万多元赔偿金。1992年，绿野亭公所从政府拍卖的店屋中购得得克力路3号一座三层楼宇暂时栖身。1994年，会所在政府集中安置的背景下购得芽笼11巷17号为新会所，定居至今。

广惠肇碧山亭是广东和客家人的另一处义山，原坐落在汤申路上段，是南顺、宁阳、中山、番禺、花县、冈州、三水、东安、顺德、清远、增龙、惠州、肇庆、高要、鹤山、恩平16个广府、客家人会馆的共同组织，自1870年成立后，不断增购山地，至1948年共有18个山地，总面积324英亩，分10个亭及1个大庙。②1973年，政府向碧山亭发出封山通令，1979年正式征用碧山亭兴建碧山新镇和地铁总站。同年5月，碧山亭致函政府，要求拨回50英亩土地，用来兴建纪

① 《承前启后，温故知新——应和会馆181周年会暨大厦重建落成纪念特刊》，应和会馆2003年版，第63页。

② 《新加坡宗乡会馆史略》上册，新加坡宗乡会馆联合总会2004年版，第220页。

念碑等用途，经交涉，政府同意拨回8英亩地段，作为建筑公所、纪念碑、茶亭等用途，其他被征用土地给予赔偿金495万元。①

受20世纪七八十年代市区重建影响而搬迁的会馆比坟山更多，根据《新加坡宗乡会馆史略》的记载统计，共计65家。其中搬迁的地缘性会馆有35家：禾山公会、兴安会馆、金门会馆、星洲官山社、泉菌江公所、仁和联谊社、龙岩会馆、安海公会、莆田会馆、厦门公会、福建会馆、三水会馆、南顺会馆、增龙会馆、顺德会馆、广东会馆、中山会馆、宁阳会馆、鹤山会馆、雷州会馆（20世纪70年代和1984年，两次被征用）、肇庆会馆、丰永大公会、丰顺会馆、应和会馆、茶阳（大浦）励志社、兴宁同乡会、惠州会馆、刘陇同乡会、宏安旅外同乡会、揭阳会馆、澄海会馆、潮阳会馆、三和会馆、后港区琼崖同乡会（1961年成立）、德侨社。搬迁的血缘性会馆有30家：曹家馆、开闽王氏总会、白氏公会、叶氏公会、龙氏公会、琼崖朱氏社、孙氏公会、西林孙氏同乡会、揭阳桂林刘氏公会、新加坡潮州（陇西）李氏公会、琼崖李氏公会、新加坡杨氏总会、星洲福建杨氏公会、新加坡潮州弘农杨氏公会、湖峰社、西河上官路同乡会、南洋周氏总会、南洋梁氏公会、黄家馆、潮州江夏堂、符氏社、傅氏公会、韩氏祠、甄氏联合会、蓝氏总会、南洋廖氏公会、南舜同宗会、刘关张赵古城会馆、新加坡曾邱公会、揭阳桂林刘氏公会。

1992年，市区重建局把芽笼规划为民间团体、社区组织、非盈利机构及文化团体的会所所在地，一些会馆又随之迁到芽笼。

拆迁的直接目的当然是为了城市的重新规划，但是拆迁坟山和会所，以及对它们的低价补偿，却是政府通过国家力量挤压会馆资产、将会馆纳入国家统一管理的强制手段。不仅是资产重组，人民行动党的“强政府”建立后，殖民时期会馆的社会功能被政府全面接管，会馆的原始使命走向终结，急需重新定位、寻找出路。

---

① 《新加坡宗乡会馆史略》上册，新加坡宗乡会馆联合总会2004年版，第220页。

(四)华人社团转型与华社重塑

1.建国后会馆的困境

会馆曾是新加坡华社最重要的社会组织,在殖民时期发挥着“振臂一呼、应者云集”的重要作用。新加坡自治后,尽管仍有新的宗乡会馆成立(见表3-6),仍有会馆继续承担救济和庇护之事,比如1974年三江会馆创办“三江慈善诊疗所”,1977年3月1日正式运行,只收取挂号费,所有开销均由会馆承担,为各族群提供免费医疗服务,持有社会福利厅领取救济金卡的贫困病人连挂号费也免。1975年,三江会馆还筹备“三江安乐院”,安乐院于1979年竣工,1980年3月起专门收容无依无靠的老人,运行2年因政府征地而停办。总体而言,在人协所领导的基层组织无微不至的关怀下,会馆的传统社会职能基本被政府取代,作为社会组织无用武之地,变得可有可无。

表3-6　1959年后成立的新加坡宗乡会馆

序号	社会组织名称	类型	所属方言群或原籍	创建年份	创始人
1	樟林旅外同乡会(Chung-Lim Community Oversea Association)	地缘组织	广东潮州澄海樟林乡	1960年	蓝伟烈、洪开榜、陈茂松、柳祥才、林赞岩、林树森
2	东陵琼崖同乡会(Tanglin Heng Jow Tang Yeo Wee)	地缘组织	海南人	1960年	王先强、林允轮、符和荫、符树柳
3	新加坡武吉知马琼崖联谊会(Singapore Bukit Timah Heng-Jai Friendly Association)	地缘组织	海南人	1960年	冯锦川、许宇轩、李苑芳
4	后港区琼崖同乡会(Serangoon Khiung Jai Co-Villagers Association)	地缘组织	海南人	1961年	陈学仕、陈进贵、陈光华、陈贵义

续表

序号	社会组织名称	类型	所属方言群或原籍	创建年份	创始人
5	南洋薛氏总会(Nanyang Seet Clan Association)	血缘组织		1962年	薛连满、薛振坤、薛章怡、薛若泉等
6	新加坡庄严宗亲会(Singapore Chuang & Ngiam Clansmen's Association)	联宗组织	海南	1963年	严鉴千、庄祖锦、严福雄、严世农
7	茶阳何氏公会(Singapore Cha Yong Ho Clan Association)	地缘、血缘组织	广东大浦县莒村、双坑、恭州、竹阳四邑	1964年	何寿廉、何师宏、何奕赛、何月明
8	揭阳桂林刘氏公会(前身为战前的桂林公所,Kityang Kwee Lim Low Clan Association)	地缘、血缘组织		1964年	刘氏
9	新加坡福清东张同乡会(Singapore Futsing Tung Chiang Clansmen's Association)	地缘组织	福建福清县东张镇	1964年	倪克凌、庄春妹、黄诗雅、陈木水
10	潮安会馆(Teo Ann Huay Kuan)	地缘组织	广东潮安	1964年	潮安联谊社、潮安第三区同乡会、宏安旅外同乡会联合发起
11	新加坡杨厝港琼崖联谊会(Singapore Yio Chu Kang Kheng Zai Tung Yeo Hui)	地缘组织	海南人	1964年	陈治倬、符亚城、陈治僖、林日能、林日东
12	澄海会馆(Theng Hai Huay Kuan)	地缘组织	广东潮州澄海	1965年	陈烽榆、周振豪、陈辑銘、高景湖
13	新加坡颜氏公会(前身鲁国堂,Gan Clan Association)	血缘组织		1966年	颜有政
14	新加坡江氏总会(Kang Association(Singapore))	血缘组织		1966年	江炳如、江蕴玉、江内如、江文谅、江少廷
15	西林孙氏同乡会(Sai Lin Sng Clan Association)	地缘、血缘组织	广东潮安县西林乡	1966年	孙德荣、孙木芝、孙继仁、孙振贤、孙松茂

续表

序号	社会组织名称	类型	所属方言群或原籍	创建年份	创始人
16	澄海渔洲蔡氏同乡会(Theng Hai District Her Chiew Village Chua Clan Association)	地域、血缘组织	广东澄海县下蓬区渔洲上乡	1967 年	蔡昆海、蔡荣岱、蔡扬青、蔡永深
17	新加坡丘(邱)氏公会(Singapore Chiu(Khoo) Shih Association)	血缘组织		1968 年	丘东兴
18	新加坡六桂堂(Singapore Liu Kwee Tang)	联宗组织		1969 年	洪、江、翁、方、龚、汪六姓
19	新加坡河婆集团(Hopo Corporation)	地缘组织	广东揭阳河婆	1981 年	蔡利、黄亚明、蔡育才、蔡嘉舜
20	成氏宗亲会(Seng Clan Association)	血缘组织		1993 年	成氏
21	新加坡辛氏公会(Sing Sih Association(Singapore))	血缘组织		1994 年	辛氏
22	董氏公会(Tang Clan Association)	地缘、血缘组织		1996 年	董重庆
23	新加坡戴氏宗亲会(Dai Clan Association(Singapore))	血缘组织		1997 年	戴金城、戴朝珠、戴世琼、戴碧胜、戴国平
24	新加坡舜裔宗亲联谊会(Shun－Yi Association(Singapore))	联宗组织(姚、虞、陈、胡、田、袁、孙、陆、车、王十姓)		2001 年	
25	新加坡陈氏总会(Federtion of Chen Clan Association)	血缘组织(11 个陈氏宗亲团体的总机构)		2001 年	陈振传、陈共存、陈笃山等

资料来源:《新加坡宗乡会馆史略》,新加坡宗乡会馆联合总会 2004 年版。

另一方面,建国后的语文政策和市政搬迁都对新加坡华人社会造成强大的冲击,在政府的强势作为面前,华人社群选择“照单全收”,乃至被李光耀形容为“沉默的大多数”,作为华社重要社会组织的会馆地位也急剧下降,20 世纪80年代中期,宗乡会馆到了“生死存亡”的边缘,李光耀明确指出:“宗乡团体除非采取积极行动,继续适应社会需求,不然将会面对淘汰。”①

具体而言,宗乡会馆面临的困境有以下几点:

一是会馆老旧,活动传统,缺乏对年轻人的吸引力,会员多为老人,会员人数有减无增,许多会馆面临后继无人、勉强支撑的境地,俨然一副暮气沉沉、垂垂老者的“老人馆”形象。

二是会馆经济陷于困顿。原本实力雄厚的会馆不少因政府拆迁资产缩水;那些只有会所而没有租金收益的小会馆生存条件更不乐观,必须通过筹款方式解决经费或举办活动的开销;没有自置会所的会馆更难以为继。②

三是会馆的文化认同被动摇。会馆以中华文化为基石,大部分会馆还以方言认同为基础,但是建国后新加坡形成重英文轻华文、重华语轻方言的社会文化现实,年轻华人对中华文化和方言文化的了解和认同都大大降低,对中华文化不感兴趣,自然对会馆不感兴趣。

会馆的辉煌已成过往,站在了“何去何从”的十字路口。

会馆自身也在思考如何在国家认同前提下作出新贡献。无论是殖民时期,还是新加坡独立时期,华人会馆都是积极参与社会发展与国家建设的重要力量,可是自建国后,政府对会馆态度消极、不闻不问,会馆正在淡出新加坡社会主流,在新加坡政治体制下,会馆要重新焕发生机,必须积极寻求政府的支持。1984年全国大选之前,宗乡会馆的代表利用议员选前走访之机,与当时的劳工部长、后来的新加坡首任民选总统王鼎昌对话,提出建议:“政府应该重视现有的民间团体,积极与民间基层组织保持密切联系,鼓励民间团体,尤其是宗乡会馆积极活动,参与社区发展工作。”③在王鼎昌的支持下,1984年

① 转引自[新加坡]周雁飞:《老树新芽何时发——新世纪宗乡会馆发展之我见》,《总会25年》,新加坡宗乡会馆联合总会2011年版,第50页。

② 《联合早报》2001年3月26日。

③ 《总会25周年来的25件大事》,载《总会25年》,新加坡宗乡会馆联合总会2011年版,第24页。

12 月 2 日,由福建会馆、潮州八邑会馆、南洋客属总会、晋江会馆、广东会馆、三江会馆、福州会馆、琼州会馆和惠安公会 9 个宗乡组织联合发起的“全国宗乡会馆研讨会”召开,会议围绕“我国宗乡会馆如何在新的时代扮演更积极的角色”的主题展开讨论,就宗乡会馆形成合力实现新的社会价值达成共识,提出会馆自我革新与吁请政府支持等十大建议,其中之一是“尽速成立全国中心会馆联合总会,以便统筹与协调各会馆今后的发展与合作,同时创造条件,促使各项建议得以进行。”①在政府的协调下,新加坡宗乡会馆领导组织诞生。

2. 宗乡总会成立与华人社团转型

1985 年 12 月 9 日,作为宗乡会馆最高组织的新加坡宗乡会馆联合总会注册获准。1986 年 1 月 27 日,总会正式成立。宗乡总会以“领导宗乡会馆、致力推广华文华语、弘扬华族文化与传统”为使命,以“建立一个紧密联系、充满活力的宗乡会馆网络;推广华文华语;弘扬华族文化与传统;促进社会和谐与国家凝聚力”为愿景目标,②提出六大宗旨:促进、加强及鼓励新加坡各华人宗乡会馆彼此间建立更好与更密切的关系、协调、合作及了解;促进、主办或资助教育、文化、社会及其他活动,以提高公众人士对华族语文、文化和传统的认识、了解及欣赏能力;提倡、资助或从事有关华族语文、文化及传统的研究;在公共与民间方面,促进本会与其他组织间的关系、了解及合作;主办、参与或协助社区与福利服务;促进与保障会员的利益与福利。③ 从宗乡总会的使命和

---

① 《总会 25 周年来的 25 件大事》,载《总会 25 年》,新加坡宗乡会馆联合总会 2011 年版,第 25 页。

② 《宗乡总会简介》,新加坡宗乡会馆联合总会 2010 年版,第 16 页。最新的宗乡总会网页上的愿景:“建立紧密联系的宗乡会馆网络;促进社会和谐与凝聚力;成为华社首要领导机构”,https://sfcca.sg/%e5%85%b3%e4%ba%8e/。

③ 《宗乡总会简介》,新加坡宗乡会馆联合总会 2010 年版,第 2 页。2012 年修订的宗乡总会章程规定总会的六大宗旨是:领导宗乡会馆;弘扬华族语文、文化与价值观;建立紧密联系的宗乡会馆网络;促进种族和谐与社会凝聚力;从事一切其他符合或利于促进上述宗旨或其中一项宗旨的活动。《新加坡宗乡会馆联合总会章程》,https://sfcca.sg/wp-content/uploads/2020/02/SFCCA-Constitution-2012.pdf。

宗旨来看,宗乡会馆从原来着重社会功能转向文化功能为主、社会功能为辅,助力新加坡多元种族多元文化的国家形象塑造。①

图 3-1　新加坡宗乡会馆联合总会会所

宗乡总会成立后,带领华人社团在新加坡多元文化与和谐社会建构中找到自己的新定位。

宗乡总会通过推广华族节日、举办或资助文化艺术活动、整理保存文史资料、出版或资助出版华文出版物等方式推广华族文化,实现总会的文化价值。宗乡总会选定春节、清明、端午、乞巧、中秋、中元、重阳、冬至八大节日作为重点节日推广(如图 3-2、图 3-3),而以“春到河畔迎新年(River Hongbao)”为

① 曾玲总结了新形势下华人社团对国家多元文化再塑的回应:一是凝聚,唤起华人社会与宗乡社群的历史记忆:重修会所,办文化中心、博物馆等。二是开放,跨越社群和族群。三是参与市镇和社区文化建设。参见曾玲:《新加坡华人宗乡文化研究》,中国社会科学出版社 2019 年版,第 103—113 页。

名的春节活动是最隆重的，这项集中国古建筑、美食、服饰和民俗传统于一体的嘉年华式大型活动从 1987 年开始，每年在新加坡河畔（后移至滨海湾花园）举办，吸引数十万游客，成为新加坡春节的必要节目和重要标志。为了让新加坡人了解华族节日礼俗，宗乡总会在 1989 年编辑出版了《华人礼俗节日手册》，手册用中英双语编写，用简单的语言和生动的插图解释华人八大节日的意义和庆祝方式，阐述华人人生四大里程碑——生、寿、婚、丧的礼俗。手册面试后反响非常热烈，第一版印刷 5 万册，很快销售一空，创造了新加坡书籍销售的奇迹。

图 3-2　2018 年新加坡滨海湾公园中秋灯会

整理保存文史资料是总会成立后着力较多的另一项文化事业，陆续编辑出版《新加坡华人会馆沿革史》、《抚今追昔》纪录片、《新加坡会馆书刊目录》、《华人传统》、《李光耀谈新加坡的华人社会》、《新华人物历史列传》、《新加坡宗乡会馆史略》、《新加坡华人通史》、《图说石叻坡》、《新加坡华人——从开埠到建国》及一批总会特刊和纪念册。1986 年，总会建立文史

图 3-3 中元节祭点

资料中心,藏书 2 万余册。1995 年,总会在前南洋大学行政楼建立“华人移民博物馆”华裔馆。

宗乡总会的社会功能主要是通过资助需要的方式来实现,“华社自助会”是宗乡总会社会功能的主要承担者,1992 年 5 月由宗乡总会与中华总商会联合成立,主要功能是:开办低收费补习班协助华族学生提升学业水平;协助低收入和低技能的工友改进技能水平,以便他们能提高收入、保障工作;为发扬社群的自助精神,通过义务工作,招募社群中的热心人士帮助社群中较不成功的人士。华助会成立后立即设立了“华助会—宗乡总会助学金”和“华助会—宗乡总会贫困援助金计划”两个资助项目。“华助会—宗乡总会助学金”是 1992 年在吴作栋总理的倡议下设立的,目的是为家境欠佳的华族学生提供经济援助,以鼓励他们继续求学;并激励他们取得更大的成就。申请对象为本身或家长之一必须是新加坡公民或永久居民的在籍华族学生;每月家庭总收入在 2400 新元或人均收入在 800 新元以下者,可以申请助学金、豁免补习费和更高的活动费津贴。助学金数额介于 280 新元至 450 新元,视学生就读的年级而定。[①]“华助会—宗乡总会贫困援助金计划”为面对经济困境的个人提供短暂的经济援助,申请条件为华族新加坡公民或永久居民;个人每月总收入不超过 2400 新元。[②]

在宗乡总会的带领下,自 20 世纪 80 年代中后期以来,宗乡会馆承担起传承华族文化的新功能,配合政府多元文化政策与倡导开展活动。许多社团恢复了建国后一度消停的春节团拜、春秋两祭、中元普渡、中秋迎月等节庆活动。福州会馆的节庆活动最齐全,几乎囊括了中华传统几大节:新春团拜、清明春祭、“端午康乐行”、中秋晚会、重阳登高、冬至欢乐游。[③] 福州会馆也是最早进行自我更新、最活跃的宗乡会馆之一,1982 年成立青年团,1983 年青年团成立华乐团与舞蹈团,1992 年起持续不断举办福州美食盛会和义卖会,1995 年起每年与华文教师联合会联办“全国小学生现场华文作文比赛”,产生很大社会反响。

社团活跃程度往往与会员人数正相关,人数越多的社团活动越多。晋江会馆、厦门会馆、惠安公会、福州会馆举办各种中医保健讲座,开设各类书画班、创作与写作班、乐器入门班,以及各种戏剧表演和舞蹈班,晋江会馆至 2004 年举办过近 500 场大小演出[④]。

南安会馆有三千余人,是目前比较活跃的华人社团,他们提出“会馆走进社区”,积极介入社区建设。主办保健医药、经济及文化等讲座,主办会馆青年活动展望研讨会、“南风抒怀”中华传统文化系列讲座、会馆文化活动展望、世界文明系列讲座、“保龄球之约”球类活动,主办儿童现场绘画比赛、卡拉 OK 比赛、乞拉节卡拉 OK 情歌对唱比赛,与安溪会馆、吕氏公会和福州会馆联

① 新加坡宗乡会馆联合总会 · 奖助学金,见 https://sfcca.sg/%e5%a5%96%e5%8a%a9%e5%ad%a6%e9%87%91/。

② 新加坡宗乡会馆联合总会 · 资助金,见 https://sfcca.sg/%e8%b5%84%e5%8a%a9%e9%87%91/。

③ 《新加坡宗乡会馆史略》上册,新加坡宗乡会馆联合总会 2004 年版,第 79 页。

④ 《新加坡宗乡会馆史略》上册,新加坡宗乡会馆联合总会 2004 年版,第 68 页。

合主办“会馆青年文化营”，成立青年创业俱乐部，每个月聚会探讨创业机会。主办“清歌妙舞贺国庆”晚会、母爱光辉晚会、父爱光辉晚会、双人脚车游、“夜里行军秘踪游”等娱乐活动。为增加对年轻人的吸引力，会馆于 1988 年成立青年团。1992 年，会馆为宣扬华族传统节日，与甘榜景万岸民众俱乐部联合成立“传统节日推广委员会”，每逢新春、清明节、端午节、中元节及中秋节以别开生面的形式庆祝华族传统节日，如新春团拜、“清明怀古行”、端午节文化座谈或包粽子比赛、“中秋联欢晚会”等。

福建会馆为新加坡社会发展作出了重要贡献，是新加坡极具影响力的大会馆之一，有近 4000 名会员，早年创办的道南、爱同、崇福、南侨女中等学校历尽百余年历史，至今仍在新加坡中小学界享有极高声誉，是政府特选学校，道南小学 2009 年首次荣获教育部优异学校奖。在慈善公益方面，会馆资助属下六校的发展，不分种族颁发奖助学金；先后捐献地段及义款给南洋大学、政府机构、华社自助理事会及各社区庆典和文化活动：20 世纪 50 年代，在会馆主席陈六使的倡议下，会馆将所属的云南园 523 英亩土地捐出创办南洋大学，裕廊 22 英亩捐给新加坡武装部队训练学院；1970 年，捐助 25 万新元给教育部作为初级学院发展基金，捐 15 万新元给“李光耀客座教授基金”，15 万新元给新加坡“25 周年国庆慈善基金”；1992 年捐 110 万新元给华社自助理事会，1994 年捐 100 万新元给华裔馆，1995 年捐 100 万新元作为宗乡总会筹集会所基金，近年曾捐 30 万新元给英勇基金、25 万新元给陈嘉庚基金、15 万新元给晚晴园孙中山南洋纪念馆，每年资助“春到河畔迎新年”及各项社区庆典和活动。①

南洋客属总会现有会员 4000 余人，1981 年开始出版《客属会讯》，1991 年设立出版基金，资助会员出版书刊，发扬华族传统文化，先后出版的作品有：《卓济民演讲集》客属文丛第一集（1991）、《枫林来雁》客属文丛第二集

---

① 《新加坡宗乡会馆史略》上册，新加坡宗乡会馆联合总会 2004 年版，第 85—86 页。

(1994)、《客从何处来?》(1996)、《第 13 届世界客属恳亲大会特辑》(1996)、《第三届客家国际研讨会论文摘要集》(1996)。客属总会设立文史资料室,收集客家人的文史资料和文物。主办或联办保健知识讲座、生命科学讲座、政治经济和文化科技方面的讲座;华语演讲比赛、唱歌比赛、民乐晚会、“客属之夜”演唱会等活动。总会下属的茶阳会馆历史悠久,至今活跃(如图 3-4)。

图 3-4 茶阳会馆 160 周年会庆海报

成立于 1829 年的潮州八邑会馆现有会员 7000 余人,传统节庆活动,1992 年起举办潮州周,以潮州历史、民俗及文化为主题,主办文物与图片等展览,并介绍潮州饼食和潮州歌曲。举办华人民俗系列讲座、华人移民史讲座、中医发展前途讲座、戏曲表演入门讲座、股票投资讲座、华族舞蹈讲习会、书法赛、华文征文赛等活动、潮州文化展等各种文化展览及演出。

海南会馆是海南人的最高组织，有40多个团体会员，目前人数超过4000人，转型期间除坚持帮扶救助同乡外，亦积极参与政府活动，如推广华语运动、礼貌运动、守时运动等。在社区经常举办中国文史、艺术、哲学、医疗保健、工商经济、时事评论、创业及妇女儿童知识等专题讲座，开办书法、绘画、漫画、琼音演唱、海南话讲习等学习班，华语演讲比赛、华族文化常识比赛、琼州歌舞赛、高尔夫球赛等比赛，晚会、音乐会、琼籍书画展、新加坡海南社区沿革展等展览。

新加坡现存历史最悠久的宗乡会馆应和会馆在新形势下也以新姿态参与国家族群文化的重塑工程，讲客家方言、学唱客家山歌、主办客家文化研讨会，等等。客家山歌是应和会馆主推的文化活动，2002年成立应和会馆客家山歌班，以“推广客家山歌，传承客家文化”为宗旨，最初成员不到10人，后来发展到几十人，2009年更名为客家山歌团。山歌团经常参加新马两地各会馆和社区的文化演出。2008年，应和会馆成立华乐团，与山歌团联合演出。

华人社团的新定位将“国家认同”与“族群意识”融合在一起，族群活动的开展、族群团结和族群传统价值观的宣扬都与政府倡导的共同价值观重合，族群凝聚力叠加在国家凝聚力上，反而壮大国家凝聚力。

（五）少数族群的成长

1. 保护少数族群权利

《新加坡宪法》第七编是专门关于少数族群权利的规定，规定设立少数族群权利总统理事会，其构成包括：主席1人，任期3年，可连任；常任成员10人以下，任期终身；一般成员10人以下，任期3年，可连任；主席和成员都由总统经内阁建议任命。[①] 理事会的职能是：审议国会或政府交付的将可能影响新

---

① 孙培军主编：《世界主要政党规章制度文献·新加坡》，中央编译出版社2015年版，第47页。

加坡境内某一种族或宗教团体成员的事项,并提出报告;审议国会通过的法案是否有任何条款构成歧视性措施,如果认为某法案或辅助立法将构成歧视性措施时,应促请相关机构注意。① 1966 年,少数族群权利总统理事会(Presidential Council for Minority Rights)成立,就拟议的立法对少数民族的影响向议会提供咨询意见,确保任何获通过的法律不会歧视任何种族或宗教群体。

针对几次大选中少数种族候选人有难以进入国会的趋势,1988 年,“为保障马来人、印度人及其他少数族群在国会中有代表”设立“集体选举区制度”,宪法规定:在集选区参与国会议员选举的集体候选人必须是来自同一政党或全部是独立候选人的 3—6 人②,其中至少有一名应属于马来族群或印度族群或其他少数族群。③ 马来社区委员会、印度和其他少数民族社区委员会负责审查候选人的马来人身份或印度人身份或其他少数族群身份。④ 其计票的方式是采用相对多数,选民投票是投给整组而非个别候选人;只要某一选区没有 2 个以上团组参加角逐,便可直接宣告唯一有提名参选的候选集体胜出,无需再进行投票。通过增设集选区的选举制度改革,少数族群的代表可借助其他非少数族群的候选人的力量,以组合的形式当选,最大程度上避免了少数民族代表因势单力薄或支持人数不足而落选的情况出现,确保了少数族群平等的政治参与权。集选区制度实施以来,少数族群在国会的席次比略高于少数族群人口在整体人口中的比例(见表 3-7)。

---

① 孙培军主编:《世界主要政党规章制度文献 · 新加坡》,中央编译出版社 2015 年版,第 48—49 页。

② 2020 年大选集选区分 5 人集选区和 4 人集选区两种组合。

③ “属于马来族群者”,指任何自认为属于马来族群的一份子,而且也被马来族群普遍接受为其中一份子的人,无论他在血统上是否属于马来族;“属于印度族或其他少数族群者”,指具有印度血统、自认为属于印度族群,而且也被印度族群普遍接受为其中一份子的人,或只属于马来或印度族群之外的其他少数族群的任何人。孙培军主编:《世界主要政党规章制度文献 · 新加坡》,中央编译出版社 2015 年版,第 37 页。

④ 孙培军主编:《世界主要政党规章制度文献 · 新加坡》,中央编译出版社 2015 年版,第 157 页。

表 3-7　新加坡历次国会选举少数族群席位统计(1959—2020 年)

年份(年)	少数族群当选席数(单选区席位/集选区席位)	选举总席数	少数族群国会席次比例	少数族群人口比例
1959	18(18/0)	51	35.2%	24.8%(1957)
1963	15(15/0)	51	29.4%	23.0%(1970)
1968	17(17/0)	58	29.3%	
1972	16(16/0)	65	24.6%	
1976	17(17/0)	69	24.6%	
1980	17(17/0)	75	22.6%	21.7%(1980)
1984	16(16/0)	79	20.2%	
1988	16(2/14)	81	19.7%	
1991	17(0/17)	81	20.9%	22.2%(1990)
1997	19(0/19)	83	22.8%	
2001	22(0/22)	84	26.1%	23.2%(2000)
2006	23(0/23)	84	27.3%	
2011	24(1/23)	87	27.5%	25.9%(2010)
2015	23(0/23)	89	25.8%	
2020	26(3/23)	93	27.9%	

说明:少数族群人口比例按 10 年一次的人口普查数据。

资料来源:*Yearbook of Statistics Singapore*, *1976/77*, Singapore: Department of Statistics, 1977; *Singapore 1980*, Singapore: the Information Division, Ministry of Culture, 1980; *Yearbook of Statistics Singapore*, *2011*, Singapore: Department of Statistics, Ministry of Trade & Industry; Singapore Election Department, (2015);《盘点 2020 年大选开票成绩》,《联合早报》2020 年 7 月 11 日。

除了对种族和宗教少数群体的普遍保护外,马来人在新加坡享有特权。宪法规定马来语是国语,“政府在行使其职权的过程中,应承认马来人作为新加坡土著居民的特殊地位,应保护、保障、扶助、培育、增进他们在政治、教育、宗教、经济、社会、文化方面的利益,以及他们的语言。”“立法机关应以法律规定穆斯林的宗教事务,并规定设立专门理事会,向总统提出关于穆斯林宗教事务的建议。”①

① 孙培军主编:《世界主要政党规章制度文献 · 新加坡》,中央编译出版社 2015 年版,第 87 页。

除宪法规定外,新加坡1966年颁布了针对穆斯林的特别法《穆斯林法管理条例》(Administration of Muslim Law Act)作为回教管理最高法令,特别规定穆斯林个人的法律事务遵循《伊斯兰法典》,这些事务包括婚姻、离婚、继承、慈善信托和伊斯兰教的管理。条例指示作为法定机构的回教理事会就回教事务向总统提出建议。1968年,新加坡回教理事会成立,这是新加坡最高回教管理机构,其职责是针对有关回教事务向政府提供意见;照顾新加坡回教徒在宗教、社会与福利上的需要。理事会的主要任务是:兴建回教堂,管理回教堂、回教学校及回教慈善遗产,协调家庭发展计划,征收回教社群的义捐,签发处理回教食物的证书,协调每年到麦加朝圣事务,以及提供援助金或助学金给需要帮助的回教徒。新加坡回教徒的义捐从公积金扣除后转给回教理事会。

2. 教育公平与马来族群社会地位的变化

在人民行动党机会平等的理念指导下,首先是教育机会和就业机会的平等,而教育机会的平等是政府最可以做也最应该做的事。殖民时期,当局主张马来人的教育是为了维护和稳定马来传统生活方式和从事农业劳动的技术与效率,所以当英国在20世纪初加大社会改革、扩大对新加坡教育投入和管理时,对马来人的教育重点是技术培训,并且尽可能缩短他们受教育年限。而人民行动党执政后,首先要保证马来人在教育上的平等,在教育领域扩大马来人升读中学和大学的机会。1960年2月,政府宣布,所有在新加坡出生或父母为新加坡公民、就读政府学校或政府资助中学、马来亚大学或有意向就读新加坡工艺学院的马来学生,都将实行免费教育。这项政策后来扩展到南洋大学、义安工艺学院和职业与工业训练局的全日制职业训练课程,①如此一来,新加坡马来人可以享受从小学到大学的免费教育。除政府提供的免费教育外,穆斯林宗教委员会、新加坡马来教师公会等社会和文化组织也提供奖学金或助

① 关于新加坡工业化初级阶段职业技术教育情况参见魏炜:《新加坡社会政策研究》,人民出版社2020年版,第103—105页。

学金。1990 年政府取消马来人的大学免费教育后，由马来自助团体回教社会发展理事会提供补贴。

让马来族群接受普遍的良好教育被认为是改变他们经济弱势的根本办法。1965 年新加坡还在马来西亚联邦时，李光耀曾许诺："在 10 年内，我们可以培养一代受过教育的马来人，一代了解科学技术和现代工业管理技术的马来人。""让他们不仅能在政府部门、而且能在医生、律师、经济学家、工程师等各行各业取得成功。"①1967 年 6 月 11 日，李光耀在一次集会上向马来人保证："政府准备向马来族公民倾斜资源，我们希望马来社群有机会训练和装备自己，以迎接新加坡的工业化。"②但是由于生源素质、优质师资短缺和教科书等因素，马来语学校的学生很难通过教育认证考试，1963—1969 年，只有 66 名马来学生通过中学毕业考试，在毕业生总数中占比仅 0.8%，1969 年只有 15.3%的马来学生获得大学毕业证书。③ 在以英语为工作语言的环境下，马来语学校培养出来的毕业生很难找到理想的工作，他们中的大多数人只能从事低级工作，工资也相对较低。如表 3-8 所示，1967 年在职的按月计酬政府雇员中，月薪在前 25%区间的马来人只占 2.4%，远低于其他族群，处于 25%—50%中上月薪区间的马来人只占 3.7%，而中低月薪和低月薪区间的比例分别是 10.9%和 37.5%，特别是低月薪区间的比例，远高于其他少数族群。所以，尽管马来人在政府雇员中占比 17.1%，比其他少数族群占比高，但是中高收入者只占 3.7%，比其他少数族群占比都低，大多数马来人从事的是低级工作。

---

① Ahmad Mattar, "The Singapore Malays: Their Education and Role in National Development", *People's Action Party 1954-1979: PAP 25th Anniversary Issue*, Singapore, Central Executive Committee People's Action Party, 1979, p.82.

② Alex Josey, *Lee Kuan Yew*, Singapore: Times Books Internationgal, 1980, p.555.

③ Ahmad Mattar, "The Singapore Malays: Their Education and Role in National Development", *People's Action Party 1954-1979: PAP 25th Anniversary Issue*, Singapore, Central Executive Committee People's Action Party, 1979, p.82.

表 3-8　按族裔群体和月薪划分的新加坡政府雇员(1967 年 12 月)

各月薪区间人数及比例	马来人	华人	印度人	其他	总计
前 25%人数/占比	32/2.4%	966/73.5%	151/11.5%	165/12.6%	1314/100%
25%—50%人数/占比	310/3.7%	6629/79.2%	751/9.0%	677/8.1%	8367/100%
50%—75%人数/占比	2215/10.9%	15307/75.5%	1613/8.0%	1129/5.6%	20264/100%
后 25%人数/占比	4693/37.5%	5249/41.9%	1789/14.3%	792/6.3%	12523/100%
雇员总人数/占比	7250/17.1%	28151/66.3%	4304/10.1%	2763/6.5%	42468/100%

说明:1. 表中所统计的政府雇员指按月计酬的公务员,不包括警察和军队职员;
2. 月薪区间从高到低,前 25%对应高月薪,后 25%对应低月薪。

资料来源:Ahmad Mattar, The Singapore Malays: Their Education and Role in National Development, *People's Action Party* 1954-1979: *PAP* 25th *Anniversary Issue*, p.83.

20 世纪 70 年代初期,马来家长和学生对职业技术教育和职业培训的态度发生了健康、积极的变化。他们意识到工业化背景下技术培训和职业培训对就业机会的重要性,也认识到就读马来语学校不会带来经济价值。马来家长们开始鼓励孩子们在学习母语之外学习英语。从 1968 年起,马来族小学生的科学和数学课采用英语教学,1974 年起所有中学课程采用英语教学。中学毕业后进入工业培训机构的马来学生也明显增加,马来人参加工业训练局非全日制培训的占比从 1975 年的 13%提高到 1979 年的 22%,同期参加全日制培训的比例从 15%提高到 25%。① 就读职业技术学校的马来学生也增加。1970 年,新加坡工艺学院的马来族注册学生占学生总数的 1.5%,1979 年这一数据是 4%;1972 年在义安工艺学院注册的马来学生占学生总数 0.5%,1979 年这一数据是 2%。② 单看数字并不大,重要的是,它说明马来人开始参与国家工业化建设,这是他们进步的开始。

① Ahmad Mattar, "The Singapore Malays: Their Education and Role in National Development", *People's Action Party 1954-1979: PAP 25th Anniversary Issue*, Singapore, Central Executive Committee People's Action Party, 1979, p.84.

② Ahmad Mattar, "The Singapore Malays: Their Education and Role in National Development", *People's Action Party 1954-1979: PAP 25th Anniversary Issue*, Singapore, Central Executive Committee People's Action Party, 1979, p.84.

受教育程度的提高改善了马来人的就业机会和收入水平。1977 年,在中等月薪区间的马来族政府雇员是 10 年前的两倍(见表 3-9),马来人和其他族群一起分享着新加坡教育进步和经济繁荣的果实。

表 3-9　按族裔群体和月薪划分的新加坡政府雇员(1977 年 12 月)

各月薪区间人数及比例	马来人	华人	印度人	其他	总计
前 25%人数/占比	124/2. 5%	4196/83. 3%	439/8. 7%	275/5. 5%	5034/100%
25%—50%人数/占比	1780/9. 5%	14800/79. 3%	1409/7. 6%	666/3. 6%	18655/100%
50%—75%人数/占比	3593/16. 5%	15948/73. 2%	1778/8. 2%	463/2. 1%	21782/100%
后 25%人数/占比	6694/41. 2%	6547/40. 3%	2413/14. 9%	582/3. 6%	16236/100%
雇员总人数/占比	12191/19. 8%	41491/67. 2%	6039/9. 8%	1986/3. 2%	61707/100%

说明:1. 表中所统计的政府雇员指按月计酬的公务员,不包括警察和军队职员;
2. 月薪区间从高到低,前 25%对应高月薪,后 25%对应低月薪。

资料来源:1. Ahmad Mattar, The Singapore Malays: Their Education and Role in National Development, *People' s Action Party 1954-1979*:*PAP 25th Anniversary Issue*, 1979, p.85.
2. 本表最后一栏雇员总人数和占比为作者自算。

3. 印度族群的地位变化

印度族群是新加坡第三大族群,但在总人口中的占比从未超过 10%。1959 年新加坡自治时,印度族群占总人口的 8. 52%,①1960—2000 年徘徊在 6. 40%到 7. 90%之间,新世纪以来升到 8%以上,近 10 年稳定在略高于 9%的比例。② 虽然是真正的少数族群,印度族群在新加坡政治和经济领域的存在感却大于作为土著、且人数更多的马来人。

新加坡最早隶属于驻印度的东印度公司,因此在新加坡早期的殖民政府中就一直有印度人的存在。第二次世界大战后,印度内部的独立运动也传导到新马地区的印度人中间,新加坡的印度人把他们的注意力从印度独立转移

① *Colony of Singapore Annual Report*, *1959*, Singapore: Government Printing Office, 1961, p.50.

② 参见魏炜:《新加坡社会政策研究》,人民出版社 2020 年版,附 2“新加坡常住人口与种族变化情况(1911—2018)”,第 247—249 页。

到反对英国回归新马，同时从认同印度转向认同新马。在争取新马“默迪卡”运动中，印度族群在底层的劳工群体和上层的政党组织里都有较大影响。新加坡第一个参加竞选的本地政党——新加坡进步党领导人之一 N.A.马洛（N.A.Mallal）是印度人，1948 年当选战后第一届立法委员，另一名印度人 M.J.那马菲（M.J.Namazie）以独立候选人当选立法委员。战后新加坡政治精英中的印度人还有 A.P.拉贾（Arumugam Ponnu Rajah）、P.S.拉曼（P.S.Raman）、S.C.戈霍（S.C.Goho）、B.朱玛波（Rajabali Jumabhoy）、新加坡自治政府首任工商部长 J.M.朱玛波（J.M.Jumabhoy）和交通及工务部长 M.P.D.奈尔（M.P.D.Nair）等人，以及工会领袖蒂凡那（Chengara Veetil Devan Nair）和贾那桑（S.Jaganathan），蒂凡那也是早期人民行动党领袖之一，1981—1985 年出任新加坡第三任总统。

拉惹勒南（Sinnathamby Rajaratnam，1915—2006）是新加坡最具有代表性的印度族群政治人物，他是人民行动党创始人和第一代领导人之一，是第一届新加坡政府内阁成员，也是新加坡建国后仅次于李光耀的外交决策第二号人物，1959—1965 年任新加坡自治政府（新马合并后为州政府）文化部长，1965 年新加坡独立后任首届外交部长，1968—1971 年任劳工部长，1971—1988 年相继任外长和第二副总理，1988 年退休。李光耀对拉惹勒南任外长一职非常放心，他在回忆录中写道：“我面对许多急务，首先是争取世界各国承认新加坡的独立，包括加入联合国。我委任拉惹勒南为外交部长。他是个非常适合的人选。战前和战争时期他在伦敦求学就已经以反殖民主义著称，但却不是激进派。他友善、诚恳、温文尔雅，懂得在坚持立场和外交妥协之间，取得准确的平衡。不论在国内或在海外，后来跟他共事过的人都很爱戴和尊敬他。”①拉惹勒南对新加坡外交的影响确如迈克尔·利弗（Michael Leifer）所言：“首任外长拉惹勒南奠定了新加坡外交的基本模式和基本风格，后继者无创新，只是

① Lee Kuan Yew, *The Singapore Story: Memories of Lee Kuan Yew*, Singapore: Times Editions Pte Ltd. and the Straits Times Press, 1998, p.22.

循规而行"①。正是因为拉惹勒南对新加坡外交的重要影响,新加坡国防策略研究国际权威机构"拉惹勒南国际研究院"就是以他的名字命名的。拉惹勒南不仅是新加坡杰出的外交家,也是人民行动党意识形态的主要形塑者,尤其是对多元种族主义的坚持影响深远。虽然长期居于新加坡最高权力中心,参与缔造了新加坡故事,拉惹勒南对自己的历史作用评价比较低调:"我的贡献是抽象的……没有什么建筑我能指着说,它们是我做的……我被允许在那个位子上帮助塑造新加坡人的构想、意图,并对外表达和宣传。"②

苏皮亚·丹那巴南(Suppiah Dhanabalan)和塞拉潘·R.纳丹(Sellapan Rama Nathan,1924—2016)也是印度族群杰出的政治代表。丹那巴南是李光耀第二代核心领导层的主力之一,1960 年开始供职新加坡政府,1978 至 1996 年期间历任国会议员及外交部部长、文化部部长、社会发展部部长、国家发展部部长、贸易与工业部部长等多个政府部长职务。纳丹也长期供职于新加坡外交部门,是新加坡的第六位总统(1999—2011 年在位),也是第二位民选总统。

作为一个少数族群,印度人是新加坡精英管理制度的受益者。不管是执政的人民行动党,还是陆续登上新加坡政治舞台的反对党,他们的阵营里从来都不缺印度族群代表,许多杰出的印度人通过在寻求平衡国家和族群利益的多种族政治框架内工作,并且能够在政府、公务员、军事、商业、专业领域和公民生活中升到最高层,为新加坡多种族和谐社会贡献力量。表 3-8 显示,印度族群在政府中高级雇员中的占比高于马来人,也高于他们在总人口中的比例,说明在建国初期新加坡族群政治版图上,印度族群的政治影响力排在华人之后马来人之前。与马来人享有的特权不同,印度族群是在没有种族保留和配额的情况下做到这一点的,充分说明他们的能力。但是,这种格局悄然发生着变化,比较表 3-8 和表 3-9 可以发现,与 1967 年相比,1977 年马来人在政

---

① Michael Leifer, *Singapore's Foreign Policy: Coping with Vulnerability*, New York: Routledge, 2000, p.6.

② "Kudos to Man of Ideas", *The Straits Times*, 9 August 1990.

府雇员和中高收入者的占比双双增长，而印度人在政府中的雇员比例和中高收入占比都是减少的。

在经济领域，印度族群在劳动力、专业人士和商业群体方面在新加坡的经济发展中扮演了重要角色。劳工是殖民时期最大的印度移民群体。1953 年，新加坡通过法案限制印度移民数量，特别是非熟练劳工的限制。零售业、批发业、金器加工、金融是殖民时期印度人的主要产业。新加坡曾是纺织品贸易中心，纺织品从世界各地运抵新加坡，然后再分销到东南亚其他地区，印度人几乎以垄断的态势主导了新加坡的纺织品贸易，一直到 20 世纪 70 年代，纺织品贸易都是新加坡印度族群最受欢迎、最赚钱的业务之一。但是随着东南亚新兴国家的兴起，发展本土产业或直接贸易，新加坡的贸易地位受到削弱，导致新加坡一些贸易企业衰弱，其中就包括印度人的纺织品贸易公司。由于业务量迅速萎缩，许多人关闭业务或寻求其他选择。小印度一带原本有 50 多家商店从事零售和批发业，500 多名商人从事纺织品批发业务，到 1985 年这个数字减到 50—60 人。① 1965 年后印度族群的商业团体也在新国家秩序变化中重新定义自己的空间和身份，殖民时期的生活空间逐渐被取代，传统金融业和批发业受到冲击，一些富裕的印度人移居他国。有些企业成功转型到消费电子、金融和投资服务、酒店及旅游业。曾经是新加坡商业中心的小印度一带，20 世纪 80 年代后逐渐转型成为新加坡促进旅游业和保护文化记忆的空间。

尽管作为一个整体取得了进步，印度族群中仍有一些表现不佳的群体。突出的问题仍是教育，每年进入教育系统的印度儿童有 4000 名，但是每年只有 800 名能够进入大学或理工学院。② 教育被视为印度人面临的主要挑战之一，1991 年成立的印度教育行动委员会提出要发现、帮助印度年轻人中表现

---

① Gopinath Pillai, K.Kesavapany (Editor), *50 Years of Indian Community*, Singapore: World Scientific Co.Pte.Ltd, 2016, p.85.

② Gopinath Pillai, K.Kesavapany (Editor), *50 Years of Indian Community*, Singapore: World Scientific Co.Pte.Ltd, 2016, p.132.

不佳的人，在关注教育的同时，还要采取措施防止印度族群中底层阶级的固化。在一个开放、全球化的经济中，收入不平等是不可避免的，但它所造成的社会停滞和阶层分化是可以改善的。

（六）族群社会整合成效与局限

1. 族群社会整合成效

首先，就建构新加坡人国家意识的任务而言，人民行动党政府是成功的。1971 年，新加坡国家认同就已经达到了一个较高的水平：90%的人自称是新加坡人；74%的人认为自己是新加坡人，而不再以华人、马来人、印度人、欧亚裔或者欧洲人自居；67%的人将新加坡视为最理想的居住国家；48%的人认为脱离马来西亚符合新加坡利益，32%的人不确定，20%的人认为独立的新加坡没有前途；80%的人见过或听过三个及以上的新加坡标志——国庆日、国旗、国歌、总统和总理；58%的人可以认出三个及以上的国家标志；66%的人对三个及以上的国家标志抱着积极态度；75%的人对新加坡国家发展的两个及以上的领域表示支持；74%的人表示愿意为了保卫新加坡而战斗甚至是牺牲生命。① 从建国到新千年来临，新加坡成功避免了种族和宗教冲突。

其次，以英语为通用语的语言政策对新加坡特殊国情的意义也是值得肯定的，有的学者认为，"新加坡能在不流血的情况下落实这么戏剧性的改变，并得到各语言社群的同意，这反映出人民行动党领导层政治管理极其成功之处，也反映出新加坡人民的成熟度。"②

最后，统一源流和统一教育体系对少数族群利大于弊，特别是对马来族群和印度族群的教育扶持，在帮助他们提升未来职业层级方面作用明显。

---

① Chiew Seen Kong, *Singaporean National Identity*, University of Singapore, 1971, pp.73–74.

② 转引自［新加坡］叶添博、林耀辉、梁荣锦：《白衣人：新加坡执政党秘辛》，新加坡报业控股 2013 年版，第 571 页。

自建国以来新加坡的多元种族和谐主义其实很矛盾：政府一方面期待在意识形态上不同族群产生共同的身份认同，另一方面又在文化领域鼓励各族群保持其民族特色。该消除族群差异还是该保留族群特性？其中的平衡如何把握？新加坡国内是有争议的。其实在任何一种制度下，多族群的同化都将付出巨大的代价，而族群特性的保护则会拉大彼此之间的差异，保留族群特性的同时扩大共识是比较理想、科学的做法。新加坡多元种族和谐的现象证明，人民行动党的族群整合到目前为止是成功的。

当然，成功不意味着完美。

2. 族群社会整合的局限

最大的问题是国家认同和族群和谐的背后，新加坡族群间经济地位不平等现象明显，呈现出种族差异的特性，华人居于高位，印度人居中，马来人垫底。根据新加坡1980年和1990年各族群月收入的统计数据对比，在新加坡经济繁荣、人均收入增加的大环境下，各族群收入变化态势不同，华人收入增长明显，在中高收入层级的占比增长幅度较大，1990年与1980年相比，华人与马来人和印度人的平均月收入差距拉大；而马来人一直是低收入者的主体（见表3-10）。这种收入格局与1967年和1977年不同族群在政府雇员中收入格局相当（见表3-8、表3-9）。与收入相对应的是职业，马来人在高等教育体系、高层社会地位、或是在有经济活力的职业中都处于弱势（见表3-11）。

表3-10　1980年与1990年新加坡各族群月收入比较　（单位：%）

月收入	总计	华族	马来族	印度族	其他族群
1980年					
总计	100.0	100.0	100.0	100.0	100.0
500新元以下	63.4	60.2	81.7	68.7	31.9
500—999新元	24.2	26.6	15.7	20.2	12.7

续表

月收入	总计	华族	马来族	印度族	其他族群
1000—1499 新元	5.9	6.7	1.8	4.8	7.4
1500—1999 新元	2.5	2.9	0.5	2.1	5.8
2000—2999 新元	2.0	2.1	0.2	2.3	9.9
3000 新元以上(含)	2.0	1.5	0.1	1.9	32.3
平均月收入(新元)	598	595	388	568	2307
1990 年					
总计	100.0	100.0	100.0	100.0	100.0
500 新元以下	11.0	6.9	9.4	17.6	57.4
500—999 新元	37.1	36.8	47.8	38.9	16.1
1000—1499 新元	23.4	24.5	27.0	21.7	4.5
1500—1999 新元	11.3	12.4	9.4	9.5	3.0
2000—2999 新元	8.9	10.2	4.6	6.8	4.4
3000 新元以上(含)	8.3	9.2	1.8	5.5	14.6
平均月收入(新元)	1414	1497	1049	1195	1408

资料来源:*Singapore' 82*:Singapore, the Information Division, Ministry of Culture, 1982;Joyce Tan, editor:*Singapore 1991*, Singapore: the Publicity and Promotions Division, Ministry of Information and the Arts, 1991

表 3-11　1990 年新加坡各族群职业分布比较　(单位:%)

职业类别	华族	马来族	印度族	其他族群	总计
教授及技术人员	82.9	7.4	6.1	3.6	100
经理及行政人员	86.7	1.2	5.2	6.9	100
神职人员	78.1	13.7	7.4	0.8	100
行销人员及服务业	78.6	12.2	7.8	1.4	100
农渔业	89.6	10.4	0.0	0.0	100
制造业及其他相关	64.9	14.4	9.2	11.5	100
其他	81.5	7.3	8.9	2.3	100

资料来源:Andreas Ackermann:*Ethnic Identity by Design or by Default? A Comparative Study of Multiculturalism in Singapore and Frankfurt am Main*, IKO-Verl.fur Interkulturelle Kommunikation, 1997.

族群的不平等也反映在教育、住房以及其他的社会经济领域,特别是精英教育理念支配下的分流制,普遍接受中等以下的教育没问题,但能进入最高层级教育系统的马来人仍是少数。这种不均衡的发展,日益引起马来人的不满,认为政府忽略了其宪法所承认的原住民的权益。印度族的经济地位介于华人及马来人之间。印度族中教育落后和低收入问题主要集中在泰米尔人身上,其他非泰米尔族的印度人,其社会经济地位相对偏高。而对方言和宗乡会馆的压制又让方言和会馆维系的华人社会感到他们在被忽视、被边缘。

四、工业化时期的社会政策

威权体制的建立和族群社会整合完成了新加坡工业化时期稳定社会秩序和建构统一国家认同的两大目标,促进工业化经济转型和社会转型的第三个目标则是通过实施相应的社会政策来实现。社会政策是政府进行社会治理的主要手段和基本措施,其主要功能是应对社会风险,促进社会融合。社会政策对于协调社会群体之间的利益关系,保证社会的安全,促进社会的整体化发展,实现社会的良性运行和健康发展,均有着不可替代的作用。在新加坡,社会政策不仅发挥应对社会风险、促进社会融合的功能,更重要的是,政府通过社会政策的实施为经济发展提供稳定环境及人力资金等方面的支持,并通过提高经济发展水平提升解决社会问题的能力,经济政策与社会政策相互协调,两者共同支撑着社会的安全运行和健康发展。比如从英国殖民制度中延续下来的中央公积金制度,起初是一种自我保障的强制性储蓄,发展到 20 世纪 90 年代成为政府可控的一笔数额巨大的固定投资资本。相比较而言,住房政策、教育政策、人口政策是比中央公积金更具有社会、经济双重功能的社会政策。

新加坡独立之初面临着来自社会和经济的双重挑战,如何实现社会稳定和经济自立是人民行动党最紧迫的问题。1960 年 2 月完成殖民政府的权力移交后,李光耀提出:“我们得解决的首要问题,就是在经济上提供充分扩展的机会,也就是:(一)为日益增加的人口提供就业机会。(二)为占人口半数的青年人提供教育费用的来源。”①1961 年政府宣布的发展计划提出，要对住房和教育问题特别关注，因为它们是“当时的两个政治热点”②。住房、就业和教育是工业化初级阶段人民行动党社会政策的重点领域，其目的是通过提供住房和就业，稳定民心；通过整顿教育，培养劳动力，充分释放新加坡的人力资源。

新加坡的住房政策是最成功的社会政策，前文已述新加坡政府将公共组屋作为族群社会整合的一种工具，但是不可否认组屋首先是一剂社会稳定的良药。新加坡保障性住房项目开始于自治时期，1964 年建屋发展局启动“居者有其屋”(Home Ownership)计划，以国家提供大量补贴的方式，帮助低收入公民购买公寓。随着经济发展和人民生活水平的提高，保障性住房政策目标从避免新加坡人流离失所到“居者有其屋”再到“华厦供精选”。由表 3-12 的统计可见，1975 年超过半数的新加坡公民和永久居民住在组屋里。到 20 世纪 80 年代末至 90 年代初，公民和永久居民住组屋比例高达 86%—87%。到 2008 年这一比例稳定在 82%，下降的原因是到 20 世纪 80 年代末，新加坡人生活质量提高，住房来源多元化，有条件的人士会选择更高档私营地产。不过建屋局组屋仍然为新加坡人的安居问题提供了最低保障。在 2013 年举行的全国对话会中，高达 97%的参与者表示，拥屋对他们来说依然很重要。2014 年 2 月 12 日，是新加坡推行“居者有其屋”计划的 50 周年纪念日，新加坡国家发展部长许文远当天在题为“居者有其屋——50 年馈赠”的博文中，重申这项住屋政策扮演的举足轻重角色，今天依然是新加坡“关键的社会支柱”，“它让新加坡人在自己的国家中拥有一份有形的股份，给了国人财务保障和重要的归属感。”③

---

① ［新加坡］李光耀：《实现公平的社会》，1960 年 2 月 24 日，《联合早报》编：《李光耀四十年政论选》，新加坡报业控股华文报集团 1993 年版，第 116 页。

② Irene Ng, *The Singapore Lion: A Biography of S. Rajaratnam*, Singapore: Institute of Southeast Asian Studies, 2010, p.334.

③ ［新加坡］杨丽娟：《许文远：居者有其屋政策是重要社会支柱》，《联合早报》2014 年 2 月 12 日。

表 3-12　住建屋局组屋的新加坡人口比例(1960—1995 年)　(单位:%)

年份(年)	1960	1961	1962	1963	1964	1965	1966	1967	1968	1969	1970	1971
比例	9.1	11.4	15.3	18.3	22.1	23.2	24.4	25.9	29.0	32.0	34.6	37.4
年份(年)	1972	1973	1974	1975	1976	1977	1978	1979	1980	1981	1982	1983
比例	41.6	42.7	46.8	51.0	56.0	60.0	64.0	67.0	69.0	69.0	75.0	77.5
年份(年)	1984	1985	1986	1987	1988	1989	1990	1991	1992	1993	1994	1995
比例	81.0	84.0	85.0	86.0	87.0	87.6	87.0	87.0	87.0	87.0	86.0	86.0

资料来源:*Singapore* 1971,p.265;*Singapore*' 82,p.263;*Singapore* 1983,p.298;*Singapore* 1993,p.335;*Singapore* 1996,p.382.

说明:表中统计的人口含新加坡公民和永久居民。

将社会政策与经济政策结合得最成功的是教育政策与人力资源的培养。新加坡没有自然资源,能够借力的除了港口优势外就是人力资源。新加坡实行教育公平与精英培养相结合、素质教育与职业培训相结合的教育政策,包括双语教育、职业教育等政策内容都紧跟经济发展的需要而调整变化。

新加坡政府认为政府应该在公共教育中扮演主角。李光耀总结建国经验时说,“我们提高表现水平的速度和效力,就要看我们在学校、师资和教育方面投下多少资金而定,而且也要看我们为了加强我们自己在学校、工艺学院和大学的师资和资源,以及为了监督研究而从外国输入多少教师和资源而定。”①1969 年前,教育支出是新加坡最大财政支出,超过总支出的 20%。从 1969 年开始,国防支出第一,教育支出第二,整个 20 世纪 70 年代教育支出占比维持在 11%以上(见表 3-13)。到 20 世纪 80 年代初,84%的人口接受过至少 10 年的文化教育;所有受过教育的人当中,37.5%的人具备双语或两种以上语言的读写能力。② 20 世纪 80 年代中期进入工业化升

① [新加坡]李光耀:《李光耀四十年政论选》,新加坡报业控股华文报集团 1993 年版,第 160 页。

② *Singapore*' 82,Singapore:the Information Division,Ministry of Culture,1982,p.90.

级阶段以后，市场对劳动力素质的要求提高，政府加大了对教育的投入，教育支出占比都在20%以上。如果将教育在政府支出中的占比与同年度同为公共服务项目的卫生健康和社会保障在政府支出中的占比做比较（见表3-13），新加坡政府对教育的重视更加突出，被认为是新加坡反福利政策中“唯一的例外”①。

表 3-13　新加坡教育、卫生、社会保障支出在政府总支出中占比比较（1964—2016 年）

（单位：%）

年份（年）	公共教育占比	卫生健康占比	社会保障占比
1964	31.7	19.1	4.7
1965	21.3	16.9	3.4
1966	23.4	13.3	2.3
1968	20.9	10.5	1.3
1969	20.9	10.0	1.3
1970	16.6	7.9	0.9
1971	13.3	6.0	—
1972	13.1	6.4	0.8
1973	14.5	6.0	1.1
1974	12.6	11.2	—
1975	13.0	10.3	—
1976	11.0	9.2	—
1977	12.2	8.7	—
1978	11.8	9.7	—
1979	12.1	8.6	—
1980	7.9	8.3	—
1981	7.1	8.6	—
1982	8.3	7.8	—

① Kerry Brydon，“Social Policy in Singapore：Insights from a Social Work Perspective”，*Asian Social Work and Policy Review* 5（2011），Blackwell Publishing Asia Pty Ltd，2011，pp.20-32.

续表

年份(年)	公共教育占比	卫生健康占比	社会保障占比
1983	9.5	7.4	—
1984	20.2	7.9	—
1985	21.6	8.0	—
1986	18.2	5.6	—
1987	14.4	4.9	—
1988	11.5	7.2	—
1989	18.1	6.8	—
1990	19.9	6.7	—
1991	22.9	8.4	—
1992	22.3	8.4	—
1993	24.7	9.8	—
1994	—	—	—
1995	22.6	9.2	—
1996	23.2	7.8	—
1997	22.1	8.2	—
1998	23.4	8.7	—
1999	21.3	8.6	—
2000	20.3	7.3	—
2001	21.6	9.6	—
2002	21.4	11.2	—
2003	24.8	11.6	—
2004	22.8	13.5	—
2005	22.3	11.8	—
2006	22.5	11.5	—
2007	23.2	11.5	—
2008	30.1	12.4	—
2009	21.9	14.5	—
2010	18.6	15.3	—

续表

年份(年)	公共教育占比	卫生健康占比	社会保障占比
2011	28.9	14.8	—
2012	31.8	15.9	—
2013	28.8	16.7	—
2014	25.1	17.8	—
2015	23.4	20.0	—
2016	22.7	20.3	—

资料来源:1. 教育支出数据出处:1979 年以前数据分别出自 *Singapore Year Book 1966*, p.263; *Singapore 1971*, p.290; *Singapore 1974*, p.301; *Singapore 1975*, p.258; *Singapore 1976*, p.269; *Singapore '78*, p.310; *Singapore '80*, p.273;1980—1999 年数据出自世界银行数据库 https://data.worldbank.org.cn/country/singapore,2014 年 5 月 29 日;2000—2013 年数据出自世界银行数据库 https://data.worldbank.org.cn/country/singapore? view=chart,2021 年 9 月 15 日;2014—2016 年数据出自 *Yearbook of Statistics Singapore*, *2018*, "Public Finance—Government Operating Expenditure"; *Yearbook of Statistics Singapore*, *2018*, Singapore: Department of Statistics, Ministry of Trade & Industry, https://www.singstat.gov.sg/-/media/files/publications/reference/yearbook_2018/yos2018.pdf。

2. 卫生健康与社会保障数据出处:1964—1971 年数据出自 *Singapore Year Book 1966*, p.321, p.101; *Singapore 1971*, p.290; *Singapore 1974*, p.301, p.304;1974—1993 年数据来自国际货币基金组织,政府年度财经统计;1995 年后的数据根据新加坡统计年鉴 *Yearbook of Statistics Singapore*, 2006—2018 年各年相关数据计算得出。

新加坡政府对教育的投入名目很多,包括教育储蓄基金、进取基金、教育部经济援助计划、学费津贴及各种奖学金、助学金等,其目的就是要通过加大教育投入提升人力资源的可利用率,既为全体国民提供充分就业、各尽其能、各得其所的教育背景,又满足经济发展对人力资源的多层次需求,特别是高素质人力资源的增长趋势。

职业教育是新加坡促进经济发展的另一项成功教育政策。建国不久新加坡教育部长即宣布:"教育计划必须伴随经济计划,为国民提供技术教育和训练必须被看作是取得任何经济成功的基本要素。"①新加坡政府相信,帮助失

① W.O.Lee, *Social Change and Educational Problems in Japan, Singapore and Hong Kong*, London: Macmillan Academic and Professional LTD, 1991, p.99.

业人群最好的方法不是为其提供财政资助,而是帮助他们增进自身技能并通过工作程序来促进其就业。新加坡职业技术教育发展经历了创立、完善、提高三阶段,每一阶段的调整都是配合不同经济战略的结果。1961 年,自治政府组织了一个专门委员会调查"新加坡一切有关政府与非政府之职业、商业及工艺学校的设备、教学形式,并且提供综合性的计划以为教育部采纳而使职业与工艺教育能调整及系统化,以配合新加坡政府所提出的工业化计划"。[①] 委员会经过调查发表了"职业与技术教育报告书",直接导致了新加坡职业技术教育体系的创立。但是 20 世纪 60 年代初开始的职教缺乏系统规划,主要是为了解决就业所需的基本技能问题,档次低,以培训为主,带有应急性。20 世纪 60 年代后期,新加坡政府提出"向技术教育进军"的口号,确立了职教在整个教育体系中的重要地位,初步形成普通教育和职业技术教育双轨并行的局面。20 世纪 70 年代末,为了配合第二次工业革命的实施,新加坡进行全面的教育改革,确立新的统一分流教育制度,把职业技术教育正式纳入正规教育范围,形成由中学普通工艺课程、工艺教育学院、理工学院、大学构成的由低到高、适应不同层次需要的完善的职业技术教育体系,最大限度地开发人才智力资源,保证人尽其能,学以致用。进入 20 世纪 90 年代,新加坡工业生产向高工艺、高技术、高增值转化,为满足高科技经济对人员素质和技术水平的高要求,职业技术教育也相应作了调整,一方面加强国民的基础教育,规定所有适龄儿童都必须接受至少 10 年的普通教育,另一方面提高了职业技术教育的水平,以适应生产技术的不断更新。职业技术教育水平的提升使新加坡劳动力的素质稳步提升,表 3-14 显示,1991 年,接受过高等教育的劳动力只占劳动力总数的 6.7%;10 年后,2001 年这一比例增长了近 3 倍,达到 17.0%,2011 年达到 28.3%。多层次的职业技术教育造就"世界级的工人队伍",使新加坡保持着具有较强竞争力的人力资源,促进工业化的深化。

---

① 引自马早明:《亚洲"四小龙"职业技术教育研究》,福建教育出版社 1998 年版,第 159 页。

表 3-14　新加坡不同层次劳动力比例变化情况（1991—2011 年）（单位：%）

年份（年）	接受过小学教育的劳动力（占劳动力总数的百分比）	接受过中学教育的劳动力（占劳动力总数的百分比）	接受过高等教育的劳动力（占劳动力总数的百分比）
1991	46.4	46.9	6.7
1992	44.8	47.5	7.7
1993	43.7	47.5	8.8
1994	42.4	48.2	9.4
1995	—	—	—
1996	38.8	49.7	11.5
1997	38.6	48.8	12.6
1998	36.2	49.8	14.0
1999	35.9	49.5	14.6
2000	—	—	—
2001	32.8	50.2	17.0
2002	31.7	49.8	18.5
2003	30.7	48.9	20.4
2004	29.8	48.6	21.6
2005	—	—	—
2006	28.3	48.3	23.4
2007	27.7	48.6	23.7
2008	24.2	49.9	25.9
2009	24.3	49.0	26.7
2010	22.4	50.0	27.6
2011	21.5	50.2	28.3

资料来源：世界银行数据库 https://data.worldbank.org.cn/country/singapore? view=chart，2021 年 9 月 15 日。

在更广阔的发展视域下考察，新加坡成功的关键不仅仅是经济政策，而是经济政策与社会政策的协调与同步。一方面，教育为市场培养人力资源，中央公积金提供部分资金来源；另一方面，经济持续的健康发展为政府加大教育投入、落实就业政策及其他支助政策提供了资金保障。社会政策与经济政策相辅相成，经济领域与社会领域平衡发展，从而避免了大多数国家在现代化道路上先经济后社会的做法。

五、政府控制的挫折

新加坡1965年独立，1995年被经济合作与发展组织宣布从发展中国家升级为发达国家，短短30年时间，从一个除了区位优势、看不到生存希望的蕞尔小国发展成经济繁荣、政治稳定、社会和谐的新兴国家，其国家建设成就得到国内外普遍赞誉。李光耀认为，“新加坡的成功主要依靠大力吸引外来投资、重视教育、不断提高生产力，以加强国家竞争力等措施，而维护社会和谐与确保政治安定，则是国家进步与繁荣的必要前提。”①李光耀所强调的必要前提是通过“强政府”体制下社会控制实现的。人民行动党执政后，通过强化政府功能，使政府居于国家控制系统和人民社会生活的中心地位。人民行动党的“强政府”具有强大的动员能力和组织能力，能够向人民规定义务并在必要时予以强制执行，运用各方的强制力量避免不同利益集团之间的冲突，实现社会稳定，为经济发展奠定一定的政治基础和社会基础。

新加坡工业化时期，政府促进经济发展、保持政治稳定与社会和谐，鼓励自力更生的同时提供最低程度社会福利的双重策略产生了良好的政治收益。人民行动党在1968—1980年的历届大选中，得票率都在70%以上（见表3-15），选票传达了新加坡国民对人民行动党治国能力与业绩的肯定和对其政治理念与政策的支持。但是这种肯定和支持不是一成不变的，表3-15同样显示出，从1984年到1991年的三次大选，人民行动党的得票率连续低滑，对国会议席百分百掌控的局面已经松动。在“新加坡故事”被津津乐道之时，“强政府”政治遭遇挫折。而这几次大选挫折都跟政府控制的社会政策和社会管理有关。

---

① ［新加坡］李光耀：《21世纪的经济策略》，1988年7月10日，《联合早报》编：《李光耀四十年政论选》，新加坡报业控股华文报集团1993年版，第230页。

表 3-15　新加坡历届大选中人民行动党的得票率、议席及席位比例（1959—2020 年）

年份(年)	得票率	议席数(总席位)	席位比例
1959	53.4%	43(51)	84.3%
1963	46.6%	37(51)	72.6%
1968	84.4%	58(58)	100%
1972	69.2%	65(65)	100%
1976	72.4%	69(69)	100%
1980	75.6%	75(75)	100%
1984	63.0%	77(79)	97.5%
1988	61.8%	80(81)	98.8%
1991	61.0%	77(81)	95.1%
1997	65.0%	81(83)	97.6%
2001	75.3%	82(84)	97.6%
2006	66.6%	82(84)	97.6%
2011	60.1%	81(87)	93.1%
2015	69.9%	81(87)	93.1%
2020	61.2%	83(93)	89.2%

资料来源：[新加坡]赖涯桥：《新加坡的政治新常态和长期政权的构建原理》，《应和会馆成立 190 周年志庆》，新加坡应和会馆 2012 年版，第 133 页；[新加坡]何情薇：《行动党蝉联执政，得票率跌至 61.24%》，《联合早报》2020 年 7 月 11 日。

1981 年 10 月，人民行动党在安顺区补选中遭遇挫折，这个“不幸的意外”①是 1966 年以来人民行动党在补选中的第一次失败，令其高度紧张。李光耀认为失败原因主要是选民的住房需求没有得到及时满足、公交食品医疗等物价上涨，承诺将调整保健计划，“经过政府补贴的治疗费用，将是每一个病人都付得起的。”②但是，政府反福利的基本立场没有改变：“过去 23 年里，

① [新加坡]李光耀：《说服人民接受好政策》，1981 年 12 月 24 日，《联合早报》编：《李光耀四十年政论选》，新加坡报业控股华文报集团 1993 年版，第 167 页。

② [新加坡]李光耀：《说服人民接受好政策》，1981 年 12 月 24 日，《联合早报》编：《李光耀四十年政论选》，新加坡报业控股华文报集团 1993 年版，第 170 页。

我们只在卫生、教育和建屋方面加以补贴，这个政策实行得很好。这些其实是投资而不是消费。这些投资给我们带来了长期的好处——促进工人的健康，提高工人的教育，从而改进工人的生产力。……补贴消费，不但是错误的，而且会有害。这种补贴会使消费更大，结果需要更多的补贴。一旦人民享受惯了这种补贴，我们就糟了。”对福利国家的批评也依然如故：“不劳而获的社会和保健福利就像鸦片或海洛因那样，人民一旦上了瘾就会在戒毒（也就是这种福利被取消）的时候，感到非常的痛苦。”①

但是苦口婆心的说教似乎难以奏效，人们对政府的“好政策”不买账，选举情况变得更加不乐观。1984 年大选人民行动党失去两个议席，人民行动党从 1968 年以来在国会一枝独秀的日子结束了；同时，这是李光耀带领人民行动党第二代领导第一次全面出征，因此人民行动党对大选结果及其所传递的信息极为重视。大选之后人民行动党的内部检讨报告总结大选失利的原因一方面是近期政策不得人心，比如延时退休的动议和李光耀“优生学”言论引起的“伟大婚姻”批评，更深层的原因是人民积怨爆发的结果，检讨报告提出党必须改变“超级成功者”精英们“傲慢和冷漠”却又“无处不在”的形象，贴近人民，体谅人民疾苦，“政府必须为人民少做，而不是多做”。② 为了增进对民情的了解，1985 年 3 月，政府成立一个新的常设机构民意组（The Feedback Unit），其职责是听取和处理公众对国家课题和政府政策的意见；收集公众对政府政策的反应；协助政府向民众传达和解释国家政策和国家课题；为不同的社群举行对话会、茶会和公开讲座。③ 要求议员走访选民，并定期定点接见选民。1984 年被看作是行动党和新加坡政府的转折点，只是转折幅度不够大，收效

① ［新加坡］李光耀：《说服人民接受好政策》，1981 年 12 月 24 日，《联合早报》编：《李光耀四十年政论选》，新加坡报业控股华文报集团 1993 年版，第 170 页。

② ［新加坡］叶添博、林耀辉、梁荣锦：《白衣人：新加坡执政党秘辛》，新加坡报业控股 2013 年版，第 346 页。

③ ［新加坡］陈正编：《新加坡年鉴 2000》，新加坡新闻及艺术部、《联合早报》2000 年版，第 199 页。

甚微,小修小补的调整,“都无法改变因强势治理理念形成模式的威权化。”①

1990年11月接任总理的吴作栋在个人性格与处事方式上都与李光耀有很大的差异,“协商式治理方式”被认为是吴作栋的执政风格。吴作栋改变李光耀时期的“精英”标准,将重点放在如何帮助弱者提升上面,改革教育、医疗保健和住房政策,实施教育储蓄、保健储蓄和组屋翻新计划,②只是调整不能一步到位,而积怨在继续发酵。1991年,是新政府领导下的第一次大选,人民行动党前所未有地失去四个席位,低收入选民的不满已经不容忽视了。1991年人口计划单位设立了一个绝对贫困线:一个住在一间公寓里的四口之家月最低开支510新元。据估计38000户家庭低于这个最低家庭开支标准,平均家庭规模是4.1个人,有155800个人(大约占总人口的5%)处在经济底层,生活很贫困。③ 对于这部分人而言,社会保障不是一个奢侈品而是必不可少的安全网,如果缺失了,最终会导致社会冲突和政治不稳定,人民行动党必须采取实际行动调整社会政策,顺应新形势的发展。

1991年大选失利的另一个原因是,被认为是“沉默大多数”的华校生选民用选票表达被边缘、被忽略的不满,包括对语文政治的不满。④ 他们曾经是人民行动党的票箱,这次却有很多人投了反对票。政府意识到要更加重视华族社会,针对华族选民以选票回应人民行动党“语文就是政治”的警示,组织“华文教学检讨委员会”对新加坡华文教育做调查。1992年,委员会提出《王鼎昌报告书》,这是新加坡建国27年来第一份专门研究华文教学改革的报告书,报告书建议政府增加对特选华校和华文教学的投入支持、扩大华文教学对象、

① [新加坡]蔡裕林:《李光耀时代VS后李光耀时代》,新加坡玲子传媒有限公司2015年版,第14页。

② 详见魏炜:《新加坡社会政策研究》,人民出版社2020年版,第四—五章。

③ Lee William KM,“The poor in Singapore:Issues and options”,*Journal of Contemporary Asia*, Vol.31,No.1(2001),Pro Quest Social Sciences Premium Collection,p.57.

④ [新加坡]李光耀:《李光耀回忆录:我一生的挑战,新加坡双语之路》,译林出版社2013年版,第164页;[新加坡]叶添博、林耀辉、梁荣锦:《白衣人:新加坡执政党秘辛》,新加坡报业控股2013年版,第430—433页。

增加教学时间、改革教学内容和方式。1992 年的华文教学改革全面提高了新加坡学生的华文水平。华文水平的提高使新加坡在搭乘中国改革开放的经济快车中抢占了先机和优势。提高华文水平的前提仍然是英文至上,因此并没有改变华文式微的局面,反而引起受英文教育的家长们的抱怨,因为增加了学生学习难度。1999 年和 2002 年新加坡又两度对华文教学进行改革,基本趋势是整体降低对华文学习的标准和要求,但为语言能力强的学生提供华文精英教育。从保持经济发展和维护多元族群社会的双重需要出发,新加坡将坚持英文至上、多语并存的语文政策。

新加坡经济转型一直伴随着均衡的社会发展动力,快速的经济发展催生了新兴的中产阶级,特别是在经济活动中产生的富裕程度变化,主要体现在新的生活方式、文化模式和政治期望。1987 年 10 月《海峡时报》的调查表明,依据普遍接受的所得、房屋、教育和生活形态的一般标准,每四位成年的新加坡人中,有三位可归类于中产阶级。同样地,不管以什么标准来衡量,中产阶级在新加坡至少占劳动力的四分之一。尽管人民行动党自始至终强调新加坡的特殊性,但似乎也绕不开经济发达后人民会有更多政治、社会诉求的规律。政治上全民支持人民行动党的形势发生变化,选民用选票表达对现有政策的不满。政府控制式社会管理方式,到了需要调整的时候。

第四章　政府主导、多元协同:发达经济体的社会治理转型

成为发达经济体后,新加坡适应国内社会转型的需要,保持政府在社会领域中强势地位的同时,完善社会治理体系,扩大社会和公民的参与度,国家力量和社会力量相互配合,政府组织、市场组织、社会组织三方相互协调,努力构建政府主导下的政府、社会和公民三方协同治理。

一、社会基础与国际环境的变化

从第三世界到第一世界,不仅意味着经济的巨大成功和国家的繁荣进步,也意味着社会的变迁转型。从执政开始,人民行动党政府的重心放在如何促进经济增长,对全球经济形势、地区经济变化和高科技与经济的关联都非常敏感且判断准确,能成功抢占先机,每一次经济战略的调整实施,都为新加坡带来新的升级,这是政府长期专业精英治国带来的优势。按照经济合作与发展组织的评级标准,新加坡完成劳动密集型工业化阶段的20世纪70年代末,成为新兴工业国,经过资本、技术和知识密集型工业化发展(1980—1995年),1996年新加坡升级为发达国家。但是,一切以经济效益最大化为所有政策出发点的一大弊端,就是对社会和人文的漠视,而且在政府控制的社会管理方式

下，政府自信对社会有完全掌控的能力。然而，社会发展的规律从来不因人为的忽视而消失，新加坡工业化的经济转型完成后，从传统移民社会到现代公民社会的社会转型还是不可避免地发生着，社会治理的社会基础发生巨大变化。在国际环境方面，全球化的深入和地区环境的变化也深刻影响着新加坡国情。

（一）变化的社会环境

1. 进入发达国家行列

1995 年 7 月，经济合作与发展组织宣布，从 1996 年 1 月起，新加坡从发展中国家升级为发达国家。1995 年，新加坡人均国内生产总值居世界第九位，平均购买力居世界第五，外汇储备居世界第六，是世界第二大海港和第七大空港，第十五大贸易国。21 世纪初，新加坡人均国内生产总值位居世界第三，人均收入列世界第九，是世界最繁忙的港口，第二大钻井平台生产基地，第三大炼油中心，最大的硬盘生产国，世界第四大外汇交易中心，亚洲第二大金融中心，东南亚的硅谷，对外贸易占东南亚的近 1/3。2010 年，新加坡人均国民收入迈上 4 万美元大关。

在洛桑国际管理发展研究院和世界经济论坛发表的世界竞争力排名中，新加坡一直位居前列。1995 年的排名中，新加坡在国内经济力量上居第二，国际化居第二，政府效率居第一，金融居第一，基础设施居第十二，管理居第五，科技居第十，人力资源居第一。2020 年新加坡在“世界城市指数”（Schroders Global Cities Index，又称施罗德世界城市指数）排名中再创新高，排名全球第十一，亚洲第二。“世界城市指数”从环境、经济、创新、教育、交通等维度对一个城市进行综合评级，新加坡在其中的成绩充分说明国际社会对其发展水平的认可。

2. 公民社会的成熟和公民文化的发展

随着新加坡经济社会的发展尤其是教育水平的提高，中产阶级人数增加，新加坡的公民社会逐渐成熟，民众要求更多的政治参与和更开放的社会，他们不再满足于“好政府”决定一切的家长式政治作风，认为人民行动党执政时间太长，形成了权力的傲慢，希望人民行动党做出调整，也希望新加坡政治体制内有一个较为强大的反对党来监督和制约行动党。

从20世纪80年代中期开始，人民行动党面临着国内越来越强烈的民主化压力，拉惹勒南公开承认这种压力，坦言政府的应对：“我们现在在努力做的是扩大议会之外的政府领域的参与权，像社区活动中心、居委会，等等。政府正在考虑扩大市议会一级的参与权，由一个到多个议员组成。增强对民主的理解的一个方法是让人们加入到管理选区一级的公共事务中来，这样他们将开始学习管理机构的能力和知道管理机构的困难。”①其他民主化措施还包括建立“民意组”、开展“全国对话活动”收集民意，让公民能直接参与到政策讨论、治理实践中。

进入21世纪，世界民主浪潮的兴起给新加坡的“强政府”政治带来了前所未有的冲击。经济全球化的加快发展，互联网和新媒体对新加坡国民的影响瞬间加强，网络议政的风气在新加坡悄然兴起，淡马锡评论、网络公民、新加坡文献馆、各大学论坛网站等论政网站出现并迅速发展壮大。基于“维护国家安全和社会秩序”的考量，新加坡政府向来认为有责任和权力限制新闻和媒体的自由，禁止任何企图散布颠覆性、分裂性、破坏性的信息。但是人员的国际性流动，缩短了时空和人际的距离，新思维和新事物，通过互联网迅速扩散到各个角落、触动人心，新生代国民向往更为个性化的发展空间和一定的竞争性局面，不愿意置身于相对“压抑”的政治环境，不愿意接受“社会精英”高高在上，他们热切地盼望政治民主化的早日到来。

在2011年的大选中，“65后”选民占46%的投票份额。大选期间，年轻选民推动的“网络民主”异常活跃，他们利用Youtube、Twitter、Facebook等各种新

① Chan Heng Chee & Obaid ul Haq(eds.), *The prophetic and the political: selected speechs and writings of S.Rajaratnam*, Singapore: Graham Brash(Pte)Ltd, 1987, p.531.

媒体平台，参与政治讨论，传播政治主张，年轻的参选人也充分利用网络作政治宣传。新媒体降低了政治对话的准入门槛，提供了多元的讨论空间和信息来源，也为政治参与提供了合适的平台。事实也证明，人民行动党在这次大选中受到史无前例的挑战，只获得60.14%的得票率，是1959年以来的最低点，毫无疑问是人民行动党执政以来遭遇的最大的选举挫折。2011年的大选被视为一个分水岭，预示着新加坡社会划时代变化不可抗拒的到来。大选后李光耀宣布辞去内阁资政，被视为是对选民的回应，是“一种政治责任的进步”。

3. 社会政策偏颇导致社会不公现象加剧

在人民行动党政府的主导下，自1965年以来，新加坡的社会政策被设计成一个覆盖全面的计划，促进了社会发展水平显著提高，使新加坡位列“极高人类发展水平国家”，2000—2011年的十年里，新加坡“人类发展指数（HDI）”年均增长率为0.71，在“极高人类发展水平国家”里居第五，属于高增长国家。[①] 教育成就、卫生健康成就和住房成就享誉全球。

新加坡政府坚持反福利主义的立场，秉持个人责任为先，个人必须“各尽所能”的社会政策理念，构建了小保障大服务的社会福利模式，在医疗、养老、抚幼的个人保障方面强调个人和家庭的作用，在住房、交通、教育、就业等公共事业上突出政府职能。新加坡的福利制度是典型的工作福利，几乎所有的社会政策都是为鼓励工作者而制定，以中央公积金为主体的个人储蓄保障、居者有其屋的住房政策和各种劳工保障政策受益的对象是工作者，母幼津贴最初也只提供给工作母亲，之后逐步扩展到无工作母亲，而且母幼津贴的目的是鼓励生育，不属于社会保障。除基础教育、公共卫生和与健康相关的公共环境服务外，新加坡有限的社会福利几乎都只提供给工作者，包括能够自食其力的残

① 联合国开发计划署：《人类发展报告·统计附录》（2011年），见 http://www.cn.undp.org/content/china/zh/home/library/human_development。

疾人，不能工作的成年人从政府得到的直接津贴只有社会救助和有限的家庭福利。[①] 对机会平等的追求和个人责任的规定使新加坡取得社会进步的同时避免了福利国家的政府负担。

新加坡在经济领域培育的是自由市场经济，自由市场经济因利润导向存在贫富差距的内在因素，需要政府宏观调控缩小贫富差距，这是社会保障制度建立的基础和必要。但是在新加坡，一方面是自由市场经济，另一方面是政府效率领先导向，导致社会贫富分化，而一味强调个人责任的社会政策未能纠正追求效率必然产生的贫富差距。特别是 20 世纪 90 年代后，资本和知识经济兴起，成功的各界精英与缺乏竞争力的弱势群体之间的贫富分化呈现加大的趋势。

如表 4-1 所示，2006—2017 年，家庭人均月收入由高到低，前 10%每年增长 400—1000 新元，后 10%每年增长 20—40 新元；前 10%家庭人均月收入分别是后 10%家庭的 23. 8 倍、25. 6 倍、25. 2 倍、25 倍、25. 4 倍、25 倍、26. 3 倍、24. 2 倍、24. 4 倍、23. 7 倍、23. 5 和 23. 9 倍；后 10%家庭人均月收入只有总平均值的 14%—15%，近 40%家庭人均工资收入低于平均值的一半，而接受各类援助的家庭估计只占家庭总数的 3%。这还仅仅是工资收入的统计，如果将非工资收入计算进去，差距会更大，因为非工资收入的雪球效应更大，更不公平。2009 年《联合国发展报告》按照基尼系数反映的贫富悬殊对 38 个高度发达的经济体排名，新加坡排在第二。

表 4-1　新加坡家庭收入情况统计(2006—2017 年)

年份(年)	家庭人均月收入(新元)				工作家庭基尼系数	
	总平均	前 10%平均	后 30%—40%平均	后 10%平均	税前	税后
2006	2127	7550	1047	317	0. 470	0. 444
2007	2337	8571	1115	335	0. 482	0. 441

① 关于新加坡社会政策的详细讨论参见魏炜：《新加坡社会政策研究》，人民出版社 2020 年版。

续表

年份（年）	家庭人均月收入（新元）				工作家庭基尼系数	
	总平均	前 10%平均	后 30%—40%平均	后 10%平均	税前	税后
2008	2586	9199	1266	365	0.474	0.424
2009	2524	8945	1242	357	0.471	0.422
2010	2709	9669	1341	381	0.472	0.425
2011	2925	10543	1445	422	0.473	0.423
2012	3142	11552	1547	440	0.478	0.432
2013	3204	11198	1633	463	0.463	0.409
2014	3418	12032	1747	494	0.464	0.411
2015	3624	12816	1857	541	0.463	0.409
2016	3688	12773	1892	543	0.458	0.402
2017	3835	13215	1958	554	0.459	0.402

说明：1. 家庭人均月收入指工资收入，包括缴纳的公积金，但不含公积金投资和政府补助。2. 工作家庭基尼系数以家庭人均收入计算。

资料来源：1. *Yearbook of Statistics Singapore*, 2013, Singapore: Department of Statistics, Ministry of Trade & Industry, http://www.singstat.gov.sg/publications/publications_and_papers/reference/yearbook_of_stats.html, pp.66-68; 2. *Yearbook of Statistics Singapore*, 2018, pp.38, 41.

其次是教育不公平。尽管人民行动党一再强调政府追求的社会目标是公正公平，政策目的是实现机会均等，但是新加坡的教育制度是违背机会均等原则的。新加坡实行分流制教育，区别优秀、普通和落后学习者并为他们提供不同的学业安排，这种制度能够最大限度地发挥教育的人力培养功能，但是在基础教育阶段人为地为受教育者规划未来人生的做法“阻碍了他们学习的发展空间”①，本质上是违背教育公平原则的。虽然分流的时间、标准和方式经过多次调整，②但是其以培养劳动力为基本导向的实用主义教育理念没有改变。在新加坡文凭至上和效率至上的薪金体制下，分流制教育体系下出来的学生，

① ［新加坡］蔡裕林：《李光耀时代 VS 后李光耀时代》，新加坡玲子传媒有限公司 2015 年版，第 65 页。

② 详见魏炜：《新加坡社会政策研究》，人民出版社 2020 年版，第 94—107，130—139，171—174 页。

从他们步入职场的第一天开始,就注定了未来的发展空间。这种现象最终导致社会流动性放缓。

新加坡内政部长兼律政部长尚穆根指出:“当国家发展到了一定程度之后,收入以及机会的不平等将会越来越显著。如果我们不解决不平等问题,长久下来,社会凝聚力将受到侵蚀。”①

4. 人口老龄化

新加坡是个年轻的国家,却早早迎来了社会的老龄化。1999 年,新加坡 65 岁以上的人口比例首次突破老龄化社会的标志线达到 7.1,同期生育率经过 1987 年后的回升、稳定与徘徊,跌至 1.5。② 如表 4-2 和图 4-1 所示,从 1999 年起,65 岁以上人口比例一路上行,而生育率一路下行,相应的老年抚养比也在攀升,新加坡进入了名副其实的老龄化社会,并且情况日益严重。1970 年,新加坡人口的中位数年龄是 19.5 岁,2010 年是 37.4 岁,2014 年是 39.3 岁,③2020 年达到 41.5 岁,④新加坡成为世界上老龄化速度最快的国家之一。与东盟邻国相比,这种人口结构的转变更为明显,新加坡是东盟十国中老年人口(60 岁及以上)比例最高的国家,达到 15.6%,其他东盟国家基本不超过 10%。⑤ 据世界银行预测,2030 年新加坡的老年人口将占新加坡总人

① [新加坡]尚穆根:《应对不平等问题从学前教育入手最有效》,联合早报网,见 http://www.zaobao.com/news/singapore/story20180421-852480。

② 世界银行数据库 · 新加坡,世界银行官网,见 http://data.worldbank.org.cn/country/singapore。

③ Population, *Yearbook of Statistics Singapore*, 2015, Singapore: Department of Statistics, Ministry of Trade & Industry, http://www.singstat.gov.sg/docs/default-source/default-document-library/publications/publications_and_papers/reference/yearbook_2015/yos2015.pdf.

④ *Singapore Census of Population 2020*, Statistical Release 1, Singapore: Department of Statistics, 202106, p. 11 https://www.singstat.gov.sg/publications/reference/cop2020/cop2020-sr1/census20_stat_release1.

⑤ Population Ageing and Development 2012, United Nations, 2014, http://www.un.org/esa/population/publication/2012 PopAgeingDev_Chart/2012 PopAgeingDev_Wall Chart.pdf.

口的20%，达到796000人。①

表4-2　新加坡人口老龄化主要数据（1999—2020年）

年份（年）	人口年增长率（%）	65岁及以上的人口（占总人口的百分比）	出生率（‰）	出生时的预期寿命（岁）	老年抚养比（占工作年龄人口的百分比）
1999	0.8	7.1	12.8	77.6	10
2000	1.7	7.3	13.7	78.1	10.3
2001	2.7	7.5	11.8	78.4	10.5
2002	0.9	7.7	11.4	78.7	10.8
2003	-1.5	7.9	10.3	79	11
2004	1.3	8.1	10.1	79.5	11.1
2005	2.4	8.2	10.2	80	11.3
2006	3.1	8.3	10.3	80.1	11.6
2007	4.2	—	10.3	80.4	11.9
2008	5.3	8.8	10.2	80.8	12
2009	3	8.9	9.9	81.2	12.1
2010	1.8	9	9.3	81.5	12.2
2011	2.1	9.4	9.5	81.7	12.8
2012	2.5	9.9	10.1	82	13.5
2013	1.6	10.5	9.3	82.2	14.3
2014	1.3	11.1	9.8	82.5	15.1
2015	1.2	11.7	9.7	82.7	16
2016	1.3	12.3	9.4	82.8	17
2017	0.1	10.6	8.9	83.1	17.9
2018	0.5	11.5	8.8	83.3	15.0

① 世界银行数据库，见http://data.worldbank.org.cn/country/singapore。

续表

年份（年）	人口年增长率（%）	65 岁及以上的人口（占总人口的百分比）	出生率（‰）	出生时的预期寿命（岁）	老年抚养比（占工作年龄人口的百分比）
2019	1.2	12.4	8.8	83.5	16.5
2020	-0.3	15.2	—	—	23.4

资料来源：1. 世界银行数据，世界银行官网 http://data.worldbank.org.cn/country/singapore，2021 年 9 月 15 日。

2. *Yearbook of Statistics Singapore*2015, http://www. singstat. gov. sg/docs/default - source/default - document - library/publications/publications _ and _ papers/reference/yearbook _ 2015/yos2015. pdf.

3. *Yearbook of Statistics Singapore*, 2018, https://www. singstat. gov. sg/-/media/files/publications/reference/yearbook_2018/yos2018. pdf.

4. 2020 年数据出自 *Singapore Census of Population 2020*, Statistical Release 1, Singapore: Department of Statistics, 202106, p.20, 21, 22。

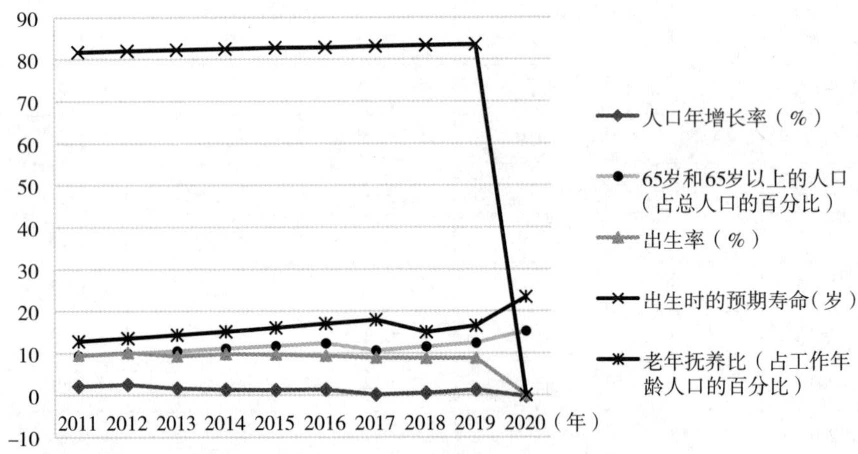

图 4-1　新加坡老龄化发展趋势

资料来源同表 4-2。

越来越多的人不仅年龄达到 65 岁，而且寿命更长。1961 年新加坡人的平均寿命是 66.1 岁，[①]2019 年的平均寿命是 83.5 岁（见表 4-2）。根据趋势

① 世界银行数据库，见 http://data.worldbank.org.cn/country/singapore。

估算,到2030年新加坡男性平均年龄将达到87.2岁、女性将达到90.1岁。[①]迅速老龄化对新加坡的社会、经济和政治都产生了重大影响。

老龄化和收入差距扩大是李显龙政府上台后社会治理的重点问题。

5.经济衰退引发社会不安全感

经济主义驱动下的国家必然滋长物质主义和功利主义的主流价值取向,只要经济成功,所有问题可以忽略不计,但是一旦经济衰退,各种问题将无处可遁。作为一个移民国家,新加坡的官方意识形态和民间价值观都崇尚自力更生,他们相信靠努力学习、勤奋工作可以实现人生理想。新加坡建国后的二三十年时间里,在政府创造的持续高速增长、充分就业、全民教育的机会下,越来越多新加坡人利用这些机会,成功提升经济地位和社会地位,中产阶级人口增加。但是随着全球经济衰退、经济结构调整,1995年以来,新加坡经历了1997年亚洲金融危机、2001年美国"9·11"事件、2003年SARS疫情以及随后的次贷危机和巨大的金融崩溃等多重全球性经济冲击,经济增速放缓,1998年和2001年出现负增长,2008年和2009年几乎是停滞状态(见表4-3),失业率4%左右,2002—2005年失业率持续在4.4%—4.7%之间。[②]

表4-3　新加坡GDP、GNI增长率(1995—2020年)

年份(年)	GDP年增长率(%)	人均GDP增长率(%)	GNI年增长率(%)	人均GNI增长率(%)
1995	7.20	3.99	7.66	4.44
1996	7.47	3.19	6.01	1.79
1997	8.32	4.74	11.17	7.50

① Reisman D.A., *Medical Savings and Medical Cost: Healthcare and Age in a Changing Singapore*.

② "Labour and Productitity——Labour Force", *Yearbook of Statistics Singapore*, 2006, Singapore: Department of Statistics, Ministry of Trade & Industry, http://www.singstat.gov.sg/publications/publications_and_papers/reference/yearbook_of_stats.html.

续表

年份（年）	GDP 年增长率（%）	人均 GDP 增长率（%）	GNI 年增长率（%）	人均 GNI 增长率（%）
1998	-2.20	-5.46	-2.70	-5.95
1999	5.72	4.88	5.74	4.90
2000	9.04	7.17	7.04	5.20
2001	-1.07	-3.70	-1.38	-4.00
2002	3.91	2.97	2.36	1.43
2003	4.54	6.09	3.76	5.31
2004	9.82	8.45	5.29	3.98
2005	7.36	4.86	7.88	5.38
2006	9.00	5.65	12.57	9.10
2007	9.02	4.57	9.55	5.08
2008	1.87	-3.41	0.57	-4.64
2009	0.12	-2.85	-0.80	-3.75
2010	14.53	12.51	20.15	18.04
2011	6.34	4.14	4.35	2.20
2012	4.46	1.93	2.46	-0.02
2013	4.84	3.15	5.47	3.78
2014	3.94	2.60	5.36	4.00
2015	2.99	1.77	0.80	-0.39
2016	3.33	1.99	0.90	-0.40
2017	4.52	4.43	5.29	5.20
2018	3.49	3.01	—	—
2019	1.35	0.19	—	—
2020	-5.39	-5.10	—	—

资料来源：1. GDP 年增长率和人均 GDP 增长率：世界银行数据，世界银行官网 http://data.worldbank.org.cn/country/singapore，2021 年 9 月 15 日。

2. GNI 年增长率和人均 GNI 增长率：世界银行数据，世界银行官网 http://data.worldbank.org.cn/country/singapore，2019 年 4 月 1 日。

经济衰退对社会带来一系列破坏，最大的破坏是使个人经济利益受损进而是不安全感的蔓延。在新加坡，终身或长期就业曾经是一种常态，进入经济衰退期，人们需要不断提升技能才能保持就业能力。从 20 世纪 80 年代中期开始，收入差距的扩大、就业的不稳定、生活成本的提高、老龄化社会的逼近和外国劳工的增加，使新加坡人——特别是中产阶级产生一定程度的焦虑与沮丧，他们害怕向下移动，害怕失去现有的安全、舒适的生活。虽然政府一直都非常重视技能培训提升以保持国民的就业能力，并且投入很大，但是技术更新的速度和人口老龄化大大制约了技能培训的效果，不仅那些年长的、无技能的工人无法适应不断变化的经济需求，那些本来工作稳定的、有技术的中年人也将面临无法适应快速技术变革的危险。这种不安全感与收入差距和老龄化对个人的压力叠加在一起，造成国民对政府政策的质疑声音更多更大。

（二）变革的声音

1. 政界的反思

人民行动党实用主义的指导思想注定了其治国之策是问题导向的，吴作栋协商式政府和更开放的施政风格某种程度上是对新加坡公民社会成长的一种回应。1991 年，时任新加坡新闻及艺术部代部长杨荣文在演讲中把新加坡的国家建设比喻为一棵强壮、庞大的榕树，榕树下好遮阴，但是也“难以长出任何其他东西”，“当国家机构无孔不入，公民机构就无法蓬勃发展。因此，我们必须修剪这棵榕树，好让其他植物也能生长。”①

新加坡多年来形成了人才培养的模式化，一种模式，一类人才，无法应对将来可能出现的多种不同挑战。2003 年 10 月，人民行动党的第一批公务员、且长期任职于新加坡核心部门的严崇涛先生接受《海峡时报》采访时表示了对新加坡政治僵化现象的担忧：“我认为我国应该在政治方面更加开放，允许人才散布到各个领域、各个阶层，这样才能听到不同的声音，才有可能出现新

① 转引自［新加坡］叶添博、林耀辉、梁荣锦：《白衣人：新加坡执政党秘辛》，新加坡报业控股 2013 年版，第 452 页。

的领导方式。”“如果李光耀先生不允许有新生的政治力量出现来挑战目前的政坛,那么,现在在位的政治领导们就只会安于现状。如果将来出现任何风吹草动,人民开始骚乱反抗的时候,这个政府很可能一下子就倒台……”①

2004年,李显龙在就职典礼上称,这是世代的交替,新加坡人可以期待一个更开放和包容的国家,而政府也将继续扩大个人空间,对全体新加坡人,无论老幼、贫富或身体是否健全都将抱持开明和包容的态度,“人民应该自由地表达不同的意见,追求新颖的想法,或纯粹要与众不同。我们应该有自信展开热烈的辩论,以便了解我们的问题,想出新解决方法及开发更多新空间。”他呼吁新加坡人挺身而出,对自己、同胞和国家发挥影响。②

吴作栋在接受记者采访时被问道:“您认为我们现有的机构和机制,有允许个人更多追求和发展自我的空间吗?”他的回答很肯定:“我们必须这么做。否则,我们很难和他国竞争。如果都是国家领袖出主意,就算领袖英明,国人只是跟着走,长远来看,国家将失去竞争力。你需要创意,需要具有创新精神的国人,你必须让他们创造。他们的想法和意愿未必和政府同调,你得接受。但是我们得设法要求国人负责任地发挥创意与自由。”③

2. 国民的诉求

与领导人的期望不同,新加坡国民对政治比较冷淡,也有一些失望。2011年初,《联合早报》发表了一份小规模抽样调查结果,六成受访者虽有归属感,但真正有意愿参与改变国家命运的年轻人只占四分之一;生活费高涨和外来人才的涌入是最多年轻人担心的问题;有近四分之一的受访者表示,当他们对

① [新加坡]严崇涛:《新加坡发展的经验与教训》,江苏人民出版社2016年版,第110页。

② 转引自[新加坡]叶添博、林耀辉、梁荣锦:《白衣人:新加坡执政党秘辛》,新加坡报业控股2013年版,第477页。

③ [新加坡]吴作栋:《政治没有万无一失》,《联合早报》2019年5月26日。

政府有太多不满时，会选择移居外国。①

2011 年大选充分反映了新加坡民情的变化和国民的诉求。大选聚焦的热门课题基本上都是关乎社会民生的：外来人才和移民的影响、贫富差距和中下层人民生活的困境、国民购买不起高价组屋、医疗体系和弱势群体及夹心层面对重重压力，夸大民生问题的严重性成为左右选情的关键，也成为反对党宣传的重心。人民行动党最终以 60.14%的得票率和 81 个国会议席蝉联执政，创造了建国至今最低的得票率，意味着选民对行动党的政策——特别是社会政策明显不认同，不满意于行动党对社会问题的回应。但是竞选过程中对民生课题的公开讨论，说明政府、人民和反对党达成一个新共识：新加坡必须进入一个新的社会发展阶段，一个更加公平和公正的社会，一个让全体新加坡人都受惠的社会。

种种迹象表明，进入第一世界后新加坡人对政府政策、自身利益之间的关联有更多想法，对人民行动党“不受欢迎却有必要的”政策不再照单全收。社会在变，政府也必须与时俱进，否则被抛弃的不是人民而是执政党本身。2013 年 9 月 24 日，李显龙在参加亚洲新闻台的直播电视论坛《我问总理》时承认：政府固然得对所制定的政策有坚定的信念，但也得确保能在下届大选中胜出以再次执政，“我们最终还是必须确保能在下届大选中胜出，因为如果我们无法继续执政，那我们就不能为人民谋福祉。”②

二、扩大公民的治理参与

人民行动党承认，在成功的新加坡背景下成长的新加坡年轻人，对政治的理解、对政府的态度与那些为独立和生存而奋斗的老一辈新加坡人不同。吴

① ［新加坡］蔡裕林：《李光耀时代 VS 后李光耀时代》，新加坡玲子传媒有限公司 2015 年版，第 90 页。

② 转引自［新加坡］吴元华：《新加坡良治之道》，中国社会科学出版社 2014 年版，第 79 页。

作栋在建党45周年纪念大会上说:政党必须与时俱进,“一个政党是否存续不取决于它辉煌的过去,而取决于它持续适应社会和环境变化的能力。……人民行动党只有继续满足新加坡人的愿望,顺应人民,特别是年轻一代的情绪,不断提高人民生活水平,建设美好社会,才能通过新加坡人的授权继续执政。”①人民行动党必须迎接未来挑战,“第一,必须让更年轻的人去接触年轻的新加坡人,用他们的语言和他们交流,动员人民,让新加坡的年轻一代理解政策的复杂性。第二,需要对互联网非常精通的行动党党员。第三,行动党必须知道如何利用互联网来管理未来的选举方式,以及选民不断变化的要求。”②

为了应对新民情,政府采取措施扩大公民对政治和社会的参与。

(一)扩大政治民主③和社会参与

首先是放松对反对力量的限制。“我们必须保持开放的心态,允许其他议员通过国会发表意见。”④自2000年9月起,政府开放芳林公园“演讲角”,人民可以在申请许可的情况下演讲和集会。人民行动党自身也更加开放包容,参加2001年大选的行动党候选人中就有被公认与行动党持不同意见的尚达曼和维文,尚达曼后来担任了政府副总理职务,维文做到了部长级别。2010年4月,国会通过宪法修正案和国会选举修正案,规定非选区议员人数增加到9人,国会中反对党议员人数不少于9人;缩小集选区规模以增加反对党获胜概率;废止对互联网的政治审查,允许政党和参选人在互

① PAP 45th Anniversary Celebrations Organising Committee: *For People Through Action By Party*, Singapore: People' s Action Party, 1999, p.2.

② PAP 45th Anniversary Celebrations Organising Committee: *For People Through Action By Party*, Singapore: People' s Action Party, 1999, p.141.

③ 有关新加坡政治调整的讨论参见:孙景峰:《论新加坡人民行动党面临的三大挑战》,《河南师范大学学报(哲社版)》2006年第1期;孙景峰:《世界民主浪潮下的新加坡威权政治体制》,《吉林大学社会科学学报》2007年第4期;刘渝梅:《政治文化视角下的新加坡政党政治及其转型》,《南京社会科学》2012年第5期。

④ PAP 45th Anniversary Celebrations Organising Committee: *For People Through Action By Party*, Singapore, People' s Action Party, 1999, p.142.

联网上进行政治宣传。

图 4-2 芳林公园演讲角

其次是改革总统和总理的选举方式。1991 年 1 月,新加坡修改宪法,增加总统对财政预算和开支的否决权,改总统选举方式为选民直选。2004 年,总理从人民行动党国会议员中选出,不再由现任领导人或内阁决定。

最后是更新治国理念。从吴作栋协商式政府开始,人民行动党改变之前强硬的政治风格,不是一味地“说服人民接受好政策”,转而与人民协商。“新加坡 21”提出一个新概念“Active citizenship(积极的公民)”。2006 年,新加坡举行李显龙上台后第一次大选,人民行动党打出“心连心　向前进”的竞选标语。种种表现都说明“行动党政府”在尝试重新定位国家与国民之间的关系。李显龙多次在演讲中呼吁国民共建新加坡,他在 2013 年国庆讲话中宣布:“治国的方式和理念必须弃旧立新,最重要的是我们必须调整政府、民间团体和个人三者之间的责任和角色,以取得一个新的平衡点,原本由个人承担的生活担子,现在由国家承担得更多,或者由民间团体承担。”政府将采取制度化的社会措施,帮助中下层人民和中下层家庭,构筑社会安全网,“使政策更贴近人民的意愿,更切合社会情况的变化”。①

(二)加强与选民的沟通对话

从人民协会、“民意组”到1987年发起的“全国议事日程”,人民行动党不断探索与选民沟通的新方式。对话会是人民行动党协商机制下与选民交流常用的形式,规模不等、地点不限,有例行的,也有临时的,全国范围的对话会举行过四次。第一次是1989年至1991年2月“新的起点”对话会,形成《新的起点》报告,勾画了新加坡未来20—30年发展大计。第二次是从1997年8月到1999年5月,恰逢人民行动党建党45周年和新世纪的来临。作为对话会的结果,人民行动党提出“新加坡21”愿景,规划了五大理想:各尽所能、各有贡献;家和民旺、立国之本;机遇处处、人才济济;心系祖国、志在四方;群策群力、当仁不让。② “‘新加坡21’既不属于政府,也不属于官僚机构,也不属于人民行动党,它属于每一个新加坡人。”③第三次是2002年2月至2004年4月的“重造新加坡”对话会,在汇集的74项建议中,政府接受了60项。但是2011年的大选说明,尽管对话会一次比一次更务实,人们不满足于政府单向度地收集民意——做出回应这类新瓶装旧酒式的调整。

2012—2013年,新加坡举行了为期一年的“我们的新加坡对话会(Our Singapore Conversation)”,在对话会、网络媒体和民调三个平台同时进行,以前所未有的广泛性、多样性和深入性开展,在新加坡国内掀起热潮。④ 新加坡政

---

① [新加坡]洪奕婷:《对医疗、住屋和教育作出战略调整 弃旧立新 开拓前进新路径》,《联合早报》2013年8月19日。

② “新加坡21”愿景5大理想的英文表述是:Every Singaporean matters;Opportunities for all;Strong families;Active citizenship and the Singapore heartbeat.PAP 45th Anniversary Celebrations Organising Committee:*For People Through Action By Party*,Singapore:People' s Action Party,1999,p.128.

③ PAP 45th Anniversary Celebrations Organising Committee:*For People Through Action By Party*,Singapore:People' s Action Party,1999,p.128.

④ 此次对话会的过程及新加坡国内的评论参见[新加坡]蔡裕林:《李光耀时代VS后李光耀时代》,新加坡玲子传媒有限公司2015年版,第156—162页。

府通过这种方式动员国民广泛参与对现实的检讨和对未来的憧憬，并将国民的意见建议充实到政策的修正当中，希望在政府、基层组织之外，增加公民个人参与国家、社会治理的渠道，完善政府、社区、国民三者相互协调、互相配合，共同维护有序、和谐社会环境的社会治理体系。

对话活动的调查显示（表4-4），月收入不到7000新元者普遍希望有一个关怀人民的政府，认同政府体恤人民、有效解释政策的受访者大约只占六成①；公共医疗、住房和就业保障几乎是每个收入阶层都关注的三大课题；环境安全、公共交通和教育政策这些政府长期重点建设重点投入的领域也是国民普遍关注的问题所在。调查结果说明，随着经济发展和社会进步，新加坡人在社会福利方面有对政府更高的期望，要求政府在社会政策的调整上更加切合个人的需求。

表4-4　新加坡不同收入层次关注度优先等级

收入层次	最关注	第二关注	第三关注	第四关注	第五关注
1000新元以下	公共住房	公共医疗	关怀人民的政府	就业保障	公共交通
1000—2999新元	公共住房	公共医疗	就业保障	公共交通	关怀人民的政府
3000—4999新元	公共住房	公共医疗	就业保障	环境安全	关怀人民的政府
5000—6999新元	公共医疗	公共住房	就业保障	环境安全	关怀人民的政府
7000—9999新元	公共医疗	就业保障	环境安全	全面教育	诚实的政府
10000新元以上	公共医疗	就业保障	环境安全	全面教育	诚实的政府

资料来源：*Our Singapore Conversation Survey*, p.3, http://www.reach.gov.sg/Microsite/osc/index.html.

政府高度重视这次对话会，“全国对话会让我们更加清楚和明白，大家向往的新加坡。我们希望它是一个能够为国民提供各种机会求取成功、充实人生的国家；一个对成功有广泛定义、让人民能通过各种途径攀登不同高峰的国度；一个为国人提供安全网、让他们得以安身立命的社会；以及一个弱势群体

① ［新加坡］洪奕婷：《收入差异影响国人对政府看法》，《联合早报》2013年8月26日。

能够获得帮助、成功者也愿意为他人付出的社区。”[①]李显龙总理在2013年国庆群众大会上回应了国民普遍关心的问题,提出医疗、住房、教育三个社会领域的重点计划:医疗方面,健保双全提升为全民化的终身健保双全,社保援助计划取消年龄底限,增加中低收入国人到医院看专科医生津贴;住房方面,让组屋保值,让未来组屋买家负担得起新组屋,扩大特别公积金购屋津贴到四房式单位,提供住屋提升津贴协助二房式屋主;教育方面,每所小学须为和学校没有任何关系的小一报名者保留至少40个学额,小六会考成绩鉴别制度将从积分制改成等级制,进一步扩大直接收生计划。[②] 针对国民最关心的医疗问题,2013年8月国会卫生委员会发表《改善新加坡人医药费支付能力》报告,提出扩大健保双全,减轻国人医药费负担。

(三)提高女性的参与度

随着女性受教育程度的提高,[③]新加坡女性社会地位提高,如表4-5所示,20世纪90年代以后,半数以上的女性有独立工作,劳动参与率的男女比率逐年提高,女性雇主、女性立法者、女性高级官员和管理人员、女性议员在人口中的占比都呈增长趋势,从事专业工作的妇女是新加坡一个快速增长的群体,人民行动党过去并没有特别关注甚至接触她们。

表4-5　新加坡女性社会地位统计数据(1990—2020年)　(单位:%)

年份(年)	劳动力参与率(女性百分比)	劳动参与率的男女比率	女性雇主占就业人数百分比	女性立法者、高级官员和管理人员(占人口的百分比)	国会议员中女性百分比
1990	50.7	59.9	—	—	—
1991	51.2	60.1	7.6	16.5	—

① 《李显龙2013年国庆献词》,《联合早报》2013年8月8日。

② [新加坡]洪奕婷:《对医疗、住屋和教育作出战略调整　弃旧立新　开拓前进新路径》,《联合早报》2013年8月19日。

③ 详见魏炜:《新加坡社会政策研究》,人民出版社2020年版,第222—224页。

续表

年份（年）	劳动力参与率（女性百分比）	劳动参与率的男女比率	女性雇主占就业人数百分比	女性立法者、高级官员和管理人员（占人口的百分比）	国会议员中女性百分比
1992	51. 8	60. 7	7. 6	16. 8	—
1993	52. 8	61. 8	7. 1	17. 4	—
1994	53. 6	62. 6	7. 6	18. 4	—
1995	54. 4	63. 3	6. 5	—	—
1996	55. 2	64. 2	8. 1	20. 5	—
1997	55. 9	64. 8	8. 2	22. 6	4. 8
1998	55. 3	63. 8	8. 3	20. 9	4. 8
1999	56. 3	65. 2	9. 6	21. 8	4. 3
2000	56. 8	65. 8	5. 8	—	4. 3
2001	57. 5	66. 6	9. 5	24. 8	11. 8
2002	56. 6	65. 8	9. 4	25. 9	11. 8
2003	57. 4	67. 2	9. 5	26. 1	16. 0
2004	58. 0	68. 2	9. 7	27. 7	16. 0
2005	58. 5	68. 6	10. 0	—	16. 0
2006	59. 2	69. 0	10. 1	31. 0	21. 2
2007	59. 9	69. 4	10. 1	30. 5	24. 5
2008	62. 5	72. 9	10. 0	31. 4	24. 5
2009	62. 1	72. 2	10. 0	31. 6	23. 4
2010	63. 4	73. 9	9. 6	34. 3	23. 4
2011	64. 2	75. 0	10. 5	33. 9	22. 2
2012	65. 4	75. 8	10. 9	—	24. 2
2013	65. 9	76. 4	10. 5	—	24. 2
2014	67. 3	77. 7	10. 0	—	25. 3
2015	68. 7	78. 8	9. 3	—	23. 9
2016	69. 0	79. 3	9. 3	—	23. 8
2017	69. 1	78. 7	9. 3	—	23. 0
2018	69. 4	79. 2	9. 3	—	23. 0

续表

年份(年)	劳动力参与率(女性百分比)	劳动参与率的男女比率	女性雇主占就业人数百分比	女性立法者、高级官员和管理人员(占人口的百分比)	国会议员中女性百分比
2019	69.7	79.1	—	—	23
2020	61.1	—	—	—	29.5

说明:劳动力参与率指15岁(含)以上就业人口比率

资料来源:世界银行数据,世界银行官网 http://data.worldbank.org.cn/country/singapore,2021年9月15日。

新千年人民行动党更新计划之一是扩大女性对政治的参与,人民行动党妇女团同党外从事专业工作的女性和基层组织妇女举行政策对话会,并同她们合作举办一些特定项目和工作坊,探讨的课题包括工作与生活的平衡、预防性保健医疗及青少年犯罪等。2005年人民行动党妇女团与行动党青年团联合成立行动党女青年团,行动党青年团主席解释这个新政治团体成立的目的时说:"目前并没有一个政治团体专门发挥年轻女性的能量、才华和想法,同她们直接对话,或创造一个平台让她们参与国家建设。行动党女青年团将会是行动党同这些年轻女性接触的一根导管,并成为她们的声音。"①人民行动党希望通过行动党女青年团提高年轻女性(17—40岁女性)参与政治的热度,为那些有潜质的女性人选提供一个训练成为政治领袖的平台。

开放包容的新理念下,政府也坦然面对一些曾经避而不谈的社会问题,比如同性恋问题。自20世纪90年代中期以来,人民行动党政府一直在放宽对同性恋的管理,同性恋群体向议会提交请愿书,要求废除将同性恋定为犯罪的刑罚条款,经议会审议,条款虽然没有被废除,但是政府宣布不再起诉成年人之间的同性恋行为。

有研究批评新加坡政府扩大公民参与的做法是一种"姿态政治(Gestural

① [新加坡]叶添博、林耀辉、梁荣锦:《白衣人:新加坡执政党秘辛》,新加坡报业控股2013年版,第496页。

Politics)"，目的是营造一种民主的感觉和外观。[①] 不管怎样，有"参与"就有开始，况且，任何改革都不可能一步到位，更不可能完美无缺。

三、社会融合问题及其治理

族群结构特质和收入差距拉大的现实使新加坡进入发达经济体后，既要继续促进族群融合，又要促进社会各阶层、各群体的社会融合，减少社会分化。多元文化和谐共处是新加坡一以贯之的族群融合政策，但是在进入老龄社会后新问题层出不穷。同时，收入差距的拉大使得新加坡出现社会分化加剧的风险，引发的社会不安日益威胁到社会稳定和对执政党的信任。因此，21 世纪以来，新加坡的社会融合问题主要是如何进一步促进族群融合，保持多元种族和谐局面？如何缩小贫富差距，缓解社会分化加大的趋势？

（一）促进族群融合

新加坡实行的是族群融合的多元化模式，新加坡在构建多元族群社会的成就有目共睹，[②]新加坡国内的各种关于族群问题的民调也显示，新加坡已经实现族群和谐与宗教和谐。2009 年 8 月，《联合早报》的调查显示，多数受访的新加坡人都能包容不同种族和宗教的习俗，喜欢和满意组屋区的多元种族和文化特色。[③] 2011 年南洋理工大学的调查发现，新加坡人比过去更能接受各种族各宗教和睦共处的事实，对异族或异教也更加包容，新加坡人基本可以

---

① Terence Lee, "Gestural Politics: Civil Society in 'New' Singapore", *Journal of Social Issues in Southeast Asia*, Vol.20, No.2 (2005), pp.132–154, published by Institute of Southeast Asia Studies (ISEAS), from: http://www.jstor.org/stable/41308055.

② 详见：郭保强：《战后新加坡的族群管理与国家建构研究》，博士学位论文，华东师范大学历史系，2002 年；范磊：《新加坡族群和谐机制：实现多元族群社会的善治》，湖南人民出版社 2016 年版。

③ 《联合早报》2009 年 7 月 19 日。

接受三大族群和五大宗教中的任何人任总统、总理和国会议员。① 2013 年,由新加坡政策研究院和种族和谐资源中心联合进行的调查显示,医院、学校、社会服务机构、法庭、警方等场所提供的公共服务对各族群都一视同仁,族群之间也相处融洽,不过调查也发现,新加坡人较少与异族国人交朋友,朋友圈基本都局限于同族群。②

面对新加坡多元族群和谐共处的现状,政府一点都不敢松懈,李显龙提醒国民,新加坡的种族和谐是世界上的一个小奇迹,新加坡人应多加珍惜、维护和巩固它,不可视为理所当然。③ 事实上,新千年以来,新加坡确实也不是高枕无忧,面临着多元族群和谐共处基础上如何促进族群融合(Ethnic Integration)的问题。

1. 政府的努力

政府加大对族群融合的支持与引导,设立了多个资助项目。

(1)设立资助金项目

一是社会融合基金(Community Integration Fund,CIF)。

2009 年 9 月,国民融合理事会(National Integration Council)设立,其宗旨是为了支持本地组织举办社会融合的活动项目,活动项目需要至少符合以下一项要求才能申请资助:提供关于新加坡的信息或材料;促进新加坡本地公民、新移民与外籍居民之间的交流;培养参与者对于新加坡的归属感;鼓励参与者以开放包容的心态面对社会融合。④

二是和谐基金(Harmony Fund,HF)。

---

① [新加坡]吴元华:《新加坡良治之道》,中国社会科学出版社 2014 年版,第 128 页。

② [新加坡]吴元华:《新加坡良治之道》,中国社会科学出版社 2014 年版,第 125 页。

③ 转引自[新加坡]吴元华:《新加坡良治之道》,中国社会科学出版社 2014 年版,第 128 页。

④ 新加坡宗乡会馆联合总会·资助金,见 https://sfcca.sg/%e8%b5%84%e5%8a%a9%e9%87%91/。

新加坡政府于2013年宣布设立。和谐基金资助民间非营利组织推动各种活动，以促进各族及不同宗教之间的理解与互信。任何个人或非营利组织都可申请和谐基金，只要推广的活动有助于促进种族和宗教和谐、协助提高本地各文化和宗教团体之间的交流，都符合申请条件。除了非营利组织，和谐基金也开放给中学、初级学院、工艺教育学院、理工学院与大学申请。个人若想申请则须通过非营利组织。每个批准的项目可获得政府80%资助，最多不超过10万元。有意申请者必须在活动开展前至少两个月提交申请表格。①

三是国家青年基金（National Youth Fund，NYF）。

政府于2013年成立国家青年基金，希望借此支持更多有创新和企业精神的青年，推出对社会有正面影响的计划。申请资金的条件：凡是能让社群受益的青年计划，无论是青年组织、青年社会企业、学校和高等教育学府都能申请。

（2）开办华族文化中心

在新加坡，华社、华族、华文始终是个敏感话题，吴作栋在一次采访时被问道：您觉得所谓"华社"还存在吗？他回答："我想会越来越不明确，随着更多国人掌握双语，英语也成了主要工作语言。不过我相信华社将持续存在，只是相对全国人口会缩小。我们需要一个核心华人社群。以本地会馆来说，他们也是双语的。我参加海南会馆晚宴，我说英语，他们约五六十岁，也说英语。他们的英语不如华语好，但你看得出他们的思维不同。我希望我们新加坡华人尽管英语用得更多，仍然扎根华人文化。"②

作为多元社会的最大族群的文化，华族文化在经历了建国后的压制后，终于得到公平待遇，被接纳为新加坡文化的重要组成部分。2016年，新加坡华族文化中心（图4-3）落成，成为各个宗乡会馆吸引年轻一代和展示新加坡独特华族文化的平台。政府全力支持这个项目，中心90%的发展费用由政府承

① 新加坡宗乡会馆联合总会·资助金，见 https://sfcca.sg/%e8%b5%84%e5%8a%a9%e9%87%91/。

② ［新加坡］吴作栋：《政治没有万无一失》，《联合早报》2019年5月26日。

担,另外每年拨出一笔款项支持中心的运作开销。

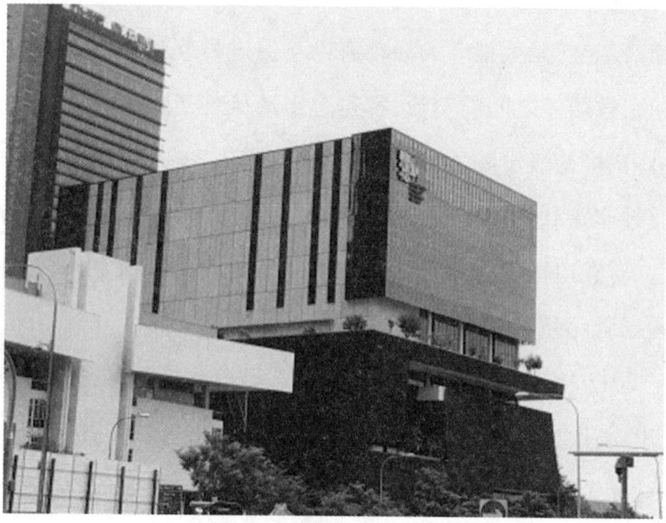

图 4-3　新加坡华族文化中心

2. 社团的参与

宗乡会馆联合总会是新加坡最大的族群社团,至 2016 年,宗乡会馆联合总会成员中有 125 个宗亲组织,95 个乡亲组织。① 从政府向协商政治转变开始,宗乡总会发挥自己华人社团领导机构的优势和专长,逐步恢复社会角色。2006 年,宗乡总会响应政府号召,为了促进族群的相互了解,与中华总商会联合成立了“社区参与计划行动委员会”,负责组织会员团体出席内政部社区参与司举办的“社区参与计划”活动,该活动的宗旨是强化人们反恐和安全方面的意识,增加人们在危机发生时的应对能力。社区参与计划行动委员会定期举办“社区参与计划”说明会协助公众了解政府的措施、明确自身在社区参与计划中的角色。

① 《新加坡宗乡会馆联合总会会员通讯录(2016—2018)》,新加坡宗乡会馆联合总会 2016 年版,第 87—90 页。

华人是新加坡新移民中的主要群体，他们陆续组建了天津会、华源会、天府会等新移民组织。为配合政策移民政策，宗乡总会积极协助新移民融入本地，邀请新移民组织出席及参与总会的各项活动，与新移民组织联合举办“新移民对本土文化的贡献与冲击”等研讨会，鼓励旗下的会员团体接纳新移民加入会馆，成为会馆新的生力军。

除继续发挥 20 世纪八九十年代的文化功能外，宗乡总会和宗乡会馆扶持教育的社会功能有所恢复。宗乡总会设了两个教育资助项目：“新加坡宗乡会馆联合总会奖学金”和“新跃社科大学—宗乡总会学士课程资助金”。新加坡宗乡会馆联合总会奖学金主要目的是培养新加坡双语双文化优秀人才，每年资助 5 名优秀的学生前往中国的顶尖大学攻读本科学位。奖学金开放给具有初院学历或其他相等资格学历的新加坡公民或永久居民，申请成功者将最多获得每人每年 1 万 5000 新元的奖学金。①

“新跃社科大学—宗乡总会学士课程资助金”是宗乡总会为鼓励终身学习以及培育更多双语双文化的人才，与新跃社科大学合作而设。这项资助金每年提供 5 个名额予宗乡总会及属下会员团体的会员和职员申请，申请者须为新加坡公民或永久居民，拥有良好的学术成绩及课程辅助活动记录、优秀的语言能力并展现领袖素质，是未拥有任何学士学位的在籍学生及新生。新生同时须符合申请科系的入学资格，被有关科系录取后，才能获得资助金。此资助金无任何合约限制。②

只要资金允许，停办学校后，宗乡社团几乎都设置了数额不等的中小学奖助学金、大学生奖助学金和贷学金，资助成绩优异或家境贫寒的会员子女。每年农历新年前给 60 岁以上或孤寡老人发贺岁金（又称度岁金）。2005 年，宗乡总会对属下 148 家会馆进行问卷调查，提供奖助学金的会馆最多，其次是发

---

① 新加坡宗乡会馆联合总会・奖助学金，见 https://sfcca.sg/%e5%a5%96%e5%8a%a9%e5%ad%a6%e9%87%91/。

② 新加坡宗乡会馆联合总会・奖助学金，见 https://sfcca.sg/%e5%a5%96%e5%8a%a9%e5%ad%a6%e9%87%91/。

放敬老度岁金(见表4-6),会馆辅助教育、赡养老人的传统依然存续。

表4-6 宗乡会馆慈善项目统计(2005年)

慈善名目	会馆数量(家)
互助会	36
奖/助学金	108
敬老度岁金	54
提供医疗服务	5
办校	3
提供儿童托管	1

资料来源:《总会25年》,新加坡宗乡会馆联合总会2011年版,第63页。

3. 新移民与族群融合

自治政府成立后,为了缓解就业压力,新加坡严格限制移民。1959年的《移民条例修正案》(Immigration Amendment Ordinance,1959)废止了已实行百余年的妻儿无限制移民政策,规定妻子和18岁以上的子女必须取得许可证方可入境,而如果是新加坡公民,其未满15岁的子女可无限制入境,如果是未取得公民权的新加坡永久居民,其未满12岁的子女可无限制入境。① 1959年的《禁止移民法》(Immigration Prohibition Order,1959)规定,从1959年9月1日起禁止非新加坡公民的妻儿移民新加坡;即使是新加坡公民,如果与在国外的妻子分开时间超过5年,其妻也被禁止移民新加坡,但其15岁以下的子女允许移民。②

对移民的限制持续了20余年。从20世纪80年代开始,新加坡为应对出生率下降而实施更宽松的移民政策,20世纪90年代进一步放宽,以吸引拥有技术和资格的外国人才,并鼓励他们成为永久居民和公民。新千年来,新申请

① *Colony of Singapore Annual Report 1959*, Singapore: Government Printing Office, 1961, p.55.

② *Colony of Singapore Annual Report 1959*, Singapore: Government Printing Office, 1961, p.55.

永久居民身份的人数稳步上升，到 2008 年达到顶峰，为 79167 人，新申请公民身份的人数为 20513 人。①

新移民和外来人才的大量涌入给新加坡多元族群社会的融合带来新问题。问题一方面是来自新移民群体自身对融入新环境的自觉性与主动性。新移民以华人和印度人居多。20 世纪最后几年，当移民政策放宽时，新一波印度移民进入新加坡，新移民大多拥有一流的教育和专业资格，包括律师、记者、教师和技术人员，他们中许多人在大学和研究机构中担任领导角色。自 2008 年以来，印度专业人士在新加坡的人才库里不断增加，在西方市场受到全球金融危机的不利影响，新加坡成为一个新的选择，一些印度裔的金融家、资产经理、对冲基金和债券交易商把新加坡作为自己的新家园，为新加坡全球金融中心的发展作贡献。在其他专业领域，如学术界、会计、医学、法律和工程学领域，新印度移民都表现出色。在新加坡安家的多是印度专业人士和富有的印度商人，在新加坡社会的总体印象中是良性的，他们被认为是模范移民——守法、勤劳、纳税相对较高，为新加坡经济作出了贡献，并帮助维持了新加坡作为全球城市的形象和地位。但是他们的高收入水平也受到公众关注。达到一定规模的新印度移民在新加坡面临着突出民族特性还是融入多元种族社会的矛盾，靠近小印度，印度学校、商店和电影院随处可见，以印度国内各邦为界限的小社会形成，阻碍了新移民融合和深入当地社区。

新加坡国内研究者还发现新移民影响社会融合的一种新现象，比起其他新加坡公民住户密度较高的社区，永久居民住户较集中的组屋区互信较高；但是永久居民较集中、且少数种族人口较多的社区中，人们之间的互信相对较低。换句话说，一个组屋区的永久居民和少数种族居民越多，区内互信就越

① *Yearbook of Statistics Singapore*, 2009, Singapore: Department of Statistics, Ministry of Trade & Industry, http://www.singstat.gov.sg/publications/publications_and_papers/reference/yearbook_of_stats.html.

低。研究者认为这种现象说明,新移民对多元文化的包容较少。①

问题的另一方面来自新加坡国民对新移民和外来人才的抵触与排斥。2007 年的一份民意调查显示,新加坡人认为大规模的移民有利于增加就业岗位以及提供新的机遇,但是 43%的民众认为政府应该更加关注外来人口的才能,同时将近 90%的人担心外来人口将会夺取他们的工作。② 外来人口增加引起的工作竞争压力加大、对教育医疗和公共交通资源的挤占、组屋需求增加而价格上涨等情况使得对政府宽松移民政策的不满很快成了新加坡人质疑政府的主要课题,这种不满和质疑在 2011 年大选时达到顶点。大选过后,政府检讨了移民政策,通过提高外劳就业准证门槛和放缓吸收新移民为永久居民和公民的调整减少引进外来人口,永久居民增长率下降,但是外来人口的增长率反弹,2011 年达到 6. 9%,2012 年上升到 7. 2%(见表 4-7)。李显龙在 2012 年国庆群众大会上的演讲列举了几个新加坡人对移民和外劳不友好的事例,呼吁国人保持一颗慷慨的心。

表 4-7 新加坡人口增长率统计(2007—2020 年) (单位:%)

年份(年)	总人口增长率数	公民增长率	永久居民增长率	非永久居民增长率
1991—2000 平均值	2. 8	1. 3	9. 9	9. 3
2007	4. 3	0. 8	7. 5	14. 9
2008	5. 5	1. 0	6. 5	19. 0
2009	3. 1	1. 1	11. 5	4. 8
2010	1. 8	0. 9	1. 5	4. 1
2011	2. 1	0. 8	-1. 7	6. 9

① [新加坡]黄顺杰:《隔邻隔心?从住房大数据解密新加坡族群关系》,《联合早报》2021 年 6 月 17 日。

② Mukul G.Asher and Amarendu Nandy, "Singapore' s policy responses to ageing, inequality and poverty: An assessment", *International Social Security Review*, Vol.61, (Janoury 2008) Oxford: Blackwell Publishing Ltd, Journal compilation 2008, International Social Security Association.

续表

年份(年)	总人口增长率数	公民增长率	永久居民增长率	非永久居民增长率
2012	2.5	0.9	0.2	7.2
2013	1.6	0.9	-0.3	4.0
2014	1.3	0.9	-0.7	2.9
2015	1.2	1.0	—	2.1
2016	1.3	1.0	-0.6	2.5
2017	0.1	0.9	0.4	-1.6
2018	0.5	1.0	-0.8	-0.1
2019	1.2	0.8	0.6	2.0
2020	-0.3	0.6	-0.8	-2.1

说明：非永久居民指在新加坡工作、学习、生活但未取得永久居民资格的外国人，基本上都是持就业许可者和留学生，与永久居民一样是新加坡争取的移民对象。

资料来源：1. 1991—2017 数据："Singapore population size and growth by residential status", *Yearbook of Statistics Singapore, 2014*, 2015, 2018.

2. 2018—2020 数据：*Singapore Census of Population 2020*, Statistical Release 1, Singapore: Department of Statistics, 202106, p.21.

基于人口老龄化和出生率下降，新加坡劳动力短缺问题日益严峻，引入外国人才似乎是必然之选，新加坡面对困难的抉择："一方面，我们需要引进外国劳工从事经济活动和应付国人的需要，也需要外来移民填补低生育率造成的人口不足；可是另一方面，我们又担心移民涌入造成拥挤问题，以及如何维系新加坡人对国家的认同感和归属感。"①政府设立的社会融合基金鼓励促进新加坡本地公民、新移民与外籍居民之间交流的活动，社区、社团也被要求努力帮助新移民融入新加坡。但是从数据上看（见表4-7），形势不容乐观，新加坡永久居民和非永久居民2012年以后整体趋势是减少的，2018年情况更严重，首次出现了永久居民和非永久居民双双减少现象，2019年虽然有所回升，但是2020年下跌幅度更大，导致2020年人口出现负增长。

即便如此，受新冠疫情的影响，新加坡在2021年继续收紧外劳政策。李

① 《李显龙2013年国庆献词》，《联合早报》2013年8月8日。

显龙总理在2021年国庆群众大会演讲中一方面提醒人民在思维和价值观方面保持开放,不能造成新加坡变得敌视外国人的印象,否则将严重损害新加坡作为国际枢纽的声誉;另一方面宣布,“为了避免对企业造成影响,政府将会逐步推行收紧准证申请条例,确保新加坡只引进所需人才,而不是让他们抢走人民的饭碗。”要聘请外籍员工的雇主必须确保全体新加坡本地员工的月薪,达到1400新币的“薪金门槛”。①

在移民问题上,如何在政策与国民情绪之间取得平衡?如何既促进经济繁荣又促进社会融合?新加坡政府和国民都任重道远。

4. 族群融合治理的成效与反思

(1)族群融合治理的成效

多元宗教的色彩继续维持。据2020年人口普查数据,佛教仍是本地第一大宗教,佛教徒占15岁及以上总居民人口的31.1%,第二和第三大宗教依次为基督教(18.9%)和伊斯兰教(15.6%),道教和兴都教分别占8.8%和5.0%,其他信仰占0.7%。与2010年相比,信仰者的分布情况发生变化,表现为:基督教徒、伊斯兰教徒、其他宗教教徒所占的居民人口比率略有增长,分别上升0.6、0.9和0.1个百分点;而其他各宗教信徒的比率则略减,佛教和道教信徒减幅最明显,分别为2.2和2.1个百分点;无宗教信仰者的比率逐渐增加,2020年占总居民人口的20%,比2010年的17.0%有所增加,其中过半无信仰者是34岁以下青年人。②

英语取代华语,成为新加坡人在家中最常说的语言。本地5岁以上居民人口当中,有48.3%家中最常说的语言是英语,这比2010年的32.3%高出16个百分点,在家中最常说华语的本地居民从10年前的35.5%下降至29.9%。

---

① 《李显龙2021年国庆群众大会演讲》,《联合早报》2021年8月29日。

② *Singapore Census of Population 2020*, Statistical Release 1, Singapore: Department of Statistics, 202106, p.49.

双语仍然是大部分家庭的选择，只有 13. 2%在家里只用英语一种语言。① 英语为主的双语政策成效明显。

族群之间的受教育程度和收入差距在缩小，马来族的进步明显。2020 年新加坡 25 岁及以上居民拥有中学以上学历的比例为 58. 3%，高于 2010 年的 46. 5%。② 华族、马来族和印度族群体在这十年的受教育情况都出现了改善，马来族中学以上学历增幅最大，而印度族的大学文凭者比例最高（见表 4-8）。

表 4-8　25 岁及以上居民所获最高学历族群比较（2010—2020 年）

（单位：%）

文凭类别	华族		马来族		印度族	
	2010 年	2020 年	2010 年	2020 年	2010 年	2020 年
中学以下文凭	35. 8	26. 2	41. 4	28. 9	23. 8	18. 3
中学文凭	18. 5	15. 5	27. 5	23. 5	16. 9	14. 3
中学后文凭	8. 7	8. 4	15. 8	19. 8	9. 6	11. 0
专业文凭	13. 9	15. 2	9. 8	16. 9	12. 9	15. 0
大学文凭	23. 2	34. 7	5. 5	10. 8	36. 8	41. 3

说明：包括没有到教育机构就读全日制课程以及通过非全日制课程提高学历的居民。

资料来源：*Singapore Census of Population 2020*, Statistical Release 1, Singapore: Department of Statistics, 202106, p.36.

表 4-9 显示，三大种族居民家庭每月工作收入过去 10 年都增加。华族居民家庭每月工作收入中位数每年增长 3. 4%（将通货膨胀率考虑在内后实际增长率为每年 2. 1%）；马来居民家庭工作月入中位数每年增长为 2. 8%（实际增长 1. 4%）；印度家庭工作月入中位数每年增长 3. 5%（实际增长 2. 2%）。如果将家庭人口考虑在内，马来居民家庭每月工作人均收入中位数在 2020 年是 1594 新元，与 2010 年相比增幅最显著，每年增长 4. 3%（实际增长 3. 0%）；华

① *Singapore Census of Population 2020*, Statistical Release 1, Singapore: Department of Statistics, 202106, p.41.

② *Singapore Census of Population 2020*, Statistical Release 1, Singapore: Department of Statistics, 202106, p.35.

族居民家庭每月人均收入中位数,每年增幅为 4.2%(实际增长 2.9%),居第二;印度族居民家庭每年增长 3.9%(实际增长 2.5%)。①

表 4-9 各族裔家庭每月工作收入变化(2010—2020 年)

	2010 年(新元)	2020 年(新元)	年度变化(%)数值	实际(%)
家庭平均工作收入				
总计	7812	10608	3.1	1.7
华族	7926	10812	3.2	1.8
马来族	5109	6851	3.0	1.6
印度族	8271	11688	3.5	2.2
家庭工作收入中位数				
总计	5600	7744	3.3	1.9
华族	5691	7972	3.4	2.1
马来族	4328	5704	2.8	1.4
印度族	6000	8500	3.5	2.2
计算成员后家庭平均工作收入				
总计	2425	3488	3.7	2.3
华族	2478	3615	3.8	2.5
马来族	1304	2003	4.4	3.0
印度族	2533	3584	3.5	2.2
计算成员后家庭工作收入中位数				
总计	1638	2463	4.2	2.8
华族	1718	2603	4.2	2.9
马来族	1043	1594	4.3	3.0
印度族	1721	2521	3.9	2.5

说明:"实际"指将通货膨胀率考虑在内的变化率。

资料来源:*Singapore Census of Population 2020*, Statistical Release 2, Singapore: Department of Statistics, 202106, p.38.

① *Singapore Census of Population 2020*, Statistical Release 2, Singapore: Department of Statistics, 202106, pp.37-38.

（2）族群融合治理的反思

维护多元族群、多元宗教、多元文化是1959年人民行动党执政以来一直坚守的治国原则之一，这不仅是社会和谐的需要，也是新加坡社团主义治理形式的基础。在社团主义中，国家专门负责团体和个人参与公共事务的合法性和公民权，同时也负责管理这些团体和个人之间的和谐互动。在新加坡，族群也被视为一个个社团，政府保护他们的差异，用"通过差异治理"的方式规范不同族群社团的社会空间和彼此的关系。① 这种族群社团主义治理方式存在的前提是族群社团的差异性，但是，可以预见的是，在多元文化主义的推动下，随着城市化、世俗化、全球化和社会凝聚力的发展，族群之间差异不会保持不变或越来越大，反而是会越来越小，所以社团主义的族群治理方式与多元文化主义的共生关系会因新加坡人的社会凝聚力的增强而改变。

新加坡已经完成多族群的国家意识建构，国家认同超过了族群认同，未来还要继续强化族群特色吗？早在1979年的一项新加坡国民身份调查显示，90%的受访者接受自己是新加坡人，88%的受访者强烈承认自己是新加坡人，75%的受访者更愿意被称为新加坡人而不是某个种族。2001年社区发展和体育部对新加坡人社会态度的调查证实了20世纪70年代调查结果：97%的受访者为自己是新加坡人感到自豪。2002年，新加坡国立大学政策研究所的调查发现，78%的新加坡人认为自己是新加坡人，而不是种族认同，说明过了30年，新加坡人对族群的认同更加淡化。② 下一步，要发展成"一个民族"吗？只要族群差异的生物特征存在，新加坡就不可能达到"一个民族"。新加坡需要的是认同新加坡国家、接受与异族和谐共处的国民，求同存异是理想状态，

---

① Norman Vasu, "Governance through Difference in Singapore", *Asian Survey*, Vol.52, No.4, (2012), pp.734－753, University of California Press, from: http://www.jstor.org/stable/10.1525/as.2012.52.4.734.29/05/2013.

② 调查资料转引自 Norman Vasu, "Governance through Difference in Singapore", *Asian Survey*, Vol.52, No.4, (2012), pp.734－753, University of California Press. from: http://www.jstor.org/stable/10.1525/as.2012.52.4.734.29/05/2013.

在身份上强调新加坡国民的“国家认同”，但在文化上强调所属种族的“族群认同”，与其说是保护，不如说是一种困扰，这种矛盾和困扰对于非伊斯兰信仰的、在家庭和学校都完全受英文教育的新加坡年轻一代尤其严重，其实他们的族群身份多数情况下只体现在身份证上。维护族群的多元在现在的新加坡已经不是社会和谐的需要，而是文化的需要，最终是旅游经济的需要，以族群博物馆、宗教博物馆、文化博物馆的形象吸引全球各地的游客。

国家建构的任务完成后，多元种族主义如何延续？都市中成长起来的年轻人会如政府所愿刻意保留自己的族群特性吗？对宗教的宽容乃至淡漠能否让不同宗教始终互相理解与信任？日益增加的新移民如何融入已有的多元种族社会？新加坡与国际社会千丝万缕的联系能否保证国内的族群问题和宗教问题始终为政府掌控？这些问题将会是新加坡政府未来长期面对的挑战。

（二）治理贫富分化

表4-10分析了新加坡家庭收入差距，差距拉大是新加坡社会分化明显的迹象，是李显龙政府面临的主要社会问题。2020年人口普查结果显示，居民家庭的每月工作收入中位数从2010年来每年增长3.3%，从2010年的5600新元，增至2020年的7744新元，如果将通货膨胀率考虑在内，新加坡居民家庭每月工作收入中位数，每年实际上增长了1.9%。如果把家庭人口考虑在内，居民家庭的每月工作人均收入中位数，从10年前的1638新元，增加至2020年的2463新元，居民家庭每月工作人均收入中位数每年增长4.2%，将通货膨胀率考虑在内每年实际增长则为2.8%。① 随着家庭每月工作收入的增长，更多居民家庭跨入较高收入阶层。如表4-10所示，每月工作总收入至少9000新元的居民家庭，从2010年的29.8%，增加至2020年的44.3%；每月工作总收入2万新元及以上的居民家庭，2020年占居民家庭总数的

① *Singapore Census of Population 2020*, Statistical Release 2, Singapore: Department of Statistics, 202106, p.36.

13.9%，比 10 年前的 6.6%，比率增加超过一倍；而月工作收入不足 3000 新元的低收入家庭比例从 2010 年的 29.2%降至 2020 年的 25.5%。但是，2020 年有 13.3%家庭无工作收入，高于 2010 年 10.5%的比例。

表 4-10　家庭月工作收入各层级比例变化（2010—2020 年）

收入区间（新元）	2010 年比例（%）	2020 年比例（%）
无工作	10.5	13.3
1000 以下	3.5	2.0
1000—2999	15.2	10.2
3000—4999	16.2	10.6
5000—6999	14.1	10.4
7000—8999	10.8	9.4
9000—10999	8.0	8.4
11000—12999	5.6	6.8
13000—14999	3.9	5.6
15000—17499	3.5	5.6
17500—19999	2.2	4.0
20000 及以上	6.6	13.9

资料来源：*Singapore Census of Population 2020*, Statistical Release 2, Singapore: Department of Statistics, 202106, p.37.

新加坡没有设定官方贫困线，也反对福利国家，政府保证“人民在食、住、就业、保健等方面都受到良好的照顾”①，主张“政府福利只是对那些真正贫困却错不在己的人的一个形式上的安全网”②。低收入家庭即属于“真正贫困却错不在己”的人群，新加坡政府通过社区关怀、家庭福利等方式构成的社会救助安全网，为弱势群体提供基本生活保障。

① 《联合早报》编：《李光耀四十年政论选》，新加坡报业控股华文报集团 1993 年版，第 574 页。

② *The Straits Time*, 7 January 1995.

1. 从公共援助到社区关怀：低收入家庭的托底保障

公共援助于1946年7月开始，是新加坡持续时间最长、最主要的社会救助项目，最初由公共援助（Government Public Assistance Scheme）和肺结核治疗补助计划（Government Tuberculosis Treatment Allowance Schemes）两类组成，都由政府出资，为需要帮助的家庭提供资金援助。2004年，公共援助改称社区关怀长期援助（ComCare Long Term Assistance），援助对象被严格规定为"因年老、疾病或残疾且只有有限收入或没有收入，很少或没有家人的支持"①的新加坡人，政府将受援助者分成5类：老年赤贫者、因病无法工作者、被弃妻儿、60岁以下残疾人、有不满12岁孩子的寡妇。其中老年赤贫者、因病无法工作者和60岁以下残疾人三类受助数量是增长的，被弃妻儿和有不满12岁孩子的寡妇的受助者逐年减少。具体的申请条件是：因年老、疾病或残疾不能工作；没有稳定收入；每月收入低于公共援助额的老人；子女已成家且家庭月收入低于1900新元或人均月收入低于650新元，无力赡养父母的老人；新加坡公民或永久居民。② 公共援助的审核非常严格，能够得到援助的家庭居少数，以2017年为例，新加坡注册家庭总数为128.99万户，接受公共援助的家庭3927户，占总家庭数的0.30%。③

公共援助的形式多种，维持基本生活的现金津贴是最基本的援助形式，津贴按家庭人数、按月计发，津贴额一般参照且略低于工资收入前10%家庭的平均值，一般每3年调一次，比如2013年，前10%家庭的平均月收入是

---

① *Yearbook of Statistics Singapore 2013*, p.312, Singapore: Department of Statistics, Ministry of Trade & Industry, 2014.

② https://www.msf.gov.sg/Comcare/Pages/Public-Assistance.aspx, 2014-2-8.

③ *Yearbook of Statistics Singapore 2018*, Singapore: Department of Statistics, Ministry of Trade & Industry, 2019, p.34.

463 新元，当年公共援助津贴调整为每月最低 450 新元①。2016 年 7 月开始实行每月最低 500 新元的标准，2019 年 7 月上调至最低 600 新元的标准（见表 4-11）。

表 4-11　社区关怀长期援助现金津贴额（2016—2019 年）

家庭规模	援助额/月（新元）	
	2016 年标准	2019 年标准
1 人	500	600
2 人	870	1000
3 人	1130	1400
4 人	1450	1750

资料来源：1. 2016 年数据：https://www.msf.gov.sg/Comcare/Pages/Public-Assistance.aspx June 2017.
2. 2019 年数据：《社区关怀计划长期援助金额今年 7 月起调高》，《联合早报》2019 年 3 月 6 日。

一般情况下，津贴的三分之一可以满足受助家庭最基本的日常生活及交通开支。除现金津贴外，接受公共援助的家庭还能享有：政府医院和诊疗所的免费医疗；免费并优先享受政府资助的一系列社会支援服务，例如家庭援助、高级活动中心和日间活动中心服务项目；特殊病人的健康耗材与必需品，如成人尿布、造口袋、糖尿病药物、营养牛奶、一次性医疗器械如马桶、氧气呼吸器、褥垫等；有学龄儿童的家庭还可以得到每个儿童每月 150 新元的儿童津贴，并且免交课本费。

2004 年开始的"社区关怀计划"（ComCare）除保留公共援助作为长期援助外，其他"关怀"项目分为短期援助、中期援助和儿童救助。短期援助（ComCare Short Term Assistance），也被称为工作支持计划，帮助低收入家庭和个人就业以及那些收入低微而需要临时资金支持的人，包括每月的现金津贴以及

① Janice Tai, "Public Assistance scheme to go beyond cash payouts", *The Straits Time*, http://www.straitstimes.com, 2013-3-1.

水电费、租金和运输服务援助。中期援助（ComCare Medium Term Assistance），也被称为社区过渡关怀，帮助由于生病暂时不能工作或有照顾责任的人，而这些人很少或没有资金支持，也是以每月的现金津贴以及水电费、租金、水利费和交通服务援助的方式提供。接受公共援助或其他资助仍有抚养困难的家庭可以申请儿童救助（ComCare Assistance for Children），每月可以得到送孩子去幼儿中心、幼儿园和学生托管中心（学生托管中心为 7 岁至 14 岁的学生提供课余时间照顾）的补贴，分别提供托儿补助（Child Care Subsidies）、幼稚园补助（Kindergarten Subsidies）和学生托管补助（Student Care Subsidies），这些补贴也可用于有特殊需要的儿童参加特殊学生托管中心和综合幼儿中心，以现金方式提供。

中期、短期援助和儿童救助属于临时性援助，审核不如长期援助严格，因此受援助人数波动比较大，总趋势是增长的，与收入增长趋势相似。2015 至 2017 年间，接受社区关怀援助的家庭总数维持在 3 万 9000 户以上，2018 年政府共发放 1 亿 2700 万新元援助金。2019 年接受援助的家庭小幅减少至 3 万 7400 多户，其中 4200 多户家庭接受长期援助，2 万 7100 多户家庭接受中短期援助。但是接受援助的年长者比率持续增加，其中一家之主年龄介于 55 岁至 64 岁的比率从 2014 年的 21%增加至 2018 年的 25%，家中主要申请者年满 65 岁的受益家庭比率也从 2014 年的 77. 3%增加至 2018 年的 81. 5%。2018 年接受长期援助的家庭中，只有一名成员的独居受益者，占所有受益家庭的 86%，这个比率比 2014 年的 78. 8%高。[①] 这大致反映了新加坡人口老龄化和家庭人数减少的大趋势。

2. 低收入家庭补贴

20 世纪 90 年代中期后，新加坡经常采用税收政策、临时补贴的方式帮助

---

① ［新加坡］黄小芳：《长期社区关怀计划受益者八成独居》，《联合早报》2019 年 10 月 11 日。

低收入家庭。1994年启动小家庭改进方案（Small Families Improvement Scheme），帮助有2个孩子的低收入夫妻，为他们提供每年200新元至800新元不等的助学金，支持孩子从小一到大学先修阶段或工艺学院的学习；此外，这类家庭的妻子公积金账户里每年还能得到800新元的购房补贴，持续20年或到她年满45岁，补助金既可存在公积金账户里，也可用来购买建屋局组屋。

1994年，新加坡开始实行消费税，为了抑制消费税对低收入者的冲击，政府为低收入人群推出抵消或援助配套，包括调低所得税、房地产税、租金与组屋杂费回扣，及医疗、教育与社会服务的额外津贴。因为这些援助措施，约70%的个人不需要再缴付所得税；与此同时，低收入新加坡人所得到的转移支付，远比缴交的税务多。2012年，新加坡又推出针对中低收入家庭的消费税补助券（GST Voucher）永久性援助计划，以现金、填补保健储蓄账户和水电回扣（U-Save）的方式向符合条件的家庭派发补助券，协助低收入国人应付生活费。2017年，157万人获得总值12亿新元的各类消费税补助券和保健储蓄填补。[①] 2018年，政府为这笔补贴支出10亿新元，160万名国人获益。[②]

中低收入家庭还可获得终身健保保费津贴和社保援助计划卡（CHAS）。终身健保保费津贴帮助中低收入家庭减少住院时自付费用的开支，在津贴后，仍无法负担终身健保保费的有需要新加坡家庭，可以得到额外的保费津贴援助。社保援助计划卡是给予中低收入家庭的公民到住家附近、有参与计划的私人诊所和牙医诊所时的医疗和牙科津贴。

2016年，新加坡开始推行协助弱势家庭的幼儿培育辅助计划（KidSTART），为家长提供孩童发展、营养等各方面的建议与援助。在这项计划之下，家庭月入在7500新元及以下的家庭能享有按支付能力调查（Means-Tested）的额外托

① ［新加坡］杨萌：《政府分发12亿元消费税补助券和保健储蓄填补》，《联合早报》2017年6月27日。

② ［新加坡］宋慧纯：《160万名国人今年可获总值10亿元的保健储蓄户头填补和消费税补助券》，《联合早报》2018年6月28日。

儿津贴,津贴可达440新元或540新元。2020年符合额外托儿津贴资格的家庭月入顶限从7500新元调高到12000新元,享受额外津贴、减轻育儿开销的家庭将增加3万户。①

2016年,新加坡启动乐龄补贴计划(Silver Support Scheme),资助收入最低20%的年满65岁国民,接受社区关怀长期援助的年长者,可以同时获得乐龄补贴金。

2019年,新加坡政府向全体国人发放总值11亿新元开埠200周年纪念花红(Bicentennial Bonus),发放形式分消费税补助券、公积金户头填补,以及就业入息补助(Workfare Bicentennial Bonus)三种,140万名国人获得多达300新元的一次性消费税补助,40万名低薪工人额外获得就业入息补助,数额相当于2018年就业入息的10%,或最低100新元。所以花红尽管惠及全体国民,但是中低收入国民受惠最多。②

2020年初的新冠疫情给新加坡经济带来强烈冲击,中低收入者受影响尤其严重。2020年7月,新加坡举行疫情下的大选,大选的民意调查显示,有26%的选民表示自己最关心的国家问题是每日的生活费,15%的选民关心新冠疫情问题和政府的整体责任,13%的人则关心就业问题。③ 政府先后推出冠病疫情复苏补贴(COVID-19 Recovery Grant)、冠病疫情司机援助基金(COVID-19 Driver Relief Fund),帮助中低收入者渡过难关。2021年5月31日,政府又推出8亿新元的冠病疫情复苏临时补贴(COVID-19 Recovery Grant-Temporary,简称CRG-T),从5月16日至6月30日之间,因防疫措施收紧被要求拿至少一个月无薪假,或至少一个月来收入减少50%或以上的中

① [新加坡]胡洁梅:《额外托儿津贴家庭月入顶限上调,多3万家庭受惠》,《联合早报》,2019年8月19日,http://www.zaobao.com/news/singapore/story20190819-981974

② [新加坡]黄伟曼:《开埠200周年花红津贴补助月底开始发放》,《联合早报》2019年10月25日。

③ 《此次大选,新加坡选民最关注的国家问题是这个……》,微信公众号:新加坡眼,2020年7月13日。

低收入及自雇人士，可分别申请最多700新元和500新元的一次性补贴。自雇人士若在这期间的收入比去年和前年的每月平均收入减少一半至少一个月，也能申请到最多500新元的补贴。已在接受冠病疫情复苏补贴、冠病疫情司机援助基金等政府补助的公众，不能同时申请暂时性冠病疫情复苏补贴。①

四、多元协同的社区治理

在社会学领域，关于"社区"的定义很多，主要有以希勒、塞尔兹尼克为代表的群体说，以戈夫曼为代表的场域说，以沃伦为代表的系统说。"群体说"强调社区是一种群体或组织，是在区分社区中的社会群体与其他群体的异同的基础上形成的。"场域说"将地理空间与人的社会活动相结合形成社区空间的认识，进而探讨一定社会空间中人与人的互动和行为关系。"系统说"将社区视为交往的场地，将社区视为大社会的次体系，分析社区的格局对其功能的影响。② 新加坡的社区综合了场域说和系统说，既指一定的空间，也是大社会的次体系。

（一）社区的构成

"社区"是新加坡进入第一世界后改革基层管理方式、从单元管理向多元治理迈进的一个重要载体。一个社区就是一个自成系统的生活场域，典型的基础建设包含民众联络所/俱乐部、邻里商店、小贩（熟食）中心、巴刹（菜市场）、咖啡店、幼儿园、托儿所（幼儿托管中心）、学校、儿童游乐场、健身设施、邻里公园、家庭服务中心、图书馆、超市、大型商场、诊疗所等，生活设施一应俱全。社区组屋底层可以兴建幼儿中心和学前教育中心，也可以办婚礼、白事等各种社区活动，没有特定的使用方法，是新加坡非常具有标志性的公共场域。

① 《李显龙全国讲话宣布抗疫新政策（2021年5月31日）》，《联合早报》2021年6月1日。
② 参见张兴杰、叶涯剑：《社区管理》，科学出版社2016年版，第2—3页。

社区组织运营经费来源多元化，体现出政府和社会共建理念。经费由政府拨款、社区物业租金收入、社区活动和课程收费、短期商业活动以及社会、社区筹款等方式组成，筹款形式灵活多样，可以通过邀请参加国庆晚宴、高尔夫慈善赛、个人募捐等方式筹款，但是不会向组屋居民筹款。从事社区服务的都是志愿者，无薪金，可以获得一些荣誉回报：服务 3 年可免费接受培训；子女选小学可以享受 2B 优惠；可受封公共服务勋章（每年每个选区 2 个名额）。

新加坡如何定义个人、社区和国家的关系？2013 年，李显龙在国庆群众大会演讲中称："新加坡是建立在个人、社区和国家这三个支柱上，而每个支柱都有它扮演的角色，有互补作用。"因为"有些事情是个人无法独立办到的，而有些事情是要大家一起努力才会做得更好。因此，我们必须转移平衡点，社区和政府必须更努力帮助个别新加坡人。"个人和社区的角色分别是："个别国人努力工作，为自己和家庭储蓄。不论是工会还是志愿福利团体，社区把人们集合起来帮助其他社群；不论是商会还是宗乡会馆，每个组织聚集起来，互相扶持。"国家的角色是："政府创造促进蓬勃经济和良好的工作条件，在教育、住屋和医疗方面，为国人投入大量资源，同时确保国家福利开销低而且具针对性，审核标准严格。""我们必须在个人、社区和政府的角色之间，找到新的平衡。"①

（二）政府的社区代理：社区发展理事会

新加坡代表了社区治理的政府主导型管理模式。政府主导型管理模式的特点是在政府部门中设立专门的社区管理机构，作为政府组织体系的重要组成部分来专门负责社区规划、管理职能。② 新加坡社区治理的一项大改革是设立社区发展理事会。

---

① ［新加坡］洪奕婷：《对医疗、住屋和教育作出战略调整弃旧立新开拓前进新路径》，《联合早报》2013 年 8 月 19 日。

② 侯钧生：《发达国家和地区社区发展经验》，机械工业出版社 2004 年版，第 195 页。

1. 社区发展理事会机构设置和职能权限

1997 年，新加坡根据《社区发展理事会规则》（Community Development Councils Rules）成立社区发展理事会，1997 年首次设立了九个社理会，2001 年重组，全国分西南、西北、中区、东北、东南 5 个行政分区，分别设立社区发展理事会，每个社理会由一名主席（市长）领导，每个理事会有自己的徽章标识。社理会可被视为地方政府，它的设置是政府转移地方职权的一个做法，代表政府管理社区，其使命是在管辖范围内提供社会服务及行政管理，加强政府、企业及社区伙伴的合作关系，建立并维持一个富有凝聚力的社区，通过各种活动加强社区凝聚力，协助弱势居民。

社区发展理事会由“主席和人协管理委员会决定的不少于 12 名或不超过 80 名的其他成员”构成，理事会的主席和其他成员应由理事会按条款和条件任命，并获得理事会确定的薪金或津贴；委员会通常应委任新加坡公民为理事会成员，但是在特殊情况下，人协管理委员会可任命新加坡永久居民的任何人，只要认为其有能力对理事会意义重大，便可成为理事会的成员；获委任为理事会成员的永久居民人数，不得超过理事会成员总数的 5%或 15%，以较低者为准。①

社区发展理事会的职能包括：“（a）履行理事会宗旨，即促进新加坡人民之间的社区纽带和社会凝聚力，开展有利于或必要或方便促进此类目的的活动；（b）履行任何其他成文法赋予它的任何职能或义务；（c）告知董事会：影响地区居民福祉的事宜；有关在区内的公共设施和服务的提供和使用；使用拨给社区的公共资金进行社区活动；执行委员会可能指派的其他职能，职责和活动。”②

---

① *People' s Association (Community Development Councils) Rules*，人民协会官网，https://sso.agc.gov.sg/SL/227-R2? DocDate=20151109。

② *People' s Association (Community Development Councils) Rules*，人民协会官网，https://sso.agc.gov.sg/SL/227-R2? DocDate=20151109。

理事会的权限是:"(a)规划,资助,发展和管理该地区的新社区和基础设施项目;(b)管理政府援助计划,以配给该地区的居民;(c)管理理事会的资金和设施;(d)接受礼物,捐赠,捐款和政府赠与,不论其是否为财产,以及是否受到任何特别信托的约束;(e)与社会工作者、志愿团体和能力更强的人合作,以帮助残疾人或能力较弱的人解决困难;(f)执行董事会为履行理事会职能而可能需要并批准的所有其他行为。"①

2. 社区发展理事会的工作内容

成立社区发展理事会后,人民协会的工作中心从管理基层组织转向与基层组织、社区合作伙伴和私营部门组织、家庭个人发展伙伴关系,共同建设社区,以"团结人民,促进种族和谐,建立社会凝聚力"为使命。②

(1)基层组织上情下达、下情上达的职能延续。人协系统下的基层组织网络,如社区俱乐部、社区应急和参与委员会、公民咨询委员会、居民委员会、邻里委员会、积极老龄化理事会、妇女融合网络理事会、马来人活动执行委员会理事会、印度人活动执行委员会理事会、人民协会青年运动、社区体育俱乐部理事会等草根组织与社区发展理事会共同构成社区管理体系,帮助人协与基层志愿者和居民进行坦诚对话,更简单、更广泛、更深入地沟通政策,让居民知道政府政策的意图和好处。反过来,基层志愿者反映了人民的声音,提供了新鲜的观点和见解,使政府更加积极响应人民的需求。议员和基层领导人通过与居民的家访(如图 4-4)或集会对话,或邀请部门到社区对话,主题从糖尿病到智慧国家,让居民了解政策。

(2)协助政府落实对弱势群体的福利政策。这些政策包括:社区关怀计

① *People's Association(Community Development Councils)Rules*,人民协会官网,https://sso.agc.gov.sg/SL/227-R2? DocDate=20151109。

② *PAAnnual Report* 18/19,https://www.pa.gov.sg/docs/default-source/others-documents/about-us-doc/pa-annual-report-1819.pdf.

图 4-4　社区家访告示

划:针对困苦家庭儿童的社区关怀成长计划,针对长期需要帮忙的困苦老人和残疾人士的社区关怀公共援助计划;地方援助计划,如过渡性经济援助,水电援助,轮椅共用计划等;职业援助与服务,如尝试、受训、过渡计划,受雇技能提升计划,劳动力技能资格培训计划等;雇主辅助计划,如招聘、职业说明会,工作安置计划,尝试、安置计划等。

自 2013 年起,为改善社会援助政策的推行方式,新加坡政府陆续在全岛各处设立 24 个社会服务中心(Social Service Offices),协调社区内的各种社会援助和服务,为居民提供一站式社会援助服务。这些社会服务中心除了提供中短期社区关怀经济援助、家庭服务,以及职业配对等援助计划,它们也在各自所处的社区内,扮演统筹和协调社会服务的角色,让有需要的居民更容易、更便利地获得支援。2018 年,政府宣布未来五年将致力于加强和提升社会服务中心的角色和能力,让它们更好地协调政府机构、志愿福利团体,以及社区伙伴的援助计划,为拥有不同需求的弱势群体,提供更全面及有效的支援。同时也会找出可以发动义工作出贡献的领域,让义工扮演相辅相成的角色,以便提高社会援助项目的服务素质。①

(3)联络居民,加强社区凝聚力。组屋区和私宅居民原来分别设立居民委员会和邻里委员会,这种区别无形之中认可了组屋居民和私宅居民的区别,不利于社会融合。2018 年,新加坡将居民委员会和邻里委员会合并成立“居民网络”(Residents’ Network, RNs),它们的管理机构居民委员会理事会和邻里委员会理事会也于 2019 年 4 月 1 日合并成立居民网络理事会,由来自公共和私人房地产的志愿者组成,其作用是增强 RC、NC 和 RN 的参与能力,促进草根组织(GRO)之间的合作,促进各个年龄段、种族和所有阶层的居民之间的联系与融合(如图 4-5),建立居民和政府之间更便捷的沟通渠道。

图 4-5 居委会活动安排

社理会通过居民网络组织体育日、年度社区运动会、社区青年节、艺术节、视觉艺术展览、表演、课程学习、健康计划、技能节等活动(如图 4-6、图 4-7),增强社区凝聚力。在组屋区,议员们也会举办各种各样的活动,例如街区聚

① 《加强社会服务中心能力,更有效支援弱势群体》,《联合早报》2018 年 2 月 20 日。

会、老人郊游、卡拉 OK 比赛等。私人住宅区里的居民自主能力强，如何团结他们是个问题。

图 4-6　社区国庆节活动

图 4-7　社区中元节活动

（三）协同治理：以老龄化问题为例

新加坡的老龄化情况越来越严重。2020年人口普查数据显示，在2010年，每100名20岁到64岁居民得奉养13.5名老年人，到了2020年，每100人得照顾23.4名老年人；65岁及以上居民占居民人口的15.2%，显著高于2010年的9.0%；15岁以下居民的占比也从17.4%下降至14.5%。①

成功的老龄化政策不仅要考虑老龄化的数字，还要反映出对老年群体概况和期望的深入了解。不同年龄群有不同的特征，这些特征反过来影响他们对退休、被照顾的期望等问题的看法。其他因素比如教育程度、性别和族群，也在影响个人老龄化轨迹方面发挥作用。新加坡的老年人与年轻群体相比，最大的差异是受教育程度普遍较低，按2013年的统计（见表4-12），65岁及以上的老人中只有7.9%拥有高等教育学历（含文凭和专业资质），而中等教育学历以下的高达73.9%，这就意味着65岁以上老人中低收入、低储蓄者占多数，他们的养老更多要靠家庭、社会和政府。

表4-12　按最高学历划分的50岁以上居民分布情况（2013年）

学历层次	50—54岁	55—59岁	60—64岁	65岁以上
中等以下	34.3%	43.5%	52.0%	73.9%
中等	27.5%	25.6%	24.5%	13.6%
中等后(非高等教育)	10.6%	10.1%	7.6%	4.6%
文凭和专业资质	10.5%	8.5%	6.8%	3.6%
大学	17.1%	12.3%	9.1%	4.3%
总计	100.0%	100.0%	100.0%	100.0%

资料来源：*Population Trends 2014*，http://www.singstat.gov.sg.

① *Singapore Census of Population 2020*, Statistical Release 1, Singapore: Department of Statistics, 202106, p. 11https://www.singstat.gov.sg/publications/reference/cop2020/cop2020-sr1/census20_stat_release1.

另一方面，二战后到1964年出生的婴儿潮一代已经或即将步入老年，他们普遍受教育程度更高，拥有更高技能的工作，收入也更高，这些特征也意味着他们对政府老龄化政策可能有更大的期望。

在政府主导、多元协同的机制下，新加坡如何治理老龄化问题？

1. 政府的顶层设计

顶层设计是政府在社会治理中主导角色的体现，在老龄化领域包括管理机制的建立、养老政策和人口政策的制定。

（1）管理机制

新加坡政府比较早意识到老龄化问题。1982年6月，政府成立老年问题委员会（The Committee on the Problems of the Aged），重点关注老年人生活方式、健康监测、养老，委员会做了多次调查，提出建议。1989年，成立家庭和老龄问题国家咨询理事会（National Advisory Council on the Family and the Aged，NACFA）。1998年，该理事会升级为由政府部长组成的人口老龄化部际委员会（Inter-Ministerial Committee on the Ageing Population，IMC），提出"成功老龄化框架"，将"老龄化"从"问题"变成挑战和机遇，推动相关科技研发与生产、提高社会包容性与凝聚力、弘扬尊老养老价值观。

2004年，新加坡设立老龄事务委员会（The Committee on Ageing Issues，CAI），提升政府应对老龄化的能力。CAI的职权范围包括：识别老龄化社会的挑战；确定政府和非政府机构的政策方向；引导为老年人制定综合性、整体性、协调性政策和方案；推荐新加坡应对老龄化影响的方法；推荐年轻新加坡人可以更好地准备自己积极老龄化的方法。① 2006年，CAI发布《老龄事务委员会报告》，提出"新加坡成功老龄化"的预期结果：在个人层面，希望看到老年人健康、积极、有安全感，他们有尊严地老去，作为家庭和社区的组成成员，

① Committee on Ageing Issues Report on the Ageing Population，2006-02-03，p.73，https://www.msf.gov.sg/publications/Documents/CAI_report.pdf，2021-2-13.

过独立和充实的生活；在家庭层面，希望看到强大、扩大和有爱心的家庭，相互依赖的家庭关系与老年人的独立性相辅相成；在社区层面，希望有一个强大的社区服务网络、参与的机会和综合社区，能高度参与保障老年人及其家庭的福祉；在国家层面，希望建立高度的国家应对人口老龄化的准备工作，建立具有竞争力和活力的经济、社会凝聚力和根基。①

2006 年 6 月，总理公署设立了国家人口秘书处。秘书处有两大任务：为国家人口委员会服务；建立人口政策发展目标，同时为增加出生人口和吸引外来移民协调政府各部门的工作。

（2）养老政策

为了提高老年人就业能力和就业率，政府实施了各种再就业法案。1993 年，政府首次提出退休年龄法案，将退休年龄从 55 岁延长到 60 岁，1999 年再次延长到 62 岁，2012 年颁布《退休与再就业法案》，法定退休年龄是 62 岁，但雇主必须为 62—65 岁的合格雇员提供再就业机会，从 2015 年 1 月 1 日起所有合格的公务员都可受聘至 65 岁。延迟退休扩大了老年人的就业机会，2017 年，新加坡 55—64 岁老人的就业率是 67. 1%，65 岁及以上老人的就业率是 25. 8%，10 年前的 2007 年分别是 56. 2%和 14. 4%。②

1995 年，新加坡颁布《供养父母法案》（又称《赡养父母法案》），允许家长采取法律行动来抵抗孩子对自己的忽视。在养老政策方面也形成体系，并且不断完善。③ 政府提供激励措施，鼓励孩子和他们年迈父母之间的“混居”和家庭对老年人的照顾。激励措施首先是税收优惠。如果在父母家附近买公寓，首

---

① Committee on Ageing Issues Report on the Ageing Population, 2006 - 02 - 03, p. 32, https://www.msf.gov.sg/publications/Documents/CAI_report.pdf, 2021-2-13.

② *Improving The Lives Of Low-Income and Vulnerable Families In Singapore*, Singapore: Ministry of Social and Family Development Occasional Paper, 2018 - 11, https://www.msf.gov.sg/publications/Documents/Improving%20the%20lives%20of%20low-income%20and%20vulnerable%20families%20in%20Singapore.pdf, 2021-2-13.

③ 新加坡应对老龄化的养老政策详见魏炜：《新加坡社会政策研究》，人民出版社 2020 年版，第 194—202 页。

次买建屋发展局的买家有资格获得 5 万新元的住房赠款,还有 3500 新元的收入税收减免来赡养父母,和父母住一起的孩子可以获得 4500 新元的税收减免。只要老人父母每年收入没有超过 2000 新元,两个税收减免金额可以同时享受。相反,对那些未成家的未婚子女想要搬离而单独生活的进行限制或禁止。

其次是组屋购买资格的优惠。一是联合选择计划,那些想买离父母更近的房子的申请人可以被优先考虑,5%的在非成熟地产的住房发展委员会公寓留给那些父母加上结婚孩子在相同的房地产单独购买公寓的家庭;二是多代家庭住房计划,三代同堂想要住在一起的申请人可以被优先考虑,5%的建屋局公寓留出来鼓励两三代同堂的家庭。

上述政策措施基本停留在政府对个人和家庭养老的支持层面。2014 年,新加坡提出“建国一代”配套福利,设立建国一代基金,给予建国一代人士直接津贴。政府对建国一代的定义是:生于 1949 年 12 月 31 日或之前,并在 1986 年 12 月 31 日或之前成为公民,在本地生活或工作的第一代新加坡人。建国一代福利包括:一是加入终身健保计划,保费比健保双全低;二是通过社保计划提供更多津贴。比如持有百盛乐龄卡可获得 100 新元现金填补,用以参加民众俱乐部活动、使用 ActiveSG 泳池和健身房以及公共交通等;到社保援助诊所、综合诊疗所和医院专科诊所,可以获得额外津贴;三是填补保健储蓄户头。2019 年,建国一代基金法令更名为建国一代和立国一代基金法令,建国一代福利扩展到立国一代。立国一代是指在 1950 年至 1959 年之间出生,并在 1996 年 12 月 31 日或之前成为新加坡公民者。在 1949 年或之前出生、并在 1996 年 12 月 31 日或之前入籍新加坡,又不属于建国一代者,也可成为立国一代。①

(3)生育政策

老龄化的根源是生育率过低,因此解决老龄化问题的根本是鼓励生育,提高生育率。从生育率下降到日益严峻的老龄化,新加坡政府的生育政策亦从

① 《建国一代基金(修正)法案三读通过,立国一代配套正式推出》,《联合早报》2019 年 5 月 7 日。

建国后的抑制生育调整为鼓励生育。

20世纪50年代末，新加坡人口年增长率上升到4.4%，1957年与1947年相比，十年间人口增加了54%。独立后新加坡没有了经济腹地，为了克服地域和资源局限，推动社会和经济发展，抑制人口高速增长成为当务之急。人民行动党密集出台系列控制人口的政策措施，从20世纪60年代的“五年家庭计划”到1972年推行的“一家只生两个孩子”政策。1975年，新加坡人口生育率降到人口更替水平的2.1‰，之后持续下降；出生率也从1970年的23‰降到17.7‰，之后再也没有超过20‰。新加坡人口学家苏瑞福认为，“新加坡在人口方面所取得的最显著成就是，其人口控制计划卓有成效以及生育率在1975年快速降到了人口更替水平。”①

发达国家的经验已经证实生育率的下降与社会经济的发展有一个积极的相关性，这种经验也被新加坡证实。1966—1987年，新加坡人均国内生产总值增加了七倍多，随着经济结构的多元化、普遍的社会发展、城市化进程加快和男女教育水平的提高，新加坡的社会转型改变了人们传统的生育观和家庭观。进入20世纪80年代后新加坡人口增长出现逆转，1980年新加坡人口普查显示，生育率只有1.7‰。1986年生育率降到1.44‰，创历史新低，而华人人口生育率只有1.26‰。抑制生育的政策受到重新审视并得以快速调整。

工业化升级阶段新加坡人口政策有两大调整。先是鼓励优生，即采取政策鼓励受过良好教育的女性的提高生育率，同时降低受教育程度低的国民的生育率。② 但是优生学的鼓励政策没有能取得预期效果，反而引起社会争议。1986年5月，新加坡家庭计划和人口委员会撤销，人口工作交由部际人口委员会。1987年，生育计划口号正式改成“如果有能力，三个不算多”，标志着抑制生育政

---

① ［新加坡］苏瑞福：《新加坡人口研究》，薛学了等译，厦门大学出版社2009年版，第5页。

② Lee Kuan Yew, “Lee Kuan Yew on Marriage, Education, and Fertility in Singapore”, *Population and Development Review*, Vol. 13, No. 1 (March 1987), pp. 179 – 185, Population Council, http://www.jstor.org/stable/1972142, 07/11/2012.

策的彻底终结。政府一方面放宽人口抑制措施，如放宽税收减免限制、取消小学注册的优先权，另一方面采取鼓励生育的措施，涉及退税、保健储蓄的使用、公共部门的弹性工作制和带薪假期、托儿补助、住房等与人们工作生活密切关联的领域，有些政策还是相当具有诱惑力的，如弹性工作制和购房规定。①

2000 年 8 月 20 日，吴作栋总理在国庆大会上宣布："我们必须创造一个有利于人民养家糊口的大环境，我们的政策是，如果你能养得起，那么就生 3 个或者更多的孩子吧。"②新一轮的鼓励生育政策启动了。新加坡政府分别在 2000 年和 2004 年集中出台了系列鼓励生育的政策，③原有的公共部门弹性工作制、托幼补助和无记录假期、保健储蓄的使用等政策沿用且都更优惠。政府每年为鼓励生育政策的支出大约是 8 亿新元。如何通过生育政策提高生育率将是新加坡政府长期的任务。

2. 社区的支持和社会组织的参与

(1)社区的支持

社区基层组织是政府老龄化政策的第一执行者。人民协会 2008 年推出"健康计划"，面向 50 岁以上人士举办户外活动，希望通过社会活动和定期体检使老年人保持身心健康，项目已经覆盖所有选区。社区俱乐部举办积极老龄化活动，比如义顺南组屋区活跃乐龄委员会 2011 年推出健乐人生计划，每年举办健康嘉年华之余，也增添各种保健设施，设立义诊中心，在社区内积极推广健康和活跃乐龄意识。新加坡老年社区活动的参与率从 1998 年的 16.8%提高到了 2008 年的 46.9%；④老年人的社交网络也在增加，至少有一

---

① 详见[新加坡]苏瑞福：《新加坡人口研究》，薛学了等译，厦门大学出版社 2009 年版，第 221—228 页。

② 《联合早报》2000 年 8 月 21 日。

③ 详见[新加坡]苏瑞福：《新加坡人口研究》，薛学了等译，厦门大学出版社 2009 年版，第 228—250 页。

④ David Chan(Editor), *50 Years of Social Issues in Singapore*, Singapore: World Scientific Co. Pte.Ltd.2015, p.25.

至两个亲密朋友的老人从2005年的62%增加到2011年的72%,73.5%的受访者每周至少与朋友见面一次。① 卫生部设立了家庭医疗诊所和社区保健中心,方便居民在社区内体检、大病康复和治疗慢性疾病。所有组屋区在2012年实现无障碍交通,社区发展理事会推出“改善老人生活(无障碍)计划”,提供津贴为申请者在家里安装无障碍设施。社区在服务和基础设施方面提供支援,让老人能在社区内安度晚年。

(2)社会组织在社区中的参与

社会组织是新加坡社会服务的主力。新加坡的社会组织基本上是志愿者服务。早在殖民时期,志愿者组织在社会救助方面就是官方的得力助手,残疾人救助多数由志愿者组织承担。建国后新加坡志愿者组织依然活跃在社会福利事业中,并逐渐从开办福利院收容孤儿、残疾儿童、照顾女性拓展到走出福利院、走进家庭、深入社区,从事医疗看护、法律援助、咨询辅导等专业性志愿服务。20世纪70年代末,作为志愿者组织领导机构的新加坡社会服务理事会(Singapore Council of Social Service,SCSS)成立,政府鼓励志愿者组织更多地介入社会福利事业,志愿者组织在新加坡社会福利系统中发挥越来越大的作用,社会服务理事会下属数百个组织承担起照顾老人、残疾人、儿童、青少年、家庭及协助社区工作。1983年,“新加坡公益金(Community Chest of Singapore,CCS)”②组建,公益金吸收慈善团体和个人募捐资金,援助志愿福利机构,资助公益活动,帮助需要帮助的人,实行“一起关心,一起分享”的分享计划,个人可以通过信用卡或直接从薪金扣除的方式捐款给公益金。

---

① *The National Survey on Senior Citizens 2011*, Singapore: Ministry of Social and Family Development, 2013, http://msf.gov.sg/Portals/0/National%20Survey%20of%20Senior%20Citizens%2020211_Complete_amended_use%20this%20CH.pdf.

② 新加坡公益金的前身是全国职总属下的组织合作社(20世纪60年代末诞生),1979年颁布《合作社法》,合作社成为法定机构,以节俭、信用、互助、消费为宗旨,1980年在组织合作社基础上成立中央合作社基金,1983年发展成新加坡公益金,作为新加坡社会服务理事会的志愿捐助金库。

1992年,新加坡社会服务理事会与新加坡公益金合并改组为国家法定委员会"国家社会服务理事会(National Council of Social Service,NCSS)",其使命是"在增强会员的能力、倡导社会服务需求和加强战略伙伴关系方面提供领导和指导,以建立有效的社会服务生态系统。"①NCSS目前有450多个会员组织,这些组织分布在社会服务的各个领域,如社区服务、家庭服务、医疗服务、儿童和青少年服务、残疾人服务、释囚服务等,志愿者队伍已超过5万人,在社区和福利工作的所有组织和机构中都有他们的身影,现代服务性社团也层出不穷,特别是老年服务方面,NCSS社会服务组织承担了大部分,在近20年里,社会组织养老院的人数一直占各类养老院总人数的一半以上(见表4-13)。

表4-13 新加坡各类型养老院收容人数(1995—2017年) (单位:人)

年份(年)	政府养老院	社区养老院	社会组织养老院	商业养老院	总计
1995	703	488	1945	1235	4731
1996	582	529	2398	1286	4795
1997	743	538	2593	1329	5203
1998	805	510	2688	1390	5393
1999	825	540	2979	1490	5834
2000	908	586	3190	1338	6022
2001	852	578	3713	1444	6587
2002	917	602	4275	1360	7154
2003	982	615	4367	1588	7552
2004	955	635	4533	1801	7924
2005	956	628	4727	2018	8329
2006	976	640	4746	2238	8600
2007	1006	673	4869	2483	9031

① NCSS官网,https://www.ncss.gov.sg/Who-We-Are/Our-Mission。

续表

年份（年）	政府养老院	社区养老院	社会组织养老院	商业养老院	总计
2008	1065	695	4829	2689	9278
2009	1108	700	4974	2739	9521
2010	1173	670	5033	2879	9755
2011	1189	697	4979	3039	9904
2012	1221	689	4978	3128	10016
2013	1147	698	5295	3270	10410
2014	1146	685	5418	3298	10547
2015	1251	673	5903	3251	11078
2016	1263	666	6253	3530	11712
2017	1223	633	6997	3924	12777

资料来源："Community Services-residents in old folks' homes by type of organisation and sex", *Yearbook of Statistics Singapore*, 2006, 2007, 2008, 2009, 2010, 2012, 2013, 2014, 2018.

政府会资助90%的成本资金帮助筹建志愿组织的养老院，私人捐助可享受免税。养老院根据个人的情况提供三种类型的津贴，分别是25%、50%、75%，如果家庭月收入超过1000新元或者家庭总储蓄超过30000新元的，则不提供补贴。在志愿福利组织中的病人91.5%有获得津贴的资格。进入康复中心的普通病人包括每天的基本开销，一个月要花580新元，其中75%提供津贴，这意味着需要支付145新元。2000年，政府建立了老年人护理基金，并要求志愿福利组织支付利息进而捐助该基金，而非通过提高税收来赞助该基金。该基金在2010年达到25亿新元。

因为政府鼓励社区养老和家庭养老，NCSS对老龄化的参与更多是通过社区参与和家庭服务的方式，提出"所有的老年人都可以有尊严地生活，并融入社区"①的理念，设计多种形式的服务项目和活动参与社区和家庭养老（见表4-14），包括主动老化、赋权老年人项目、WiSHINE计划—

① NCSS, https://www.ncss.gov.sg/GatewayPages/Social-Services/Senior.

支持高龄寡妇、日间中心(见图4-8)、家庭护理服务和庇护所、安全返回卡、国际老年人日等项目,这些服务项目基本上都是进社区、进家庭,为不同老人及其家庭提供长期或临时的服务,是新加坡社会组织参与社区服务的特色。

表4-14 NCSS老年人服务项目

项目名称	子项目名称	服务内容或方式
主动老化	网络指南	帮助老年人学习IT技能,并通过他们将这些技能以志愿服务的方式传授给其他老年人,促进老年人保持彼此之间的联系
	学习我的方言	帮助老年人与社会保持联系,与同龄人建立社交网络,并与年轻人互动以增强代际联系。 该计划邀请高龄志愿者为每天与老年人互动的个人提供方言(例如福建话和粤语)的基础培训,以减少与老人的语言障碍。受培训的可能是学生、一线医疗服务提供者、从业人员以及社会工作者。高龄志愿老师将为每个方言教授4个班级。在每个课程中,都教授诸如基本日常知识到进行简单对话的主题
	生命点	该计划致力于促进人们对死亡和垂死的积极看法。它旨在确认生命的价值和死亡的必然性,并鼓励老年人过上充实而有意义的生活,不要后悔。 服务内容是:增进公众对与丧亲之痛有关的问题的认识;鼓励和支持老年人及其家人为不可避免的死亡和丧亲做准备;向那些脆弱或缺乏家庭支持的人提供支持和资源,并帮助他们就与生命末期有关的事情做出明智的决定
	弱智外展计划(MDOP)	MDOP始于2001年,与心理健康研究所(IMH)合作发起,为有心理健康问题的人们提供支持,并通过轻体育锻炼、解决难题和表达艺术的方式帮助他们重返社会
赋权老年人项目		由八个组织(AMKFSC社区服务有限公司,阿尔茨海默氏病协会,Filos社区服务,Jamiyah疗养院,新加坡RSVP,Sree Narayana代表团(新加坡),Tao基金会和Ng Teng Fong总医院)组成的赋权老年人工作组成立于2018年。指导从业人员提供服务,使老年人能够发掘自己的力量,为自己的生活创造目标并获得对社区的强烈归属感
WiSHINE计划—支持高龄寡妇		针对年龄在50岁以上、被评估为难以应对悲伤并且情感网络支持薄弱的寡妇,通过悲伤咨询、结构化的支持小组、寡妇的指导三种服务方式帮助她们应对丈夫去世所造成的情感痛苦,重振希望,使她们能够摆脱丧偶的挑战,过上富有成效和有目的的生活

续表

项目名称	子项目名称	服务内容或方式
日间中心	日间照料中心	为体弱的、家人需要外出工作的年长者提供日间监督和照料。中心开展的活动包括锻炼身体健康以及社交和娱乐活动，例如做手工艺品和唱歌（卡拉 OK），帮助老年人保持活跃心态，并为他们提供与他人交往和从事有意义的活动的机会。日间照料中心提供餐点，可以安排接送长者往返家庭与中心的交通
	乐龄活动中心	乐龄活动中心（SAC）是为处于服务区范围内的一室和两室组屋租赁公寓中的弱势老年人提供的临时中心。这些中心是老年人参加社交和休闲活动的场所。SAC 还与脆弱的人成为朋友并对其进行监管或提供帮助
家庭护理服务和庇护所	家庭个人护理	通过个人卫生护理、家政服务、洗衣、精神刺激活动、药物依从性监测以及其他个人护理服务，为需要帮助的体弱者和独居老人提供支持
	用餐和陪同	为居住在社区中的老年人提供送餐和医疗陪同服务
	庇护所	位于组屋社区内，可满足无法获得家庭支持或由于某些原因而无法与家人居住的老人的需求，以维持他们在社区内的独立生活技能。为老年人组织了社会娱乐活动
安全返回卡		为痴呆症患者提供的安全服务，安全返回卡有助于识别痴呆症患者迷路的情况，并使公众能够向他们提供适当的帮助
国际老年人日		自 2014 年开始，以“年度长者致谢！”为主题开展活动，强调了社会团结起来以建立一个充满爱心和支持力的社区的重要性。该活动吸引了 50 多个组织的参与

资料来源：https://www.ncss.gov.sg/GatewayPages/Social-Services/Senior.

图 4-8　社区内的乐龄中心

表 4-15　2014—2018 年庇护所人员统计　（单位：人）

性别	2014 年	2015 年	2016 年	2017 年	2018 年			
					第一季度	第二季度	第三季度	第四季度
男性	350	338	341	332	319	325	322	339
女性	335	335	325	301	283	298	296	293
总计	685	673	666	633	602	623	618	632

资料来源：新加坡社会和家庭发展部，https://www.msf.gov.sg/research-and-data/Research-and-Statistics/Pages/Residents-in-Sheltered-Homes.aspx。

研究表明，志愿服务与健康相关，如减少抑郁症状、更好的心理健康，甚至更长寿，人口老龄化部际委员会的目标是到 2030 年将老年人的志愿服务率提高到 15%，到 2013 年这一数据只有 6%。①

3. 家庭的作用

在新加坡，家庭扮演着照顾老年人的重要角色。尽管社会已经高度都市化，但是新加坡孝顺老人的观念仍然深入人心，1995 年颁布的《供养父母法案》也保障了老人的被赡养权。

如表 4-16 所示，在 1999 年的一项关于新加坡老人生活安排的调查中，3%的男性以及女性老年人（年龄在 55 岁及以上）独自生活。男性更有可能高龄结婚，因此更大比例（占 69.1%）和配偶生活在一起，而女性老人只有 27.5%。男性更有可能与未婚子女生活在一起（占 60.1%），而女性老年人更可能与已婚的孩子生活在一起（占 50.0%）。女性老年人也更有可能与孙子生活在一起（占 46.4%），同类型的男性老人比例只有 28.9%。只有 2.2%的老年人跟自己兄弟姐妹一起生活。

① *The National Survey on Senior Citizens 2011*, Singapore: Ministry of Social and Family Development, 2013, http://msf.gov.sg/Portals/0/National% 20Survey% 20of% 20Senior% 20Citizens% 2020211_Complete_amended_use%20this%20CH.pdf.

表 4-16　1999 年 59 岁受访者生活安排的类型

家庭成员	男性(n=2058)%	女性(n=2692)%
独居	3. 3	3. 6
配偶同居	69. 1	27. 5
未婚小孩	60. 1	48. 4
已婚孩子	32. 3	50. 0
孙子	28. 9	46. 4
兄弟姐妹	2. 2	1. 5

资料来源:]引自 Angelique Chan,"Social Polic for the Aged in Singapore",Tong Chee Riong,Lian Riven Fee(Eds),*Social Policy in Post-Industrial Singapore*,*Social Sciences in Asia*,Volume 17,Singapore,2009,p.81,http://site.ebrary.com/id/10461326。

表 4-17 显示,从 1995 年到 2011 年,新加坡 75 岁以上的老人多数靠子女赡养,个人储蓄有所增加,但幅度不大;74 岁及以下老人家庭收入作为最重要收入来源的比例是下降的,相反个人就业收入比例增加,且增幅明显,而且年纪越轻经济独立能力越强,2011 年 55—64 岁的老人超过半数的收入来自个人。这种现象一方面说明老人更积极的生活态度,另一方面也说明政府鼓励老人就业的政策收到实效。

表 4-17　按年份和年龄的主要收入来源比较

最重要的收入来源	55—64 岁	65—74 岁	75 岁及以上
1995 年			
子女	48. 5%	79. 0%	85. 7%
个人储蓄	—	—	—
有偿就业	39. 8%	13. 5%	3. 9%
配偶收入转移	5. 8%	1. 8%	0. 9%
2005 年			
子女	31. 9%	55. 8%	63. 7%
个人储蓄	11. 0%	15. 0%	10. 7%
有偿就业	38. 9%	12. 7%	3. 7%
配偶收入转移	—	—	—
2011 年			
子女	25. 8%	44. 5%	64. 3%

续表

最重要的收入来源	55—64 岁	65—74 岁	75 岁及以上
个人储蓄	—	12.9%	14.2%
有偿就业	45.3%	24.6%	5.7%
配偶收入转移	9.7%	—	—

资料来源:Yap Mui Teng, Christopher Gee:"Ageing in Singapore: Social Issues and Policy Challenges", David Chan(Editor), *50 Years of Social Issues in Singapore*, p.21.

2018 年,新加坡统计局调查显示,年满 65 岁、住户中无人工作的家庭有 82998 个,占全国所有家庭的比重,从 2013 年的 5%增加到 2018 的 6.2%。这些没有工作的年长居民家庭每月收入达 2347 新元,远低于全国平均的 11780 新元,收入构成如图 4-9 所见,有三成(约 742 元)的收入来自投资所得,15.0%来自租金收益,20.0%是亲友给的家用,17.5%来自各类养老金和社会资助等,私人年金与公积金入息仅占 15.0%。年长无业居民家庭平均每月开支达 1967 新元,人均每月开销,从五年前的 984 新元增加到 1154 新元,增幅为 3.2%。这要比前五年的 4.6%有所放缓,但是超过全国家庭平均开支的 2.3%年增幅。①

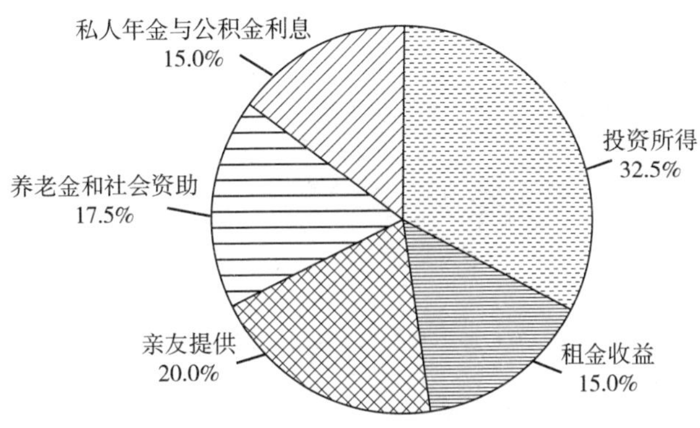

图 4-9　65 岁及以上无业居民家庭收入构成(2018 年)

资料来源:[新加坡]杨萌:《统计局调查:家庭月均收入 2300 元,无业年长居民收入私人年金与公积金入息只占 15%》,《联合早报》2019 年 8 月 14 日。

① [新加坡]杨萌:《统计局调查:家庭月均收入 2300 元,无业年长居民收入私人年金与公积金入息只占 15%》,《联合早报》2019 年 8 月 14 日。

从家庭成员的年龄结构来看，与老人一起生活的家庭在增加。2010 年，24.1%的居民家庭至少有一名成员年龄在 65 岁及以上，到 2020 年这一比率上升至 34.5%。不过全部成员是 65 岁及以上的居民住户比率也在上升，从 2010 年的 4.6%增至 2020 年的 9.3%。①

特别是生活自理能力有障碍的老人，多数是与家人同住的。2020 年的人口普查发现，65 岁及以上的老人有 11.2%至少一种基本生活能力难自理，以无法或难以行走和自理者居多，分别占 8%和 4.2%，高于同类型的全国平均水平 1.6%和 0.8%。② 这些老人当中有超过九成是与他人同住，其中 83.1%是与配偶或子女同住（见图 4-10）。③ 可见，家庭养老是新加坡主要的养老形式。

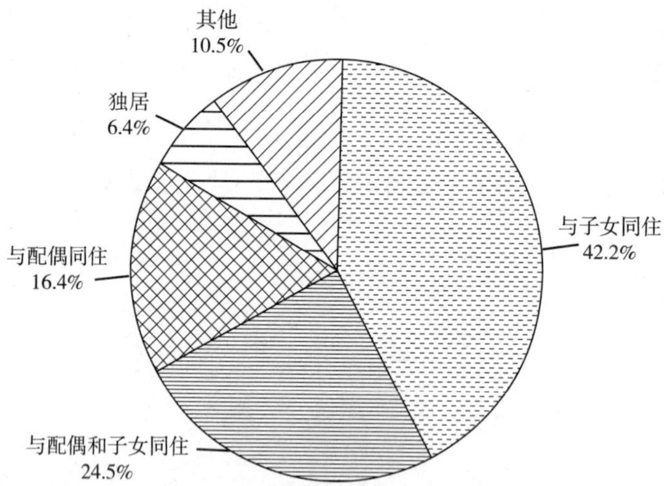

图 4-10　65 岁及以上生活难自理的居民居住状态（2020 年）

资料来源：*Singapore Census of Population 2020*, Statistical Release 2, Singapore: Department of Statistics, 202106, p.77.

① *Singapore Census of Population 2020*, Statistical Release 2, Singapore: Department of Statistics, 202106, p.35.

② *Singapore Census of Population 2020*, Statistical Release 2, p.73.

③ *Singapore Census of Population 2020*, Statistical Release 2, p.77.

（四）合作伙伴的社区参与：以南洋理工大学为例[①]

多元协同的社区治理离不开新加坡众多企业、学校和社团等合作伙伴的参与。李显龙曾经在出席市长就职仪式时呼吁社理会应更积极提倡志愿精神，发动私人企业、志愿福利团体和志愿人士，集合各方力量携手为人民带来福祉。[②] 企业、学校和其他民间机构都是新加坡多元协同社区治理的主体。2019 年，亚洲博爱集团（Caregiver Asia）与西南社区发展理事会合作，实施"西南自由时间看护者计划"，为有看护需要的居民提供更多支援，建立互助网络，包括为居民提供培训，提升他们照顾家中长辈的能力，同时协助他们当兼职看护，赚取一些费用帮补家用。

南洋理工大学位于新加坡西南区，该区共有 73 万居民、17 个选区，南洋理工的社区参与定位为新加坡西南区的亲密合作伙伴，宗旨是使西南区以南洋大学为荣，南洋大学以西南区为傲。学校设立了负责社区参与事务的机构社区参与处，大学与基层组织顾问（国会议员）和基层组织领袖定期聚会，商讨社区参与事务，参加的人员包括学校领导和各级院长、基层组织顾问、各公民咨询委员会主席、民众俱乐部主席和各选区理事长。南洋大学在社区参与中的使命是加强西南社区居民的技能和提升他们的生活品质，其对社区事务的参与主要也是围绕这两个主题。

1. 协助社区教育与技能提升

第一，南洋理工大学发挥世界一流大学的优势和特长，与人民协会合作，帮助提升人民协会员工及属下超过 4 万名志愿者的技术培训。

---

① 本小结内容根据南洋理工大学社区参与处执行总监卓建南博士在中国国家留学基金委 2018 年高等教育行政管理人员赴新加坡南洋理工大学出国研修第 11 期（CSC11）所授课程"新加坡社区组织与南大社区参与"的听课记录整理。

② ［新加坡］李显龙：《社区发展理事会应集合各界力量服务人民》，《联合早报》2014 年 6 月 22 日。

第二，是与西南社区发展理事会合作。南洋理工大学教师教育学院等专业进修学院与西南社区发展理事会共同订定各行业专门领域课程，提供给专业人士、经理、执行人员和技师修读；协助社区落实“技能创前程”计划①，南洋理工大学学生充当“技能创前程”大使，支援社区发展理事会的相关路演和职业展。

第三，与新加坡雇主联合会合作，共同订定各行业专门领域课程，提供给专业人士、经理、执行人员和技师修读，特别是对那些位于西南区的中小型企业，南洋理工大学的服务为它们提供了世界一流技术培训的便利。

第四，利用南洋理工大学教职员的专长和科研能力造福社区。每月举办校园讲座，请专家或师生主讲，比如社会热点、比特币和加密货币知识、糖尿病、中医与失智症、新药老病——抗药性问题、中华智慧、孙子兵法的应用、健康管理、三维影印、金融科技、人工智能等专题讲座，向社区公开免费报名参加，社区居民优先。学校还将教授的科研兴趣和社区想解决的问题相匹配，教授给社区提供免费专业咨询服务，达到研究与应用的双赢。为中小学生提供知识辅导、技术服务等“服务学习”的帮助。

2. 提升社区居民的生活品质

学校成立大学社区参与管理委员会，提高内部讯息共享和沟通，制定策略发展方针和协调大学社区参与工作，把南洋理工大学教职员和学生组织起来提升西南区居民的生活品质。管委会由校长亲自担任主席，秘书处由社区参与处负责。

---

① 2014 年 5 月，新加坡政府推出“技能创前程”（Skills Future，以下简称为“SF”）计划，每名 25 岁以上的新加坡公民每年可从政府获得 500 新元补助金来用于报读培训课程，并将该计划落实到社区、选区层面，协助各阶层国民通过进一步学习来提升工作技能，打造未来更美好的前程，确保所有公民都能从中获益。政府为此组建精深技能发展局（Skills Future Singapore，简称精深局），更好地协调受雇前培训和持续教育与培训这两种培训工作。2017 年 10 月，精深局推出了主要由 6 所公立大学、5 所理工学院，以及工艺教育学院等 12 所高等教育机构提供的技能创前程新兴技能系列（Skills Future Series，简称新技能系列）培训课程，南洋理工大学是提供培训课程的大学之一。

南洋理工大学助养租赁组屋住户、助养养老院和其他相关机构，如社区里的职工总会健康养老院、伯特尼卫理养老院。

社区成为南大科研成果的试点，为社区提供科技和社区服务，比如集太阳能、电池和风能的能源管理系统的综合微电网方案，提供可持续能源供给农场。

学校还委任社区参与大使，与社区共同主办社区活动，如户外轻步快行活动，教授讲堂、中医讲堂等小型讲座，邀请居民参观学校芳草园，组织中学生参观大学科研中心和研究机构，联合举办中秋联欢晚会。

为了激励学校师生参与社区，学校专门设立了"社区参与计划奖"和"校长社区科研奖"作为社区参与项目经费。"社区参与计划奖"奖励参与社区活动、进行小型社区关联研究的项目，每年 12 份，每份不超过 5000 新元。"校长社区科研奖"鼓励南洋理工大学的教授和社区团体共同进行与社区有关联的科研计划，每年最多 4 份，每份不超过 5 万新元。2018 年，学校增加了一个新的奖项"常年南大社区参与奖"，鼓励南洋理工大学个人或团体参与社区。

（五）社区与社区治理的特点

1. 社区的多功能属性

新加坡的社区类型单一，按形成方式和主要功能的分类标准，都是法定性、多功能的现代社区，是政府通过城市规划，以"居者有其屋"计划对传统族群聚居区进行改造、重塑的基层社会共同体，兼具政治、文化、教育、医疗、养老、社会援助等多重功能，以及因新社区引入穆斯林教堂而增加的宗教功能。社区内建有商场、超市、小贩（熟食）中心、巴刹（菜市场）、咖啡店、幼儿园、托儿所（幼儿托管中心）、学校、儿童游乐场、健身设施、公园、家庭服务中心、图书馆、社区医院、诊疗所、残障人工作坊、收容所、安老院等，社区组屋底层可以办婚礼、白事，各类基础设施一应俱全，社区医院和诊疗所还是新加坡公共卫生防范诊所体系（Public Health Preparedness Clinic，PHPC）的成员，PHPC 体系共享医疗信息，可以及时、有效地采取诊断、治疗、上报、隔离等措施,社区医院可以保证病人就近就医、尽早就医,防止传染源扩散和发生医疗挤兑,从源头上减少病患。在2020年开始的新冠疫情中,社区完善的生活和诊疗系统分解了大部分的防疫工作。

2006年,新加坡推出了“智慧国2015”十年蓝图,同时开展“智慧社区”建设,目标是为居民提供一个安全、舒适、便捷、现代化的社区环境,包括硬件和软件两个方面。硬件方面的投入有:在组屋区修建装有电子车位监控系统的智慧停车场;在邻里中心安装智慧电风扇,根据环境温度、人流量和自然风势自行启动或者调节风速,等等。软件方面的投入有:为居民提供“一站式”服务端口,居民只需输入一个密码就可以享受到电子政务服务,包括住房申请、税务申报、工作许可、对政府服务的反馈意见和建议等;开发“一联通”系统,让每个居民都能智慧地参与到城市管理中。

2. 政府主导型的社区治理模式

新加坡的社区治理模式是典型的政府主导型。以人民协会为管理中枢,社区发展理事会与公民咨询委员会、民众联络所、社区俱乐部、社区应急和参与委员会、居民委员会、邻里委员会、积极老龄化理事会、社区体育俱乐部理事会等2000个左右草根组织共同构成社区管理体系(见表4-18)。这些基层组织按选民或人口规模分布在所有社区,政府严格规划各项社区治理事务,从社区建筑规划、基础设施建设布局、组屋翻修到居民配额、社区各种功能的组织发挥,都由政府提出指导性要求,各部门和基层组织负责落实。社区基础设施建设基本来自政府经费,基层组织经费有相当部分来自政府或由政府直接出资。政府也资助参与社区服务的志愿组织,一项针对202个志愿福利组织的研究发现,政府的资助一般占这些组织收入来源的20%至40%,社会捐助占30%至60%,经营收入一般占30%以下,机构规模越大,接受政府资助的比例越高。①

① 黄伶俐:《新加坡社区社会组织:政府主导与社区自治》,《中国民政》2018年第24期。

表 4-18　新加坡草根组织数量变化(2013—2019 年)　　(单位:个)

年份(年)	2013 年	2014 年	2015 年	2016 年	2017 年	2018 年	2019 年
社区发展理事会	5	5	5	5	5	5	5
公民咨询委员会	87	87	89	89	89	89	89
公民咨询委员会地区委员会(民众联络所管理委员会)	39	41	41	42	39	39	39
社区俱乐部管理委员会	107	107	108	109	110	110	110
居民委员会	574	582	600	627	644	885	897
邻里委员会	149	161	174	197	208	—	—
马来人活动执行委员会	99	98	98	97	98	97	97
印度人活动执行委员会	95	94	94	96	99	98	98
老年人执行委员会	295	292	286	268	265	256	252
青年执行委员会	101	102	102	102	100	101	99
妇女执行委员会	105	104	105	104	104	104	104
社区应急与参与委员会	87	87	87	88	89	89	89
社区体育俱乐部	86	86	87	88	89	88	88
社交俱乐部管理委员会	8	8	8	8	8	8	8
建设基金委员会	50	53	53	51	55	54	57
总计	1887	1907	1947	1971	2002	2023	2032

说明:居民委员会与邻里委员会 2018 年合并成居民网络。

资料来源:Grassroots Organisations, Singapore: Ministry of Social and Family Development, https://www.singstat.gov.sg/publications/reference/ebook/society/community-services, 2021 年 9 月 27 日。

3. 多元参与的组织动员机制

多元参与的组织动员机制是新加坡社区治理的一大亮点。从解决怀孕问题到免费施棺赠葬的善事,政府大力提倡集合民间组织和力量为社区建设做贡献,同时也从财政政策和行动上给予民间组织和社会力量有力的支持,形成政府与社会力量共建社区的局面。除上述人协系统的基层组织外,动员参与社区治理的社会资源可以分成两类,一类是公私企业、学校、研究院所等机构,另一类是志愿服务,包括志愿者组织和志愿者个体。志愿者是新加坡社区服务中一支非常活跃的群体,承担了基层组织大多数工作。早在新加坡殖民时期,就有许多热心公益事业的人投身于族群或宗乡公共事务,有的甚至贴上自己的身家,这种志愿者的服务精神在国家独立后并没有随着族群社团的边缘化而丧失,反而成为新加坡政府在基层管理中广泛动员社会力量参与的社会基础。无论是人民协会旗下的草根组织系统,还是国家福利理事会麾下的民间服务组织,都吸纳、鼓励志愿者服务,如表 4-19 所示,新加坡志愿者队伍已发展到 5 万余人,绝大多数在社区里的基层组织岗位上工作,他们一般对上熟悉政策,对下熟悉民情,在执行政府政策方面发挥着积极的辅助功能。

表 4-19　新加坡志愿者人数(2015—2019 年)　　(单位:人)

类型	志愿者工作部门或角色	2015 年	2016 年	2017 年	2018 年	2019 年
社区服务	社区发展理事会	284	290	293	293	295
	公民咨询委员会地区委员会	5280	5477	5451	5592	5674
	社区俱乐部管理委员会	3. 807	3. 858	3874	3890	3907
	居民委员会	15945	16165	16610	21398	22220
	邻里委员会	3454	3877	4152	—	—
	马来人活动执行委员会	1978	1930	1896	1840	1865

续表

类型	志愿者工作部门或角色	2015 年	2016 年	2017 年	2018 年	2019 年
社区服务	印度人活动执行委员会	1873	1902	1983	1989	1987
	老年人执行委员会	5535	5165	5054	4923	4829
	青年执行委员会	2503	2516	2409	2473	2476
	妇女执行委员会	2550	2496	2499	2466	2454
	社区应急与参与委员会	2146	2156	2146	2155	2158
	社区体育俱乐部	2214	2178	2165	2121	2170
	社交俱乐部管理委员会	163	155	157	155	155
	建设基金委员会	919	884	955	887	959
	选区基层会员计划	794	799	914	959	1016
	社区服务志愿者人数合计	49445	49848	50558	51141	52165
福利服务	福利服务委员会	18	18	17	16	17
	志愿者缓刑监督官	253	296	296	297	—
	少年之家志愿者	238	192	175	157	—
	家庭义工计划	89	129	128	139	—
	寄养家庭	357	420	453	498	530
	运输看管志愿者	52	58	44	48	—
	艺术、休闲和体育促进之路计划	39	72	85	103	133
	福利服务志愿者人数合计	1046	1185	1198	1258	1312

资料来源：Volunteers, Singapore: Ministry of Social and Family Development, Data Last Updated: 29 Oct 2020, https://tablebuilder.singstat.gov.sg/table/TS/M890291, 2021-9-27.

4. 以共建“家园”为社区发展愿景

新加坡的社区是在破除传统族群聚居区的基础上以政府行为重构的，是国家建构的基层单元，如何通过加强社区的凝聚力将族群文化认同转化为国家政治认同一直是政府改造基层社会的核心目标。这一目标可以说到 20 世纪80年代基本完成。成为发达经济体,特别是老龄化社会的到来,人口结构的变化使新加坡的文化多样化更加复杂,社区建设对新加坡来说更为重要。当下,新加坡更加重视社区的文化功能,重视培育社区的文化、心理要素,培养社区归属和社区认同。政府希望将社区建设成"一个美好的家,一个充满爱心的社区,在这里我们分享我们的价值观,追求我们的激情,实现我们的希望,珍惜我们的记忆。"①(见表4-20)在社区中,居民关心社区,共同承担社区事务,积极并自愿组织或参与有意义的社区活动;家庭成员和邻居之间相互照顾,通过社区里的相互支持维系社会联系和归属感,最终达到更强大、更有凝聚力的新加坡式社区。

表4-20　新加坡社区愿景

愿景	愿景内涵
分享我们的价值观	我们拥有共同的价值观,比如努力工作、孝顺和互相尊重。我们认识到社区的多样性,欢迎新来者,与他们分享我们的价值观和传统。我们和谐地生活和工作,不分种族、语言或宗教
追求我们的激情	我们敢于梦想,敢于追求我们的激情和抱负。我们是一个充满活力和活跃的社区,在这里人们积极追求自己的利益,同时帮助把社区变成一个更好的地方
实现我们的希望	我们是一个任人唯贤的社会,每个人都有平等的机会,只要我们愿意努力实现我们的目标。在我们共同努力塑造共同命运的过程中,我们相互鼓励、相互支持
珍惜我们的记忆	我们国家旅程的集体记忆,我们与同胞们分享的共同经历,使我们紧密地联系在一起。我们珍惜过去,从过去中学习,甚至展望未来

资料来源:*Vision for the Community*, https://www.pa.gov.sg/docs/default-source/others-documents/about-us-doc/vision-for-the-community.pdf.

① *Vision for the Community*, https://www.pa.gov.sg/docs/default-source/others-documents/about-us-doc/vision-for-the-community.pdf.

结　　语

2015 年，习近平主席访问新加坡期间赞扬新加坡取得的成就“生动诠释了‘靠人粮满仓，靠天空米缸’的道理”。① 新加坡人民将一个资源匮乏、经营单一、杂乱无章的贸易港口建设成亚洲最发达的国家之一，建设成世界上重要的航运中心、炼化中心和金融中心，新加坡的成功不仅是经济转型和经济发展的成功，也是社会转型和社会治理的成功。

一、新加坡社会治理现代化的特点

第一，新加坡的发展有其特殊性，与大多数国家相比，这个微型国家国情相对简单，特殊的地缘处境又使政府时刻保持对国内外形势的敏锐性，加上强势政府的执行力，无论哪个领域的政策要改弦易辙都相对比较容易。

第二，将社会治理纳入国家治理的轨道与范畴，服从国家发展需要，是新加坡社会治理现代化的重要经验。新加坡社会治理现代化经历了一个不算漫长但足够曲折的历史过程，国家发展、经济转型及社会转型的推动是其社会治理现代化的历史动因。一个国家的政治、经济、社会、历史像一个有机生命体

① 《习近平在新加坡国立大学发表重要演讲》，《人民日报》2015 年 11 月 8 日。

的构成部件,他们在生命体的成长壮大过程中各司其职,彼此互相关联、互相影响,牵一发而动全身。经济和政治当然是基础性的、决定性的,但是社会的作用不容小觑,而历史某种程度上起着基因式的制约规定。新加坡社会治理现代化根植于移民社会自力更生、拼搏进取的文化特质,孕育于殖民社会高度自治的历史土壤,成长于从贫穷到繁荣的经济腾飞与国家繁荣之路,新加坡在社会建设过程中坚持社会治理现代化与经济转型和社会转型同步,将社会治理纳入治国理政的大局,服务于国家建设。

新加坡实施种族多元和文化多元的政策,在教育、就业、住房等方面化解种族矛盾,塑造共同价值观,培养新加坡国民意识,提倡不同种族和不同文化的和谐共处,为经济发展提供了重要的社会环境,使新加坡多年来保持着在全球市场中的吸引力和竞争力。新加坡保障性住房项目开始于自治时期,随着经济发展和人民生活水平的提高,保障性住房政策目标从避免新加坡人流离失所到"居者有其屋"再到"华厦供精选"。著名的中央公积金制度是从英国殖民制度中延续下来的,起初是一种自我保障的强制性储蓄,发展到 20 世纪 90 年代除社会保障功能外还成为政府可控的一笔数额巨大的固定投资资本。在现代化进程中,新加坡坚持社会政策与经济政策相辅相成,经济领域与社会领域平衡发展,从而避免了大多数国家在现代化道路上先经济后社会的做法。

第三,政府主导、社会与公民共同参与是新加坡现代社会治理的基本特征。政府、市场、社会三方共治是社会治理的理想模式,但是在现有的国家形态内,三者很难做到完全处于均衡状态。新加坡建立政府主导下的多元协同治理机制,划分政府、市场、社会三方在社会治理中的权限,各司其职。新加坡建构的是一个社群主义的公民集体,强调公民进社区,参与集体利益,并要求公民履行自己的义务和职责。[①] 从责任上看,社会福利和照顾社会弱势成员的责任也在于家庭和社区,而不是国家。但是,必须看到,新加坡是一个高度一体化的国家,其社

① Tong Chee Riong, Lian Riven Fee, *Social Policy in Post-Industrial Singapore. Social Sciences in Asia*, Volume 17, Singapore, 2009, p.29, http://site.ebrary.com/id/10461326?

区管理机制实际上相当于其他国家的地方管理或基层管理，能够体现社会性的参与者是社会服务组织，社会服务组织的行动基本上是在政府引导下进行的。在社会治理领域，新加坡政府始终处于主导地位，但政府不是通过直接的分配、补贴，甚至救济等财政政策发挥主导作用，而是通过社会立法与社会政策规范个人、社会与政府三者之间的责任关系，建立政府主导下的多元协同社会治理机制，协调社会与经济的同步发展，实现公正平等的社会治理目标。

新加坡社会治理的主体意识是国家中心主义，国家是社会政策的制定者，也是政策的主要执行者。但是为了使政策的宣传、执行落实深入到每个社区、每个家庭、每个公民，除了政府相关职能部门履行职责外，新加坡政府还借助了各种社会主体。在新加坡，参与社会治理的社会主体分基层组织、慈善机构等非政府组织和公民个人三个层次，在政策执行方面作用最突出的是由人民协会、民众联络所、公民咨询委员会、居民委员会、社区发展理事会等构成的基层组织系统，发挥着上传下达、下情上达的重要功能，特别是在促进种族和谐方面功劳卓著。

进入发达国家行列后，人民行动党为应对国内越来越强烈的公民社会民主化诉求，加强公民政治权利的正式化和制度化，采取措施让公民能直接参与到政策讨论、治理实践中。这方面最具有代表性的就是全国对话活动。从1989年首次对话会“新的起点”开始，新加坡已经举行过四次全国范围的对话会，新加坡政府通过这种方式动员国民广泛参与对现实的检讨和对未来的憧憬，并将国民的意见建议充实到政策的修正当中，实际上是在政府、基层组织之外，增加公民个人参与社会治理的渠道，完善政府、社区、国民三者相互协调、互相配合，共同维护有序、和谐社会环境的社会治理体系。

第四，秉承法治原则，坚持在法制轨道上推进社会治理现代化。法制化包括法律的规范和制度的约束，一方面所有治理程序、政策实践都必须在国家法律的框架内运行，遵循制度化的管理流程，以共和国宪法为根本，各种法律条例、司法判例形成一个完整的法律体系，从政府行政管理到商业贸易，从交通法规到社区居民生活、家庭义工,无所不包,以至于口香糖的生产和销售都通过法律加以禁止。另一方面所有治理主体都必须在国家法律的框架内行使权力、履行职责、享受利益。新加坡政府颁布《人民协会法令》规定人民协会职责,在管理公民咨询委员会、民众联络所、居民委员会等主要的基层社会组织的过程中形成了一套严密的管理制度;《社团法令》《互惠组织法》《慈善法》等一系列法规制度,对民间社会组织的成立、运行、监管等进行规范。正是得益于如此完备的法律制度,加上严格执行,新加坡的社会治理才能顺利进行,才能长期维持井然的社会秩序和公正的社会环境。

第五,社会治理方式和手段调整与时俱进,社会政策具有灵活性。社会是变化的,社会治理的方式方法不可能因循守旧,必须与时俱进。新加坡复杂的殖民地历史造成复杂的社会结构,并由此导致社会矛盾的多重性,移民社会的国家认同、多元种族和多元文化共处、国民的安居乐业、社会的井然有序等成为新加坡社会治理的长期课题。从殖民地脱胎而来的新加坡政府,因应经济发展与社会发展需要,推进社会治理改革,在发展困境与出路选择中不断创新社会治理,从威权控制型的社会管理到主导参与式的共同治理,新加坡社会治理现代化的过程是不断选择科学方案、解决社会矛盾的过程,其间甚至出现如人口政策的大逆转。受土地面积与人力资源的双重限制,新加坡建国以来人口政策多次调整,先后实行限制移民、计划生育、支持生育、鼓励生育与鼓励移民相结合的不同政策。从抑制生育到鼓励生育,人口政策因经济发展与社会变化的不同需求而完全相反,这种阶段性变化既与人口增长的普遍规律相吻合,也体现了新加坡社会政策的灵活性。

托克维尔说:"永远记住,一个国家当它的每个居民都是软弱的个人的时候,不会长久强大下去,而且绝不会找到能使由一群胆怯和萎靡不振的公民组成的国家变成精力充沛的国家的社会形式和政治组织。"①新加坡的社会治理

① [法]托克维尔:《论美国的民主》下卷,董果良译,商务印书馆 1988 年版,第 880 页。

现代化过程何尝不是对这一重大课题警醒的探索与实践？同为东方后发国家，中国与新加坡尽管有很大的差异，但是都经历了或正在经历从前工业社会到工业社会，再向后工业社会转型的现代化过程，总结新加坡经验，可以为推进我国社会治理现代化带来什么启示？

二、新加坡社会治理现代化特点对中国的启示

第一，必须高度重视社会治理的重要性。党的十九届四中全会在我们党的历史上第一次突出强调："社会治理是国家治理的重要方面。"持续推进社会治理现代化，是我国社会建设和社会变革的重要内容。国家安全和社会稳定、民主和法治、公平和正义、社会充满活力与和谐有序运行，提高现代社会文明程度，是党和国家的初心与使命，也是实现中华民族伟大复兴的重要保障和标志。只有切实加强和创新社会治理，才能更好地处理社会矛盾、协调社会利益、调节社会关系、规范社会行为、促进社会公平正义，使整个社会和谐稳定，国家长治久安、经济社会持续健康稳定发展，使广大人民群众更多地享受获得感、安全感、幸福感，更好地实现中华民族伟大复兴的中国梦。

第二，推进社会治理现代化必须坚持党和政府的领导。治理理论来自20世纪90年代初世界银行专家对于南撒哈拉沙漠国家的政策设计，他们主张加强非政府组织、各种社会组织乃至个人的作用。西方治理理论普遍将"治理"与"统治"对立，强调社会作用，去政府化。新加坡的经验诠释了"强政府"代表国家居于社会治理主导地位的必要性和重要性，政府主导法律法规、制度政策、目标规划的顶层设计，而多元共治体现在执行和操作层面，社会治理是为了在社会领域实现国家建设目标和价值取向。

第三，充分发挥法治对社会治理的规范和保障作用。以法治为基础来建设一个公正、平等和透明的社会，是新加坡社会治理的原则之一。法治是社会治理现代化的根本保障和最重要的标志，必须全面加强社会法治建设，强化法

治保障，做到公正司法、严格执法，把社会治理各个方面、各个环节都纳入法治化轨道。通过社会治理的制度化、规范化、法治化，稳定社会预期，增强社会信心，激发社会活力，提高社会效率。

第四，充分调动和发挥社会组织及公民个体的功能与作用，引领和推动社会各方面力量参与社会治理。在社会治理领域，新加坡不仅确立了"强政府"的主导地位，而且形成了"强社会"或者可以称之为"大社会"的参与模式。层级清晰、分工明确的基层组织与完善的社会募集和义工服务体系是推动社会力量参与基层社会建设的重要机制保障；企业和个人的资金赞助为基层社会运转提供了重要资金来源；志愿者通过基层社会组织提供的义工服务体系为新加坡民众提供了不可或缺的公共服务。如何鼓励和引导企事业单位、社会组织、人民群众积极参与社会治理，提高社会协同能力和公众参与能力，充分发挥全社会力量的作用，调动社会力量参与基层社会组织建设与活动的积极性，显得尤为重要。

社会治理现代化是个复杂的过程，新加坡尽管是一个蕞尔小国，它的发展离不开人类社会发展普遍规律的作用，而多元社会和地缘政治的特殊性使它面临的问题和困难甚至超过很多国家。本书远未能终极新加坡社会治理现代化的方方面面，特别是多元协同社会治理机制运行内涵等问题值得进一步深入研究、持续观察，本书只是一个开始。研究是为了更好的借鉴，而借鉴应该是为了更好地"跳出"，将别国经验教训与中国发展需要相结合，使中国道路更顺利、更稳健，才是学术研究追求的现实关怀要义。在我们加快推进社会治理现代化过程中，如何利用全人类的智慧和文明成果，来提升社会治理能力，有效化解社会风险、优化社会生态，切实增强人民群众的获得感幸福感安全感是一个永恒的话题。若能引发人们对社会治理现代化更多思考，则幸莫大焉。

参考文献

一、官方出版物

1. *The Actsand Ordinances of the Legislative Council of the Straits Settlements*, Vol.I, London: Eyre and Spottiswoode, 1898.

2. *The Actsand Ordinances of the Legislative Council of the Straits Settlements*, Vol.II, London: Eyre and Spottiswoode, 1898.

3. *The Lawsof the Straits Settlements 1835–1900*, Vol.1, London: Waterlow & Sons Limited, 1920.

4. *The Lawsof the Straits Settlements 1835–1900*, Vol.2, London: Waterlow & Sons Limited, 1920.

5. *The Lawsof the Straits Settlements 1835–1900*, Vol.3, London: Waterlow & Sons Limited, 1920.

6. *The Lawsof the Straits Settlements 1835–1900*, Vol.4, London: Waterlow & Sons Limited, 1920.

7. *The Lawsof the Straits Settlements 1835–1900*, Vol.5, London: Waterlow & Sons Limited, 1920.

8. Robert L. Jarman (ed.), *Annual Reports of the Straits Settlements 1855–1941*, Vol.1 (1855–1867), London: Archive Editions Limited, 1998.

9. Robert L. Jarman (ed.), *Annual Reports of the Straits Settlements 1855–1941*, Vol.2 (1868–1883), London: Archive Editions Limited, 1998.

10. Robert L.Jarman (ed.), *Annual Reports of the Straits Settlements 1855–1941*, Vol.3 (1884–1891), London: Archive Editions Limited, 1998.

11. Robert L.Jarman(ed.),*Annual Reports of the Straits Settlements 1855-1941*,Vol.4 (1892-1900),London:Archive Editions Limited,1998.

12. Robert L.Jarman(ed.),*Annual Reports of the Straits Settlements 1855-1941*,Vol.5 (1901-1907),London:Archive Editions Limited,1998.

13. Robert L.Jarman(ed.),*Annual Reports of the Straits Settlements 1855-1941*,Vol.6 (1908-1914),London:Archive Editions Limited,1998.

14. Robert L.Jarman(ed.),*Annual Reports of the Straits Settlements 1855-1941*,Vol.7 (1915-1921),London:Archive Editions Limited,1998.

15. Robert L.Jarman(ed.),*Annual Reports of the Straits Settlements 1855-1941*,Vol.8 (1922-1926),London:Archive Editions Limited,1998.

16. Robert L.Jarman(ed.),*Annual Reports of the Straits Settlements 1855-1941*,Vol.9 (1927-1931),London:Archive Editions Limited,1998.

17. Robert L.Jarman(ed.),*Annual Reports of the Straits Settlements 1855-1941*,Vol.10 (1932-1935),London:Archive Editions Limited,1998.

18. Robert L.Jarman(ed.),*Annual Reports of the Straits Settlements 1855-1941*,Vol.11 (1936-1941),London:Archive Editions Limited,1998.

19. *Straits Settlements Government Gazette 1890*,Singapore:National Library Board.

20. *Imperial Policy and Colonial Practice 1925-1945*,Part II,London:Her Majesty's Stationery Office,1996.

21. *Colony of Singapore Annual Report, 1953*, London: Her Majesty's Stationery Office,1954.

22. *Colony of Singapore Annual Report, 1954*, London: Her Majesty's Stationery Office,1955.

23. *Colony of Singapore Annual Report, 1955*, London: Her Majesty's Stationery Office,1956.

24. *Colony of Singapore Annual Report, 1956*, London: Her Majesty's Stationery Office,1957.

25. *Colony of Singapore Annual Report, 1957*, London: Her Majesty's Stationery Office,1958.

26. *Colony of Singapore Annual Report, 1958*, London: Her Majesty's Stationery Office,1959.

27. *Colony of Singapore Annual Report, 1959*, Singapore: Government Printing

Office,1961.

28. David Goldsworthy(ed.),*British Documents on the End of Empire,Series A:The Conservative Government and the End of Empire,1951–1957*,London:Her Majesty's Stationery Office,1994.

29. RonaldHyam & Wm Roger Louis(eds.),*British Documents on the End of Empire,Series A:The Conservative Government and the End of Empire,1957–1964*,London:Her Majesty's Stationery Office,2000.

30. A.J.Stockwell(ed.),*British Documents on the End of Empire,Series B:Malay*,part 1,London:Her Majesty's Stationery Office,1995.

31. *Singapore Year Book 1966*,Singapore:Government Printing Office,1967.

32. *Singapore 1971*,Singapore:the Publicity Division,Ministry of Culture,1971.

33. *Singapore 1974*,Singapore:the Publicity Division,Ministry of Culture,1974.

34. *Singapore 1975*,Singapore:the Publicity Division,Ministry of Culture,1975.

35. *Singapore 1976*, Singapore:the Publicity Division,Ministry of Culture,1976.

36. *Singapore'78*,Singapore:the Publicity Division,Ministry of Culture,1978.

37. *Singapore'80*,Singapore:the Information Division,Ministry of Culture,1980.

38. *Singapore'82*,Singapore:the Information Division,Ministry of Culture,1982.

39. Daljit Singh(ed.),*Singapore 1983*,Singapore:the Information Division,Ministry of Culture,1983.

40. *Singapore 1984*,Singapore:the Information Division,Ministry of Culture,1984.

41. *Singapore 1985*,Singapore:the Information Division,Ministry of Culture,1985.

42. K.I.Sudderuddin(ed.),*Singapore 1986*,Singapore:the Information Division,Ministry of Communications and Information,1986.

43. Tan Han Hoe(ed.),*Singapore 1987*,Singapore:the Information Division,Ministry of Communications and Information,1987.

44. Tan Han Hoe(ed.),*Singapore 1988*,Singapore:the Information Division,Ministry of Communications and Information,1988.

45. Tan Han Hoe(ed.),*Singapore 1989*,Singapore:the Information Division,Ministry of Communications and Information,1989.

46. Chiang YinPheng(ed.),*Singapore 1990*,Singapore:the Psychological Defence and Publicity Division,Ministry of Communications and Information,1990.

47. Joyce Tan(ed.),*Singapore 1991*,Singapore:the Publicity and Promotions Division,

Ministry of Information and the Arts, 1991.

48. Joyce Tan(ed.), *Singapore 1992*, Singapore: the Publicity Division, Ministry of Information and the Arts, 1992.

49. *Singapore 1993*, Singapore: the Publicity Division, Ministry of Information and the Arts, 1993.

50. *Singapore 1994*, Singapore: Ministry of Information and the Arts, 1994.

51. Foo Siang Luen & John Rocha(eds.), *Singapore 1995*, Singapore: Ministry of Information and the Arts, 1995.

52. S.B.Balachandrer(ed.), *Singapore 1996*, Singapore: Ministry of Information and the Arts, 1996.

53. *Yearbook of Statistics Singapore, 1972/73*, Singapore: Department of Statistics, 1973.

54. *Yearbook of Statistics Singapore, 1976/77*, Singapore: Department of Statistics, 1977.

55. *Yearbook of Statistics Singapore, 2006*, Singapore: Department of Statistics, Ministry of Trade & Industry, http://www.singstat.gov.sg/publications/publications_and_papers/reference/yearbook_of_stats.html.

56. *Yearbook of Statistics Singapore, 2007*, Singapore: Department of Statistics, Ministry of Trade & Industry, http://www.singstat.gov.sg/publications/publications_and_papers/reference/yearbook_of_stats.html.

57. *Yearbook of Statistics Singapore, 2008*, Singapore: Department of Statistics, Ministry of Trade & Industry, http://www.singstat.gov.sg/publications/publications_and_papers/reference/yearbook_of_stats.html.

58. *Yearbook of Statistics Singapore, 2009*, Singapore: Department of Statistics, Ministry of Trade & Industry, http://www.singstat.gov.sg/publications/publications_and_papers/reference/yearbook_of_stats.html.

59. *Yearbook of Statistics Singapore, 2010*, Singapore: Department of Statistics, Ministry of Trade & Industry, http://www.singstat.gov.sg/publications/publications_and_papers/reference/yearbook_of_stats.html.

60. *Yearbook of Statistics Singapore, 2011*, Singapore: Department of Statistics, Ministry of Trade & Industry, http://www.singstat.gov.sg/publications/publications_and_papers/reference/yearbook_of_stats.html.

61. *Yearbook of Statistics Singapore, 2012*, Singapore: Department of Statistics, Ministry of Trade & Industry, http://www.singstat.gov.sg/publications/publications_and_papers/refer-

ence/yearbook_of_stats.html.

62. *Yearbook of Statistics Singapore, 2013*, Singapore: Department of Statistics, Ministry of Trade & Industry, http://www.singstat.gov.sg/publications/publications_and_papers/reference/yearbook_of_stats.html.

63. *Yearbook of Statistics Singapore, 2014*, Singapore: Department of Statistics, Ministry of Trade & Industry, http://www.singstat.gov.sg/publications/publications_and_papers/reference/yearbook_of_stats.html.

64. *Yearbook of Statistics Singapore, 2015*, Singapore: Department of Statistics, Ministry of Trade & Industry, http://www.singstat.gov.sg/docs/default-source/default-document-library/publications/publications_and_papers/reference/yearbook_2015/yos2015.pdf.

65. *Yearbook of Statistics Singapore, 2018*, Singapore: Department of Statistics, Ministry of Trade & Industry, https://www.singstat.gov.sg/-/media/files/publications/reference/yearbook_2018/yos2018.pdf.

66. *Singapore Census of Population 2020*, Statistical Release 1, Singapore: Department of Statistics, 202106, https://www.singstat.gov.sg/publications/reference/cop2020/cop2020-sr1/census20_stat_release1.

67. *Singapore Census of Population 2020*, Statistical Release 2, Singapore: Department of Statistics, 202106, https://www.singstat.gov.sg/publications/reference/cop2020/cop2020-sr2/census20_stat_release2.

68. *Statistics Singapore Newsletter Issue 1, 2021*, Singapore: Department of Statistics, 202102, https://www.singstat.gov.sg/-/media/files/publications/reference/newsletter/ssn121.pdf.

69. *General Household Survey 2005*, http://www.singstat.gov.sg/publications/publications_and_papers/GHS/ghrs2.html.

70. *Our Singapore Conversation Survey*, http://www.reach.gov.sg/Microsite/osc/index.html.

71. *10 Years that Shaped a Nation*, Singapore: The National Archives of Singapore, 2008.

72. *The Papers of LeeKuan Yew: Speeches, Interviews and Dialogues, Vol. 1-19*, Singapore: The National Archives of Singapore, 2012.

73. *People's Action Party 1954-1979: PAP 25th Anniversary Issue*, Singapore: Central Executive Committee People's Action Party, 1979.

74. PAP 45th Anniversary Celebrations Organising Committee, *For People through Action*

By Party,Singapore:People's Action Party,1999.

75.[新加坡]柯木林、廖文辉编注:《三州府文件修集选编》,新加坡宗乡会馆联合总会、马来西亚新纪元大学学院 2020 年版。

76.[新加坡]陈正编辑:《新加坡年鉴 1998》,新加坡新闻与艺术部、联合早报 1998 年版。

77.[新加坡]陈正编辑:《新加坡年鉴 1999》,新加坡新闻与艺术部、联合早报 1999 年版。

78.[新加坡]陈正编辑:《新加坡年鉴 2000》,新加坡新闻与艺术部、联合早报 2000 年版。

79.《新加坡建国历程》,新加坡国家文物局 1998 年版。

80.《新加坡建国之路:1819 年至 1980 年》,新加坡档案及口述历史馆 1984 年版。

81.《联合早报》编:《李光耀四十年政论选》,新加坡报业控股华文报集团 1993 年版。

82.《共享成功果实——政府计划:1990 年至 1995 年》,新加坡新闻与艺术部 1996 年版。

83.《新加坡:新的起点》,新加坡报业控股华文报集团 1991 年版。

84.[新加坡]李业霖主编:《南洋大学走过的历史道路:南大从创办到被关闭重要文献选编,1953—1980》,马来亚南洋大学校友会 2002 年版。

85.孙培军主编:《世界主要政党规章制度文献·新加坡》,中央编译出版社 2015 年版。

二、回忆录、传记、纪念刊、报刊

86. LeeKuan Yew,*The Singapore Story:Memories of Lee Kuan Yew*,Singapore:Times Editions Pte Ltd.and the Straits Times Press,1998.

87. LeeKuan Yew,*From Third World to First:the Singapore Story,1965-2000*,New York:HarperCollins Publishers,2000.

88. Irene Ng,*The Singapore Lion:A Biography of S.Rajaratnam*,Singapore:Institute of Southeast Asian Studies,2010.

89. ChanHeng Chee & Obaid ul Haq(eds.),*The Prophetic and the Political:Selected Speeches and Writings of S.Rajaratnam*,Singapore:Graham Brash(Pte)Ltd,1987.

90. Alan Chong,*Goh Chok Tong:Singapore's New Premier*,Malaysia:Pelanduk Publications,1991.

91. AlexJosey, *Lee Kuan Yew*, Singapore: Times Books International, 1980.

92. [新加坡]李光耀:《李光耀回忆录(1923—1965)》,联合早报出版社1998年版。

93. [新加坡]李光耀:《李光耀回忆录(1965—2000)》,联合早报出版社2000年版。

94. [新加坡]李光耀:《李光耀回忆录:我一生的挑战,新加坡双语之路》,译林出版社2013年版。

95. [新加坡]李光耀口述,[美]格雷厄姆·艾里森等编:《李光耀论中国与世界》,蒋宗强译,中信出版社2013年版。

96. [新加坡]纳丹:《万想不到的征程:新加坡前总统纳丹回忆录》,阮岳湘、王海萍译,湖南人民出版社2015年版。

97. [美]汤姆·普雷特:《李光耀对话录:新加坡建国之路》,张立德译,现代出版社2011年版。

98. [新加坡]黎德源、成汉通、冯清莲编辑:《李光耀谈新加坡的华人社会》,新加坡宗乡会馆联合总会、新加坡中华总商会1991年版。

99.《新加坡宗乡会馆史略》,新加坡宗乡会馆联合总会2004年版。

100.《新加坡华人会馆沿革史》,新加坡宗乡会馆联合总会、国家档案馆、口述历史馆、新加坡新闻与出版有限公司1986年版。

101.《总会25年》,新加坡宗乡会馆联合总会2011年版。

102.《宗乡总会简介》,新加坡宗乡会馆联合总会2010年版。

103.《新加坡宗乡会馆联合总会会员通讯录(2016—2018)》,新加坡宗乡会馆联合总会2016年版。

104.《星州日报》编:《星州十年》,星洲日报社1940年版。

105.《承前启后,温故知新——应和会馆181周年会暨大厦重建落成纪念特刊》,新加坡应和会馆2003年版。

106.《应和会馆成立190周年志庆》,新加坡应和会馆2012年版。

107. [新加坡]梁秉赋编:《阮的学堂:新加坡福建人创办的学校》,新加坡福建会馆2010年版。

108. [新加坡]丘淑玲编:《炽热年代、铿锵声音:南洋大学学生会文献汇编,1956—1964》,南洋理工大学中华语言文化中心2012年版。

109. 新加坡《叻报》(1887—1932),https://www.w3newspapers.com/singapore/。

110. 新加坡《南洋商报》(1923—1982),https://www.w3newspapers.com/singapore/。

111. 新加坡《星洲日报》(1929—1982),https://www.w3newspapers.com/singapore/。

112. 新加坡《联合早报》(1983年至今),https://www.w3newspapers.com/singapore/,

https://www.zaobao.com/。

113. 新加坡《海峡时报》(1845 年至今), https://www. w3newspapers. com/singapore/。

三、著作

114. David Chan (ed.), *50 Years of Social Issues in Singapore*, Singapore: World Scientific Co.Pte.Ltd.,2015.

115. Gopinath Pillai & K.Kesavapany(eds.),*50 Years of Indian Community*,Singapore: World Scientific Co.Pte.Ltd.,2016.

116. C. M. Turnbull, *A History of Singapore 1819-1988*, Singapore: Oxford University Press,1989.

117. C. M. Turnbull, *The Straits Settlements 1826-67*, Singapore: Oxford University Press,1972.

118. Walter Makepeace,Gilbert E.Brooke & Roland St.J.Braddell(eds.),*One Hundred Years of Singapore*,Singapore:Oxford University Press,1991.

119. SongOngsiang,*One Hundred Years History of the Chinese in Singapore*,Singapore: Oxford University Press,1984.

120. Victor Purcell, *The Chinese in Malaya*, Kuala Lumpur: Oxford University Press,1967.

121. Kevin Y.L.Tan,*The Singapore Legal System*,Singapore:Coronet Books Inc,1999.

122. Wilfred Blythe,*The Impact of Chinese Secret in Malaya:A History Study*,London: Oxford University Press,1969.

123. Ernest C.T.Chew & Edwin Lee(eds.),*A History of Singapore*,Singapore:Oxford University Press,1991.

124. ChristopherTremewan,*The Political Economy of Social Control in Singapore*,New York:St.Martin′s Press,1994.

125. Janet W.Salaff,*State and Family in Singapore:Restructuring a Developing Society*, Ithaca:Cornell University Press,1988.

126. Ross Worthington,*Governance in Singapore*,London:Oxford University Press,2003.

127. TongChee Kiong & Lian Kwen Free(eds.),*The Making of Singapore Sociology:Society and State*,Singapore:Oxford University Press,2002.

128. WilliamLim,*Postmodern Singapore*,Singapore:Oxford University Press,2002.

129. Jon S.T.Quah, *Public Administration Singapore-Style*, Singapore: Oxford University Press, 2010.

130. LilyZubaidah Rahim, *The Singapore Dilemma: the Political and Educational Marginality of the Malay Community*, Singapore: Oxford University Press, 1998.

131. C.B.Buckley, *An Anecdotal History of Old Times in Singapore*, Fraser & Neave Limited, 1902.

132. Lee YongKiat, *The Medical History of Early Singapore*, Tokyo: Southeast Asian Medical Information Center, 1978.

133. LeePoh Ping, *Chinese Society in Nineteenth Century Singapore*, London: Oxford University Press, 1978.

134. Carl A.Trocki, *Opium and Empire: Chinese Society in Colonial Singapore*, 1800-1910, Cornell University Press, 1990.

135. Lee YongKiat, Warren J F. Ah Ku & Karayuki-san, *Prostitution in Singapore, 1870-1940*, Singapore: Singapore University Press, 2003.

136. TongChee Riong & Lian Riven Fee(eds.), *Social Policy in Post-Industrial Singapore, Social Sciences in Asia*, Volume 17, Singapore, 2009, http://site.ebrary.com/id/10461326.

137. [新加坡]叶添博、林耀辉、梁荣锦:《白衣人:新加坡执政党秘辛》,新加坡报业控股2013年版。

138. [新加坡]云惟利编:《新加坡社会和语言》,南洋理工大学中华语言文化中心1996年版。

139. [新加坡]吴俊刚、李小林:《李光耀与基层组织》,新加坡胜利出版私人有限公司2000年版。

140. 连瀛洲纪念奖学金理事会项目办公室编:《新中社会发展对比研究》,新加坡八方文化创作室2010年版。

141. [新加坡]宋旺相:《新加坡华人百年史》,叶书德译,新加坡中华总商会1993年版。

142. [新加坡]柯木林主编:《新加坡华人通史》,新加坡宗乡会馆联合总会2015年版。

143. [新加坡]柯木林主编:《图说石叻坡》,新加坡宗乡会馆联合总会2014年版。

144. [新加坡]柯木林:《从龙牙门到新加坡》,社会科学文献出版社2016年版。

145. [新加坡]崔贵强:《新加坡华人——从开埠到建国》,新加坡宗乡会馆联合总会 1994 年版。

146.《呵这五十年:南洋大学创办五十周年纪念(1955—2005)》,新加坡南洋大学毕业生协会 2005 年版。

147.[新加坡]李业霖主编:《南洋大学史论集》,马来亚南洋大学校友会 2004 年版。

148.[新加坡]李元瑾主编:《南大图像:历史河流中的省视》,南洋理工大学中华语言文化中心 2007 年版。

149.[新加坡]利亮时:《陈六使与南洋大学》,南洋理工大学中华语言文化中心 2012 年版。

150.[新加坡]周兆呈:《语言、政治与国家化:南洋大学与新加坡政府关系:1953—1968》,南洋理工大学中华语言文化中心 2012 年版。

151.[新加坡]丘淑玲:《理想与现实:南洋大学学生会研究,1956—1964》,南洋理工大学中华语言文化中心 2006 年版。

152.[新加坡]冯清莲:《新加坡人民行动党:它的历史、组织和领导》,苏宛蓉译,上海人民出版社 1975 年版。

153.[新加坡]苏瑞福:《新加坡人口研究》,薛学了等译,厦门大学出版社 2009 年版。

154.[新加坡]吴元华:《新加坡良治之道》,中国社会科学出版社 2014 年版。

155.[新加坡]蔡裕林:《李光耀时代 VS 后李光耀时代》,新加坡玲子传媒私人有限公司 2015 年版。

156.[新加坡]严崇涛:《新加坡发展的经验与教训》,江苏人民出版社 2016 年版。

157.[新加坡]约西·拉贾:《威权式法治:新加坡的立法、话语与正当性》,陈林林译,浙江大学出版社 2019 年版。

158.[马来西亚]傅树介、陈国防、孔莉莎编:《新加坡 1963 年的冷藏行动:50 周年纪念》,马来西亚策略资讯研究中心、人民历史中心 2013 年版。

159.[英]维克多·巴素:《马来亚华侨史》,刘前度译,马来西亚光华日报有限公司 1950 年版。

160.[英]康斯坦丝·玛丽·藤布尔:《新加坡史》,欧阳敏译,中国出版集团东方出版中心 2013 年版。

161.[澳]颜清湟:《新马华人社会史》,中国华侨出版公司 1991 年版。

162.[澳]尼古拉斯·塔林主编:《剑桥东南亚史(第二卷)》,云南大学出版社 2003 年版。

163. [英]理查德·温斯泰德:《马来亚史》,姚梓良译,商务印书馆 1974 年版。

164. 鲁白野:《狮城散记》,世界书局 1979 年版。

165. 曾玲:《越洋再建家园:新加坡华人社会文化研究》,江西高校出版社 2003 年版。

166. 曾玲:《新加坡华人宗乡文化研究》,中国社会科学出版社 2019 年版。

167. 邱格屏:《世外无桃源:东南亚华人秘密会党》,生活·读书·新知三联书店 2003 年版。

168. 黄松赞:《新加坡社会与华侨华人研究》,中国华侨出版社 2005 年版。

169. 李路曲:《新加坡现代化之路——进程、模式与文化选择》,新华出版社 1996 年版。

170. 郑维川:《新加坡治国之道》,中国社会科学出版社 1996 年版。

171. 曹云华:《亚洲的瑞士——新加坡启示录》,中国对外经济贸易出版社 1997 年版。

172. 李路曲:《新加坡道路》,中国社会科学出版社 2018 年版。

173. 吕元礼:《亚洲价值观:新加坡政治的诠释》,江西人民出版社 2002 年版。

174. 吕元礼:《新加坡为什么能?》,江西人民出版社 2007 年版。

175. 吕元礼等著:《鱼尾狮智慧:新加坡政治与治理》,经济管理出版社 2010 年版。

176. 李路曲、肖榕:《新加坡熔铸共同价值观:"移民国家"的立国之本》,湖南人民出版社 2016 年版。

177. 范磊:《新加坡族群和谐机制:实现多元族群社会的善治》,湖南人民出版社 2016 年版。

178. 张春阳:《新加坡基层组织:政府与人民之间的缓冲力量》,民主与建设出版社 2015 年版。

179. 李健、兰莹编著:《新加坡社会保障制度》,上海人民出版社 2011 年版。

180. 孙景峰:《新加坡人民行动党执政形态研究》,人民出版社 2005 年版。

181. 陈新民:《反腐镜鉴的新加坡法治主义:一个东方版本的法治国家》,法律出版社 2009 年版。

182. 林远辉、张应龙:《新加坡马来西亚华侨史》,广东高等教育出版社 2008 年版。

183. 庞卫东:《新加坡与马来(西)亚的合并与分离研究》,社会科学文献出版社 2017 年版。

184. 杨梁白律师事务所、安永会计师事务所主编:《新加坡法律与税务手册》,中国财政经济出版社 2006 年版。

185. 魏炜:《新加坡社会政策研究》,人民出版社 2020 年版。

186. 魏炜:《李光耀时代的新加坡外交研究》,中国社会科学出版社 2007 年版。

187. 俞可平主编:《治理与善治》,社会科学文献出版社 2000 年版。

188. 俞可平主编:《推进国家治理与社会治理现代化》,当代中国出版社 2014 年版。

189. 何增科、包雅钧主编:《公民社会与治理》,社会科学文献出版社 2011 年版。

190. 殷昭举主编:《社会治理学》第一卷《社会治理导论》,广东高等教育出版社 2014 年版。

191. 张静:《社会治理:组织、观念与方法》,商务印书馆 2019 年版。

192. 李友梅等著:《中国社会变迁(1949—2019)》,社会科学文献出版社 2020 年版。

193. 魏钦恭、卜清平、巨桐、张帆:《化危为机:重大公共卫生事件与社会治理》,中国人民大学出版社 2020 年版。

194. 雷晓康、马子博:《中国社会治理十讲》,中国社会科学出版社 2019 年版。

195. 李友梅等著:《城市社会治理》,社会科学文献出版社 2014 年版。

196. 王名:《社会组织与社会治理》,社会科学文献出版社 2014 年版。

197. 侯钧生:《发达国家和地区社区发展经验》,机械工业出版社 2004 年版。

四、期刊论文、学位论文

198. Terence Lee & Gestural Politics, "Civil Society in 'New' Singapore", *Journal of Social Issues in Southeast Asia*, Vol.20, No.2(2005), pp.132-154, Institute of Southeast Asia Studies(ISEAS), http://www.jstor.org/stable/41308055, 29/05/2013.

199. NormanVasu, "Governance through Difference in Singapore", *Asian Survey*, Vol.52, No.4(2012), pp.734-753, University of California Press, http://www.jstor.org/stable/10.1525/as.2012.52.4.734., 2013-05-29.

200. Martha Kaplan, "The Singapore Water Supply", *Journal of the Malaysian Branch of the Royal Asiatic Society*, Vol.89, No.311(2016).

201. Brenda S.A.Yeoh, "Urban sanitation, health and water supply in late nineteenth and early twentieth century colonial Singapore", *South East Asia Research*, Vol.1, No.2(1993).

202. Lee YongKiat, "Smallpox in Early Singapore(Part II)(1830-1849)", *Singapore Medical Journal*, Vol.17, No.4(1976).

203. Lee YongKiat, "Smallpox in Early Singapore(Part IV)(1860-1872)", *Singapore*

Medical Journal, Vol.1, No.2(1977).

204. Lee YongKiat, "The Pauper Hospital in Early Singapore(Part I)", *Singapore Medical Journal*, Vol.14, No.1(1973).

205. Lee YongKiat, "The Pauper Hospital in Early Singapore(Part II)", *Singapore Medical Journal*, Vol.15, No.1(March 1974).

206. Lee YongKiat, "The Pauper Hospital in Early Singapore (Part III)", *Singapore Medical Journal*, Vol.16, No.2(June 1975).

207. Lee YongKiat, "The Pauper Hospital in Early Singapore (Part IV)", *Singapore Medical Journal*, Vol.16, No.4(Dec.1975).

208. Hairudin Bin Harun, *Medicine And Imperialism: A Study of The British Colonial Medical Establishment, Health Policy and Medical Research in the Malay Peninsula, 1784–1918*, PH.D.thesis, University of London, 1988.

209. KHPhua, "The Development of Health Services in the Colonies–A Study of British Malaya and Singapore", *Asia–Pacific Journal of Public Health*, VoI. 3, No. 4 (1989), pp. 315–323.

210. "Medical Progress In Malaya: King Edward VII College of Medicine at Singapore", *The British Medical Journal*, Vol.1, No.3405(April 1926), p.623, http://www.jstor.org/stable/25448210, 2017–11–01.

211. Kathirithamby–Wells J., "Early Singapore and the Inception of a British Administrative Tradition in the Straits Settlements(1819—1832)", *Journal of the Malaysian Branch of the Royal Asiatic Society*, Vol.42, No.2(1969).

212. NgSiew Yoong, "The Chinese Protectorate in Singapore 1877–1900", *Journal of Southeast Asian History*, Vol.2(1961), pp.89–116.

213. Wen C.U., "Opium in the Straits Settlements, 1867–1910", *Journal of Southeast Asian History*, Vol.2, No.1(1961), pp.52–75.

214. Goto–Shibata H., "Empire on the Cheap: the Control of Opium Smoking in the Straits Settlements 1925–1939", *Modern Asian Studies*, Vol.40, No.1(2006), pp.59–80.

215. Eugene K.B.Tan & Gary Kok Yew Chan, *The Singapore Legal System*, Singapore Management University, https://ink.library.smu.edu.sg/cgi/viewcontent.cgi?article=1465&context=sol_research, 2015–09.

216. [日]鬼丸武士:《鸦片、秘密结社与自由贸易——19世纪新加坡、香港的英国殖民地统治的比较研究》,乔云译,《南洋资料译丛》2003年第3期。

217. 李淑飞:《语文政治、国族建构与新加坡华人社会权力重构:以南洋大学教学媒介语问题为研究主线》,博士学位论文,新加坡国立大学中文系,2015 年。

218. 郭保强:《战后新加坡的族群管理与国家建构研究》,博士学位论文,华东师范大学历史学系,2002 年。

219. 李鹏飞:《新加坡同济医院研究》,硕士学位论文,华侨大学国际关系学院,2013 年。

220. 胡红梅:《新加坡广惠肇方便留医院研究(1908—1942)》,硕士学位论文,华侨大学国际关系学院,2016 年。

221. 刘颖:《新加坡独立问题研究》,硕士学位论文,赣南师范学院历史文化与旅游学院,2015 年。

222. 宋海群:《19 世纪新加坡华人秘密会党研究》,硕士学位论文,赣南师范大学历史文化与旅游学院,2017 年。

223. 郭峰:《19 世纪新加坡治安研究》,硕士学位论文,赣南师范大学历史文化与旅游学院,2018 年。

224. 李林果:《19 世纪新加坡殖民地政府公共卫生治理研究》,硕士学位论文,赣南师范大学历史文化与旅游学院,2018 年。

225. 颜宜葳:《伯驾在新加坡的医疗活动与早期教会医院的建立动因》,《中国科技史杂志》2013 年第 2 期。

226. 杨妍:《新加坡中医药的传入与中医教学的本土化变迁》,《中医药文化》2018 年第 4 期。

227. 王日根、任国英:《近代以来东南亚中医药业与慈善业的结合及其意义——立足于新加坡、马来西亚的分析》,《历史教学》2016 年第 4 期。

228. 刘玉玲:《黑色的穆罕默德诞辰——1964 年新加坡种族暴动》,《东南亚研究》2000 年第 1 期。

229. 韦红:《新加坡解决民族问题的有效途径——多元一体化》,《中南民族学院学报(哲学社会科学版)》1999 年第 1 期。

230. 刘稚:《新加坡的民族政策与民族关系》,《世界民族》2000 年第 4 期。

231. 曾志敏:《强政府、强社会:社会治理现代化的新加坡与美国经验》,《社会治理》2016 年第 6 期。

232. 谭卫华:《市域社会治理现代化:新加坡的实践经验及其启迪意义》,《贵州社会科学》2020 年第 11 期。

233. 黄伶俐:《新加坡社区社会组织:政府主导与社区自治》,《中国民政》2018 年第 24 期。

234. 杨光斌:《国家治理论超越西方治理论》,《北京日报》2020 年 1 月 6 日。

235. 王浦劬:《国家治理、政府治理和社会治理的含义及其相互关系》,《国家行政学院学报》2014 年第 3 期。

236. 肖瑛:《从“国家与社会”到“制度与生活”:中国社会变迁研究的视角转换》,《中国社会科学》2014 年第 9 期。

237. 侯利文:《国家与社会:缘起、纷争与整合——兼论肖瑛〈从“国家与社会”到“制度与生活”〉》,《社会学评论》2018 年第 2 期。

238. 李友梅:《中国现代化新征程与社会治理再转型》,《社会学研究》2021 年第 2 期。

239. 魏礼群:《如何认识社会治理现代化》,《前线》2020 年第 1 期。

240. 李友梅:《新时代社会治理共同体建设的重要意义》,《社会治理》2020 年第 1 期。

241. 王名、王玉宝:《关于社会治理及其现代化的战略思想》,《社会政策研究》2019 年第 4 期。

242. 社会治理现代化指标构建研究课题组:《新中国 70 年社会治理现代化评估研究》,《社会治理》2019 年第 10 期。

243. 朱前星:《执政党的社会整合与权威塑造:一个比较的视角》,《国外理论动态》2018 年第 6 期。

244. 孙涛:《发达国家推进社会治理现代化的经验及启示》,《金陵科技学院学报》(社会科学版)2017 年第 2 期。

245. 宋学增:《社会治理现代化的理论思考:学科渊源、治理体系和理论前沿》,《经济社会体制比较》2016 年第 6 期。

246. 俞可平:《社会自治与社会治理现代化》,《社会政策研究》2016 年第 1 期。

247. 王薇:《英国推进社会治理现代化的主要历程、特点及启示》,《当代世界与社会主义》2015 年第 2 期。

248. 陈成文、赵杏梓:《社会治理:一个概念的社会学考评及其意义》,《湖南师范大学社会科学学报》2014 年第 5 期。

249. 魏炜:《柬埔寨问题与新加坡地区外交的转机》,《南洋问题研究》2012 年第 4 期。

250. 魏炜:《新加坡的社会政策与社会治理》,《光明日报》2014 年 5 月 19 日“国家社科基金专刊”。

251. 魏炜:《新加坡的社会政策:理念与实践》,《社会学评论》2014 年第 4 期。

252. 魏炜:《英属时期新加坡的社会政策》,《南洋问题研究》2014 年第 3 期。

253. 魏炜:《社会转型与新加坡人口政策的调整》,《赣南师范学院学报》2016 年第 4 期。

254. 魏炜:《低收入家庭生活保障与贫富差距治理——新加坡的启示》,新加坡 2017 连氏善治国际学术会议,2017 年 10 月。

255. 宋海群、魏炜:《英属时期新加坡华人宗乡会馆的社会职能》,《东南亚南亚研究》2016 年第 4 期。

256. 宋海群:《论 19 世纪英殖民政府对新加坡秘密会党的政策变化》,《赣南师范学院学报》2016 年第 4 期。

257. 宋海群:《19 世纪新加坡华人秘密会党的法律身份变化》,《文山学院学报》2018 年第 5 期。

258. 宋海群:《文化视角下的新加坡宗乡会馆存续》,《中国社会科学报》2020 年 9 月 28 日。

259. 郭峰、魏炜:《英属时期新加坡的鸦片政策探析》,《东南亚南亚研究》2018 年第 1 期。

260. 李林果、魏炜:《19 世纪新加坡防疫机制的建立》,《赣南师范大学学报》2022 年第 2 期。

五、 网络资源

261. 新加坡政府官网,https://www.gov.sg/。

262. 新加坡社会和家庭发展部官网,http://www.msf.gov.sg。

263. 新加坡统计局官网,http://www.singstat.gov.sg。

264. 新加坡人民协会官网,http://www.pa.gov.sg。

265. 新加坡社区发展委员会官网,http://www.cdc.org.sg/services/social.html。

266. 新加坡国家社会服务理事会官网,http://www.ncss.gov.sg。

267. 新加坡国立图书馆官网,https://www.nlb.gov.sg/。

268. 新加坡宗乡会馆联合总会,https://sfcca.sg/。

269. 世界银行数据库 · 新加坡,http://data.worldbank.org.cn/country /singapore。

270. 国际货币基金组织数据库,国际货币基金组织官网。

271.《人类发展报告》,联合国开发计划署官网,http://www.cn.undp.org/content/china/zh/home/library/human_development。

272. 中国知网,https://www.cnki.net/。

后　记

本书在国家社科基金项目“新加坡社会治理现代化研究”结题成果基础上修改完善而成，受国家社科基金项目经费资助出版。在此，衷心感谢课题立项当年国家社科基金世界历史学科评审专家们的支持鼓励，感谢对项目结题成果进行匿名评审的专家们的辛苦劳动和宝贵意见。

2017 年参加新加坡连氏善治国际学术会议时，一位南洋理工大学的学者听说我在做新加坡社会治理研究，问我“新加坡有社会治理吗?”这个问题一度让我对自己的研究产生怀疑。几年下来，在宗亲、乡亲、会馆、公民、社区、志愿者等词汇概念的辗转纠结中，经历了新加坡从传统移民社会到现代都市社会的时空穿越，我终于给出了自己的答案。

人生百态与课题研究一样，有峰回路转，也常有突发意外。2021 年 2 月 4 日，庚子年腊月二十三，小年日，离结题材料提交的截止日期还有 10 天，恩师王斯德先生仙逝。因为疫情，群里发消息已经是 4 天以后了，我对着电脑泪流满面，一个上午只字未动。先生说历史是一部社会教科书，历史是一部人生教科书，在我的学术成长经历里，先生是这部教科书最好的老师。印象中，极少听到先生针砭时政、评议人事，却于先生的字里行间、言行举止中习得如何辨古今、明是非、知善恶、懂美丑。1995 年在先生指导下开始关注新加坡，一晃二十余载，因铭记先生教诲，不敢懈怠分毫，在偏隅之地坚守研究旨趣。如今斯人已去，不知这份坚守能否告慰师恩？

我对新加坡研究还得到了其他诸多师友的帮助。感谢新加坡世界华文文学研创会的欧清池先生、何逸敏女士、翁金翠女士和陈秀仪女士，感谢新加坡南洋客属总会副会长赖涯桥先生，感谢《海峡时报》高级记者梁荣锦先生，他们或是赠书、或是答疑解惑、或是带我实地走访，为我个人的研究和赣南师范大学新加坡研究中心的发展提供了无私的帮助，他们对中新友好与交流的热切期望也令我非常感动。感谢国家留学基金委和南洋理工大学南洋公共管理研究生院，2018 年我有幸参加了国家留学基金委组织的中国高等教育行政管理人员研修班学习，南洋理工大学南洋公共管理研究生院刘宏院长和中国项目部的老师们为研修班精心设计的课程方案，给我提供了近距离观察和体验新加坡社会治理的机会。

感谢赣南师范大学给予我个人研究与团队发展的扶持和激励，感谢历史文化与旅游学院的领导和老师们，特别感谢林晓平院长以领导与老师的双重身份在我职业旅途中的引导与支持。感谢厦门大学曾玲老师，与曾老师一见如故，我们可以在柴米油盐与学术探讨之间随意切换，曾老师对新加坡的深入了解和真知灼见令我受益匪浅，敦促我不断反思。感谢上海师范大学叶书宗老师，叶老师一直关心我的研究，去新加坡探亲还特意给我带回一本沉甸甸的《白衣人》。

感谢人民出版社鲁静主任和小彭编辑的支持和辛劳，因为她们耐心细致的工作，本书才得以顺利出版。

感谢家人的陪伴，守一方书桌的辛苦之余，收获更多的是与丈夫相濡以沫的携手并进、与女儿共同成长的快乐惊喜。

学无止境，尤其跨学科研究不是那么得心应手，难免遗憾和疏漏，敬请专家学者批评指正。

魏　炜

2022 年夏